U0142555

美國法理論與實務析論

楊崇森 著

五南圖書出版公司 印行

序

Preface

作者十餘年前所著《遨遊美國法》一書（臺北大學資助）共三冊自發行以來，由於行文生動活潑，富於可讀性外，更因內容旁徵博引，考證嚴謹，深入淺出，理論與實務兼顧，頗得各方好評。惜近年出版商華藝公司人事時有更迭，致舊著未能增補更新。著者有鑒及此，爲加強服務讀者起見，於出版契約期滿後，除將舊著第一冊《美國法之源流與民刑法之運作》選其中較爲習見，且考試或實務上常遇到課題，加上近年所新撰美國契約法，稅法、信託法、伊斯蘭法系等文章合併成爲一冊，致內容更加新穎實用，且更切合社會大眾需求。書名亦改爲《美國法理論與實務析論》。至於原第三冊《美國法制的實務與運作》由於可供我國現行法參考之處頗多，爰將舊著各則附錄刪除，英文原文增列中文譯文，統計數字盡力更新外，內容亦比原著更見精練，書名則一仍其舊，不再更張。二書均交由五南圖書重新發行。

此次二本新書之完成，除感謝原序所揭各親友之支援與鼓勵外，尚應感謝諸高足，包括月旦裁判時報陳建宏主編、司法院蔡炯燉副院長、日月光企業汪渡村行政長、最高法院鄧振球法官等人之協助或鼓勵；此次則承陳逢源、李佩昌諸律師之襄助，與五南圖書劉靜芬副總編輯與林佳瑩編輯之協力，誌此謹致謝忱。

楊崇森 識於臺北
2023 年 12 月 16 日

目錄　　　　　　　　　　　　　Contents

第一章

英美法系vs. 大陸法系若干問題初探

壹、序言

　　韋格穆爾（Wigmore）教授在數十年前（1936 年）認為世界古今東西各地法制雖極紛歧，但歸納起來，可劃分為許多法系，包括埃及、美索不達米亞、希臘、羅馬、希伯來、伊斯蘭、日耳曼、教會法、印度、中國、日本、英美、海洋、斯拉夫等十六法系。

　　今日世界各國法律制度大致可分為大陸法系、英美法系及伊斯蘭三大法系。我國昔日中華法系在東亞獨樹一幟，唐代尤為鼎盛時期。舊律且影響日本、朝鮮、安南、琉球諸國之法制甚深。在清末民初，我國為變法維新並廢除治外法權，極力仿效西洋法制，因此基本上我國現行法制屬於大陸法系。但近年受英美法制影響頗大，尤其受美國影響日益加深[1]。因此為窮本溯源，更有加

---

[1] 美國法對我國法之影響（對國人之思想行為之影響，更不在話下），以筆者所見，似包含但不限於下列各點：人權保障、隱私權、正當法律程序、個人資訊保密（含電腦處理個人資料保護法）、智慧財產權法、公平交易法、營業秘密法、信託法及信託業法、leasing、公司法（授權資本、一人公司、累積投票制）、公司法第 214 條少數股東對董事提起訴訟之請求權（shareholders' derivative suit or action）、動產擔保交易法（動產抵押、附條件買賣等）、證券交易法、消費者保護法、勞工法、商品標示法、稅法、行政程序法、equitable estoppel、不同意見書、大法官、教育法規，學制（含學位、大學教員分級與資格、評鑑教師等）、刑事被告羈押權之歸屬、法律教育（含五年制及法碩乙）、法曹考試三合一（含測驗題）、少年法庭、仲裁法、空中權（空間權）、基金會、商品製作人責任、個案研究法、衡平觀念、金融資產化條例、不動產證券化條例、無罪推定、毒樹果實原則、認罪協商、交互詰問、民事訴訟法修正、刑事訴訟法修正、當事人進行主義及對立主義、簡易法庭、法律扶助、集體訴訟、懲罰性賠償、司法權尊重、判決公布及法官獨立、法官助理、大法官少數意見公布、行政法院二級二審、判例研究、司法改革、環保法規、醫藥法規、少年事件處理法、企業併購法、退除兵官兵安置、性騷擾防治法、兒童及少年福利法、社區服務、公務員強制（盲目）信託、財產申報制（公職人員財產申報法）、犯罪被害人保護法、證人保護法、政治獻金法、保險法、勞工法、公害糾紛處理法、律師地位提升（律師倫理規範）、政府資訊公開法、政府採購法、各種稅法等，不一而足。又劉紹樑，美國法制對我國法制的影響—從比較法觀點的探討，國科會研討會論文，對筆者所提上述若干項目有詳細討論。

強比較法研究之必要。作者已於不久前試撰介紹伊斯蘭法系概要之文章[2]，本文擬以英美法系爲中心，盡量與大陸法系加以比較，就兩大法系之分布、演進、特色，何以造成與大陸法系之差異等若干問題，加以探討。

貳、屬於英美法系之地區

英美法系（common law system[3]）今日爲下列國家法律制度之基礎：英國、美國（路易士安那州與波多黎各除外。前者受法國與西班牙民法影響，後者受西班牙影響）、加拿大（魁北克省除外，因受法國法影響）、愛爾蘭、澳洲、紐西蘭、肯亞、奈及利亞（基本爲英美法，但加上宗教法）、辛巴威、加納、喀麥隆、南非、印度（果阿除外）、孟加拉、巴基斯坦（有若干回教法法條）、汶萊、新加坡（英美法，但人法方面，對回教徒有特別法規）、香港、安提瓜、巴布亞、巴貝多、巴哈馬、貝里斯、多米尼克、格拉納達、牙買加、聖文森、聖克里斯多福及尼維斯、千里達和托貝哥、馬來西亞。

基本上，除了以前也是其他國家之殖民地外，如加拿大的魁北克（部分用法國法）、南非和斯里蘭卡〔羅馬荷蘭法（Roman Dutch law）〕，過去曾經是英國殖民地的國家，原則上都屬於英美法系。以色列則爲大陸法系與英美法系二者之混合，因其法律雖已法典化，但其基本原理乃繼受 1960 年代巴勒斯坦託管時期之法律，故又近似英美法。香港在 1997 年回歸中國時，依其基本法第一章第 8 條之規定，於回歸中國後，仍維持英國普通法之適用。香港此種模式爲許多英國殖民地獨立後所採用，包括愛爾蘭、澳洲、紐西蘭、印度、貝里斯及許多加勒比海及非洲國家，都經由用制定法繼受之方式，採用英國之普通法[4]。

以下特將較爲複雜之問題說明如下。

---

[2]　參照楊崇森，伊斯蘭法系介述，法令月刊，第 60 卷第 4 期，2009 年 4 月，頁 4 以下。

[3]　普通法（common law）英文同一名稱，視情形可有三種不同意義。第一，與衡平法相對。第二，與立法機構通過的制定法（statute）相對。第三，與大陸法系（civil law system）的法制（civil law）相對。

[4]　en.wikipedia.org/wiki/Common_law; en.wikipedia.org/wiki/Common_law#contrasting-role-of treatise.

一、蘇格蘭

　　蘇格蘭雖號稱屬於大陸法系，但法制獨特，有不同法源。混合未法典化之大陸法因素（溯自羅馬法大全）及英國普通法之因素（在 1707 年和英格蘭合併後）。

　　蘇格蘭與英格蘭最早是世仇，彼此時有攻伐。其私法基本上以大陸法，即羅馬法爲基礎。在 14 和 15 世紀，當時與歐陸結盟，想防堵英格蘭一再擴張。蘇格蘭有好幾世紀比英格蘭與歐洲有較多接觸，許多法律人在外國尤其荷蘭受部分教育，致受在歐陸大學研究羅馬法之影響。今日在法律制度、法院組織和法律實務方面，與英格蘭有不少差異。在 1707 年與英格蘭訂了合併條約後，蘇格蘭法律之發展受英國普通法很大影響，許多英國制定法適用於蘇格蘭。英國國會在私法許多領域之制定法，適用於英格蘭和蘇格蘭，致蘇格蘭法成爲大陸法與英美法奇妙之混合[5]。

二、南非及斯里蘭卡之羅馬荷蘭法

（一）所謂羅馬荷蘭法（Roman Dutch Law）是荷蘭在 17、18 世紀適用之法律制度，是歐陸私法或普通法（jus commune）之一變種。雖然意大利法學家首先以羅馬法爲根據，展開新法律科學，但在 16 世紀，以法國法律人最有號影響力，在 17、18 世紀主導角色轉移到荷蘭法律科學，有名學者如格魯秀士等人。他們設法將羅馬法與荷蘭傳統日耳曼習慣法之若干法律觀念混合。雖然混合後主要是羅馬式的，但也含有若干荷蘭人之特色，稱爲羅馬荷蘭法。荷蘭人將此種制度傳入他們的殖民地，致歐洲 jus commune 之荷蘭版在南非與斯里蘭卡適用。在 19 世紀初，

---

[5]　羅馬法最初間接透過教會法庭適用之民法和教會法影響蘇格蘭法制。到 15 世紀羅馬法才對蘇格蘭有直接影響。在蘇格蘭 15 世紀大學教的法律不是蘇格蘭法，而是羅馬法或大陸民法及教會法。中世紀後期大學主要目的在教育將來的教士。雖然宗教改革在 1560 年發生，且歐洲大學加快世俗化，但直到 18 世紀早期，蘇格蘭法才成爲大學法律課程之一部。財產法、親屬法、繼承、信託法、證據和英國法不同，但商法、稅法相似；16 歲成年，而英格蘭 18 歲。刑事陪審團爲 15 人，由單純多數決定。蘇格蘭並無衡平法。1707 年以後和英國其他地區有共同議會。依 1998 年 Scotland Act，蘇格蘭可設立自己議會，除涉及國防外交外，可通過立法。參照 GLENDON, GORDON, OSAKWE, COMPARATIVE LEGAL TRADITIONS 449 (1994). MACQUEEN, STUDYING SCOTS LAW 64 (1993)。

　　1809 年荷蘭採用依據羅馬法之法國拿破崙民法，不再適用羅馬荷蘭
法，但在前荷蘭殖民地未以法國法取代羅馬荷蘭法，致今日仍有羅馬荷
蘭法留存。仍由南非（鄰近之賴索托、史瓦帝尼、納比亞）、辛巴威、
蓋亞那、印尼、東帝汶及斯里蘭卡適用，且對紐西蘭亦有影響[6]。

（二）南非是混合法律制度。繼承荷蘭之大陸法（稱為羅馬荷蘭法）與英國之
　　　普通法及當地非洲人之法律（常為非洲習慣法，因部族有出入）。基本
　　　上程序法、公司法、證據法，學英國法；而契約、侵權行為、人法、物
　　　法、親屬法學羅馬荷蘭法[7]。

（三）斯里蘭卡：好多世紀，錫蘭受葡萄牙、荷蘭及英國統治，致成為複雜法
　　　制之混合，包括英國普通法、羅馬荷蘭法及錫蘭法（Sinhalese law）。

三、斯堪地那維亞五國

　　斯堪地那維亞五國未採羅馬法因素（很少吸收外國法因素）。按瑞典在
18 世紀，即已開始把法律法典化，而比大多數其他歐洲國家為早。但這北歐
國家至今似未訂定民法典。有人說瑞典法律歷史之基礎是老日耳曼法，法國民
法對它們法律法典化沒有影響。究竟這五國屬於哪一法系？自成一獨立法系，
還是只是某法系的一支？學者之間有不同意見。有人以為它們是介於大陸法系
和英美法系之間，自成一個法系，也有學者（Bernitz）以為它們所含大陸法色
彩多於英美法。因為它所有基本法律概念幾乎經由日耳曼法來自大陸法，以列
入大陸法系中一支為宜。他指出這五國缺乏一般民法典，而用較不概括的制定
法補充，即當遇到法律欠缺規定之法律問題時，利用類推制定法條文、判例
法及法律理論，填補法律之不備。又他們對法律問題，較少理論與概念化的
方法[8]。

---

[6]　en.wikipedia.org/wiki/Roman_Dutch_law.

[7]　en.wikipedia.org/wiki/law_of_South_Africa.

[8]　ULF BERNITZ, WHAT IS SCANDINAVIAN LAW, CONCEPT, CHARACTERISTICS, FUTURE 28. 又 http://www.
　　scandinavianlaw.se/pdf/50-1.pdf.

參、屬於大陸法系（civil law system）之地區

基本上世界各國除了英美法系和伊斯蘭法系[9]外，幾乎盡屬大陸法系天下。當然另有一個法系分類，即按意識型態為標準，分為資本主義法系與社會主義法系。社會主義法系以前蘇聯為代表，中共等共產集團國家屬之。不過自從蘇聯解體後，情勢大變。共產集團紛紛變色，所剩無多，且即使前蘇聯，如後所述，基本上仍屬大陸法系。

在大陸法系中，如再細分，又可分為法國系與德國系兩支：

（一）法國系：法、比、荷、盧森堡、意大利、羅馬尼亞、西班牙、拉丁美洲國家及這些國家前殖民地。

（二）德國系：德、奧、瑞士、前捷克、希臘、葡萄牙（先受拿破崙民法影響、後受德國民法影響）、土耳其（凱末爾為了西化，廢回教法，仿1907年瑞士民法）、日本（當然二次大戰之後受美國法影響深）、南韓、臺灣。

（三）斯堪地那維亞國家：丹麥、挪威、瑞典，由於歷史上歸入斯堪地那維亞文化圈，致芬蘭和冰島亦繼承此系統。惟這一支法制介於大陸法系與英美法系之間，是否應認為一個獨立法系，或只是大陸法系的一支，學者有不同看法。

（四）中國：大陸法系和社會主義法系之混合。

肆、大陸法與英美法之差異

一、大陸法與英美法如何比較？

關於世界有多少法系？法系如何分類？應以什麼作為比較之標準？在比較法學者之間尚無一致看法，且未必十分精準。因此項工作工程浩大，所涉至廣，且每因選擇作為比較對象之法律領域或比較之重點及目的不同，結論會有很大出入。同理，在將大陸法和英美法比較時，宜用何種標準？迄今至止，尚難找到一致之標準。茲先就筆者所知，將歷來學者有關論點，簡述如次：

---

[9]　關於伊斯蘭法系之分布地區，詳如前註2拙文所列。

（一）韋格穆爾（Wigmore）

美國韋格穆爾教授在他大著世界法系概觀（A Panorama of the World's Legal Systems）一書以爲世界法系有埃及、美索不達米亞、希伯來、希臘、羅馬、海洋、印度、伊斯蘭、教會法、中國、日本、日耳曼、英美、斯拉夫等十六法系。

（二）Arminjon、Nolde 及 Wolff

這三人以爲法系之分類應限於私法之分類。因公法與私法往往屬於不同法系之故。在法系分類時，應將地理、人種及其他外部要素除外，主要考慮起源、派生、類似之關係，而建議將法系分爲七個。即：

1. 法國法系，包括在 19 或 20 世紀上半段，把它們法律用 1804 年拿破崙民法法典化國家。包括意大利葡萄牙、西班牙路易士安那南美各國（諸如巴西）魁北克聖路西亞羅馬尼亞埃及黎巴嫩等。
2. 日耳曼法系
3. 斯堪地那維亞法系，包括瑞典、挪威、丹麥、芬蘭、冰島五國。
4. 英國法系，包括英、美、加、澳、紐。
5. 俄羅斯法系。
6. 伊斯蘭法系，用於回教世界。
7. 印度法系 [10]。

（三）David

法國 René David 教授建議按不同意識型態分爲五類：

1. 西方法系，又分爲：(1) 羅馬日耳曼分系，包括法律學依羅馬法形成之法律體系；(2) 盎格魯薩克遜分系。
2. 蘇維埃法系。
3. 回教法系。
4. 印度法系。
5. 中國法系。

他認爲將羅馬日耳曼與盎格魯薩克遜併爲一系，以爲羅馬日耳曼和盎格魯薩克遜法之不同乃技術性而非意識型態。例如意大利和美國法之不同乃另一

---

[10] ARMINJON, NOLDE & WOLFF, TRAITÉ DE DROIT COMPARÉ（比較法概論）1 49ff (1950)：五十嵐清，比較法入門（日本評論社，1972 年），頁 83 以下。

類。在蘇維埃回教印度和中國法又是另一類。依其見解，羅馬德國法律系統包括法律學按羅馬法形成的國家，而英美法法系是由法官產生法律的國家。他以為用於區別西方法系和其他四個法系的獨特特色是：

1. 民主政治體系。
2. 資本主義經濟。
3. 基督教文化[11]。

（四）Zweigert 與 Koetz

晚近德國比較法學者 Zweigert 與 Koetz 二人提出一個以多元層面區分法系，並安排法系順序不同之方法。主張為了認定法系的歸屬，須審酌五種尺度，尤其歷史背景、主要思考方法、不同制度、公認之法源及主導之意識型態。將世界法系分為六個，即：

1. 羅馬法系。
2. 日耳曼法。
3. 英美法系。
4. 北歐法系。
5. 遠東法系（含中國、日本）。
6. 宗教法系（伊斯蘭與印度）[12]。

現試按其學說，並參考日本五十嵐教授之見解，敘述大陸法和英美法兩大法系不同之要點如下：

（一）歷史傳統不同

英國法之起源係始於 11 世紀諾曼王朝。英國在封建制度下，中央集權之色彩強烈。國王法院除了裁判，對習慣法之統一亦有貢獻。在 13 世紀已經確立了作為國王法院統一適用之法律，即普通法。因此英國能以自力形成統一法，是排除羅馬法影響之最大理由，但英國大學不似歐陸，並非法律人之養成機構，可謂為出庭律師團體之 Inns of Court[13] 更早就已發達，更有助於阻止羅

---

[11]　DAVID, TRAITÉ ÉLÉMENTARY DE DROIT CIVIL COMPARÉ (1950)（比較私法原論）；五十嵐清前揭，頁 87 以下。另可參考 DAVID & BRIERLEY, MAJOR LEGAL SYSTEMS IN THE WORLD TODAY (1985).

[12]　ZWEIGERT, ZUR LEHRE VON DEN RECHTSKREISEN, XXTH CENTURY COMPARATIVE AND CONFLICTS LAW (1961). 五十嵐清前揭，頁 95 以下。http:/en.Wikipedia.org/wiki/Comparative_law_ Classifications_ of legal_systems.

[13]　詳如後述。

馬法之入侵。中世英國法發展了普通法與衡平法，二者皆起源於中世制度，以致近代英國法雖殘留有非合理的制度，但也形成大陸法看不到之獨特法律文化，而對世界法學作出貢獻。

（二）特殊之法學思考方法

　　大陸法和英美法在法學思考方法上有顯著不同。在大陸法之法規範有抽象性，而英美法之法規範具體存在於先例之中。大陸法學以研究羅馬法為中心而發達起來。羅馬法本來並非抽象的規範。法源中心之學說彙纂（Digesta）乃各個案例之累積。近世私法學把此無數法源加以整理，體系化成為抽象規範。近代私法典乃此種抽象的法律規範之成文化。於是一旦成立抽象的規範後，法律適用時使用演繹式的三段論法。如具體案件找不到正確法規範時，只有仰賴解釋或類推方法加以補充。反之，英美法並無此種抽象的法律規範。普通法和衡平法法規範係存在於先例之中，在具體案件之裁判，法官首先須作的工作，是探求同種之先例。有此先例時，可下相同結論，但實際上並無二個完全相同之案件，於是須探討重要事實是否同一。

　　作為先例有拘束力的是 ratio decidendi（判決依據）部分，什麼是 ratio decidendi，由以後案件之法官自己自先例中發現。這是用歸納的方法。又發生新案時，由於欠缺先例，此時法官雖須自己創出新的法律規範，但即使在此時，該規範也只解決該案件，將來案件並不照樣適用[14]。

　　此種法律思考方法之差異，亦在成文法規範之不同上表現出來。大陸法典之規範採抽象形式。為了適用於儘量多同種事實關係上，把各個交易之特殊性捨棄，成立諸如買賣或租賃之類契約類型，再構成契約通則。自此契約所生債權債務和由其他關係所生之債權債務一起，形成債編總則。又和契約以外行為作成法律行為之概念。如此為了解決買賣所生問題，可適用法律行為之一般規定。同時為了避免抽象規範無法規律所有具體案件，大陸型法典還設公序良俗、誠實信用等抽象一般條款，加以補充。

　　大陸型法典是法體系化之產物。英美法近時制定法數目劇增，其中亦有採法典型態，例如美國統一商法典（Uniform Commercial Code），即其著例。但本來英美制定法多是把判例法予以成文化（如動產買賣法），或加以補正，因此其文字抽象化程度不高，往往極為具體詳細。

　　在解釋此種制定法時，法官須以和對判例法同樣方式操作。

---

[14]　五十嵐清前揭，頁112。

又英美制定法一般是斷片的，不是有體系。以民法而論，沒有民法全部之制定法。英美並無民法一般之概念，只有契約法、侵權行為法、財產法、親屬法等個別領域[15]。

（三）特別有特色之法律制度

英美普通法上並無物權與債權之區別，較有代表性的是不動產（real property）法。大陸法在法國大革命後，把原有複雜的封建土地制度掃除。但英國不動產法之改革慢慢進行，因此其制度與用語相當古老，留存至今。一個不動產上同時有不同內容之所有權並存。在表示完全不動產所有權之 estate in fee simple 之外，尚有限於權利人終身享有之 life estate，限定死後處分之 fee tail，加上種種將來權（future interest）[16]，致財產繼承（family settlement）之制度變成極其複雜。動產之中包含債權和無體財產權，而與不動產租賃權相當之 leasehold，被認為一種動產。但信託受益人之權利，究竟是債權抑物權，對大陸學者頗為困擾。

契約法有約因（consideration）之理論。無償契約不承認有約因，與大陸法實際有異。詐欺和錯誤之間，善意或無辜之不實表述（innocent misrepresentation）乃一種不正影響（undue influence），也是英美法一種特殊制度。關於契約效力，本來不承認債務人免責，19 世紀後半為了緩和其嚴酷起見，所產生類似之契約目的未達成（frustration）之法理頗為獨特。在英美侵權行為法方面，原則上並無大陸法那樣統一的侵權行為概念，只有各個侵權行為。例如侵害財產和身體（trespass）、妨害名譽（defamation）、妨礙生活（nuisance），較為有名。

衡平法乃英美法獨特之制度，其代表性之產物是信託，在經濟上、社會上扮演多方面之功能。又強調反托拉斯法和禁止不正競爭、重視人權保障及司法違憲審查權、隱私權及消費者保護等，是美國法所作之貢獻。

總之，現今如何連繫大陸法和英美法，是比較法學者面臨之重大課題。近時比較法學已自機能之立場努力作法系之比較。如今兩大法系之間法學者交流頻繁，也影響到法學方法論，並使兩大法系之間之差異減少，而愈趨接近。尤

---

[15] 五十嵐清前揭，頁 113 以下。

[16] 英國不動產所有權制度極其複雜，遠非我民法可比，詳見楊崇森，遨遊美國法第一冊（華藝，2014 年），第七章之說明。

其德國法學者之中有用英美法歸納的實際方法來建構私法之趨向[17]。

　　近年來歐盟發展快速，出現歐盟法（European Union law，以前稱為 European Community law），有許多條約、立法（諸如 Regulations 及 directives），對會員國法律直接或間接發生效力。它們主要限於經濟和社會性事務，在有些情形其效力優先於國內法，且通常由國內法院適用。最權威的裁定是由歐盟的法院（Court of Justice）發布[18]。英國加入歐盟後，可望對縮小大陸法和英美法之距離有所助益。

二、綜合意見

　　關於法系如何分類及英美法與大陸法系差異問題，學者看法大致已如上述。以下再綜合美國與日本學者的見解，參以筆者淺見，另提綜合意見如次：

　　大陸法與英美法有不少共通之處。二者都是西方文明之產物，分享其文化和倫理遺產。即使今日由於種種原因，差別程度已較昔日爲低，但兩者仍有重要差異：

　　第一，英美法系採判例法主義。法律基本部分大多並非依據制定法，而係由判例法加以規律。法律家面對新法律問題時，首先將其立論基礎求助於判例，以類推、擴張、相反解釋等方法解決之傾向頗強。換言之，法律推理權威性之出發方式不同。在大陸法系通常用立法方式，而在英美法系尤其在早期，大都仰賴司法裁判。

　　第二，受羅馬法之影響不同。在大陸法系國家受羅馬法影響，雖因地區有所不同，但一般而論，皆極爲深遠。而英美法系則受羅馬法影響不大。

　　第三，法律分析和思考方式不同。大陸法系國家之法律人有自一般原理加以演繹之強烈傾向，而英美法系之法律家往往詳細分析事實關係，檢討它和判例及其他從來作爲法律之前提之事實關係，在重要之點有無不同。如有不同，則法律效果應否不同；還是雖有不同，但仍以採相同結果爲優。這樣以個案 case by case 審酌之方法爲之。如用比喻說明，則大陸論理可說是垂直運用，而英美則是水平式展開[19]。

　　第四，英美法重視各論的考察，欠缺總則。強調救濟之層面，實際之性格

---

[17]　五十嵐清前揭，頁 121。

[18]　The British System of Government 80 (HMSO, 1992).

[19]　田中和夫，英米法總論上（1980 年），頁 16。

強；這些應該和判例法主義以及和它密切結合之法律家思考方法關連上，加以理解。英美法律家重視按事件之事實關係，妥當地予以解決；雖然現今不同因素減少了兩種法系之差異，但大陸法系仍然比英美法系對法律原則敘述得較爲抽象和有系統 [20]。

第五，在英美法，是具體性準則的累積，所以重視具體性。他們不是把法律作爲抽象的一般的原理或指針，而有視它爲按事實類型所形成之準則之彙集之傾向。他們的法律敘述詳細，制定法之條文也是詳細規定，儘量對具體問題之解決，予以明確規範，乃重視具體性之表現 [21]。但不太注意將法律體系化（體系化之努力不足），並以明確之論理與一貫之理論加以說明。

第六，大陸法系一般比英美法系重視一致，結構和高度概括化（generalization）。

第七，在英美法系國家，司法居於優越地位。英美有許多制定法，且立法機構發揮立法功能，但對英美人言，普通法是指法官創造和塑造的法律。制定法只有補充作用（雖非正確）[22]。在英美，社會習慣於對行政處分作司法審查。在美國，法官如認爲違憲，且無嚴重問題時，可認定立法無效。司法優越地位尤其在美國是英美法公平的描述。因此法律界許多大名鼎鼎的人物是法官如：Coke、Mansfield、Marshall、Story、Holmes、Brandeis、Cardozo 等，而不是學者。因爲英美法律系統原來是在法官手中產生和成長發展，密切地逐案推理，經由遵循先例（stare decisis）原理，建立一套拘束後來法官對類似案件作類似裁判的法律 [23]。又與判例主義相表裡的是，英美法不似大陸法傳統上重視學說。英美法的經驗與睿智，記錄在法官具體判決之判例集內。在司法上很少採用理論性著作，法學著作在司法上似不占重要地位 [24]。

---

[20] VON MEHREN & MURRAY, LAW IN THE UNITED STATES 27 (2007).

[21] 田中和夫前揭，頁 20。又田中教授還提出權利與自衛、法曹一元及陪審制爲英美法其他特徵。參照前揭，頁 22 以下。

[22] 有人以爲大陸法系法律基於法律原則和法典，通常源自羅馬法和法律系統。任何法典之更新，原則上須經立法或其他長期之程序。因此法官只能依此等法典和制定法下裁判，只能分析過去司法解釋。此種程序較穩定及較有代表性。反之英美法系法比較根據過去之司法判決，它們是立法之解釋。立法被認爲一種指南，而非如大陸法系須遵守，因此在英美法下，可隨時間經過成立法律，且可由單純裁判改變法律，此制度下法律較有彈性和迅速，可避開延滯和勉強之立法程序。

[23] MERRYMAN, THE CIVIL LAW TRADITION, AN INTRODUCTION TO THE LEGAL SYSTEMS OF WESTERN EUROPE AND LATIN AMERICA 35 (1969).

[24] 高柳賢三，英美法源理論（有斐閣，1938 年），頁 94 以下。

伍、英美法之發展

在探討大陸法系和英美法系之差異前，不能不先就英美法系之發源地，即英國法之發展歷程，略加說明。

英國法律學者把英國普通法起源主要追溯自諾曼人入侵（Norman Conquest）。因為在這之前，早期英國是不成文法，口耳相傳，一代傳一代[25]。羅馬人自公元 1 世紀起統治英國約 4 世紀，但未對英國法律制度有直接影響。羅馬人撤退後，英格蘭有盎格魯人、丹麥人、朱特族（Jutes）及薩克遜人先後入侵，社會由不同部族控制。此時英格蘭法律基本上是不成文的地方習慣。

英美普通法（common law）係自公元 1066 年諾曼人入侵（Norman Conquest）英國以後，經由所謂巡迴法官（itinerant justices）在全國各地旅行，並解決爭議而形成的。在征服者威廉（William the Conqueror）征服英格蘭時，他建立封建土地制度，不廢止當時各地的既存法院，而堅持它們照樣運作。當時英國已另有教會法庭，處理世俗法庭不認為犯法，但教會認為違反上帝法律之罪行（sin）之行為，例如偽證、通姦、誹謗等。它們也處理婚生子女和離婚案件[26]。即使威廉讓原有盎格魯薩克遜法庭繼續，但他採步驟將司法行政攬在中央。其一是成立 Curia Rigis 或 King's Court，由官員、貴族及法官所構成，最初作為國王之顧問團（council），實施行政與司法權，以後分化為行政顧問團及實施司法權之法院，稱為國王法院（King's Court）。國王法院只在西敏寺開庭，但派法官巡迴各地辦案。到了 1272 年，亨利三世時，包括地方性法院，巡迴法院及有上訴審管轄權之國王法院之司法系統已經成型[27]。

關於英美法之發展，依據韋格穆爾教授之見解，大致可分為三個時期。第一期為公元 1100 年至 1400 年，是建立英國新普通法時期。第二為 1400 年至 1600 年，是排斥羅馬法時期。第三為 1700 年至 1900 年，為形成世界法系時期。以下簡要探究英國法發展上若干重要問題。

---

[25] Lusk, Business Law, Principles and Cases 43 (1963).

[26] 關於教會法與英國之關係，可參照楊崇森，教會法之興衰及對現代世界之影響，軍法專刊，第 56 卷第 6 期，2010 年 12 月，頁 5 以下。Lusk, op. cit., at 30.

[27] Lusk, op. cit., at 8

一、何以英國自己形成獨特統一之法律系統？

　　英國先後被凱爾特人（Kelts 或蓋爾人）、羅馬人、丹麥人、薩克遜人蹂躪，竟有由自己形成獨特統一之法律系統。此結果係由於歷史上偶然因素之合併所產生。包括下列：

（一）它是海島，與別國分開，成為同質性之和諧社會，以致其民族和習慣易於統一。國內雖有壓力，但無外國侵略約 1,000 年，有助於一個法律制度有秩序之發展。

（二）第一個諾曼國王，即征服者威廉（William the Conqueror）具有政治上主導之人格特質，自始把該島視為強大中央集權之封建地域。Domesday Book[28] 和西敏寺是此觀念之典型代表。在諾曼人征服英國後，征服者威廉由於英國法乃不同地區習慣之聚合，大體上不予更動，而在西敏寺建立中央統治。他行政效率高，編成了 1086 年之末日調查錄（Domesday Book）。這是英國登記全國所有土地和農民的清冊，目的在加強和便於收稅。

　　　在下二世紀他有二個有力之繼承人，即亨利二世和愛德華一世。這些領袖透過立法，結束了英國各地分立由貴族對法律與習慣之管轄權。使英國比歐洲大陸在中央集權式司法和國家化方面早了 6 世紀。

（三）使英國普通法成立的大環境，是英國的諾曼人在無論立法和司法方面都注重法律[29]。

（四）英國有獨特之法律職業團體，在諾曼入侵前沒幾年，歐洲大陸社會之轉型，包括羅馬法研究之復甦，對英國法制無甚影響。當波羅那大學神學者到英國時，基本上世俗的法律制度已足夠發達，而把羅馬法之影響侷限於大學之學術研究，法律訓練仍操在職業之法律團體，即 Inns of Court 手中[30]。

---

[28] 該書是他中央集權之偉大表現，為歐洲大陸所無可比擬。他為了徵稅，在 1085 年調查與登記所有新的領地，其根據為普天之下莫非王土，每畝地都直接間接歸他所有。參照 WIGMORE, A PANORAMA OF WORLD'S LEGAL SYSTEMS 1056 (1936).

[29] 在諾曼人征服英國時，幾乎英國每個修道院都有它的法律顧問。參照 WIGMORE, op. cit., at 1061.

[30] 在早期英國唯一受訓練之律師是受教會法訓練。但在這時期基爾特成立，自教會手中取走律師之訓練，建立學校，教授人們執行法律之業務。這些學校稱為「Inns of Court」。此運動最盛時期在倫敦有十二所此種學校。由於他們的基爾特及 Inns of Court，律師獨占

這些 inn 早在 1300 年代早期已開始出現。它們是圈繞在倫敦各法庭的法律人的同業公會（即基爾特）。現今只有四個留下，即 Lincoln's Inn、Gray's inn、Inner Temple 及 Middle Temple。它們在最盛時，全部有十四個以上，當時每年大約有 2,000 名會員。其結果英國比起其他日耳曼民族的國家——德國、荷蘭、斯堪地那維亞，至少早了整整 2 世紀。Inns of Court 是連同法律學徒之法律人基爾特（因當時各種職業都組成基爾特）。學徒一起在這些 inn 食住和研究。當時牛津和劍橋大學英國法之研究幾乎被放棄，Inn of Court 變成法科大學[31]，由有經驗律師為學徒舉辦演講及模擬案件辯護[32]。通常此種教育須繼續 7 年。此種嚴格教育方式被近代美國之 Langdell 氏在哈佛法學院恢復[33]。

二、何以英國法不屈服於羅馬法？

羅馬法在 1200 年以後在西歐別處擊敗了日耳曼法，英國法學家 Coke 等人非常愛國，提倡英國本地法律系統。在 1400 至 1500 年代，歐洲大陸羅馬法之傳布和查理第五之帝國計畫及教皇主張宇宙管轄權有關。而支持英王亨利八世和羅馬天主教教皇系統斷絕之同一政治上之愛國主義，與主張致力於英國法律系統之法律上愛國主義相呼應。Coke 阻擋了當時在英國居於頂峰之大陸法研究之入侵[34]。而 Inns of Court 之崛起，代表羅馬法系統之失敗。在歐陸其他日耳曼法區域，當時並無法律職業，沒有法學院，亦無統一普通法，無力抗拒意大利和法國新興法學博士群，帶來高度發展之羅馬新普通法之科學。反之，在英國此時英國法統一已久，且由強大專業群研習和教授。Inns of Court 是專業研究的大軍，頑強地守衛英國法之堡壘[35]。

而且這大軍代表英國自諾曼征服時期以來社會和政治上之統治階級。因此

了英國法律業務。有些學者主張此時期律師活動阻止了英國採用羅馬法作為法律系統之基礎。參照 LUSK, BUSINESS LAW PRINCIPLES AND CASES 34 (1963); GLENDON, GORDON & OSAKWE, COMPARATIVE LEGAL TRADITIONS, TEXT, MATERIALS AND CASES 440 (1994).

[31] 在 1400 年代後期及 1600 年代，它們真的被 Chief Justice Fortescue 及 Coke 稱為法科大學。衡平法庭（Chancellor's Court）有一段期間就在 Lincohn's Inn 的大廳舉行。

[32] WIGMORE op. cit., at 1067.

[33] 關於 Langdell 在哈佛大學倡導之個案研究法，及其對美國法律教育影響之詳情，參照楊崇森，美國法律教育與法律職業之發展、特色與變遷，法學叢刊，第 56 卷第 2 期，2011 年 4 月，頁 153 以下。

[34] WIGMORE, op. cit., at 1078; 高柳賢三前揭，頁 41。

[35] WIgmore, op. cit., at 1081.

英國法必然延續歷來英國式的，而不致變爲羅馬式的法則。

三、何以羅馬法之復興，不像歐洲其他地區，將英國法轉變爲羅馬法？

（一）Coke、Bacon、Selden、Mansfield 及 Blackstone[36] 代表英國司法及法學界在 1600 年代之新紀元之領導人物。這時期是英國法律學者活躍時期，產生一些學者，在 1600 年代早期將科學和研究帶進英國法裡。

（二）在 1700 年代，英國貿易商和英國殖民在各地活躍，且遍布全世界。英國商業變成世界性，在這種環境下也擴張了英國法律之影響力。William Murray、Lord Mansfield 及一些別的法官將 Bacon 和 Selden 之精神帶進法曹，使英國商法變成世界性。此時 Mansfield 之同道 William Blackstone（先是牛津英國法教授，後擔任法官）受到鼓舞，在 1753 年首次在英國大學發表英國普通法演講後，出版英國法註釋書。該書風格流暢，在法國之外無人匹敵，銷往世界英國各殖民地，尤其風行於美國。在 1700 年代北美殖民地大約有二百多名法律人，跨海到倫敦 Inns of Court 接受教育，其中多人後來在美國獨立時，成爲美國憲法會議代表或各州最高法院院長，對美國之影響難以估算。如果沒有 Blackstone 的著作，也許美國法律人只得看 Coke 難懂的 Institutes，或閱讀不易接近且複雜的判例，甚至會轉向歐洲大陸之法典亦未可知[37]。等到美國、加拿大、澳洲獨立後，英國法系統之應用也隨之擴大，紛紛被採用及部分更改以適應當地之需要，致其影響遍及全球，終而成爲世界三大活的法系之一。

---

[36] Coke（Sir Edward Coke, 1552-1634）爲法官、King's Bench 院長、律師、政治家。伊麗莎白和雅各賓時期最偉大法學家。著有 *Institutes of the Laws of England*，奠定英國法之基礎。John Selden（1584-1654）乃英國法學家與古代法、憲法及猶太法學者。Lord Mansfield 乃 William Murray（1705-1793），爲律師、法官、英國法學家、政治家。曾任 King's Bench 院長，使英國法和英國法院現代化。被認爲英國商法之創立人，曾判決宣告英國禁止奴隸。William Blackstone（1723-1782）爲英國法學家、法官與政治家。著有 *Commentaries on the Laws of England* 四冊論說書，也是當時美國標準課本，影響傑佛遜、馬歇爾、林肯等人。有人說如無他著的書，美國及其他英語國家是否統一採普通法，尚有疑問。參照 en.Wikipedia. org/wiki/William_Blackstone.

[37] GLENDON, GORDON & OSAKWE, op. cit., at 447.

四、在英國都無人主張以大陸法系方式，將法律法典化？

　　在 19 世紀思想家邊沁（Jeremy Bentham）與不大尊重英國傳統及法院先例效力之人，認為普通法在回應社會之需要上行動過於緩慢，要求政府將法律法典化，以增進法律之確實性與社會之理解，並避免發生社會革命。但其主張不為保守之司法界及律師界所認同。國會雖然受影響，先後通過好多新的立法，但並未把法律規則法典化，只通過法律，針對較狹之爭點加以補充，而非取代英國原有之先例。亦即對於以大陸法方式把英國法法典化之主張，並未得到什麼支持[38]。

陸、英美法系與大陸法系差異之原因

　　兩大法系之差異大概主要由於在公元 1000 年和大約 1200 年之間發生的兩件大事。其一是 1066 年諾曼人征服英格蘭；其二是在 11 世紀末優帝羅馬法大全的再發現，及首先在波羅那大學，然後在其他歐洲大陸大學，依據民法大全開始之大學法律教育。以致發生包括下列情形：

一、在 13 世紀末英國法是實務家的法律，英國律師公會很快成立法律教育，實務家（律師和法官）有力控制了法律秩序和法律教育。傳統大學從未如歐陸很早就占法律教育之主導地位。

二、英國法庭經許多世紀，創造了統一法，使英國法經由緩慢而有機成長，成為真正普通法，國王法庭宣告之法律大體符合社會之需要和希望。

三、歐陸法律欠缺統一，又繼受羅馬法之結果，導致人們對實際運用之法律（law in action），比起英國較缺興趣和重視。

四、法國和德國到了現代才成立全國共通一般法意義上的普通法。尤其德國直到 19 世紀後期才達到政治上統一，而法律統一更遲[39]。

　　原來諾曼人征服，創造了英國有效率中央化司法行政。結果國王法庭能在司法行政過程中，宣布整個領土共通的法律。國王有顧問團（Curia Regis、council）之顧問協助，行使司法、行政及立法權。司法權由王室法

---

[38] Id. at 448; 高柳賢三前揭，頁 43。

[39] VON MEHREN, THE CIVIL LAW SYSTEM, CASES AND MATERIALS FOR THE COMPARATIVE STUDY OF LAW 11 et seq. (1957).

院（royal court）承當。它發展整個英國共同之法律。在以後二個半世紀由三所法院行使中央司法權。並在 Westminster 辦公。第一個普通法法院是 the Court of Exchequer，反映國王處理稅務爭議之最重要利益。第二是 the Court of Common Pleas，解決不涉及國王直接利益之百姓之間爭議。第三是 King's Bench，審理直接涉及王室利益之爭議。它發出 writs of mandamus、prohibition、certiorari 及人身保護狀，來管理官員被人懷疑的行動[40]。

　　在亨利一世即位和亨利三世死亡之間（1100-1272）對英格蘭宣布了一個普通法，產生了若干對英國法理論和實務關係深遠之結果。在不到 2 世紀之間，英國法律秩序直到近代，一直排除英國大學對法律扮演歐陸大學之類似角色。國王法庭宣告之法律大體符合社會的需要和希望。司法之集中化，需要小規模密切結合之職業。由於執業之法律規則大抵爲法庭司法行政之產物，以致實務家獨占了法律，執業所需的知識和技能。其結果法律教育由執業之人提供，且集中在法庭之工作。在此情形下，法律家之教育，自然集中在特定問題及其解決，而對特定結果之有系統或理論之影響，無甚關心或興趣。在 13 世紀末，英國法是實務家的法律，而實務家（律師和法官）有力地控制了法律秩序和法律教育。到了 13 世紀末，實務家之關心和視野塑造了英國法律教育和對法律之想法[41]。這種情況直到20世紀沒有改變過。想做法律人之人先作學徒而非學者。法律教育和法律思考並非大學或學者之領域。英國法律分析只關注自己判過的案件取得先例，這是重視事實細節之過程，法律材料大多以救濟方法來構築，對歐陸法學家而言，英國法律思考似乎欠缺系統（如非零亂）。但對小規模密切結合之職業言，則有可預測性，且實現某種一致（coherence）[42]。

　　反之在歐陸直到 19 世紀，法律才告統一。當時情況和上述英國普通法達到法律統一時大大不同，大學的法律研究自 12 世紀起，由於好幾代法學家之努力，已發展出足以適於產生統一國內法工作之法律科學，使民法大全能爲人所瞭解。由於歐陸法律欠缺統一，導致人們對實際運用之法律（law in action），比起英國較缺興趣和重視，且實務家在社會上亦較少威望和影響。其結果使得大學能主導法律教育。

　　又由於眞正執行的法律是片斷零星且未發達，尤其和民法大全比較，所以對實務法律之特定解決方法，缺乏學術興趣。且研究法律之大學環境也有利

---

[40]　Glendon, Gordon & Osakwe, op. cit., at 441.

[41]　Von Mehren & Murray, op. cit., at 29.

[42]　Id. at 30.

於通常和學者而非法官律師有關連之那些特色：即崇尚系統、結構及概括化（generalization）。

　　況此時經濟政治社會變遷較為快速，基於哲學和社會學理由，在 18 世紀末，法律已不再視為被宣布的（declared）而是制定的（made）。法律應是司法產物之想法，並不符合此時期之政治思想，而認為造法是立法或行政部門之工作，且認為此時為了法律統一，必須法典化。社會已渴望把法律原則和原理作抽象有系統之敘述，且此種工作為當時立法者所勝任和歡迎[43]。

柒、衡平法之滄桑

一、衡平法之產生原因

　　普通法自歷史上言，是普通的一般法，效力高於地方法。這是由英國皇家法院巡迴法官所宣布的。在 12 世紀前，英國已發展出普通法法院[44]，適用此種普通法。在這些法院，民事訴訟須用一個令狀（writ）來開始。所謂令狀是列出訴訟原因或請求之理由，換言之，它是執行請求權所必需的一種特定訴訟形式[45]。令狀是以國王之名義，並成為他的命令，發給一個官員授權開始特定訴訟（後來稱為 forms of actions）。在初期也有成立新令狀來適應新環境，例如令狀最初包括 debt、retinue、covenant、replevin & account。以後增加了 writ of trespass，並擴大包括了 ejectment、grover & assumpsit。這些對日後英國契約法及侵權行為法之發展甚為重要，但到了 13 世紀就停止不再增加。令狀在範圍上有限制，法官和大法官不能自由創設新令狀，且制度嚴格[46]。訴訟案件須合乎現有各種令狀之一，如案件選錯令狀，或不合於任何種類令狀，就無法向普通法法院起訴或被駁回[47]。

---

[43] Id. at 32.

[44] 當時普通法院有 Common Pleas、Exchequer、King's Bench 等。

[45] 令狀一詞最初用於各種目的。國王召集軍隊及其顧問團，用令狀；命官員徵稅，亦用令狀；發布大多數行政命令，也用令狀。後來主要在 1150 年至 1250 年之間引進之令狀，乃英國普通法之基礎。參照 LUSK, op. cit., p. 32.

[46] GLENDON, GORDON & OSAKWE, op. cit., at 443.

[47] 其結果原始普通法乃一套與古典羅馬法類似之「actions」之制度。如有一個令狀存在（在 1227 年有五十六個），則可執行一個請求權（claim）。但無令狀之請求權則無法執行，即請求權不存在。

　　其結果，原來之普通法呈現出和古典羅馬法類似的訴訟制度[48]。如有令狀存在，則請求權可以執行。但如請求權沒有令狀，則原告並無救濟之途，亦即請求權不存在（Where there is no writ, there is no right.）。[49] 當 Provisions of Oxford（1258）禁止創設新令狀時，此種訴訟制度變成缺乏彈性[50]。

　　同時普通法本身也愈來愈僵化，只提供一種救濟，就是損害賠償，不能對各種問題充分解決。例如有人答應出賣一塊特定土地予買受人，後來出賣人不履行契約時，由於買受人實在需要該土地，且當初信賴出賣人，以為會獲得該土地，做了種種安排，在此種情形下，損害賠償對買受人不是充分的救濟。

　　由於許多人無法透過普通法法院對別人所加的不法行為尋求救濟。於是許多不滿的人向國王請願，因國王被認為是「正義的淵源」（fountain of justice）。通常國王會把這些請願案件交給大法官（Chancellor）（國王的主要大臣）處理，因為不想花時間斟酌。大法官通常是教士出身，被認為是「國王良心的守護者」（keeper of the king's conscience）。不久訴訟當事人改向大法官直接請願。到了 1474 年，大法官已開始基於他固有的權力，對案件下裁判，而不是國王的代用品，這就是衡平法院（Court of Chancery）的起源。

　　訴訟當事人到大法官面前出庭，當時大法官審理案件以仿自教會法和羅馬法之糾問式方式進行。衡平法之程序集中在避免普通法之嚴苛，然後依據大法官對該問題的道德上見解來下裁判。該法院會堅持要當事人透露相關文件，且須當面訊問當事人，不像普通法法院直至 16 世紀還不採口頭證據，無法自當事人發現真相。由於這新法院不受法院傳統法律原則或先例的拘束，完全依賴大法官的是非觀念來判斷，因此可以執行普通法過去所不承認的權利（因受先例拘束，不能適應新環境），提供最適合個案的任何救濟方法，包括命令強制執行（decree of specific performance），例如對上述土地的出賣人可強制其履行承諾，此種法院所下判例後來稱為衡平法（equity）[51]。

---

[48] 可見早期普通法強調程序，頗似早期羅馬法注重訴訟之形式，與重視案件之事實，而非實體抽象法律原則之起源。參照 GLENDON, GORDON & OSAKWE, op. cit., at 442. 五十嵐教授提到：在英國衡平法體系和普通法體系獨立發展之過程，可比諸羅馬法上與嚴格之市民法（jus civile）相對之名譽法（jus honorarium）之發展。五十嵐清前揭，頁 109。

[49] GLENDON, GORDON & OSAKWE, op. cit., at 441.

[50] 此種制度當 1258 年「Provisions of Oxford」禁止創設新令狀時，除了「writ upon the case」所准許之彈性外（這以後導致契約與侵權法之發展），變成欠缺彈性。參照 HAY, AN INTRODUCTION TO U.S. LAW 4 et seq. (1976).

[51] 英國的衡平法與羅馬法之萬民法性質有共通之處，都是因普通法律過於僵化，為救濟其

衡平法之程序是對人，與普通法程序是對財產，有所不同。又是否賦予救濟方法，最後由法院裁量，且可由法院對不遵從它命令之人，以民事藐視法庭為理由，在遵從命令前，加以拘禁，此點為普通法所無。又陪審只在普通法法院用到，衡平法法院不適用。

二、衡平法之救濟與貢獻

衡平法大大增加了被害人的救濟途徑，以下乃其最主要之救濟方法：

（一）禁制命令（injunction）：即命令被告為某種行為，或禁止為某種行為。

（二）特定履行（specific performance）：即強制一造當事人履行先前訂定的契約。

（三）補正（rectification）：即命令改變未表明雙方當事人真意之文件的文字。

（四）撤銷（rescission）：即恢復契約當事人簽署契約前之狀態。

法院對是否賦予當事人衡平法上的救濟有裁量權。贏得某案之原告有權獲得普通法上救濟，但法院可選擇是否賦予衡平法上的救濟。

不久之後衡平法院正式取得衡平法之管轄權。

提到衡平法院之貢獻，它在契約法發展了錯誤與詐欺（mistake & fraud），包括不正影響（undue influence）之理論。在程序法方面，發展出衡平救濟方法（equitable remedies），除上述特定履行（special performance）、禁制令（injunctions）外，也創設了撤銷（cancellation），或解除（rescission）及更正（rectifications）等救濟方法[52]。

衡平法院之貢獻除了一般人熟悉的禁制命令及特定履行等救濟，來補充普

窮而出現；但衡平法由另一法院掌理，反之萬民法則由同一法官掌理，別無另一法庭。羅馬法原來是為了不能利用羅馬人法律訴訟（actions）之外國人之利益，應用類推原理（Aeguitas）而發生，後來他們的模式（formulat）被執政官（prators）修正後加以採用。因此羅馬法上衡平之行政，與嚴格法律之行政相同，都操在同一地方官（magistrate）手中。此種制度被繼受羅馬法之近代國家所採用。反之在英國緩和法之嚴峻性之權力，本來操在國王手中，後來他授權大法官（chancellor，他最初是行政官，而非司法官）而非普通法法官行使。

[52] 參照 HANBURY, MODERN EQUITY 19 (Steuens & Sons, 1957). 又有學者以為衡平法上原則對英美物權法（property）與契約法之發展影響最大，即使今日在此等領域此等原則仍屬重要。兩種最有名的貢獻，即信託法之發展，與今日規範抵押權規則之基礎，都來自物權法，又衡平法所創設代替性之救濟也非常重要。參照 ELLIOT & QUINN, ENGLISH LEGAL SYSTEM 67 (1997).

通法之不足外，在它保護孕育下，發展出信託制度（前身為所謂 Use），尤為其最首要貢獻。因普通法不承認非土地所有人之當事人之利益，而衡平法院承認在同一財產上同時有法律上所有權與衡平法上所有權並存，使信託受託人對信託財產之法律上所有權，受到受益人衡平法上所有權即利益之限制，須為受益人之利益，依信託目的，予以管理處分，以保護受益人之利益。英國法律史家梅特南（Maitland）嘗謂：「如有人問什麼是英國人在法學領域最偉大與最突出之成就，我認為除了世代推行信託觀念發展外，別無更佳答案[53]。」

三、衡平法之法諺

　　雖然普通法與衡平法自先例發展出來，但衡平法也創造了一些法諺，必須先滿足它的要件，才能應用衡平法上的規則。這些法諺是用來確保裁判在道德上公正，茲選錄若干有名之法諺如下：

（一）「尋求衡平法院救濟之人，須有乾淨的手」（He who comes to equity must come with clean hands.）。意即原告若自己在某些方面不對，則不能對他賦予衡平法上的救濟。例如在 D & C Builders v. Rees（1966）一案，一家小建設公司在 Rees 夫婦的房屋上做了修繕，帳單 732 英鎊，Rees 已付 250 鎊。當建商要求支付其餘 482 鎊時，Rees 宣稱建商所做工作有瑕疵，只願付 300 英鎊。由於那時建商財務極為困窘（為 Rees 所知），勉強收下 300 英鎊，視為付清。接受該款之決定通常在普通法不生拘束力，後來建商起訴要 Rees 支付所欠之餘款。Rees 主張法院應適用衡平法上禁反言的原則（當允諾通常拘束力），但法官 Lord Denning 拒絕適用禁反言之原則，理由是附加救濟，通常只有在普通法救濟對被害人顯然不充分時才會賦予。Rees 利用建商財政的困窘得到不正利益，所以並未帶乾淨的手到法院來。

（二）「尋求衡平的人，也須衡平做事」（He who seeks equity must do equity.）。即任何尋求衡平法上救濟之人，須公平對待他的對造。在 Chappell v. Times Newspapers Ltd.（1975）一案，報社員工被雇主警告：除非停止罷工行動，否則要被解僱。員工遂請求法院頒發禁止命令，防止雇主實行該威脅行動。法院判認：為了賦予此種救濟，罷工工人須承

---

[53] 關於信託之起源與演進，甚為複雜曲折，詳情可參照楊崇森，信託原理與實務（三民，2010 年），頁 37、41 以下。

諾：如法院頒發禁止命令時，他們就撤回罷工行動。由於員工拒絕接
受，故法院拒絕頒發禁止命令。

（三）「遲延打垮衡平」（Delay defeats equities.）。即原告如過了不合理的長
時間才對被告提起訴訟，則得不到衡平救濟。至遲延是否不合理，乃事
實問題，應就各個案件予以評估。在 Leaf v. International Galleries（1995）
一案，原告買了一幅出賣人說（無故意）是眞正康士特保（Constable，
英國古時有名畫家）所作薩尼士堡大教堂（Salisbury Cathedral）的
油畫。5 年後，買受人發現它根本不是他的畫，要求法院賦予衡平
法上撤銷的救濟，但法院認爲原告已經稽延太久，而駁回其請求。

上述法諺（當然還有其他）意謂：如原告案件欲依賴衡平法上規則，而非
普通法規則時，只有在符合法諺之情形，才能適用該規則，不似普通法規則，
並無此等限制。

四、普通法與衡平法之關係

衡平法院變成很受民衆歡迎，但也引起一般律師的反感，他們聲稱，裁判
的品質因各個大法官而有不同。由於不依循先例，且每案件純粹考量其是非曲
直（merits），裁判可能發生恣意情形，致無人能預測裁判的結果。

在另一方面，此種高度彈性被認爲是衡平法院的大優點，因爲只要定下任
何規則，就會產生不正義的情形。規則愈概括，這情形也愈有發生的可能，但
不可能預先定下所有不適用的例外。衡平法院由於適用正義公平觀念處理，不
免受到公平只是主觀的指責。當時有人批評「法院之衡平有似大法官的腳，其
尺寸因人而異」（The equity of this court varies like the size of the Chancellor's
foot.）[54]。

一般律師對於可用衡平法來限制他們原有的管轄權（jurisdiction）特別不
滿。因普通法賦予其訴訟當事人一種權利，如按其情形行使爲不公平時，衡平
法院可頒發一種普通禁止命令（injunction），防止該人行使該普通法之權利。
例如某當事人因錯誤起草文件，依普通他方可要求執該文件，即使他們知道該
錯誤而未注意到，但衡平法則認爲不公平，而普通禁止命令（injunction）可
防止執行該文件。

---

[54] 1818 年大法官 Lord Seldon 之言，參照 ELLIOT & QUINN, op. cit., at 63 et seq.;
MERRYMAN, op. cit., at 53.

有相當長期間，大法官和普通法法官之間，就應賦予申請人救濟之案件種類密切磋商，以減少個人觀點衝突之危險。且由於衡平法院之衡平採對人行動（equity acts in personal）之基本原則，會減少二者管轄權之衝突。但到了 16 世紀，由於大法官擴充並合併其管轄權，致仍產生摩擦。摩擦中心在於大法官所發禁制令（common injunctions）限制了普通法訴訟當事人進行法律上訴訟，或限制他們於取得判決後執行其判決。與此大約前後，衡平法院法官不再由教士充任，而變成職業法官。

在 17 世紀，普通法院與衡平法院權限之爭加劇。到了 1615 年，在 The Earl of Oxford 一案，竟發展到白熱化。普通法法院與衡平法院相衝突的判決，被呈送到國王那裡，請示如何處理[55]。經國王詹姆士一世於 1616 年決定二者衝突時，應優先適用衡平法。即以命令確立了衡平法院與普通法院並存之獨立地位。如無此項決定，衡平法將變成沒有價值，因除非它具有優越地位，否則不能踐履填補普通法漏洞的任務。

五、衡平法與普通法之融合

衡平法與普通法兩種法律的競爭繼續一段時期後，逐漸緩和。因為衡平法也開始受到先例與標準原則的規律[56]，這種發展是與指派許多法律人而非僧侶在 Lord Chancellor Office 任職，演變成慣例有關。可是在 17 世紀末期和 18 世紀，衡平法院也發生瑕疵，程序有舞弊和濫用、司法人力不足、重審和上訴過細、導致費用多、稽延和不公平等，致業務減少。在 1813 年派副大法官開始一些零星改革及 1830 年 Whig 黨勝利後，作了更多變革。

---

[55] 兩法院之爭端最後呈送國王詹姆士一世處理，當 Coke 是 Chief Justice，而 Ellesmere 是 Lord Chancellor 之時。後來該案由國王交培根檢察總長及其他顧問研究後接受他們建議，認為衡平法院所發禁制令為有效，在 1616 年為有利於衡平法院之命令。有一說在 1616 年在審理一案時，發生下列情事，不知是否同一案件。即原告在審理時提出對案件的主張。他的一些友人引誘被告證人去 pub。結果輪到被告要提出對案件的主張時，證人無法作證，遂判決原告勝訴。被告向衡平法院申請發禁制令。普通法法命執行該判決。而大法官表示：如執行官不遵照他的裁判（decree），要將他關起來。如此在二法院間造成僵局，該案國王作有利於衡平法院之決定，於是建立了衡平法優於普通法之先例。參照 LUSK, op. cit., at 37.

[56] 到了 18 世紀衡平法發展了自己程序規則與實體規則，規範如何向大法官申請及大法官如何處理。諷刺的是，與當初設立衡平法院去避免的同樣嚴格，到了 19 世紀，衡平法也發展出判例法與公認的原則，變成僵化，其程度不下於普通法。

　　由於衡平法一旦成為一套法律，而不是良心之行使時，就沒有理由需要自己的法院。最後由於 1873 年和 1875 年英國通過了「司法機構法」（Judicature Acts）（該法建立了今日法院組織的基礎），整個司法制度作了重大改組，而衡平法院終於不再是獨立法院，管轄權被移給最高法院（Supreme Court of Judicature）[57]，第一審大多數管轄權也撥歸高等法院之衡平部（Chancery Division of the High Court）。雖然衡平法院仍舊是英國高等法院（High Court）的一個部門，但如同所有其他法院一樣，該法院現在可適用普通法與衡平法兩種法律。司法機構法還規定衡平法與普通法二者可由所有法院適用，且尋求衡平法與普通法救濟，不應再有不同程序。

　　換言之，高等法院（High Court）之所以分為數個部（division），乃純係為了方便，事實上它三個部都有管轄權和責任去承認並執行各種衡平法上的權利義務和抗辯。各個郡法院（county court）對衡平法事務亦取得有限之管轄權[58]。由於這些改革，嚴格的訴訟形式被廢止，此後民事審判以一般傳票（general writ of summon）開始。同時由於添加了較為統一的程序，當代英國審判在技術上的障礙，比起早期已少得多了[59]。

六、今日衡平法

　　值得注意的是，上述司法機構法並非將普通法與衡平法加以融合，只是在行政方面加以融合而已。今日衡平法規則仍舊與普通法規則並行，且作為普通法之追加，如二者衝突，則以衡平法為準。

捌、英美法之現狀

一、目前普通法在美國只在侵權行為法、契約法及若干重複領域，諸如 promissory estoppel、restitution 之類領域，居於主導地位。雖然這些是任何法制之重要部門，但已不能再說普通法是美國法制之主導部分了[60]。

二、英國法之成分，在普通法與衡平法以外，尚有商事習慣法（law

---

[57] 該法院後改稱高級法院。

[58] PETTIT, EQUITY AND THE LAW OF TRUSTS 3-4 (1984).

[59] GLENDON, GORDON & OSAKWE, op. cit., at 448.

[60] VON MEHREN & MURRAY, LAW IN THE UNITED STATES 47 (2007).

merchant）[61]，及教會法（cannon law）。這兩種法律原由不同機構運用，程序亦各別。雖然後來融合起來，但時至今日，在現行法仍留下不少痕跡。例如：

（一）術語多有不同，例如訴訟，在普通法上之訴訟是 action in law，而衡平法上是 suit in equity。又判決在普通法稱為 judgment，在衡平法則稱為 decree。

（二）即使在實體法方面，歷史淵源不同，有時亦有反映在法律之例子。例如侵權行為被害人對結果之發生與有過失時，過去採完全不賠償之與有過失（contributory negligence）原則，現在有不少地方改為比較過失（comparative negligence）。海法自古即不採與有過失（contributory negligence）之原則。

（三）實體法上之權利常分為普通法上之權利（legal interest）和衡平法上之權利（equitable interest）。例如在信託，衡平法上權利之特色為不能對抗善意有償之第三人。

（四）實體法上之權利，分為普通法上之救濟方法和衡平法上之救濟方法。

三、在美國如同普通法，通過司法上承認或以制定法明文，致衡平法變成美國法之一部。今日此二法律系統在許多州已經合併（自 1848 年紐約州開始），其結果在這些州與聯邦實務上只有一種民事訴訟型態，只有少數幾州繼續保持分立之衡平法院。

今日普通法與衡平法之區別雖已式微，但提到其歷史發展，仍極重要，因一方面說明了許多現代法律觀念（例如財產法〔property law〕上的所有權〔title〕分立）之來歷，他方又決定例如訴訟當事人是否有權由陪審團審判（只有傳統普通法案件才有陪審審判，其他案件只能由法官審判），此外也決定是否適用一般普通法上損害賠償救濟，還是有特別（extraordinary）特定履行（specific performance）之衡平法救濟[62]。

---

[61] 商事習慣法主要受偉大普通法法官 Lord Mansfield（1705-1793）之影響，後來由商人法庭（merchants's courts）發展為商法，最後被普通法吸收，成為英國普通法之一部。參照 LUSK, op. cit., at 38.

[62] HAY, op. cit., at 4-5.

附錄　伊斯蘭法系之新發展

壹、引言

　　伊斯蘭教法系或回回法系乃今日世界上最廣泛施行的宗教法，且與英美法與大陸法並列，係世界三大法系之一。歷史悠久，傳播地區遼闊，具有許多特色，不但在人類文明史上寫下許多光輝燦爛的篇章，即使今日信徒仍占世界人口的23%。在伊斯蘭教黃金時期，古典伊斯蘭教法對英美法，甚至若干大陸法系制度之發展都有重大的影響，但由於種種政治因素及與西方國家間之矛盾，以致西方學術界人士對該法系之研究仍極不足，國內更甚，以致蒙上重重神祕面紗，甚至以訛傳訛。筆者十餘年前曾作簡明的介紹[63]，近因又發現若干新資料，故再草此蕪文，加以補充，區區苦心，尚望明察。

　　原來伊斯蘭教法在大約1,400年前，默罕默德在阿拉伯半島上創立之初，當地人們所過的是游牧與部落生活。在先知穆罕默德來臨前，當時阿拉伯半島上的人民崇拜偶像與多神教，各部落彼此戰鬥不已，婚姻、待客及復仇之習慣不一，經濟與社會秩序紛亂落後，生活窮困，並無共通的屬性，由於伊斯蘭教的誕生，穆罕默德成功地結合阿拉伯半島的各部落在這一神教下建立了一個所有族群和平相處的寬容環境，他們才有了同一性。在穆罕默德逝世時，伊斯蘭教法尚未充分發展，而是後來隨著它所要服務的伊斯蘭教社會的演變而發展出來。

　　伊斯蘭教是繼猶太教與基督教之後，第三個主要一神教，受到猶太教與基督教很大影響。伊斯蘭教教義主張神不斷派先知對人啓示，但人並未看到光，離開神而墮落。阿布拉罕、摩西與耶穌都在伊斯蘭教所承認早期許多先知之列。不過伊斯蘭教教義主張伊斯蘭教是人類經由神透過所派遣的使者，即先知穆罕默德的啓示而贖罪的最後機會[64]。

貳、伊斯蘭法系之特色（與大陸法系、英美法系之差異）

　　在伊斯蘭教世界，法律（Sharia，亦稱為 shariah，該詞乃「道路」之意）並非與宗教分立，亦非獨立的存在，而被認為係宗教本質的一部。Sharia 乃伊斯蘭宗教法之整體，它是規範基於伊斯蘭教法下生活之人公私生活之法律體系。其內容至為

---

[63]　楊崇森，伊斯蘭法系介述，法令月刊，第60卷第4期，2009年4月，頁4-24。該文已述者，本文不再重複，故以兩文合讀為宜。
[64]　參照 Eugen Gordon, Saudi Arabia in Pictures (Sterling Publishing Co., 1979), p. 31.

廣泛，並不限於宗教性質之規定，尚包括民法、刑法、訴訟法、行政法、支配者論、國家論、國際法、戰爭法，而且規範生活許多層面，包括政治、經濟、銀行、商業、契約、家庭、性、衛生與社會爭議。伊斯蘭教法性質如此廣泛，係由於他們以為法律須對一個人心靈與肉體的福祉提供一切必需的規範。而且伊斯蘭教法並非不動的法典，它主要由可蘭經（伊斯蘭教的宗教全文）、hadith（穆罕默德與其同志的言行）、公議（合意）（即 Jima 或 consensus）、qiyas（類推解釋）及數世紀的辯論、解釋與先例所構成[65]。

一、伊斯蘭教法不僅是一種法律制度，而且集宗教教義、道德規範及法律制度於一身。伊斯蘭教法除了規範個人與他人，國家之關係（此點與大多數其他法系同）外，還規範個人與神及個人自己良心之關係。而且對倫理標準與法律原則同等關切。不但指出個人法律上有權或應為之行為，而且還指出個人在良心上宜為或不宜為之事。[66]

它自日常生活以至最複雜的商業問題，涵蓋所有事體，與道德密切結合。英美法系與大陸法系都是世俗法學，法律主要規範人的外部行為，著重要求人們外部行為的合法性，只調整對建立社會秩序具有重要意義的社會關係，單純的信念不是法律調整的對象。反之，伊斯蘭教法把對穆斯林內心信念的規範與外部行為規範合為一體，透過每日祈禱、佈施、禁食及朝聖，即所謂念、禮、齋、課、朝五項宗教義務，淨化信仰與思想，使法制與法治觀念建立在宗教信仰與道德的基礎上，而且通過一整套調整人際關係的規範，使宗教信仰，融合在社會生活中。比起英美法與大陸法更為嚴格深入，因此有人認為伊斯蘭教法具有精神價值的超越性。一般法律制度往往隨政治制度的解體而廢止，但伊斯蘭教法經過 1,400 多年在世界不同民族的穆斯林中有不同程度的實踐[67]。

二、在伊斯蘭教國家法律被視為絕對與永恆，而在大陸法與英美法則法律較有彈

---

[65] 因此，伊斯蘭教法欠缺法條型態之法源，且因有不同解釋之可能，故並無將所有法律規定集大成之伊斯蘭教法法典。

[66] Ahmed El Shamsy, Sharīʿah: Islamic law (https://www.britannica.com/contributor/Ahmed-El-Shamsy/12357958).

[67] 例如伊斯蘭法認為欺騙與不誠實是嚴重的道德非行，而大陸法或英美法可支付損害賠償加以修補。如此當然影響商人間之貿易關係。又在伊斯蘭教法，口頭交通也是一種重要證據方式。宣誓在傳統上代替書面契約，被賦予較重分量，非僅擔保所作證言之真實，而是本身可作為證據。在民商契約，口頭契約與穆斯林證人之證言優於書面契約，因伊斯蘭法學家傳統上認為書面契約可以偽造。宗教法庭對書面契約之待遇，產生不透明交易及在經濟關係避免書面契約之誘因，導致穆斯林占多數之國家與社區延續了「大體口頭契約文化」。又參照 http://www.chinaislam.net.cn/cms/jjgz/jdjy/jyjg/201205/23-12186.html.

性，可變的。主要原因之一是法律之起源不同。伊斯蘭法被認爲由神所創造，而大陸法與英美法則認爲法律是人民所訂定。原來伊斯蘭法律認爲是神意之表現結果，由於先知穆罕默德於 632 年逝世，停止了神意與人類之直接溝通，神的啓示之內容此後變成固定與不可變更。因此伊斯蘭法整個形象的繼續不變，對若干法律領域，諸如禮儀法大體爲眞。但神的啓示可以不同方式解釋，且隨時間經過，多元之可能解釋已在幾乎每種法律產生許多不同立場。換言之，回教學者不認爲伊斯蘭教是演進中的宗教，而是所有時代都適用。因此其應用一直在演進，通過嚴謹的解釋與由於 Hadith 與 Sunna 及其他解釋來源之協助，使可蘭經之條文能對當前社會問題提出解決之道。[68]

三、伊斯蘭法系與英美法系不同，已剷平所有階級，或膚色之差別。所有之人只要是伊斯蘭教徒，在社會上與法律上一律平等。在伊斯蘭世界，一個人的國籍視其宗教而非其祖先而定。在伊斯蘭教內，無論在神職人員與普通百姓，種族與種族或階級與階級之間，都沒有藩籬存在[69]。

四、又伊斯蘭法對不同民族，按他們宗教信仰作不同處理，而英美法或大陸法則不問人民宗教傾向如何，對各民族同等適用。爲了滿足一大堆不同國度與社區之不同需求，伊斯蘭法律體系表現出非常高度的適應性與韌性。由於各地所需不同，伊斯蘭法律被修正，以便應用到非常不同群體的人。今日不但在中東主要阿拉伯國家，而且在東印度群島與中非東部等遙遠地方，都可看到伊斯蘭法。此種法系自我調節，以適用於不同地方需求的能力，非常驚人。它之所以受到廣大的歡迎，無疑地一半是由於伊斯蘭教對種族或膚色不加區別有以致之[70]。

五、犯罪之處罰在伊斯蘭法比英美法或大陸法嚴厲得多。例如強盜在回教國家要砍去犯人的手，而在大陸法或英美法犯人只須賠償損害及監禁數年。通姦，犯人要鞭 100 下，甚至處死。誣告不貞或飲酒各科 80 與 40 鞭。此外不似大陸法與英美法，回教法禁止宗教自由，且加以嚴格控制，男人叛教（脫教 apostasy）要處死，婦女叛教則科徒刑。這些犯罪稱爲 Hudah（違反神的法律），由國家追訴處罰，所有公民須遵守這些強制法規。Quessas 犯罪（侵害他人，爲可蘭

---

[68] 同註 4，又 M. Cherie Bassiouni, Islamic Law-The Shariah, https://www.mei.edu/publications/islamic-law-shariah.

[69] Wigmore, Panorama of the World's Legal Systems（世界法系大觀）(West Publishing Co., 1928), p. 639. 指出該法系有三種明顯特色。除上述一點外，與羅馬法系及英美法系只有兩點共通。第一，它對由幾十種不同地方語言所分開的人民提供教育、政府與進步的共同語言。因爲阿拉伯文字自中國西部流行到西非。第二，作爲一種社會秩序的規範，它已變通到習慣與制度各殊的無數社區實現了正義。

[70] https://www.churchofjesuschrist.org/study/liahona/2018/04/understanding-islam?lang=zho 認識伊斯蘭教，但以理・彼得生撰。

經規定者）與 Taazir 犯罪（侵害他人，但可蘭經無規定者）是另外兩種犯罪，與大陸法或英美法受到不同處罰。

六、法學家的論著在伊斯蘭教法占重要地位。即伊斯蘭教學問大部分完全係由法學家的著作而成，而非政府的法典與制定法。

七、法律的分類不同。在伊斯蘭法犯罪之分類係基於刑罰的種類，而西方法制下犯罪之分類係按損害之嚴重性。在回教法可蘭經對流行的習慣，諸如偶像崇拜、賭博、飲酒、雜交、不受節制的重婚、高利貸等認為犯罪行為，但在大多數大陸法與英美法國家這些行為已經合法化[71]。

參、遜尼派 vs. 什葉派

伊斯蘭教法由於分為遜尼和什葉兩大派系，致法源之見解有些歧異，所以必須先說明此二大派系。按穆罕默德（570-632）生前未指定他在麥加建立政權的繼承人，且沒有子嗣，因此他去世後，接班人產生了激烈的角逐，穆斯林分裂成遜尼與什葉兩派。加上什葉派發展出有別於遜尼派的伊斯蘭教教義，此外當地與國際政治複雜的因素，都是導致兩派矛盾的原因。

遜尼派，又譯素尼派，原意為遵循聖訓者，為伊斯蘭教的最大派別，約占全世界伊斯蘭教徒 85 至 91%，自稱「正統派」，與什葉派對立。中國境內的回民大多為遜尼派。

什葉派是伊斯蘭教第二大教派，是由支持穆罕默德女婿阿里的人所組成，被稱為阿里什葉（阿里派），如今多簡稱為什葉派。占全世界穆斯林人口的 10 至 15%，也有人認為有 30 至 35%。什葉派教徒 68 至 80% 住在伊拉克、伊朗、巴基斯坦及印度。

什葉派又分為三派：十二伊瑪目派、伊斯瑪儀派及五伊瑪目派等，最主要的是十二伊瑪目派。2012 年估計什葉派中有 85% 屬於十二伊瑪目派。

遜尼派和什葉派主要不同不在教義問題，而在於誰是穆罕默德真正接班人。什葉派相信，繼承穆罕默德成為哈里發的權利，應屬於穆罕默德男性近親阿里和他的子嗣，其他哈里發都是篡權者，也就是主張世襲制；但遜尼派是以推選的形式決定哈里發，而認為所有哈里發都是合法的。後來多數人的「正統派」成為「遜尼派」，而什葉派只屬於少數。

什葉派比較溫和富於變通，伊瑪目（宗教領袖）可以按照時代需要解讀可蘭

---

[71] M. Cherif Bassiouni, Islamic Law - The Shariah, January 24, 2012, https://www.mei.edu/publications/islamic-law-shariah.

經，而遜尼派除了主張可蘭經一字不可改外，還堅持傳承，認為穆罕默德的繼承人應該由選舉產生。

遜尼派一直掌握穆斯林帝國的主導權，由於美國軍事干預中東的意外結果，是什葉派的坐大。逐漸地，從黎巴嫩、敘利亞、伊拉克、到伊朗的政權或多或少落入什葉派手中，翻轉了遜尼派長期的霸權。因此當美軍一撤出各種勢力鬥爭前沿的伊拉克，遜尼派便和什葉派進入了「教派衝突」。

大體而言，什葉派崇尚光榮的殉道，認為受苦是淨化心靈之道，在危難時刻可採強硬激烈的手段，包括聖戰。部分什葉派當權者會直接或間接壓抑遜尼派，如：伊朗、伊拉克和敘利亞。遜尼派國家對國內什葉派之態度亦有不同，土耳其採寬容政策，沙烏地阿拉伯及馬來西亞，採迫害或禁止政策。巴基斯坦及印尼雖未以國家立場壓迫，但對國內什葉派的暴力行為有逐漸升溫的趨勢。

由於與什葉派之間的武裝衝突日漸增加，遜尼派內也出現了少數主張以聖戰對抗什葉派或美國的激進分子，例如：蓋達組織、塔利班和伊斯蘭國等恐怖組織，但也和其他同為遜尼派的國家及勢力理念不合而產生衝突，例如周邊阿拉伯國家長年支持反恐戰爭且否定伊斯蘭國及其哈里發的正統性、敘利亞反對派和伊斯蘭國之間的衝突等[72]。

肆、伊斯蘭教法之法源

伊斯蘭教法主要法源是可蘭經與聖訓（穆罕默德的言行，Sunnah），但傳統遜尼派伊斯蘭教徒認為尚有次要的法源，即包括穆罕默德的同志（Sahaba）與伊斯蘭教法學家（Ulema）對若干爭點的公議（依默書說）或合意（Consensus）（Jima），以及自神的原理（divine principle）與過去先例（qiyas，吉雅論）所作之類推解釋。

在上述法源都欠缺具體原則可循時，法律學者則利用 qiyas 作不同形式之推理，包括類推解釋。在上面四種主要法源允許時，社區或民眾之公議或合意（Consensus），公共利益及其他也被接受為衍生的法源，不過什葉派的伊斯蘭教徒不同意此種看法[73]。

---

[72] https://zh.wikipedia.org/wiki/ 遜尼派；https://zh.wikipedia.org/wiki/ 什葉派；https://medium.com/@yuhschang/sectarianconflict-fe5c540538fd; 認識伊斯蘭教（但以理‧彼得生撰）https://www.churchofjesuschrist.org/study/liahona/2018/04/understanding-islam?lang=zho.

[73] 什葉派反對以類推（analogy）（qiyas）作為創新的方法（bid'ah），也不認為公議或合意（Consensus）（Jima）本身有任何特殊價值。因為當遜尼派學者發展出這兩種工具時，什葉派的長老當時還健在，所以什葉派將他們視為聖訓（Sunnah）之擴充，而以為他們

這幾種法源適用順序不同，最優先適用依可蘭經所爲之法律判斷，只有在可蘭經不能判斷時，則參照 Sunnah，在以 Sunnah 亦不能判斷時，則從事 Jima 與 qiyas。不過也有學派不承認 Jima 與 qiyas，且對其方法與效力加以一定限制者[74]。

有些伊斯蘭教徒以爲伊斯蘭教法係由可蘭經與穆罕默德的言行（聖訓 Sunnah）所構成，但有些伊斯蘭教徒以爲它也包括古典的法律學（fiqh）[75]。實則可蘭經與聖訓構成基本法典中不可變易的部分，而應與不斷演進的解釋法（fiqh）加以區分。因 fiqh 是由學者所作之演繹或推理，而 Sharia 則係 fiqh 所依據之原理。

伊斯蘭教法之中有若干部分被認爲是神所定的，對所有相關情形（例如禁止飲酒）攸關，而不受時間的限制。有些部分則來自伊斯蘭教法律人與法官（mujtahidun）所建立的原理。

以下將主要法源分述如次：

一、可蘭經

伊斯蘭教法律它的來源有三，第一是可蘭經，即由穆罕默德所寫下的神的語言。可蘭經最初是以阿拉伯古典文字（方塊的印刷體，稱爲 Kufic）寫成[76]，後來以現代普通文字，即所謂 Neskhi script 寫成[77]。可蘭經蘊含神所顯示的言語，定下人類行爲之基本準繩，此種「聖經」形成伊斯蘭法律制度的核心，但它並非完整法典，其詩歌中只有10%涉及法律問題[78]。在大約公元650年穆罕默德逝世後不久，

的法律（fiqh）只源於可蘭經與 Sunnah。什葉派法律學強調的命題是邏輯（mantiq），以爲他們所提到應用的邏輯比起遜尼派的層次爲高。他們不認爲邏輯爲法律的第三個來源，只是考察傳來的著作是否與可蘭經及 Sunnah 相符之方法。

[74] 換言之，在什葉派法學，以爲一般只有長老才有正確解釋伊斯蘭教法的能力，比包含法學者之一般信徒能作之解釋，居於上位。因此什葉派法學將歷代長老的言行，亦作爲重要法源（hadith）看待。參照 http://en.wikipedia.org/wiki/Sharia, p. 1.

[75] 伊斯蘭的法律學稱爲 fiqh，分爲兩部，一部是 Usul al - fiqh——即法律之根源，研究來源與方法論。另一部是 Furu' al - fiqh，乃法律的分支，爲具體之規則。在19世紀以前，法律理論被認爲傳統法律思想學派的領域，大多數遜尼（Sunni）派回法教徒遵守 Hanafi、Halihi 或 Shafii，而大多數什葉（Shia）派伊斯蘭教徒則遵守 Twelvers（十二伊瑪月）（參照 http://en.wikipedia.og/wiki/Sharia, p. 1）。

[76] 在穆氏當時手稿通常是以獸皮爲材料，有時也用駱駝的骨頭，與埃及的 papyrus 草，在公元九百年後則專門用紙張。參照 Wigmore, Panorama of the World's Legal Systems, p. 546。按氏爲美國證據法權威，所著證據法深具影響力，曾任西北大學法學院首任專職院長。

[77] 可蘭經共114章（suras），以古典阿拉伯文寫成，它是6億以上不同種族與語言的伊斯蘭教徒的主要聯繫，可蘭經明白禁止描述人類或任何其他生物的圖畫。

[78] See, Ahmed El Shamsy, Sharīʿah: Islamic la (https://www.britannica.com/contributor/Ahmed-El-Shamsy/12357958).

哈里發奧曼（Kalif Oman）把可蘭經的全文標準化，不准與該形式有所出入直到今天。

二、穆罕默德的軼事（言行錄）

作為一種法律的註釋書，可蘭經異常簡潔，通常只是原則單純的敘述。由於可蘭經內法律不多，所以反映穆罕默德本身的人生與正義的哲學的談話與行動的軼事也成為伊斯蘭教法的法源，在法律上的重要性僅次於可蘭經。

但有關穆罕默德的軼事，為數極多，且極詳盡，這些也變成權威的來源。這些軼事共約 60 萬件之多，經仔細篩選與檢驗後，其中大約有 7,000 件被認為真正。它們是收在兩個大文庫（collectors）裡。比較重要的是在公元 869 年死亡的 Al-Bukhari 的文庫。他的法典（pandects）或稱為 Sahih，其中一件 1102 年的手稿仍舊存在，保存了穆罕默德 7,000 條語錄，而且現在仍被當作伊斯蘭法律的來源書籍（source book）。

三、法學家的論著

伊斯蘭教法系第三個法源是法學家的論著[79]，由於伊斯蘭教學問大部分係由法學家的著作而成，而非政府的法典與制定法，此亦為其顯著之特色。當然這些著作包括不同形式的註釋——有時是簡潔的法典的摘要，有時是法律意見的彙編，有時是哲學或分析的論說書。

（一）法學家

伊斯蘭法傳統上係由法學家（muftis）解釋。在伊斯蘭最初幾個世紀，法學家是私人專家，通常也作別的職業，他們發表 fatwas（法律意見），通常答覆普通人的問題或法官的諮詢，一般免費，其地位取決於其學術聲譽。這些意見作為一種法律先例。自 12 世紀以後回教統治者開始委派付薪之法學家，答覆大眾的問題。後來遜尼派法學家逐漸成為國家官僚，而伊朗的什葉派法學家在現代早期逐漸主張獨立的權威。

須注意者，伊斯蘭法係由與統治者無關的宗教學者所形成，其法律之權威，並非來自政治控制之權威，而是來自法學院（madhhabs）解釋聖訓能力之集體理論地位。宗教學者管理社區事務，對統治者作為群眾代表，因在現代以前統治者很少

---

[79] 在穆罕默德逝世後出現許多註釋書，將他的行為規範更加精確化。正如 Talmud（猶太之律法與解說）與猶太教教義係基於 Pentateuch 一樣，伊斯蘭教的註釋家係根據伊斯蘭教的聖經—可蘭經而來。參照 Rene A. Wormers, The Legal System of Islam, vol. 64 American Bar Association Journal, p. 21 (Sept, 1978).

有辦法直接管理社區事務。此外由於伊斯蘭法在數個公法領域只有一些條文，所以回教統治者能在伊斯蘭法學家管轄區以外訂立各種經濟，刑事及行政法的法令集。最有名的要推 15 世紀始的鄂圖曼各蘇丹所制定的立法。1869 年至 1876 年的鄂圖曼民法典更是第一個將伊斯蘭法法典化的部分嘗試 [80]。

　　在整個伊斯蘭帝國，後來有許多訓練法律專家的機構興起。到了公元 900 年，自撒馬爾罕到哥多巴，都有許多伊斯蘭法律家，寫下許多偉大的法律書籍，其中內容現在存留最早可考的，似乎是自大約公元 760 年以來的 Zaid Ibn Ali 的著作。

　　不過這些法學家學說的內容並不完全一致。在對穆罕默德談話作不同解釋的法學家影響下，發展出數個不同的法律學派。即 Hanafi 法，分布在中東與印度半島；Maliki 法，在非洲之北部西部與中部；Shafii 法在東非、阿拉伯半島南部，馬來西亞及印尼；Hanbali 法在南阿拉伯；Shii 法在伊朗與印度及東非什葉社區；Ibadi 法在桑吉巴，阿曼及部分阿爾及利亞。[81]

　　每一派都有它自己不同的法律文獻，有些可追溯至 1,000 多年前、由論說書與註釋書而成，而不在任何法規或法典內。在這些論說書中有不少是法律的明顯編纂。它們體裁清晰、推理淵深，表述井然有序，足可比擬於希伯來與基督教的註釋書。

（二）法律意見或注釋書

　　伊斯蘭教法律書的第二種型態是對實際發生案件之法律意見或註釋書。這是現代伊斯蘭法官（kadis）常常用來作為參考書（雖然在學校不念）之用。早期最有名之一是 Futawa Alemghiri，大約在公元 1650 年時所撰寫，在印度曾經相當流行，在英國人占據印度前仍在使用。當然近代還有無數其他書籍出現，尤其在北非，其中有些乃晚近作品。該 futawa 一詞乃「意見」之意，而這些意見係來自律師或法律學者。這類書是學理的分析討論，其中最好的一本是 Burhan Adin Ali 所撰，稱為 *Hedaya* 的書，為 Hanefite 派所使用。這是大約在公元 1200 年所撰，時當羅馬法律制度仍在萌芽時期，且日爾曼法除了薩克遜通鑑（Mirror of Saxony）外，還創造不出其他更進步著作之時。反之，像 Hedaya 之類書籍，有非常智慧的討論，其早熟之程度令人驚嘆。[82]

---

[80]　Shria, https://en.wikipedia.org/wiki/Sharia.

[81]　Ahmed El Shamsy, op. cit.

[82]　Wigmore, op. cit., p. 562. Rene A. Wormers, The Legal System of Islam, vol. 64, American Bar Association Journal, p. 22 (Sept, 1978).

伍、伊斯蘭教與伊斯蘭教法之發展

在穆罕默德逝世後，自哈里發 Abu Bakr（632-34）與 Umar（634-44）統治開始，伊斯蘭教法繼續發生根本的改變。許多判決都提交先知最親近的同志來會商。在公元 662 年在 Muawiva b. Abu Sufyan 統治期間，伊斯蘭教徒生活型態已自游牧生活蛻變爲城市型態，其結果更產生原來伊斯蘭教法所沒有涵蓋的新事務。因此伊斯蘭教社會的每個事件與改變在伊斯蘭教法發展的過程中都扮演了積極的角色。

在伍麥亞王朝（661-750）、阿拔斯王朝（750-1258）兩個時期的王朝，都致力向外傳播伊斯蘭教，由於伊斯蘭教提供簡潔的宗教與政府制度、精確完整與單純可行之生活方式，教義簡單，易於接受，宗教儀式可以簡單到只有一塊乾淨的土地即可。神職人員很少，而且不脫離生產，信徒不會承受很大負擔。此外宣揚穆斯林皆兄弟，所有人都有資格分享戰利品，而且抑制高利貸，允許奴隸贖身。這些觀念對於底層人民的吸引力不言而喻 [83]。所以這種新宗教廣受歡迎，而且隨著阿拉伯武力的壯大，在穆氏去世後 1 世紀多，伊斯蘭教勢力已東到印度，西到西班牙。新帝國與宗教的中心，最初是敘利亞的大馬士革，然後是米索不達米亞的巴格達，後來在波斯、埃及與西班牙發展了數個獨立的中心。伊斯蘭教早期向世界的傳播，固然與阿拉伯帝國的向外征服有密切聯繫。但自 10 世紀後，伊斯蘭教在非洲、亞洲和東南亞的廣泛傳播，以及伊斯蘭化的過程，通常是通過商人的貿易活動、文化交流和傳教士的傳教活動而實現。

當 800 年至 1200 年歐洲還停留在黑暗時代，伊斯蘭教在當時已橫跨亞、非、歐三大洲。當時他們重視科技發展，促進學術文化活動，廣泛吸收外來文化，包括各征服地區民族文化的精華，又吸收了希臘和印度文化的許多成分。此時期伊斯蘭教徒在醫學、數學、天文學、光學、化學、地理學等領域都取得了輝煌的成就，也是伊斯蘭教發展鼎盛的時期，被稱爲黃金時代。

此時期阿拉伯人締造了當時世界上水準最高的伊斯蘭（薩拉森）文化，對歐洲影響深遠。柏拉圖、亞里斯多德等希臘哲學古籍最早是從希臘文譯爲阿拉伯文才傳至西歐。今日許多化學、醫學、數學與農業等用語也深受伊斯蘭文化的影響。阿拉伯數字也是伊斯蘭世界的產物。尤以長期在伊斯蘭教統治下的西班牙是當時西方智識成長的偉大中心。識字率高、教育制度與圖書館也極爲發達。當時哥多巴是歐洲最進步的首都。在公元 900 年代哥多巴的大學（附屬於伊斯蘭教學院）是歐洲當時唯一大學，比義大利的 Bologna 大學要早 300 年。

伊斯蘭教達到全球性宗教與政府合一的帝國。他的宗教與法律的教義隨著伊斯

---

[83] https://kknews.cc/zh-tw/history/zpkxreq.html#.

蘭教到處征服而傳播開來。即使分裂爲不同國家之後，伊斯蘭教法仍繼續存在，只有細節上有地方性的差異而已。到了 13 世紀歐洲文藝復興以後，伊斯蘭文明才停滯下來。[84]

1258 年，阿巴斯王朝解體，鄂圖曼土耳其人隨後在中亞細亞興起，並於 1299 年建立了鄂圖曼帝國（1299-1922）。自 1600 年至 1900 年伊斯蘭教的活力似乎衰退，直到它主要的國家陸續受到外國，尤其歐洲人統治爲止[85]。不過政治上主權雖然可能喪失，但伊斯蘭教除少數國家或地區外，基本上大致仍繼續屹立不動。

20 世紀以來，伊斯蘭教在西歐、北美與非洲也傳播迅速。二次大戰結束後，昔日英、法、荷的許多殖民地、託管地，紛紛獨立，成爲伊斯蘭教國家。1970 年代以來，隨著伊斯蘭國家在國際政治生活中發揮愈益重要的作用，加以伊斯蘭復興運動的勃興，伊斯蘭教呈現出發展的趨勢[86]。

---

[84] Wigmore, op. cit., p. 538 以下。

[85] 韋格穆爾教授以爲伊斯蘭教法系歷史大致可分爲四個階段。第一階段爲其創建時期，時當 600 年至 630 年（按穆氏爲 570 年生，632 年卒）。其次是 650 年至 1100 年，爲向東方與西方迅速擴張時期，亦爲其法系全盛時期，事實上在 900 年以前，伊斯蘭教法系已充分發展。第三爲自 1200 年至 1500 年，爲其在政治上擴張停止時期（其時摩爾人自西班牙被驅離，土耳其人進攻匈牙利受阻）。最後爲自 1600 年至 1900 年，爲伊斯蘭教世界大部領土自亞洲或非洲獨立國陸續受到歐洲基督教強國攻占之時期，在此時期包括印度歸英國；東印度群島歸荷蘭；摩洛哥與突尼西亞歸法國；阿爾及尼亞、摩洛哥歸西班牙；的黎波里歸意大利；埃及獨立；Bokhara 歸俄羅斯；巴爾幹各國獨立；東非與西非歸英、法、德、意、葡。參見 Wigmore, op. cit., p. 542.
筆者按伊斯蘭教世界在奧托曼帝國（自 13 世紀崛起至 20 世紀初滅亡）滅拜占庭帝國，領土囊括中亞、北非海岸大部、東歐大部，尤其 16 世紀在蘇里曼大帝（Suleiman the Magnificent, 1520-1566）征服埃及、敘利亞、阿拉伯、米索不達米亞、的里波里、塞普路斯及匈牙利大部時，而達到顛峰（不過在文明方面似無何突出之特色）。此點 Wigmore 教授大著似未提及。今日在伊朗的伊斯發罕地方的皇宮與庭園仍可自薩拉森式建築窺知當時伊斯蘭教發展的盛況。而此種形式之建築在西班牙首次達到高峰。在格拉納達之阿爾罕布南（Alhambla）皇宮（尤其正義廳（Hall of Justice）與正義門（Gate of Justice）迄今仍因其薩拉森式建築之光輝傳統而聞名於世（今日西班牙的哥多巴與塞爾維亞在 900 年代全盛時期，是西方伊斯蘭教文明的中心）（印度的泰姬瑪哈陵也是伊斯蘭教建築）。楊崇森前揭，頁 10 以下。

[86] https://kknews.cc/culture/8mlxoae.html.

陸、伊斯蘭教法之主要內容

一、調整人與阿拉間關係的宗教規範

　　伊斯蘭教的信仰主要包括理論與實踐兩部分。理論部分包括信仰（伊瑪尼），即：信阿拉、信天使、信經典、信先知、信後世、信前定（簡稱「六大信仰」）[87]。

　　實踐部分包括教徒必須遵行的善功或五種宗教功課，即信仰的表白、禮拜、齋戒、天課、朝覲。中國穆斯林簡稱為念、禮、齋、課、朝（稱為五功）。分述如下：

（一）信仰的表白：即念證詞，這是對伊斯蘭教基本信仰的表白，又稱念功：默唸信仰要義：「萬物非主，惟有真主，穆罕默德是阿拉使者。」中國穆斯林稱之為「清真言」。這兩句話是伊斯蘭教的基本信條與核心。伊斯蘭教沒有類似其他宗教的入教儀式，任何人欲歸依伊斯蘭教時，當眾念誦這兩句話，立刻就成了穆斯林，教法承認他信奉了伊斯蘭教，有權享受和履行穆斯林的權利和義務。

（二）祈禱（禮拜）：即禮拜阿拉，要求穆斯林每天五次固定時間向麥加方向對真主禱告禮拜，盡可能去清真寺集體禮拜，如有特殊情況，亦可在家獨禮。

（三）禁食（齋戒）：凡成年男女穆斯林須通過每年一次的齋戒，即在齋月（「萊麥丹」月，即伊斯蘭教曆9月），於黎明前進用封齋飯，日落黃昏後進用開齋飯，其間嚴禁飲食、房事或任何嬉狎行為。達到制欲檢行、磨練意志之目的。但患病者、長途旅行者、老弱體虛者、婦女月經、生產、哺乳等可免。

（四）慈善行為（天課）：伊斯蘭教法規定，具備法定條件和資格的穆斯林，開支剩餘的資財超過一定限額時，應按一定比率繳納天課。據估計，總資產超過最低特定金額的穆斯林，一般會捐獻其資產的2.5%。有些國家捐款由政府單位收集，有些國家是自主捐獻。[88] 天課是伊斯蘭社會的一種保障制度，旨在通過履行這種法定施捨義務，限制富者聚斂財富和貪婪自私，緩和貧富對立的社會矛盾。

（五）至麥加朝聖（朝覲）：每個成年穆斯林，不分性別，只要身心健康，能自備往返旅途費用，一生中至少一次，前往麥加，在伊斯蘭教曆12月8日至12日舉行朝覲。婦女須由丈夫或男性至親陪同。不具備上述條件時，可免除這

---

[87] https://baike.baidu.com/pic/ 伊斯蘭教 /242135/0/774855369d271ef7a3cc2b97?fr=lemma&ct=single#aid=0&pic=774855369d271ef7a3cc2b97.

[88] https://www.churchofjesuschrist.org/study/liahona/2018/04/understanding-islam?lang=zho 認識伊斯蘭教，但以理‧彼得生撰。

項義務。一年一度朝覲期間，幾百萬來自世界各地、不同語言、膚色、人種的穆斯林，匯集一起，履行同一功課，有助於互相瞭解與友情。

二、調整人與人之間關係的社會規範

　　這方面內容比第一部分宗教禮儀更加廣泛，基本上囊括了現代法律的公法與私法、民法與刑法、實體法與程序法。但傳統上教法學家並未將伊斯蘭教法以類似現代法律形式加以分類。因當時審判、裁決及其程序是單一的，一個法官幾乎對所有民事、商事、刑事等案件以審理與判決，速審速決，化解衝突，避免積怨，保障社會和協為目的，而無需專門法庭。

　　為便於表述，以下按現代法律形式將其劃分：

（一）憲法：在伊斯蘭教中具備憲法特徵者惟有《可蘭經》。但它只是一般性、原則性地提出了伊斯蘭政治觀，勾勒了伊斯蘭政治制度，並未對其內容分門別類詳細論述。因此，伊斯蘭憲法除《可蘭經》外，還以聖訓和伊斯蘭教法為理論淵源，以歷史上阿拉伯哈里發國家的制度為先例，經伊斯蘭學者的解釋與擴展而形成。

（二）婚姻法：是穆斯林婚姻、家庭和財產繼承的法律規範。伊斯蘭教鼓勵結婚，提倡男女正常合法的婚姻，反對獨身與出家修行，嚴禁淫亂，婚姻與家庭在伊斯蘭教中占有重要的地位，以較大篇幅定下婚姻的條件、擇偶的自主權、婚姻的締結、夫妻雙方的權利義務、父母與子女的權利義務、離婚和財產繼承等整套法律規範。

（三）民商法：是伊斯蘭教法運用民事、商事法律的基本原則與各種具體規定，對現實生活發生的各種民事商事關係，加以確認、保護、限制和制裁的法律規範。男子 12 歲以下女子 9 歲以下無行為能力。男女 15 歲為成年。未成年或精神障礙者，須受監護。其事務由監護人代管，未經監護人同意，不能為有效交易。法律基本上分為四種基本交易行為：買賣、租賃、贈與、借貸。這些原則再應用到各種特定交易，例如質押、寄託、保證、代理、轉讓、土地租賃、合夥、信託（wadf）。其基本原則是：保護正當商業活動；宣導公平交易、等價交換、恪守商業道德、信守契約與通過合法經營獲取利潤；禁止放債取利、放高利貸、弄虛作假、投機取巧、欺行霸市等不正當競爭行為[89]。信託是特殊伊斯蘭制度，設立人將不動產所有權交給神，指定財產之收益或使用永久用於慈善之目的，包括為設立人自己家屬作財產分配。[90]

---

[89]　參照 https://en.wikipedia.org/wiki/Sharia.

[90]　Ahmed El Shamsy, op. cit.

（四）刑法：教法學家根據《可蘭經》與聖訓的有關規定，將刑法分為二類：一是「法度刑」，即侵犯了「阿拉的權利」的犯罪行為與刑罰，包括私通、誣陷私通、酗酒、偷盜、搶劫及叛教[91]六大類。這類刑罰權在阿拉，包括法官在內的任何人，只能依律而斷，無權更改。二是「酌定刑」。係指「法度刑」以外的一切犯罪及其刑罰。凡違犯禁令或拒絕履行法定義務，而又不能適用「法度刑」的犯罪，法官可以靈活酌情定罪。主要包括故意殺人、故意傷害、過失殺人、過失傷害等[92]。

（五）國際法：伊斯蘭教法之國際法，可謂乃有關回教徒與非回教徒之間關係之法律。世界第一本國際法書籍是 8 世紀由 Mohammed bin Hanafi Hussan Al-Shaybani 所著，它比國際法之父格魯秀士第一本論說書要早 800 年。

（六）訴訟法：指民事、商事、刑事等方面的審判程序法規。主要包括證據、證人資格、證人信譽、法院組成、法官資格、許可權、職責、原告、被告、審判程序等。

　　伊斯蘭法律理論不承認公法與私法之區別，法庭程序對民刑案件相同，民事原告須對不利被告之證據舉證。主要證據方法是口頭證人之證言。[93]傳統上由獨任法官（qadi）的法庭進行，法庭人員有數名助手履踐不同角色。法官是事實與法律的法官，任務是評估證據，認定案件之事實，基於回教法學可依據之先例下裁判。法官理論上在判決獨立，雖然是統治者所派，常受到有利害關係之統治精英的壓力。他受過回教法訓練，惟未必到達發表 fatwas 之水準，如該案法律爭點複雜，如何適用法律不明時，應向一個專業法學家或顧問（mufti）諮詢，尋求 fatwa。過去法庭並無審級或有組織的上訴制度。法官透過他的書記官（katib）控制法庭程序。這程序通常不拘形式，並不精緻。伊斯蘭國家大致沒有律師，由當事人與被告自己在庭上辯護，一切案件最終都交由法官裁決，速審速罰，判案亦以化解衝突，日後不留積怨，保障穆斯林社會和諧為主。當事人通常自己出庭，且以口頭向法官陳述。法官首先要決定那造當事人有舉證責任，未必都是原告負擔，在刑事案件推定

---

[91] 伊斯蘭教嚴禁信徒改信其他宗教，如放棄伊斯蘭教信仰，可被視為叛教。這種規定在相當程度上保證了伊斯蘭教徒的數量。雖然可蘭經沒有經文明確指示穆斯林可以傷害退教者，但記載穆罕默德言行的《布哈里聖訓實錄》有記載指穆罕默德說過叛教者應被殺死。時至今日，沙烏地阿拉伯、伊朗、阿富汗等一些伊斯蘭國家仍設有「叛教罪」，違者可能被判死刑。伊斯蘭世界中對於「叛教」視為大過，即使在不設叛教罪的世俗國家，退教者仍有可能受到周圍穆斯林的恐嚇甚至人身傷害。參照 https://zh.wikipedia.org/wiki/ 叛教 .

[92] Ahmed El Shamsy, https://www.britanica.com/topic/Sharia. 又 Sevens Idaho, The Origins of Islamic Law, https://www.slideshare.net/sevans-idaho/the-origins-of-islamic-law.

[93] Sharia, https://en.wikipedia.org/wiki/Sharia.

被告無辜，在債務案件推定債務人未欠債。因此舉證責任由控方或債權人負擔。在同一訴訟，舉證責任可能在當事人間（例如債務人對債權人主張反訴時）來回移轉數次。證據所需標準頗為嚴格，基本上民事與刑事案件相同。如被告沒有自白或自認，原告或控方須找 2 名證人以口頭對其直接認知作證。書面證據與情況證據，即使是最有力那種，通常也不探。又口頭證據通常須由 2 名品格良好的男性成年回教徒提出。在一些場合女性證言可探，但須 2 名女人以代 1 名男人。在大多數財產請求案件，原告可由 1 名證人與他對請求之真實莊嚴宣誓而滿足了舉證責任。

如原告或控方提出必需程度之證據，則會得到有利之判決，如不能提出實質之證據，則會判被告勝訴。如原告提出若干證據，但不滿足證據要求時，則會讓被告為將訴駁回之宣誓。如被告適當宣誓，則可獲得駁回原告之訴之判決，如其拒絕宣誓，則除有些場合需原告宣誓外，判決原告勝訴 [94]。

刑事案件證據標準嚴格，致即使明顯之案件亦難於定罪。大多歷史家以為由於這些嚴格程序規範，以致在早期 qadi 法庭失去對刑事案件之管轄權，而移歸別種法庭處理。

三、法律教育

伊斯蘭法最初在寺院與私宅的講壇教導。老師由程度好的學生協助，對法律論說書加以評釋，測驗學生對文章之瞭解。這傳統在第 10 與第 11 世紀在 Madrasas 繼續實施。所謂 Madrasas 是高級學習機構，主要研討法律，也傳習神學、醫學與數學等科目。Madrasas 建築群通常包含寺院、寄宿舍及圖書館。由一個 waqf（類似信託）設置，支付教師薪水，學生津貼及支付建造與維護之支出。課程終了時，教師發證照證明學生對該科目之學力，專攻法律之學生應完成預備學程、特定學派理論，受法律辯論訓練，最後撰寫論文，使他領有教書及發 fatwas 之證照 [95]。

四、法庭組織

在伊斯蘭世界，法庭基本上有普通的 qadi 法庭與 mazalim 法庭兩種。

如當事人有冤情或其告訴在 qadi 法庭未能伸張時，原告常可向由統治者委員會所主辦稱為 mazalim 的法庭申訴。這種法庭的目的是救濟 qadi 法庭無法救濟，包括對官員的陳訴案件。開庭時常有回教法學家在場，一名法官常以統治者的助手身分主審，mazalim 判決應符合回教法的精神，不受法律文字或 qadi 法庭程序限制之拘束。

在伊斯蘭世界有員警職司犯罪之預防與調查，也有它自己的法庭。該法庭如

94　Ahmed El Shamsy, op. cit.
95　Sharia, https://en.wikipedia.org/wiki/Sharia.

mazalim 法庭，不受回教法規則的拘束，有權科裁量性處罰。另一個維持公共秩序的機構是 muhtasib（市場調查官），負責防止經濟交易的詐騙及觸犯公共道德的行為，他們積極追訴這些犯罪，按當地習慣下處罰[96]。

　　現代以前伊斯蘭社會大體上是以氏族與當地鄉人為中心之密切社區，個人之間衝突可能升高為支援群體之衝突，打亂整個社區生活。所以法庭訴訟被認為非正式調解失敗後之最後機制。此種態度反映在法諺「和平解決是最佳判決」上。在法庭爭議，法官一般較不重視法律理論，而較重視達成爭議當事人恢復先前社會關係之結果。伊斯蘭法要求法官熟悉地方習俗，他們在社區也辦理許多公共事務，包括調解與仲裁，監督公共工程，審核信託之財務，關注孤兒之利益。

五、風俗與禁忌

（一）風俗

　　伊斯蘭教徒在日常生活要遵守若干特定風俗，這些風俗大多數可追溯至伊斯蘭教阿拉伯社會出現前的阿布拉罕的傳統。由於穆罕默德要求或默示同意這些作法，這些習慣被伊斯蘭教國家認為是 Sunnah（穆罕默德的習慣作為，被認為是宗教之一部）。
1. 伊斯蘭教注重衛生，包括鬍鬚修剪、剃頭髮、除去腋毛、剪指甲、男子行割禮、清潔鼻孔、嘴巴與牙齒、在大小便後須洗淨身體、在月經週期與分娩期間，不進行性關係，到寺院禮拜要淨身。
2. 每週五休息。

（二）伊斯蘭教的禁忌

1. 進行禮拜禁忌

　　伊斯蘭教只允許真主阿拉的存在，禁止崇拜其他偶像、為真主建立其他形象、宣稱真主是有家庭、有分身等。

2. 飲食禁忌

　　可蘭經未自正面規定純潔食物[97]與飲料的名單，但禁止食豬肉、動物之血液、已經死亡的動物、非以真主之名宰殺的動物。酒精飲品和崇拜過偶像的食品一般亦不能食用。但生命受到威脅而不得不食用，以及不知而誤食者，無罪。

---

[96] Shria, https://en.wikipedia.org/wiki/Sharia.
[97] 伊斯蘭教徒食物愛香料與黏性甜點，常用堅果與蜂蜜製作，食肉後食甜點之習慣傳入歐洲。

3. 服飾禁忌

可蘭經對男人服裝有較寬鬆規定，自頭至膝須遮蓋起來，男人可穿不同顏色衣服。穆斯林女性須遮掩身體重要的部分，不能露出首飾，儀態要保持端莊。現今穆斯林大多身穿長袍和戴頭巾，而保守者可以蒙面紗遮蔽面容，只露出雙眼。

此外，不戴頭巾而露出大量頭髮，因穿著透薄質地、短袖衫褲而露出手腳和其他部位的女性，無論是教徒或遊客，也會受到懲罰和譴責。

4. 男女關係禁忌

除夫妻外，無論已婚或未婚都不能通姦，同性戀也被禁止。除非對方願意改信伊斯蘭教，穆斯林女性不能嫁給非穆斯林男性；但穆斯林男性可以娶猶太教和基督徒，而其他宗教的女教徒要改信伊斯蘭教才可與穆斯林男性結婚。

5. 金錢禁忌

不准教徒放貸和收取利息，及以不當手法獲得財富。唯在現代伊斯蘭國家大都傾向作較寬鬆解釋，以便金融機構可按符合成本效益之模式運作。教徒在結婚前，男方應向女方支付聘金與聘禮，禮金成為女方的私人財產，即使兩人離婚，男方不能取回禮金。家產繼承方面，不能剝奪本身具有繼承權利的親屬應得的財產分額，尤其幼童與寡婦。

6. 喪禮禁忌

喪葬原則是土葬、薄葬與速葬。禁止火葬，海中遇難的人，可以海葬。遺體只能用白布包身，不能用棺木，不能化太濃的妝，亦不能超過 3 天未安葬。親友禁止大聲哭泣，或誇張動作表達悲痛。不可使用殉葬品、建大型墳墓，也不可拜墳。[98]

六、寺院與建物

可蘭經禁止描述人類或任何生物的圖畫，因此伊斯蘭教寺院與建物內部常以美麗設計裝飾，講究幾何圖紋、花草圖紋及阿拉伯文字圖紋的運用。禁用人類或動物圖紋，可用花草圖紋，但不可以寫實手法表現植物，因嚴禁崇拜偶像，認為只有阿拉才有權創造生命，但星辰則可以。藝術表現之型態少用有生命之物，雕像亦避免。許多書法表現可蘭經上的話（建物與陶器亦然），與我國書法一樣，受人重視且變化為多種方法，發展成一種造形藝術，書法家受人尊崇[99]。不同國家寺院設計型態不一，外觀多平易，但內部則以磚與馬賽克設計精美，且有好地毯供集會祈禱

---

[98] 蔡源林等撰，伊斯蘭宗教禁忌，https://religion.moi.gov.tw/Knowledge/Content?ci=2&cid=628.

[99] 紅山雪夫著，魏裕梅譯，伊斯蘭世界之旅（精美出版社，2001 年），頁 116-126。

之用。

柒、伊斯蘭教法的現狀

一、對伊斯蘭教法的衝擊

伊斯蘭法系如同其他法系，固然已經發展至技術上相當高度的地步。但如上所述，伊斯蘭法與西方法制有不少不同之處。例如古典伊斯蘭法只承認自然人，從未發展出法人概念。又禁止利息，使人不設帳，推遲了現代會計之引進，增加了另外支出。有人以為這些因素阻礙了中東地區的經濟發展。

自 17 世紀起，歐洲列強開始對伊斯蘭教王朝統治之地區擴張政治影響。到了19 世紀末年，不少伊斯蘭教世界受到列強的殖民統治。通常商法與刑法是第一個伊斯蘭教法受到衝擊的領域。因認為伊斯蘭教法庭與時代需求脫節，包括程序與證據制度，以及要適用之伊斯蘭教理論之實質。結果回教法的刑法與一般民法，在大多伊斯蘭教國家被放棄，而以歐洲模式的新法典取代，並由新的世俗法庭予以適用。因此除阿拉伯半島形式上仍整體適用伊斯蘭教法外，自 20 世紀初葉起，在伊斯蘭教世界伊斯蘭教法之適用，已大大局限於家庭法（親屬法），包括繼承法及特殊的 waqf（信託）制度。

而且即使在上述有限範圍內，現今也不按傳統方式適用伊斯蘭教法，一般改以現代法典形式表達。且只有在法典無相關條文時，才適用傳統權威法律手冊。在印度與巴基斯坦，今日不少家庭法定在制定法內，且由於法律作為案例法運用，司法判決之權威已取代了法律手冊之權威。

此外在大多數伊斯蘭教國家，法院已重新組織，包括了例如上訴管轄權之規定。在埃及與突尼西亞，已經廢止作為分立機構的伊斯蘭教法庭，現在伊斯蘭教法係由國家的統一法院系統來管理。在印度及巴基斯坦，伊斯蘭教法已經由適用一般的民法與刑法的同一法院來適用了。

最後在許多國家，已制定特別法典，規範今日法院適用伊斯蘭教法的程序與證據。在中東地區，如今一般可採用書面證據與情況證據。證人需要宣誓，且可被交互詰問。而大體破除了傳統證據只由一造提出，另一造在適當情形可作否認之宣誓之方式。總之法院在評估證據分量上，比起傳統證據制度之下，有了更大裁量權。在印度與巴基斯坦，法院對伊斯蘭教法案件與一般民事案件一樣適用相同證據規則。這制度基本上是英國法，而法典化成為 1872 年的印度證據法（Indian Evidence Act of 1872）[100]。

---

[100] Ahmed El Shamsy, Sharīʿah Islamic law.

在一些伊斯蘭教國家，以法典化的國家法律取代了昔日學者法律意見的地位。一些伊斯蘭教國家受到西方國家的啓示、壓力、甚至強制去改變他們的法律。由於世俗運動的結果，促使法律與伊斯蘭教法律學者的意見產生差距。[101]於是伊斯蘭教法律的學說雖依舊是指導典儀、祭祀與精神方面的唯一權威，但在國家的其他領域可能失去了權威的地位。伊斯蘭教社區也可能分化爲對時代的變遷作不同反應的團體，此種分裂情形今日仍在持續。

二、現代伊斯蘭教法之實務

今日由於西洋法系之入侵，伊斯蘭教法施行範圍減縮，阿爾巴尼亞與土耳其共和國[102]已確立了政教分離而廢止伊斯蘭教法，有正式強烈世俗化的憲法，民法亦模仿西方尤其瑞士民法重新制定。在黎巴嫩、敍利亞等比較開放國家，似乎只在親屬法名義上仍留存伊斯蘭教法，但沙烏地阿拉伯、伊朗、阿富汗爲首各國則仍然受到伊斯蘭教法之強烈影響[103]。

在一些伊斯蘭教徒人口特別多的國家，包括印尼、孟加拉與巴基斯坦，幾乎都適用世俗化的憲法與法律，只有親屬法仍含有一些伊斯蘭教條文。

不過在刑法方面，伊斯蘭教法似乎仍然是一律的。有些有爭議的伊斯蘭教法對伊斯蘭教男性較爲偏袒，包括一夫多妻與反對夫支付妻贍養費。

許多中東與北非國家，在司法制度方面仍維持世俗法庭與宗教法庭的二元系統。宗教法庭主要規律婚姻與繼承。沙烏地阿拉伯與伊朗在所有法律領域仍保持一元的宗教法庭，且設置宗教警察以確保人們遵守。源於伊斯蘭教法的法律也在阿富汗、利比亞與蘇丹等國實施。在北非奈及利亞有一些州已重新引進伊斯蘭教法法庭[104]。

---

[101] 世俗派以爲國家的法律應以世俗原則作爲基礎，而非基於伊斯蘭教法律原則。而傳統派以爲國家的法律應基於傳統法律學派（school），但傳統法律的看法被若干現代伊斯蘭教徒認爲難以接受，尤以在婦女權利或奴隸方面爲然。又改革派以爲新伊斯蘭教法律理論可產生現代化伊斯蘭教法，而在諸如婦女權利方面，導致可被接受的意見。而 Salafis 派以爲一切行爲應只基於穆罕默德、他的同志及最初三代追隨者的榜樣，而反對世俗改革派，有時甚至反對若干以此爲基礎之傳統法學。
　　參照 http://en.wikipedia.org/wiki/Sharia, p. 16.

[102] 土耳其凱末爾 1923 年宣布建立土耳其共和國，結束奧托曼 700 多年統治，將國家自傳統社會轉變爲現代化西方式國家，從事現代化改革，政教分離，關掉宗教法庭與宗教學校，以仿瑞士法律傳統的法典取代舊伊斯蘭教法，而婦女也不再在公共場所戴面罩。參照 Steve Feinstein, Turkey in Pictures, p. 32.

[103] 參照金宜久著，簡明伊斯蘭史（三民，2004 年），頁 231 以下。

[104] http://en.wikipedia.org/wiki/Sharia, p. 17.

　　此外，在伊斯蘭教社會，伊斯蘭教法之解釋與執行，在不同國家亦有許多出入，並非如過去那樣趨於統一。在伊斯蘭教內部自由化運動已自不少方向懷疑伊斯蘭教法是否對規範的對象都有關連與都可應用，而且伊斯蘭教婦女活動對傳統的伊斯蘭教法也提出不少新的看法。

三、現今遵循嚴厲伊斯蘭教法的國家

（一）沙烏地阿拉伯

　　伊斯蘭教法是該國所有法律的基礎，直到最近在公開場合執行極刑懲罰還很常見。同性戀不僅違法，且可處死刑，雖然通常刑罰一直僅限於鞭刑和監禁。用劍斬首和截肢通常在星期五中午祈禱之前進行。法律還允許在人身傷害案件實施「以眼還眼」的懲罰。謀殺案受害者的家屬可赦免死刑犯，往往用撫卹金交換。

（二）阿富汗

　　阿富汗憲法是基於伊斯蘭教法，但受當地習俗和部落傳統的影響。塔利班在1996年至2001年統治期間對伊斯蘭教法進行殘酷的解釋。例如只允許女性在男性護送下出家門，藏在罩袍下。極刑在全國各地普遍執行。

（三）印尼

　　印尼（世界上面積最大的穆斯林占多數國家）的亞齊省（在蘇門答臘島）是印尼唯一施行伊斯蘭教法的省分。常見對賭博、喝酒、通姦和同性性行為公開執行鞭刑。

（四）蘇丹

　　蘇丹在1983年通過伊斯蘭教法，但並沒有嚴格執行。石刑仍然是一種刑罰，但幾十年來一直沒有實施，不過有人聲稱，每年都有數百名婦女因《刑法》規定的「不道德行為」而被鞭打。

（五）巴基斯坦

　　1979年巴基斯坦頒行《胡杜德法令》，這是全面伊斯蘭化的一部。

　　執行這些法律的伊斯蘭教法法院與受英國影響的主流法院平行，處理通姦、誣告、財產犯罪以及毒品和酒精案件。

　　在最嚴重的情況，婦女不許作證。強姦或通姦，需4名品行良好的成年穆斯林男性作證。2006年國會通過《婦女保護法》，強姦和通姦案件不再在嚴苛的宗教制度下審理，而在主流法院審理。伊斯蘭教法法院的裁決現在也可在主流法院上訴。

（六）奈及利亞

奈及利亞有三十六個州，其中約十二個州已將伊斯蘭教法延伸到刑事案件，法院可下令截肢，不過很少執行。奈及利亞其他地區的法律體系由英國普通法和傳統法混合而成。

（七）卡達

在卡達，鞭刑仍用來懲罰穆斯林飲酒或非法性關係。通姦的處罰是 100 鞭。穆斯林婦女和非穆斯林男子通姦可處以死刑。

（八）汶萊

已開始實施嚴格的伊斯蘭律法，包括對同性戀和通姦行為鞭打或砸石塊至死的死刑，對偷竊者則施以斷手斷腳的處罰。[105]

今日伊斯蘭教法比較為人訾議的地方為：

（一）禁止棄教。

（二）對伊斯蘭教徒與非伊斯蘭教徒婚姻之限制。

（三）對女性之隔離（但亦有以為未必有差別之意見，故有爭議）。

（四）對同性戀人與從事婚外性關係之人公開處刑（投石、斬首）之原則[106]。

（五）早婚。

不過須注意，即使伊斯蘭教徒之中批評伊斯蘭教法或推崇其精神，但對上述情形不以為然之人，為數亦不少，且亦有若干地區無視上開規定之伊斯蘭教徒占多數人口者[107]。

不過若干主要國家，尤其伊斯蘭教國家批判世界人權宣言未斟酌到非西方國家的文化與宗教環境，因此代表所有伊斯蘭教國家的伊斯蘭教會議組織（Organization of the Islamic Conference）通過「開羅伊斯蘭教人權宣言」（Cairo Declaration on Human Rights in Islam），確認伊斯蘭教法為人權唯一來源[108]。且近年來伊斯蘭國家有的推行泛伊斯蘭主義，有的推行伊斯蘭化，包括利比亞、伊朗、沙烏地阿拉伯、巴基斯坦、蘇丹等國，而且若干伊斯蘭教國家民間還進行伊斯蘭教復興運動[109]，因此伊斯蘭教與伊斯蘭教法的勢力，並非如想像般走向式微，相反地

---

[105] https://www.rti.org.tw/news/view/id/2016540.

[106] 參照 http://11ja.wikipedia.org/wiki/, p. 3.

[107] 參照 http://en.wikipedia.org/wiki/Sharia, p. 19.

[108] 若干民主人士與若干民主國家的公家機構，例如歐洲人權法院（European Court for Human Rights）認為伊斯蘭教法與民主國家的作法有所出入。

[109] 金宜久前揭，頁 246 以下、250 以下。

似乎又有抬頭的趨勢，值得我們注意。

捌、結論

　　如上所述，可發現伊斯蘭教法系精彩之處頗多，且甚具特色，更影響現代大陸與英美法系，以及許多現代法律觀念。其影響力在上一世紀雖漸趨式微，但在許多國家仍被嚴格遵守，尤以伊朗、沙烏地阿拉伯等國為然。即使時至今日，伊斯蘭教仍支配或影響許多國家，截至 2015 年，全球約 68 億人口中，有 18 億穆斯林，占全球人口的 23%，是世界第二大宗教，亦是增長速度最快的宗教。在 2010 年至 2015 年，31% 的新生兒是穆斯林，預期穆斯林新生兒的人數將會在 2035 年超過基督徒 [110]。可見伊斯蘭教法系生命力之強韌。事實上伊斯蘭教法系不但在實定法的研究上有重大價值，即在法制史與比較法之研究上亦深具意義，依然在國際舞臺上發揮其影響力。何況人類悲劇的根源是來自猜疑與仇恨，西方世界對伊斯蘭教世界的缺乏瞭解與偏見是造成中東戰火不息乃至恐怖主義猖獗的主因，令人浩嘆。因此我們消極方面對伊斯蘭教法不宜無視其存在與影響，積極方面更宜加強相關法制的瞭解。因此希望不久將來國內有更多學者注意伊斯蘭法系的研究，使法學研究的對象與視野能更加周延與完全。

---

[110] https://zh.wikipedia.org/wiki/ 伊斯蘭教法、https://zh.wikipedia.org/wiki/ 伊斯蘭教的傳播、https://baike.baidu.com/item/ 伊斯蘭教。

第二章

美國契約法之理論與運用

壹、緒說

契約法構成日常生活之一部與一切交易之基礎，在現代工商資訊社會扮演之角色更為重要。美國契約法源於英國普通法，今日大都由普通法加以規律。各州法律不同，但如同其他法律領域，各州與聯邦制定法（statute）之角色愈來愈重要。例如雖然在貨物交易方面，各州由於廣泛採用了大部分或全部統一商法典（Uniform Commercial Code，簡稱 UCC）對許多商事契約，諸如買賣貨物，定下一套標準規則，在全國已變成非常標準化，但並無全國性之聯邦契約法，因聯邦政府立法權有限（憲法採列舉方式），統一法工作是由不同機構和團體推動（有些是私人，有些有州參加），最後由各州議會採用。因此很少統一法律由所有州採用。此外在解釋其他各種契約方面，各州仍有不少出入，視一州將其普通法上契約法法典化或採行契約法整編第二版[1]之程度而定。[2]

而且值得注意的是，美國聯邦憲法第 10 條明定：「各州不得通過任何損害契約義務之法律。」在早期契約自由幾乎不受政府管制，除不法目的之契約外，幾乎可隨心所欲締結契約。惟美國雖是資本主義國家，但為了保護國民獲得公正平等待遇，不但首創了反托拉斯法，而且今日立法、行政機關甚至法院對契約自由設了種種限制，政府之管制可謂遍及各種商事交易[3]。

此外契約法由於係有關商事交易之法律，比起物權法、家事法，甚至侵權行為法，美國與歐陸國家差異較少，但如後所述與大陸法系民法相較，仍有不

---

[1] 契約法整編（Restatement (Second) of Contracts，以下簡稱 Restatement 2d）係美國法整編（Restatement of the Law）之一，係由網羅著名專家學者與法官所組成之美國法律協會（American Law Institute）所編纂，整理美國法各領域代表性之判例而成，目的在消除美國法律之複雜性與不確定性，對學界與實務界發揮甚大影響力，其見解常由上訴審法院加以引用。該協會對擬訂美國統一法與模範法貢獻甚大。

[2] 買賣（sale）乃一種契約，除統一商法典（UCC）另有修改外，也適用契約法之一般原則。Coughlin, Your Introduction to Law (Barnes & Noble, 1963), p. 244.

[3] Calvi & Coleman, American Law and Legal Systems (Prentice Hall, 2000), p. 265 et seq.

少差異[4]。

美國契約法之內容與我國不同，通常包括締約能力、契約之形式、要約、承諾、約因、詐欺與錯誤、合法性、解釋、履行之條件、契約目的無法達成（frustration）與履行不能（impossibility）、履行、受讓人之權利、第三人利益契約以及違約之救濟方法等。即契約法似包括我國債編總則與民法總則各一部，但非全部，原則不包括物、法人、代理、贈與、租賃、借貸、僱傭、委任、承攬、寄託、合夥、證券，有時甚至不包括買賣，因美國法律分類與我國不同[5]。由於契約法為各法律領域之基礎，為探索美國法制之階梯，可惜國內將美國契約法通盤研討並與我國法比較之文章尚付闕如，本文擬克服種種困難，自動態面指陳其重點與特色，並力求與我民商法加以比較，俾讀者能在最短期間對美國契約法有鳥瞰式之瞭解。

貳、本論

一、美國法上契約之種類

英美法不似大陸法系國家之民法，似無有償與無償契約之分類；亦無諾成與要物契約、債權與物權契約、有名契約與無名契約甚至混合契約之區別。單務與雙務契約之區別亦與我們觀念有所出入。其分類通常如下：

（一）正式契約與非正式契約

正式契約（formal contract）為需具備特定形式才能生效之契約，如蓋印契約、票據；反之，如生效不需特定形式之契約為簡單契約。非正式契約（informal contract）可能是口頭或書面契約。

（二）已執行契約與未執行契約

已執行契約（executed contract）為已由所有當事人履行之契約，而未執行契約（executory contract）為當事人尚未履行之契約。一個契約可能一部已

---

[4]　Braucher, Commercial Transactions in American Law, in Berman ed., Talks on American Law, p. et seq. (1972). 美國已通過許多有關海上貨物運送及空中國際交通之國際公約。

[5]　參照楊崇森，美國法律教育與法律職業之發展、特色與變遷，法學叢刊，第 56 卷第 2 期，2011 年 4 月，頁 153 以下；Hay, An Introduction to U.S. Law (North-Holland Publishing Co., 1976), p. 66.

執行而一部未執行。

（三）明示契約與默示契約

　　明示契約（express contract）爲當事人以言詞表明之契約，包括口頭或書面，或部分口頭，部分書面。反之，默示契約（contract implied in fact 或 implied contract）爲由當事人之行爲或四周情形推知之契約[6]，例如上計程車或去看醫生。

（四）無效契約與得撤銷契約

　　無效契約（void contracts）爲自始無效，不發生法律上義務之契約，而得撤銷契約（voidable contracts）爲當事人一方可否認其效力之契約。例如由未成年人所訂之契約及出於詐欺、錯誤或脅迫之契約。[7]得可撤銷之契約可由當事人追認（ratify）使其補正，而無效之契約則不能。

（五）可執行契約與不能執行契約

　　可執行契約（enforceable contract）是法律上能由直接訴訟來執行之契約。不能執行契約（unenforceable contract）是契約雖有效，但法律上不能由直接訴訟來執行之契約。亦即如當事人履行，則契約爲有效；如不履行，法院不強制履行[8]。此種分類爲大陸法所無。例如原告基於 5 年口頭僱傭契約告被告，如被告以契約不合詐欺防止法爲理由提出抗辯時，該契約不能執行。反之如被告不以該法律積極爲抗辯時，則原告可以被告不履行口頭契約爲理由，請求對方賠償損害[9]。

（六）雙務契約與單務契約

　　英美契約法亦有雙務與單務契約之分，但單務契約之觀念與我大陸民法不同。雙務契約（bilateral contract）是契約當事人各對他方作允諾或一套允諾。例如在買賣房屋契約，買受人允諾付出賣人 20 萬元交換出賣人交付房屋產權之允諾。反之，所謂單務契約（unilateral contracts）有謂是一方作一允諾，但他方未允諾任何事者。但通說則認爲：在雙務契約，當事人一方以一允諾換取

---

[6]　Martin, Business Law (Barnes & Noble, 1976), p. 20 et seq.

[7]　Coughlin, op. cit., p. 41.

[8]　http://en.wikipedia.org/wiki/Unenforceable（最後造訪日期：2014/6/12）。

[9]　Martin, op. cit., p. 48.

他方另一允諾，而在單務契約，一方當事人以允諾換取他方之行為。換言之，在雙務契約，要約之相對人由於允諾為特定行為來承諾，而在單務契約，承諾之方式必為行為，即要約之相對人由於履行一特定行為來承諾。例如 A 允諾付 B 100 元來 A 庭院除草，且說明只有 B 之除草行為，而非 B 除草之允諾才行。[10] 在美國社會上單務契約之事例較少。

二、美國社會流行契約之特色

美國社會上作成之契約通常與其制定法一樣，非常詳細而且冗長。由律師草擬之契約，通常包含標準條款，稱為鍋爐板（boiler-plate），多從檔案所保存別的契約取材，或來自範例（格式書，form books）。即使無律師直接參與，當事人也可能使用或抄上律師為特定企業或同業公會所起草或坊間出售與公眾之印好標準契約書。此種注意細節之原因可能有多種：包括例行交易之標準化，律師常涉入各階段特殊交易、欲使用在以前爭議測試過的文字，及避免涉及數州法律所生之不確定性。加上美國律師一般偏好，對過去發生或將來可能發生之特定爭議明白訂定以免爭議。

近數十年來美國法院與立法機關愈來愈關切當事人在契約上濫用交涉能力及加上不公平條款。常見之例子包含使用附合契約（contract of adhesion），諸如他方對較弱之一方強加之票證（tickets）、租賃及零售（retail sales）之契約[11]。

三、締約能力

在行為能力方面，美國法與我國法差異不少。美國法不似我民法等大陸法系國家，將人之行為能力按年齡分為無行為能力、限制行為能力與完全行為能力三級。只針對欠缺締約能力之未成年人與心神欠缺之人加以規定[12]。

---

[10] Fuller, Basic Contract Law (West Group, 2001), p. 86; Stone, The Modern Law of Contract (Routledge, 2013), p. 57; barbri, The Conviser Mini Review (CMR), California (2003), Contracts, p. 10.

[11] Farnsworth, An Introduction to the Legal System of the United States (Oceana, 1983), p. 112.

[12] 過去普通法下已婚婦女欠缺締約能力之規定，現已完全廢除。

（一）未成年人

　　法律只泛稱未成年人（minors 或 infants）欠缺締約能力（capacity），且不因年齡大小再分級，但未成年人仍可締結契約，不需監護人同意或代理，而且自己可以撤銷，不過相對人則受契約拘束，不能否認該契約，斯應注意。又即使他方已完全履行，未成年人可在未成年期中或在成年後之合理期間內否認該契約。[13] 此原則之理由係為免未成年人因年齡與缺乏經驗，被相對人所乘，占了便宜，但由於此規定未成年人不易作成信用交易，許多店家要求未成年人找一父母或其他成年人在任何未成年人簽訂之重要契約上一起簽名，或提書面保證，如未成年人放棄該交易時，由成年人負責支付[14]。

　　此外即使契約可撤銷，有些法院要未成年人對受領契約標的物之利益或對其價值之減損負責。過去美國 21 歲為成年，今日許多州為配合選舉權年齡降低，已改以 18 歲為成年。又美國各州有所謂解放（emancipation）制度，未成年人於達到制定法所定解放年齡時，可由於法院之命令（order）、入伍或結婚，將未成年人之欠缺能力解除。[15] 但對未成年人否認權有限制。在大多數州，如未成年人在已收取生活必需品（necessaries 或 necessities）後否認時，出賣人可請求其給付必需品之合理價值（可能低於契約價）[16]。生活必需品之定義很寬，除衣食住之外，甚至支付小孩扶養、入伍，及學費貸款契約都包括在內，是通常限制未成年人否認權之領域。在該未成年人成年後，可追認以前可撤銷之契約，而使其確定有效。如怠於否認，則視為追認原契約。追認可以文字、言詞或行動為之（如堅持對方履行或自己開始履行）[17]。

（二）精神能力欠缺之人

　　精神病人欠缺締約能力，惟此種人可在清醒時訂約。如契約係由人在精

---

[13] Hay, op.cit., p. 52. Whincup 教授以為有時反而是大人當事人需要保護。Whincup, Contract Law and Practice, the English System and Continental Comparison (Kluer, 1992), p. 80.

[14] Arbetman et.al., Street Law (West, 1983), p. 131; Whincup, op. cit., p. 81. 如未成年人對年齡不正表述已成年時，其效力如何？大多數法院似不禁止未成年人否認由不正表述所訂之契約，但否認時應返還所受利益，支付所貶損利益及使用之價值。Lusk, Business Law, Principles Nd Cases (Irvin, 1963), pp. 196-197.

[15] Calvi & Coleman, op. cit., p. 268.

[16] 此時係按準契約（相當我民法上之不當得利），而非契約請求，因契約不能執行之故。Burnham, op. cit., p. 399.

[17] Burnham, Introduction to the Law and Legal System of the United States (Thomson West, 2006), p. 399 et seq.

神欠缺中訂立者，爲可撤銷之契約。在難分勝負之案件，由法院斟酌交易之實質，以決定其是否公平。

醉漢如他方有理由知悉其酒醉時，亦可能欠缺締約能力[18]。

（三）公司

英美法對公司能力較重要限制，是所謂超越權限（ultra vires）之原則，它是 19 世紀爲保護股東避免公司亂用他們錢於未授權目的而設。又只有在明顯詐欺案件及迫使支付所得稅，法院才「揭開公司之面紗」（piercing the corporate veil），要股東負責[19]。

四、契約之成立

（一）要約與承諾

美國法與大陸法系國家民法相同，契約由要約與承諾所構成。

1. 要約：要約之條款應明確，如履行之時間地點或其他重要方面不確定，則不成立有效之要約。在另一方面，一個不明確之要約，如被相對人接受，且已部分履行時，有時可成立契約。要約人可將要約在相對人承諾前，任何時間撤回（withdraw），即使要約人表示在特定期間內 open 亦然，撤回應通知相對人。在一些單務契約，一旦開始履行，即不可撤回。[20] 下列情形，通常要約被認爲已經終止（terminated）：(1) 被對方拒絕；(2) 由於指定期間之經過，或要約對承諾之期間未提示，而經過了合理期間，對方尚無答覆；(3) 發生了要約就其終止或撤回所定之條件；(4) 要約人之撤回（revocation）[21]。廣告、產品目錄、價格之廣告信、與郵件訂購之詢問與其答覆及投標須知只是要約之引誘（invitation for offer），都不構成要約。

2. 承諾：承諾可以言辭或行動爲之，通常須通知要約人，即用要約人授權之方式或通常此種交易所用之方法通知。承諾須肯定不含糊，符合要約之條件。在雙務契約應由相對人通知要約人，在單務契約如懸賞廣告，應完成

---

[18] The Time-Life Family Legal Guide, p. 183 et seq.; CMR, p. 18.

[19] Whincup, op. cit., pp. 53, 78-79. 按「揭開公司面紗」（piercing the corporate veil）爲英美公司法一原則，雖然法院不欲命活躍之股東爲法律上屬於公司責任之行動負責，但如公司顯然違法或只使公司負責對原告不公平時，例外要股東負責。

[20] Stone, The Modern Law of Contract (Routledge, 2013), p. 86.

[21] Coughlin, Your Introduction to Law (Barnes & Noble, 1963), pp. 42-44.

要約人在要約要求之行為，而免通知之必要。相對人之緘默通常不構成承諾。反對要約（counter-offer）及附條件承諾亦不構成承諾。任何人對不請自來之物品，沒有付款之義務[22]。

美國法與我國法含德國法不同，在英美法，要約可撤回，且此原則為強行法，反之在大陸法，要約原則上不可撤回，（撤回應通知相對人）但該原則可由要約人為相反之訂定。在承諾，兩法系亦有不同。在英美普通法，相對人之承諾於發送（離開相對人占有時）時，即行生效，稱為投郵原則（mailbox rule），不問是否真正到達要約人。但在我國民法與德國民法，承諾於要約人收到時才生效。但此原則在兩法系都可由要約人在要約上為相反之訂定[23]。

3. 美國法承諾採發送原則（發信主義）之理由：按當要約與承諾均由郵寄予對方時，契約何時生效，不外採承諾發信主義或達到要約人兩種主義，即或自承諾人將承諾郵寄時生效，或于要約人收到承諾時生效，無論採何種主義，當事人中必有一方不知契約已生效（受契約拘束）而蒙受不利。如法律規定要約人自承諾人郵寄時受拘束，對要約人可能改變其地位，而不知承諾。即使他於進一步行動前已等待承諾人合理時間，但若由於承諾信遲到或在途中丟掉或滅失，他仍可能不知應受契約之拘束。因此此原則在若干情況，要約人會受到損失與不便。但如改為承諾信直到要約人收到才生效，則要約之相對人會受到寄丟與不便之風險。他對要約承諾之信，要約人可能從未收到，致通知未收到承諾信，從未寄給承諾人，或要約人雖收到承諾信，但要約人通知承諾遲到之信可能遲到或寄丟，而承諾人從未收到，總之要約人或承諾人之中必有一方須負擔郵件寄丟與不方便之風險。

(1) 要約人主動要求相對人承諾；

(2) 其中一方須負擔寄丟與不方便之風險，負擔風險那方如願意，可以投保；

(3) 由要約人負擔風險之優點是可使交易早日有結果，履行較快速，且大多數案件承諾未寄丟或遲到，而迅速行動對雙方皆重要[24]。

4. 其他補充：

(1) 現今美國法院通常只在契約條款明白時，警告說：承諾須以行為方式為

---

[22] Weinerman, Practical Law (Prentice Hall, 1978), pp. 11-12.

[23] Von Mehren & Murray, Law in the United States (Cambridge University Press, 2007), p. 79.

[24] 參照 Kuney & Lloyd, Contracts: Transactions and Litigation (West, 2011), p. 94.

之時，才將要約解釋為單務契約。如要約含糊不清時，契約法整編第二版與統一商法典（UCC）可准許相對人以行為或允諾來承諾。又單務契約之要約相對人之承諾，應知悉要約之存在。如其不知要約而行為，且後來才知有要約時，其行為不算是承諾。例如 A 找到 B 之手錶，交還予 B，而不知 B 之懸賞要約時，則 A 並無請求懸賞之契約上之權利[25]。

(2) 契約須當事人有法律上受拘束之意思。例如在 Rose & Frank Co v. JR Crompton & Bros Ltd. 一案，兩當事人間契約不能執行，因其有一「榮譽條款」（honor clause）說，當事人欲該契約不受法院審查或執行。

(3) 契約對重要爭點如不確定，或要留待雙方再決定時，則不成立契約。一個有待當事人進一步合意之契約（Agreement to agree）並非有拘束力之契約[26]。

(4) 備忘錄（memorandum of understanding，簡稱 MOU）：廠商當口頭契約未改成正式契約前，常用備忘錄闡明複雜交易之重點或作為已同意之條款之確認，亦可用來訂出契約之基本原則與基準，與當事人共同努力完成之目標。備忘錄在法律上並無拘束力，但具有某程度之嚴肅與互相尊重之意義，比君子協定（gentlemen's agreement）正式與強烈，且是法律契約之初步。在美國法下，它與意向書（LOI）意義相同，乃無拘束力之書面約定，暗示將要有拘束力之契約出現。MOU 在多國國際關係上常用到，因與條約不同，可提早批准，且可保密，亦可用於修改現行之條約。[27]

(5) 意向書（letter of intent，簡稱 LOI）：廠商常在締約前書立或簽署意向書，此種文件接近書面契約，但通常整體對當事人並無拘束力，惟其中若干條款可能有拘束力，例如保密條款、善意談判條款等。意向書可由一方擬好，提給對方作為締約前磋商之基礎。如太接近正式契約，有些可被法院解為有拘束力。如小心磋商，可作為保護交易雙方當事人之用[28]。

(6) 英美有不少判例，認為家內契約（domestic agreement，例如夫妻

---

[25] CMR, p. 10.

[26] Stone, op. cit., p. 86. 又諺云 Agreement to agree is no agreement.

[27] 參照 http://whatis.techtarget.com/definition/memorandum-of-understanding-MOU-or-MoU（最後造訪日期：2014/6/12）。

[28] 參照 http://en.wikipedia.org/wiki/Letter_of_intent（最後造訪日期：2014/6/12）。

之間）、社交契約（social agreements）與商業契約（commercial agreement）不同，尤其家屬間之契約通常在法律上無拘束力。亦即推定在法律上無拘束力，但可推翻。又工會與雇主或雇主團體之間就受雇人勞動條件所訂之團體協約或共同契約（collective agreement），除作成書面，且明白表示法律上可執行外，推定當事人非意欲在法律上可執行[29]。

(7) 許多州現要求消費者契約要用明白英文，以免消費者無法理解契約之條款。例如放款真實法（Truth in Lending Act）要求授信人在契約上將一定資訊寫明白。

(8) 所謂「格式契約（印刷好的標準化契約書）之戰鬥（battle of the forms）」：按目前美國交易實務，大多數商務契約，尤其涉及複雜昂貴標的之允諾，很少由單純要約與承諾而成立，往往經過雙方相當期間之磋商，且相對人承諾之條款很少與要約同一，而是由律師起草包含（加上）許多有利自己這方的印刷好的標準化契約書，來來回回交換，而非由契約雙方當事人個別磋商。例如：如要約之標準化契約書上有一條款規定，契約書上所有條款要規範該交易；如他方不作反應時，則所有條款變成交易之一部。如他方有自己另一套契約書，訂貨想在訂購單上以自己不同條款來接受要約時，其效果如何？鑑於來回契約條款，交易雙方未必仔細看過。[30]如出入大，致影響價格之類重要條款時，買主不應主張其差價有拘束力，除非特別提請出賣人注意。此時雙方條款應合併解釋，如能協調而有和諧結果，固然最好。[31]如差異不能協調且彼此矛盾時，契約是否成立？如成立，應以何種者為準？而有如何內容？過去在美國與英國都常因內容不一致，發生爭議與訴訟。此情況之發生常因當事人在作成交易之壓力下，未注意到交易最基本要素所致。如契約相當直截了當，例如單純物之買賣，法院可能指出在交換任何格式前，應先就較早期之要約與承諾予以磋商。如無法找出早期此種要約與承諾時，如何處理？此時契約可能不將任何一方標準條款列入，而有下列三種可能：①契約按最先提出格式之一方條件處理；②契約按最後提出格式之當事人條件處理；③契約因當事人要約與承諾未合致，不能成立，但此

---

[29] Id. at 142, 150; contract, http://en.wikipedia.org/wiki/Contract.

[30] Hancock, Executive's Guide to Business Law (McGraw-Hill, 1979), pp. 1-2, 56-3.

[31] Whincup, op. cit., p. 35 et seq.

種結果多非當事人所樂見[32]。

(9) 由於今日網路交通之發達，爲因應時代需要，美國之統一電子交易法
（Uniform Electronic Transactions Act）與環球與國家交通電子簽名法
（Electronic Signatures in Global and National Communications Act）對電
子紀錄與簽名已認爲符合詐欺防止法之要件，且指明在一自然人與一電
腦之間以及二電腦間之交通可成立契約[33]。

（二）約因

　　約因（consideration）爲英美契約法之特殊制度與其中心觀念，爲我大陸
法所無，在美國契約法上扮演廣泛之角色。在大多數案件，契約爲了生效，應
有約因。即當事人之允諾（promise）除非有約因支持，否則不生效力。約因
之理論極爲複雜，略微近似大陸法民法雙務契約之對價，但有極大差異，在大
陸法法律人看來，頗費理解[34]。

1. 約因之意義

　　英美法長久以來之立場是一個允諾，除非由約因支持，否則非法律上可執
行之契約。約因是一方爲他方之允諾（promise）所付之對價。有許多態樣：
金錢、財產、允諾、作一行爲、甚至不爲某行爲。從廣義說，如一方同意作他
本來法律上不需作之事時，可說他付出了約因。例如 A 同意以 1 萬元賣車予
B，B 付 1 萬元或允諾付款，乃 A 允諾交車予 B 之約因，而 A 允諾給 B 車子，
乃 B 付 1 萬元之約因。在通常情形，約因有經濟上價值，但非必要。又作允
諾之人不需由約因獲得利益。[35]大多數書面契約推定有有效約因[36]。換言之，無
償允諾（gratuitous promises，即只有無償之允諾或贈與）法律上不能訴請履行。

　　又通常構成充分約因之物，當它與代替物交換時，可能被認爲不充分。例
如 1 元通常是不充分約因，而 100 元是充分約因。如甲乙二人同意以 1 元交換

---

[32] Stone, The Modern Law of Contract (Routledge, 2013), p. 52; Treitel, The Law of Contract (Sweet & Maxwell, 1999), p. 19.

[33] Fuller, op. cit., p. 503.

[34] http://en.wikipedia.org/wiki/Consideration_under_American_law（最後造訪日期：2014/6/12）；在蘇格蘭契約法，契約不需約因，參照 consideration, http://en. Wikipedia. org/wiki/Consideration（最後造訪日期：2014/6/12）。

[35] Coughlin op. cit., p. 45.

[36] Id. at 46.

100元時，則因欠缺約因，而非可執行之契約。對此例外之例外是對 1 元鈔有特殊意義，諸如它是一個人在商業上所賺第一元，而有巨大情感上價值時，以此1元交換100元，則可能爲有效約因，此乃近似所謂peppercorn rule之原則。

2. 約因之要件或因素

契約法整編第二版第 71(1) 條指出約因之成立，須有下列二要件：

(1) 作允諾之人，須因所作允諾而得到對方之允諾或履行。

(2) 作允諾之人收領之對待（回報）允諾或履行，必須是 "bargain for"（交涉之對象）。

該整編第二版第 71(2) 條解釋 "bargain for" 之要件。它只說：

① 允諾人須欲相對人履行或對待（回報）允諾，以換取自己之允諾（即取得對方之履行或對待（回報）允諾，須至少是他作允諾理由之一部）。

② 取得對方履行或對待（回報）允諾，須是履行允諾人自己允諾之條件。換言之，交易雙方改變其地位或允諾改變其地位，以換取對方改變自己地位或改變自己地位之承諾。[37] 即表示對允諾要給了某種東西，作爲回報。

注意：在有些州除特定契約認爲不道德而可能無效外，即使只有名義上或微不足道之約因（nominal or "peppercorn" consideration）在法律上亦可以有效。雖然一些州法院提到「充分或有價值」（"adequate" or "valuable"）之約因，但實際上法院並不審究約因是否充分，只要求是否爲交涉之對象（bargained for）。

茲再分析如下：

(1) 當事人須有某些經過交涉之交換（bargained-for exchange）：當事人須有一些交換，在雙務契約雙方交換允諾（promise），在單務契約一方對他方之行爲以允諾來交換。

① 贈與：當一方送贈與物予他方時，因無交涉（bargain），故欠缺約因。此點須特別說明。與我大陸法系民法上贈與是諾成契約不同，在英美法，贈與人贈與之允諾，通常不生效力。欲贈與在法律上有效，贈與人除須當下有贈與給受贈人之意思（donative intent）外，還須有贈與物之眞正交付，並由受贈人受領。因此允諾將來贈與，即使於允諾之同時，將贈與物現實移轉，但在法律上仍不能生效，且在法律上亦無意義[38]。

---

[37] Kuney & Lloyd, op. cit., pp. 155-156.

[38] Kupferman, The Family Legal Adviser (Greystone Press, 195), p. 163 et seq.; Gift (law), http://

　　A. 允諾人之作爲或不作爲：允諾人無論作爲或不作爲，如對自己有利，即足以滿足交涉之要件。

　　B. 不需經濟上利益：如一方予他方心靈上之平靜或滿足，以交換某種物品時，亦可成立交涉。

②過去或道德上之約因：爲交換對方已做之事所作之允諾，不能滿足交涉之要件。

(2) 法律價值因素：

①約因之充分：通常法院不探究約因是否充分或公平，部分係因在資本主義社會，私人有權且期待由自己決定事物之價值。換言之，交換之事物只須在法律眼中具有若干價值，不必對等，更不需在經濟上等值。例如關愛雖非充分之約因，但一個便士錢可能成立約因。不過顯著不足之約因可能被認爲不道德之契約而無效。又如約因在法律上完全無價值，則亦尚嫌不足。

②法律上利益與法律上損害理論：大多數法院要求一方當事人受損（因爲作他法律上無義務之事，或避免作有法律上權利之事），來滿足法律上價值之要素。但依少數說，只要予他方一種利益爲已足。

3. 無效之約因

(1) 過去之約因並非有效。因已作之事已成過去（Something that is already done is done），過去已作之事，並不改變允諾人之地位。任何要交換之貨物或服務須在成立契約當時或之後交換。

(2) 履行先前已存在之義務（pre-existing duty），不能算是約因。即允諾做法律上已經要做之事，非新允諾之有效約因。例如建商原同意以某價格建造房屋，後來威脅地主增付報酬，否則要停工時，則地主允諾增加報酬通常不可訴請法院執行。此原則旨在防止契約被人勒索修改、故增加給付之允諾需另有約因，例如建商同意提早一個月完工時，則增加報酬爲可執行[39]。此原則受到批評，因干預當事人修改契約之自由。結果有數州已對此原則定出例外，有些州更加以廢止。現代趨勢是未完全履行之契約就未預期之情事，作公平合理之修改乃可執行[40]。

---

en.wikipedia.org/wiki/Gift_(law)（最後造訪日期：2014/6/12）。

[39] Restatement §73.

[40] Restatement §89. Burnham, op. cit., pp. 393-394.

(3) 允諾人眞正無義務遵守之允諾，不能算是約因。允諾必須是眞正與不附條件。一個所謂虛幻的允諾（illusory promises），即允諾人外觀上雖似允諾一些東西，但事實上並未眞正承諾任何事之允諾，即無眞正履行義務之允諾，亦不算是約因。例如倘某允諾人允諾放棄當年所得三分之一，而不賺錢，則他並無眞正作任何事之義務（即不必履行）。又允諾必須是眞正與不附條件。此原則很少使契約無效，因法院應儘可能執行契約，爲契約法之基本原則。因此法院常將默示之事實或默示之法律條款（implied-in-fact or implied-in-law terms）列入契約，使允諾人負擔義務。

4. 約因制度之目的

探討普通法歷史上要求契約須有約因，有三種目的：第一是爲了促使當事人愼重，因一個交涉或磋商比作贈與允諾，當事人比較可能愼重其事。第二是爲了保全證據，因認爲當事人較有可能紀念或至少記得由於交涉過程所作之允諾。第三是當當事人必須爲了實現某種意願，而與人交涉時，比較可能一貫地訂定其特定意願。換言之，以上任何一種目的都在確保契約是當事人認眞訂立，而非出於錯誤[41]。

5. 需要約因之例外

(1) promissory estoppel：爲緩和約因之嚴酷結果，美國法承認了所謂「允諾不能改口」（You cannot go back to your promise）即所謂允諾禁反言（promissory estoppel）之原則，作爲約因之代替品與需要約因之例外。即相對人如由於信賴允諾人之允諾（promise），而作爲或不作爲，致改變其地位（例如蒙受費用之損失），且允諾人（promisor）可預見相對人（promisee）會信賴該允諾時，在此情形，即使契約欠缺約因，爲公平起見，亦可使該允諾有拘束力或有效至若干程度[42]。例如Ogden爲在西部一小城辦職業球隊，找該市希望爲運動俱樂部提供一個家。在數度討論後，球

---

[41] http://en.wikipedia.org/wiki/Consideration_under_American_law（最後造訪日期：2014/6/12）。

[42] Burnham, Introduction to the Law and Legal System of the United States (Thomson West, 2006), p. 394；Hay, op. cit., p. 56. 按 promissory estoppel 之要件如下：1. 有一個明示或默示之允諾；2. 相對人如信賴該允諾，會受到不利，此爲在允諾人地位之理性之人之可預見；3. 該允諾被相對人信賴，致遭受眞正不利（地位削弱）；4. 特定履行（與信賴損害賠償不同）只能由於執行允諾，才能避免不正義（參照 Angel v. Murray, 322 A.2d 630 (RI 1974)）。

隊答應該市當局要搬到市內去。基於此承諾（並無契約），該市開始蓋新體育館。在蓋好前，該球隊通知該市說他們不來了。該市因無契約，無法律上救濟而要求衡平法救濟，主張 promissory estoppel。

(2) 其他不需約因之例外：有道德上義務之允諾，例如允諾去還因破產所免除之債務；儘管條件不成就卻允諾去履行所附條件之義務；以後及允諾去履行可撤銷之契約等，有拘束力，不需約因[43]。

6. 約因之現狀

美國有許多州議會已通過制定法，例如加州民法典 §1614 規定書面文件乃約因之推定證據。有一兩個州議會更進而規定所有書面允諾在法律上可執行[44]。

（三）形式要件

當事人一旦互相同意，加上約因，就可成立可執行之契約，除一些契約須依下述之詐欺防止法作成書面外，原則上不需正式之形式；且即使需作成書面，亦不需任何特定形式。

1. 詐欺防止法（the Statute of Frauds）

詐欺防止法是英美特殊制度之一。按英國於 1677 年國會（巴力門）通過法律（稱為 An Act for Prevention of Frauds and Perjuries），規定在一些契約，除非記載契約內容之便條（note）或備忘錄（memorandum）由義務人簽名，否則不可提起訴訟。此立法後來被稱為詐欺防止法，目的在關閉許多詐欺與偽證訴訟之門[45]。過去 300 多年該法在許多方面受到限制與定有除外規定。在美

---

[43] Consideration under American law, http://en.wikipedia.org/wiki/Consideration_under_American_law（最後造訪日期：2014/6/12）；亦有謂在一些州，蓋印契約不需約因者，參照 CMR, p. 13 et seq.

[44] 參照 Fuller, op. cit., p. 21.

[45] 傳統上詐欺防止法在下列情況需有簽名之書面：
　1. 有關婚姻之各種契約，含夫妻財產契約（prenuptial agreements）。
　2. 不能在一年內履行之契約，但不定期契約，不問履行實際須多久，不包括在內。
　3. 移轉土地利益之各種契約，除出賣土地外、尚包括處分土地或其上利益之任何其他契約，如設定抵押權或地役權。
　4. 遺囑執行人以自己金錢支付遺產債務之各種契約。
　5. 貨物買賣價金共計超過 500 美元之各種契約（現已修改為 5,000 美元）。

國各州也制定了類似英國詐欺防止法之制定法，擴大了其執行有賴簽名書面加以證明之契約種類，某些種契約除以書面證明外，無法訴請法院執行。通常包括超過一定價值之貨物買賣契約，出賣土地契約、替別人保證債務之契約及非在 1 年內履行之契約。其主要目的在確保若干契約除非有充分證據之書面契約存在，否則不能執行[46]。但在一些情況，這種立法目的不是爲了打擊僞證，而是爲了取消普通法上對約因之要求。其結果實質上相同，即如原告基於特定種類契約起訴時，被告可積極辯稱契約不符制定法方式之要求而贏得訴訟。惟須注意，詐欺防止法之抗辯，除非及時積極主張，否則法院不予斟酌，而對被告沒有助益[47]。該條例受到甚多批評，且在世界上大體已廢止，包括在 1954 年，英國廢止了詐欺防止法的大部分，但在美國仍留作法律之一部，尚無主張廢止之重大運動[48]。惟法院在認爲如契約由於不符合詐欺防止法，而無法執行，對一方當事人非常不公平時，會作出例外。例如買受人已付出價金之可觀部分，或對土地已作了重要改良時，法院會執行買賣土地之口頭契約[49]。

　　值得注意的是：爲了符合詐欺防止法所定，書面不必用眞正契約之形式，可以是一封信，記憶與確認在電話所作之口頭安排，因此當事人簽署之書面，不需涵蓋當事人所同意之全部條款。在普通法下，在簽署之書面只需列出必要之條款，在 UCC 只有數量須在書面載明。且書面不必是單一文件，如有多件，全部應明顯提到同一交易，且全須簽名。不過簽名不必簽全名，寫上任何意圖確認書面之記號就夠了，例如姓名之首字母（initials，例如 John Smith 的 J.S.），甚至不識字之人用 X 字亦可。[50]

　　UCC 最近修正，採取數位簽名可代替眞正簽名，以免來回郵寄書面契約紙本之繁，以加速環球商業之發展。

---

6. 一方當事人成爲另一方債務之保證人或擔保人之各種契約。

[46] 我民法第 166 條之 1 若干重要契約須經公證之規定，似不無受到此詐欺防止法之影響。

[47] Martin, op. cit., p. 28; http://en.wikipedia.org/wiki/Statute_of_frauds（最後造訪日期：2014/6/12）。

[48] Farnsworth, op. cit., p. 110.; Coughlin, op. cit., p. 46.

[49] Burnham, op. cit., p. 394 et seq. 歷史上允諾人可不需約因，由於在書面上蓋上火漆印，而作了有拘束力之允諾。不過蓋印如今已變成空洞形式，且其效力已由各州制定法廢除。Farnsworth, op. cit., p.110；Hay, op. cit., p.54.

[50] Unites States contract law; http://en.wikipedia.org/wiki/United_States_contract_law（最後造訪日期：2014/6/12）。

2. 解決書面契約不完全或不確定問題

禁止口頭證據之原則（parole evidence rule）為英美法之特殊制度，為大陸法所無[51]。此原則通常禁止引用外部證據來推翻書面契約之條款。此原則之目的是防止用較不可靠之契約來挑戰書面契約，同時鼓勵當事人訂定完整之書面契約。此原則只適用於書面契約是當事人所欲整個契約之最後表達，並包括所有契約之條款與細節。如書面非構成當事人所意欲之整個契約時，則仍可用外部證據加以補充，甚至推翻書面之條款。所以此原則並非如想像那麼武斷單純。

此原則之例外：此原則只適用於在書面契約之前或同時所訂之外部契約，不准提出推翻書面契約條款之證據。但當事人仍可提出不牴觸書面之其他條款之證據，或提出嗣後當事人間之契約[52]，包括契約在作成書面後被口頭修改之證據。此原則亦不阻止當事人證明詐欺、脅迫，缺少約因或會使契約無效或可撤銷之其他原因[53]。可提出解釋模糊不清之條款之證據，但初步磋商或當事人一般意思之證據，不可提出[54]。

五、有關契約若干條款及其他形式或手續問題

（一）合併（merger）或併入（integration）條款

許多書面契約含有條文說：書面契約乃當事人間最後、完整契約，取代以前當事人間所有之瞭解或契約，這些條文稱為「merger」或「integration」條款（clauses）。即表示當事人間所有契約已合併入該書面[55]。典型文字為：
This Agreement is the final、complete and exclusive expression of the terms of the Agreement between the parties and supersedes all prior and contemporaneous understandings or agreements of the parties.

---

[51] CISG（聯合國國際動產買賣契約公約）除廢除此原則外，明定契約可以任何可能方式證明。Kuney & Lloyd, op. cit., p. 346.

[52] 此等契約構成契約之修改（modification），原則上如同其他契約一樣，也需要約因。Hay, op. cit., p. 57.

[53] Burnham, op. cit., p. 395.

[54] Whincup. op. cit., p. 78.

[55] Fuller, op. cit., p. 604 et seq.

（二）棄權（waiver）條款

英美契約常有條款，規定：當事人一方如怠於行動或執行某一種權利或救濟方法時，不應視爲放棄該權利之 waiver，且放棄現有之任何權利，不應解釋爲亦放棄任何其他權利或放棄將來同一權利。

（三）綜合性契約（overriding agreement）

供應商與顧客之間由於交易時間甚久，持續供貨，有時爲避免每次磋商交涉之煩，訂立雙方之間綜合契約（overriding agreement），約定所有以後交易應由此契約所定條款加以規範，此種作法尤其可能對交涉能力較強一方較爲有利[56]。

（四）仲裁條款

當事人可在任何交易契約附上仲裁條款，約定雙方同意將來由契約所生有關契約之解釋或執行之爭議，不以訴訟，而交由仲裁方式解決。依聯邦仲裁法〔Federal Arbitration Act（被解釋爲適用於包括在聯邦或州法所發生之所有契約）〕之規定，仲裁條款，除了抗拒仲裁之當事人證明有不道德或詐欺或其他傷害整個契約之原因外，通常有效。仲裁判斷經法院確認後，可由勝訴一方聲請法院強制執行，與法院判決一樣[57]。

（五）保證人與保證契約

我國一般契約上常訂有保證人之條款，在美國此種保證人稱爲 surety。廣義之保證人（surety）是對另一人債務負責支付之人。保證人加入主債務人（principal）對債權人所作之允諾，而與擔保人（guarantor）作爲一個collateral promise 允諾於一定停止條件發生時，履行主債務人之允諾不同。保證之關係是由契約產生，在決定契約是否存在及當事人之權利義務如何，適用一般契約法之原則。基本上主債務人對案件實質（merit）有關之任何抗辯，保證人都可援用。又主債務人與債權人間改變主契約（primary contract）之風險之任何約定，除保證人同意或追認，或保留對保證人之權利外，解免保證人之責任。債權人負使用合理注意從事交易，與避免不必要增加保證人風險與負擔之義務。如保證人付清主債務人之債務，則保證人取得主債務人對債權人所

---

[56] Hancock, Executive's Guide to Business Law (McGraw-Hill, 1979), pp. 56-58.

[57] http://en.wikipedia.org/wiki/Federal_Arbitration_Act（最後造訪日期：2014/6/12）；楊崇森著，商務仲裁制度之理論與實際，中央文物供應社，1984 年。

有之權利。如數保證人（cosureties）中一人，對債權人付了超過其對主債務人債務之分擔額時，可向其他保證人求償[58]。

（六）縮水包裝授權契約（shrinkwrap licenses）

此名稱係來自封在塑膠或玻璃紙套內之零售電腦軟體包裹，其內含有於顧客撕下包裝時即生效力之授權契約。[59]

（七）契約之公證（notarized）

契約有時規定該契約須經公證。美國公證人之資格要求，比大陸法系國家為寬，比別的英美法系國家較不受到嚴密規範。美國最常見之公證行為為：為認證（taking of acknowledgements，即由文件作成人在公證人面前承認文件上之簽名係屬眞正，再由公證人簽名證明）及宣誓。大多數州公證人亦證明副本或影本（certify or attest a copy or facsimile）與原本相同。在美國公證人不可提供法律意見或製作文書。許多職業之成員可兼任公證人。例如美國聯邦法院之速記員（reporters）常擔任公證人，當聽取證言時，可由其主持證人之宣誓，其他像秘書、銀行員及一些律師通常也兼充公證人。公證人之證書（certificate）形式大體如下：

Before me, the undersigned authority, on this _____ day of _____, 20__ personally appeared _____, to me well known to be the person who executed the foregoing instrument, and he/she acknowledged before me that he/she executed the same as his/her voluntary act and deed.[60]

六、契約之解釋

美國法院通常對契約之解釋，係採下列原則：

（一）平易意思原則（plain meaning rule）

表面上平易與清楚之書面或條款，其意義應據以認定，不可用任何外來證

---

[58] Lusk, Business Law, Principles and Cases (Irvin, 1963), p. 764.

[59] Kuney & Lloyd, op. cit., p. 142.

[60] 參照 http://en.wikipedia.org/wiki/Notary_public_(United_States)（最後造訪日期：2014/06/12）；http://www.businessdictionary.com/definition/notarized-document.html#ixzz30x5BkrhY（最後造訪日期：2014/6/12）。

據加以變更。即此原則不准當事人對條款另提出他認為之其他意義之證據，甚至不准提出貿易習慣之證據來解釋。雖然此原則受到廣大批評，但在大多數州仍常用到。

（二）注重當事人意思之解釋

普通法下契約條款應依當事人表示於外之表示解釋，而非按一造主觀之意見。即使如此，鑑於雙方當事人意思之重要與語文之不準確，較現代之作法係准許當事人提出主觀以為書面條款意思之證據。當雙方對條款之解釋有衝突時，法院也可依若干一般法律原則或法諺，決定應採何種解釋。契約法整編（Restatement）建議了一些一般原則。例如模糊條款應作不利於契約起草人之解釋。所有條款如可能，應解釋為有合理、合法與有效之意義。當事人磋商過之條款應優於契約之標準化非磋商部分之條款。另一法諺即基本目的（primary purpose rule）原則，規定如法院可認定當事人訂約之基本目的時，該目的在條款之解釋上，應占重大分量。

（三）法院提供條款

當事人常締結契約，而未將契約所有條款規定無遺。當發生此現象時，法院常提供忽略之條款，即在該情況下合理之條款，加以補充。合理提供條款是當事人會同意或符合商業上公平標準之條款。例如有人雇油漆匠油漆房子，但未談及價錢時，法院可命提供合理價錢，即油漆工通常之索費[61]。此點與大陸法系國家民法有許多任意法規定，可補充當事人約定之不足，或解釋當事人意思不明之情況目的相同，但手段不同，更可見英美法官之權限頗大。

七、契約之履行

（一）履行之順序

原則上雙方當事人應同時提出（tender）給付，例如買賣契約，標的物移轉與價金應同時提出。但在一方履行需時比他方更久，例如工程承攬契約，則不可能同時提出給付，承攬人應先完成工作，才能請求定作人給付報酬[62]。

---

[61] Restatement 2d §204; Burnham, op. cit., p. 396.

[62] Burnham, op. cit., p. 397.

（二）條件（condition）與義務

　　雖然一方當事人有義務履行其允諾之任務，但履行該義務可能附有條件，尤以在複雜或昂貴之允諾為然。英美法也與我們大陸法一樣，契約可附有條件。條件有時又稱為 contingencies，是不一定發生之事件，該事件應於契約履行到期前發生；附有條件之履行，債務人在條件已滿足或免除時才須履行。英美法上之條件可分類如次：

1. 停止條件、解除條件及同時條件

　　停止條件（condition precedent）：被解釋為在債務人有任何責任前，必需存在之事實，是契約履行須滿足之要件；而解除條件（condition consequence）是當一種事實存在時，終結履行契約之義務或終結賠償不履行契約之義務[63]。此兩種條件與我民法上停止條件與解除條件性質相同，僅說明方式與邏輯清晰度有所不同而已。

　　值得注意的是，美國法還有所謂同時條件（condition concurrent），它是指各方同時履行乃他方履行義務之條件，或雙方當事人應同時履行之事實。其實在我民法上不認為一種條件，只是同時履行抗辯權而已。因其真正意義乃是：如契約上允諾之履行要同時為之時，則通常任何一方提起請求契約不履行之損害賠償之訴之條件，為應提出自己之履行，俾使另一方陷於履行遲延。因此同時條件可謂為一種錯誤名稱[64]。

2. 明示條件、默示條件及擬制條件

　　英美契約常充滿條件。條件是律師用來保護其當事人利益之重要工具。當事人可放棄條件，且法院亦可不理條件[65]。

　　當當事人同意（明示或默示）某條件時，該條件是明示條件（express conditions）。例如當事人一方訂約買屋，附有取得抵押權融資 10 萬美元之條件。如銀行未通過此種抵押權時，買受人履行義務不發生。明示條件應嚴格應用。如邏輯上合理來自契約性質或其履行時，亦可能有默示條件存在[66]。所謂擬制條件（constructive condition），又稱為法律默示條件（"implied in law"

---

[63]　Fuller, Basic Contract Law (West Group, 2001), p. 928.

[64]　Id. at 967.

[65]　Kuney & Lloyd, op. cit., p. 620.

[66]　Burnham, op. cit., p. 397.

condition），係不問當事人意向如何，法院為了確保當事人能收到他們交涉之所得，而列入契約之條款[67]。

3. 條件與義務之差異

條件與義務不同，義務係來自當事人之允諾，而允諾之違反，構成他方賠償損害之訴因，而條件則係履行義務之前提，如不履行條件，僅對方不必履行義務而已。例如火災保險契約規定被保險人應於事故發生 7 日內通知保險公司，如通知係一種義務，則怠於期限內通知時，保險公司可請求保戶損害賠償，但仍應給付約定之保險金。反之，如規定保險公司只於期限內通知，才給付保險金時，則通知係停止條件，從而不於期限內通知，發生不得請求保險金之效果[68]。

4. 條件之放棄與免除

在美國法下，條件可放棄（wave，名詞為 waver）與免除（excuse），此點為我民法所未聞。所謂免除是指如債務人不履行有理由，例如因他方之不法行為致使其無法履行時，可能被免除履行某個條件。例如有一案，侄兒同意與其叔同住並照顧他餘生，換取其叔身後之金錢。侄數年履行其約定，但其間其叔經常酒醉與虐待其侄，最後迫其侄離開。侄仍可依契約取得補償[69]。

八、影響契約效力之事由

英美契約法書籍多將其稱為契約不履行之抗辯（defenses）。

（一）錯誤

錯誤（mistake）是訂約時對某些事實之不正確認知，可作為抗辯，使契約自始無效或可撤銷，或取得衡平法上救濟。

如基於雙方當事人之錯誤，且錯誤係有關契約訂立之基本假設（assumption），諸如標的物之性質、同一性或存在、致對協議之交換有重要不利影響，且受不利影響之一方不承擔錯誤之風險時，可免受契約之拘束。

---

[67] CMR, p. 24.
[68] Burnham, op. cit., p. 398.
[69] Barron v. Cain, 4 S.E. 2d 618 (N.C. 1939). Burnham, op. cit., pp. 397-398.

經典例子是 Sherwood v. Walker 一案，該案出賣人有可生育之牛，價值 750 至 1,000 美金，與不育之牛價值約 80 美金。買受人檢驗顯然不育之牛決定買下，但在交換牛與價金前，出賣人發現該牛懷孕了，拒絕出讓。法院謂雙方以為該牛不育，契約因共同錯誤而可撤銷。

　　單方之錯誤是只有一方當事人對標的物之同一性、契約之條款或標的有錯誤，這比別種錯誤較為常見。單方之錯誤，通常不足成為契約撤銷之原因，因此時當事人欲撤銷契約，須符合較高公平標準，即執行起來，會不合道德良心。但如無錯誤之一方知悉或應知他方陷於錯誤時，契約可由錯誤之一方撤銷。[70]

　　錯誤可能是法律錯誤或事實錯誤。當有一方於締約時若不知法律，其效力如何？按不知法律非抗辯事由，但如一方由於此錯誤被引誘去締約時，則契約並非有效。例如 A 與 B 基於錯誤，以為特定債務已由一國法律禁止不能請求，而其實不然。反之，事實錯誤是雙方對契約重要事實基於錯誤而締約，此時契約無效。例如甲向乙買某匹馬，後來發現該馬於討價還價時已死亡，為雙方所不知，此時契約歸於無效。又如 A 於 B 生存期中對一地產有所有權，同意將其賣給 C，但訂約時 B 已亡故，而雙方均不知此事實，則契約無效。但如對於形成契約標的之物之價值看法有誤，則不認為事實之錯誤。通常價值之錯誤並無救濟，因法院認為當事人須承擔決定價值之風險。但在價值係依賴第三人之決定時，為例外。

　　普通法傳統上分錯誤為互相錯誤（對事實雙方有相同錯誤認識）、共同錯誤及單方錯誤三種[71]。

　　單方錯誤（unilateral mistake）須區分機械之計算（mechanical calculations）與商業錯誤（business error）。對機械之計算，如他方不擬利用該錯誤時，一方可撤銷契約。惟單方錯誤實務上幾乎無法證明[72]。互相錯誤（mutual mistake）是對契約之重要事實，雙方有錯誤時，契約可撤銷。旁系（collateral）即非契約核心之錯誤，當事人無撤銷權。互相錯誤易與 Raffles v.

---

[70]　Kuney & Lloyd, op. cit., p. 275.

[71]　在美國也常須分錯誤為決斷錯誤（decisional mistake）或無知錯誤（ignorant mistake）。決斷錯誤是法律錯誤，即當事人知道事實，但不知法律效果或以為其與真正效果不同。亦即在一方在兩個已知代替性事實中，作了錯誤之選擇時發生。無知錯誤是不知事實真相，即事實雖存在，但為當事人所不知，或他們以為存在之事實而實際不存在。即一方不知正確代替性事實之存在。為了成立事實錯誤，須是無知錯誤。

[72]　ABA, You and the Law (Publications International, 1990), p. 296.

Wichelhaus 一案之互相同意案件混淆。該案雙方合約以一條叫做 Peerless 的船運貨，但各人係指不同之船舶。因此各方有不同瞭解，而未對貨物何時運送聯繫他方。該案雙方以為有合意，後發現彼此對他方之不同意義有所誤會，因此並非互相錯誤，而是欠缺互相同意，此時不能成立契約。共同錯誤（common mistake）是雙方對事實有相同錯誤想法。只在標的基本錯誤，足使其同一性與訂約對象不同，從而使履行契約不可能時，才可使契約無效。

　　中間傳達人（intermediary）之傳達（transmission）錯誤：如中間人錯誤，例如電話公司錯誤時，除受信人知悉錯誤外，信息通常按傳達之內容生效 [73]。

（二）脅迫與不正影響

1. 脅迫

　　脅迫（duress）是驅使別人去做本來不做之事。脅迫可以暴力、拘禁、不法取去他人之財產，或威脅做上述此等行為之方式為之。在脅迫之下締結之契約，被害人可撤銷之。如已履行，可向法院請求賠償或其他救濟。現代法律之原則是如威脅會導致不可彌補之損害，且以「破壞善意與公平交易義務」（breach of the duty of good faith and fair dealing）之方式為之時，構成了脅迫。

　　近來美國法院擴大脅迫之範圍，認為契約受經濟上脅迫（economic duress），亦可構成脅迫。美國一般法院認為成立經濟上脅迫之要件為：(1) 一方非自願接受對方條件；(2) 情況不允許代替方案，包括代替性方案或救濟不充分。即雖有代替性方案或救濟，但如遲延，會引起經濟或商業利益之立即與不可彌補損失時，為代替性方案或救濟不充分；(3) 此情況是他方強制性行為之結果。亦即被害人須除了答應另一方條件外，將面臨嚴重財政困難，對接受他方條件苦無合理代替方法，或對威脅之實施無充分救濟時，成立經濟上脅迫。例如原告訂約以一定價格運送被告貨物，幾星期後要求提高價格，否則不運送，原告知被告有大主顧答應供貨，且該客戶如違約會告被告，且不再與被告交易。被告由於無法立即找到別的運送人，被迫在抗議下同意付較高費用。在原告交貨後，被告只付原定價，原告要求增付，被法院基於經濟上脅迫及未對第二次約定，付出約因，予以駁回 [74]。又如次承攬人威脅承攬人，除非承攬人同意修改

---

[73] CMR, p. 14.
[74] 英國判例有：如一方當事人威脅他方為不合法之事，例如毀約；或實施原來合法壓力，致他方除同意其要求外，別無選擇，可能成立經濟上脅迫。參照 Atlas v. Kafco, 1989; Whincup, op. cit., p. 223.

雙方現存契約，否則拒絕再依契約運送。承攬人除非延誤，無法自別處取得必需材料，且如不能立即取得材料，將對政府之主契約負遲延責任，此案遲延對承攬人有嚴重經濟影響，只得同意修改。法院認爲同意修約之代替性方案，即告次承攬人違約，或向別處取得材料，乃不充分之救濟方法，故簽約係在脅迫下所爲，可以撤銷[75]。

2. 不正影響

此種抗辯與脅迫相似，都是對當事人施以壓力。但不正影響（undue influence）不用威脅，比脅迫情節爲輕，通常只在有人利用表意人之特定易受壓力之情形被援用，可能涉及濫用個人信賴與照顧關係（因疾病、年齡或情緒傷痛），對他方施壓，訂立不公平契約，而對他方不利。有可能之關係，包括法律、醫學、財政或精神顧問與他們之當事人或被照顧人之關係。例如法院指派之監護人勸 12 歲大之受監護人，無息借錢給他，該貸款契約會因不正影響而無效，而不問未成年人是否有締約能力。又美國社會對威脅與不正影響常予混用[76]。又如被仰賴之一方自他方未取得所有重要資訊及與在適當情形，無獨立法律意見時，雙方間之交易可能被撤銷[77]。

不正影響爲英美法特別承認之抗辯，爲大陸法所無，近似規定勉強只有民法第 74 條之暴利行爲。即：「法律行爲係乘他人之急迫、輕率或無經驗，使其爲財產上之給付或爲給付之約定，依當時顯失公平者……法院得因利害關係人之聲請，撤銷其法律行爲或減輕其給付……」[78]，但內容究不相同。

（三）詐欺與不正表述

詐欺（fraud）之契約可撤銷。當一方明知作了主要不正表述，爲他方合理所依賴，且對他方不利時，成立詐欺，不必出於故意[79]。當事人一方因他方不正表述（misrepresentation）或隱瞞，有時亦可撤銷契約。在大陸法，詐欺爲契約撤銷之原因，但英美法除詐欺外，不正表述亦可獨立構成撤銷原因，所以似比我國更容易撤銷。惟只有事實而非意見之不正表述，且須對方合理信賴

---

[75] Austin Instrument, Inc. v. Loral Corp. (29 N.Y. 2d 124, 324 N.Y. S. 2d 22, 272 N.E. 2d 133, 1971); Kuney & Lloyd, op. cit., p. 307.

[76] ABA , You and the Law (Publications International, Ltd., 1990), pp. 295-296.

[77] Whincup, op. cit., p. 224.

[78] Id. at 232.

[79] ABA, op. cit., p. 296.

該不正表述，才可構成。通常不正表述須係故意；但如涉及重要事實，即使非故意之不正表述，亦可能構成。至於隱瞞事實，因通常各人並無義務透露真實予契約對方，所以不構成不正表述；但有例外。即為了隱瞞，作了積極行為時，可能構成不正表述。如只告知一部分真相，致產生整體誤導印象時，整個真相不透露，亦可能構成不正表述。當事人一方知悉他方對基本假設有錯誤時，亦有透露義務[80]。

（四）不道德與附合契約

如契約或其中特定條款被認為不道德（unconscionable）或附合契約（adhesion contract）時，當事人一方可能被免除履行義務。契約如一方當事人缺少（不能作）有意義選擇（即幾乎無選擇相對人之自由），且契約條款對他方過分（不合理的）不利時，為不道德[81]。不道德或附合契約可能包括定型化契約上所訂嚴酷片面之契約條款、重大交涉力量不平等，及契約條款暗藏於密密麻麻之印刷文件內。惟較顯著之例多於所謂免責條款（exculpatory clauses）見到。如法院認為契約之全部或一部不道德時，則可拒絕全部或一部之執行[82]。

（五）不法契約（illegal contract）與違反公共政策之契約

契約如目的或履行方法違法時，可能因違法而無效。例如殺人契約、賭博債契約、娼妓契約、不合理限制交易或競爭之契約（如對對方課以不合理苛酷條款之限制，或限制超過所擬保護之需要），或毀掉競爭人財產取得競爭優勢之契約。賭博契約不法且不能執行，但有些案件法院協助悔改之人，即使在下賭注之後翻悔，亦可追回已付之賭注[83]。又欲妨礙司法之契約亦係違法與不能執行[84]。

此外法院可能因違反一州之公共政策（public policy）而認為契約無效。公共政策一詞，相當於我民法上之公共秩序與善良風俗，英美法律喜用公共政策一詞，而不用公共秩序與善良風俗。所謂公共政策乃不確定與浮動之觀念，

---

[80] Burnham, op. cit., p. 401.

[81] Williams v. Walker-Thomas Furniture Co., 350 F. 2d 445 (D.C.Cir. 1965).

[82] Hay, op. cit., p. 58. 我民法第 247 條之 1 就若干定型化契約之效力，受美國法影響，亦有無效之類似規定。

[83] Smith Review for Law School and Bar Examinations, Contract (West, 1958)（以下簡稱 Smith Review），p. 110.

[84] Ibid.

基本上係相當於一般公共福祉之意[85]，每隨時代觀念與風俗及工商之成長而變化，極難下精確之界說。但可謂牴觸當時道德與違反社會既成利益之契約多屬之。基本上限制競爭、圍標、限制婚姻、違反公共義務、高利貸、與敵人貿易等契約原則上可列入此類契約內[86]。

有些契約可能一部合法，一部違法，如屬可分，則合法部分可以訴請執行，但違法部分如不可分時，則整個契約可能不可訴請執行[87]。

九、契約之履行問題

（一）契約之履行

1. 實質履行之觀念

契約之債務因履行得到滿足，理論上履行應嚴格符合契約條款之要求。後來判例法發展出實質履行之原理（doctrine of substantial performance），對嚴格符合契約條款之要求設有救濟之途。統一商法典亦同。即履行與契約要求有細微出入時，准許債務人請求對待給付，惟須扣除改正有瑕疵履行之費用。只是工程契約則適用特別與較嚴格之原則。UCC 關於交付不符合約定之貨物，訂有類似條文規定[88]。

2. 當事人善意之義務

契約當事人在所有契約亦負善意與公平交易（good faith and fair dealing）之一般義務。避免作任何會損害另一方接受預期利益能力之行為。何謂善意難於精確說明，但應避免不合正派（decency）、公平與合理之普遍接受之觀念[89]。

---

[85] Lusk, op. cit., p. 223.

[86] William W. Story, "A Treatise On The Law Of Contracts", http://chestofbooks.com/business/law/Law-Of-Contracts-Treatise/Contracts-In-Violation-of-Public-Policy.html#.U1vOjGthiK1#ixzz300RHcDV（最後造訪日期：2014/6/12）。關於孕母契約是否有效，參照楊崇森，美國家事法之理論與實際運作（下），月旦法學雜誌，第215期，2013年4月。

[87] Weinerman, Practical Law (1978), pp. 25-26.

[88] Hay, op. cit., pp. 60-61.

[89] Kuney & Lloyd, op. cit., p. 794.

（二）禁反言制度

英美法上有稱爲禁反言（estoppel）之特殊制度，乃一種法律原則，當一人作了事實之表述，被相對人合理信賴時，不准表述之人嗣後否認先前表述之眞實，或採取與先前不一致之立場，或主張不一致之事實或權利，以免損害相對人[90]。如 V 以書面契約同意將土地毫無物上負擔移轉給 P，P 同意付 V 1,500 元。價金已付。在 V 移轉地契前，P 發現經該土地之地下管道，第三人 X 有地役權。P 遂告知 V 他不要該地產並要求退款。V 信賴 P 之話，且爲了籌錢還 P，V 與 Y 訂約出售該土地予 Y。不久 P 改變心意，要求 V 特定履行，P 不可勝訴。因當 P 知 V 違約未除去土地上地役權時，他有選擇救濟方法。即保有土地，訴請違約損害賠償；亦可請求特定履行，連同賠償損害；亦可解除（rescind）契約要求還錢。P 選了最後一種救濟方法，解除契約，由此免除了 V 契約上所有義務，並課 V 返還價金義務。V 善意再訂約售與 Y，來進行籌款還錢。即在解除契約後，V 信賴 P 之解除，且基此信賴，已改變了地位，P 現在已不能否認他已免除 V 所有契約上義務，而要求 V 特定履行了[91]。禁反言制度值得採用，以彰顯充實我民法上之誠信原則之內涵與作用。

英美法上禁反言與大陸法之誠信原則相近，但更具體，條件更詳明，有下列數種：

1. 間接禁反言（collateral estoppel）

是一種法律原則，防止訴訟一造提出別的訴訟已審決對其不利之事實或爭點。即當訴訟當事人間涉訟之事實決定對當事人間將來任何訴訟確定地發生拘束力，不容再提出爭執，要求審理，又稱爲 "issue preclusion"，我國似譯爲爭點效。美國憲法保障一事不再理，包括主張 collateral estoppel 之權利。

2. 衡平禁反言（equitable estoppel）

衡平禁反言（乃防止一方當事人因他方之自願行爲而受到損害。這自願行爲可能是行爲、沉默、默認或隱瞞重要事實。默認之例，例如 Lambertini v. Lambertini, 655 So. 2d 142（Fla. 3d Dist. Ct. App. (1995)）一案。在 1950 年代，Olga 乃有夫之婦，遇到 Frank Lambertini，二人在阿根廷同居。他倆請當地律

---

[90] Kuney & Lloyd, op. cit., p. 227; http://definitions.uslegal.com/e/estoppel/（最後造訪日期：2014/6/12）。

[91] 參照 Thackeray v. Knight, 192, p. 263 (Utah); Smith Review, pp. 162-163.

師依墨西哥法幫 Olga 與其前夫離婚，並與 Frank 結婚。他倆以爲婚姻有效，並育有兩小孩。1968 年他倆搬到美國成爲居民。1992 年 Olga 要與 Frank 離婚，申請法院給她房子所有權及贍養費。Frank 辯稱墨西哥婚姻無效，一審贏了，爲上訴審廢棄並准許離婚、給她房子等，判認衡平法上禁止 Frank 辯稱墨西哥婚姻無效。因他倆對外已以夫婦自居 30 多年，同居、養二小孩，且共有房子。他倆明顯以爲墨西哥婚姻有效，直到女方提起離婚之訴，才發現不對，欲依賴其無效作爲抗辯。從而 Frank 30 年之默認，禁止他反言而否認婚姻之存在。[92]

3. 允諾禁反言（promissory estoppel）

有時稱爲「有損之信賴」（detrimental reliance）。因一方當事人允諾爲某行爲或不爲某行爲，而另一方信賴該允諾，並據以行動，此時防止允諾之一方以與允諾相反之某方式行動，致相對人受到損害。promissory estoppel 乃契約法上名詞，適用於雖無可執行之契約，但由於一方信賴他方承諾，如不執行契約，則有失公平之場合。promissory estoppel 可用以執行慈善團體信賴之慈善贈與之允諾。適用於允諾人應合理期待其允諾會引起相對人有確定與實質之作爲或不作爲，且事實上引起此種作爲或不作爲，如只有執行該允諾，才能避免不公平之情形。又例如一家餐廳同意付錢與麵包店製作 50 個派。麵包店只有 2 名員工，花上 2 天製派。此時無法烘焙或賣別物。哪知餐廳決定不買，使得麵包店派賣不掉，法院可能應用允諾禁反言原則，要餐廳履行允諾付派之價錢[93]。

（三）契約之拒絕履行（repudiation）

契約之債務人有時於履行期前，事先告知債權人不願或無能力履行契

---

[92] http://legal-dictionary.thefreedictionary.com/estoppe（最後造訪日期：2014/6/12）。爲防止一方在法院審理庭採取與先前不同之立場，如他方會因其變動而受損時，通常應證明之要件如下：

1. 對主要事實有表述或隱瞞。
2. 此等事實於表述時爲禁反言之人所知。
3. 主張禁反言利益之人，於表述時不知此等事實之眞相。
4. 表述應出於對方會據以行動之意圖或期待。
5. 表述須爲對方所信賴並據以行動。
6. 對方因行動而受到損害。

[93] http://legal-dictionary.thefreedictionary.com/estoppel（最後造訪日期：2014/6/12）。

約，且違反契約情節重大時（例如出售標的物予第三人，或被宣告破產，變成無清償能力），他方當事人是否須等到履行期到來，才可控告債務人不履行，或做其他安排以減輕損害？例如出賣人訂約於 8 月 8 日交付貨物予買受人，但於 7 月底告知買受人不賣了。因此時交付義務尚未發生，尚未違約，但已有拒絕履行。我民法對此問題沒有著墨。按美國法有所謂預期拒絕履行（anticipatory repudiation）之制度，認為預期拒絕履行相當於契約不履行，債權人除可等待債務人履行至相當時間（如付款）外，亦可將此潛在違約，認為契約之違反，而訴諸相關救濟，包含立即訴請損害賠償，或終止契約，請求回復原狀[94]，正如已發生違約一樣。而且不問採取何種救濟方法，相對人亦可中止進一步履行自己之義務[95]。如此可避免等待到履行期，致損害不必要擴大[96]。為構成此種履行拒絕，債務人之不履行，須實質有損契約對他方當事人之價值，且債務人之拒絕履行表示須明確，不可模稜兩可，或僅表示懷疑履行之能力[97]。又不履行之債務人嗣後如改變主意，而欲更正（retraction）時，須以明確方式向對方表示撤回先前之拒絕履行，且現意欲履行。更正有時尚須包括對方合理要求之提出將來履行之保證[98]。

（四）不能、不可行、目的無法達成與修改契約

依照普通法，契約條款應嚴格履行，未如大陸法有情事變遷之原則，例如我民法第 227 條之 2 規定情事變更原則，第 1 項規定：「契約成立後，情事變更，非當時所得預料，而依其原有效果顯失公平者，當事人得聲請法院增、減其給付或變更其他原有之效果。」但英美法發展出不能與目的無法達成等觀念，而達到與承認情事變遷原則類似之結果。

1. 不能（impossibility）

此係指雙方當事人並無過失，因情事變遷，致履行變成不可能，或當事人一方締結契約之主要目的變成無法達成（frustrated）時，例如雇油漆匠刷新一建物，如該房屋於其開始油漆前，因任何一方之過失以外之原因焚毀時，則油

---

[94]　Hay, op. cit., p. 64.

[95]　Restatement 2d sec.250-257; UCC sec.2-610, 2-611; Kuney & Lloyd, op. cit., p. 742.

[96]　Burnham, op. cit., p. 402.

[97]　Ibid. 如此時債權人發現債務人財務困難，未對別的出賣人履行時，可催告債務人提供某種履行保證。

[98]　Kuney & Lloyd, op. cit., p. 743.

漆匠由於不可能而免於履行。

2. 不可行（impracticability）

在若干情形，履行未變成嚴格不可能，但不可預見之情勢，使履行極為昂貴或苛虐時，現代趨勢是如履行極不可行時，免除一方當事人之契約義務。但不可行需經濟損失不但重大，且為訂立契約時所不可預見。例如可在許多有關1970年代石油禁運所致之能源費用暴增之現代案件見到 [99]。

3. 目的無法達成（frustration of purpose）

目的無法達成是當情事變遷，致一方當事人履行幾乎對他方無價值，例如當事人訂有建物租賃，約定開賭場是租賃唯一目的，在租賃期中因政府宣布賭博違法，致無法開賭場。惟此時承租人不能主張不可能，作為不再續付租金理由，因其仍可合法租賃該建物供別用。但因原租賃目的已不能達到，故承租人可能免於繼續履行 [100]。目的無法達成是英美法特別揭示之契約消滅原因之原則，為我民法所無。

4. 修改契約（reformation of contract）

法院對情事變遷情況，可能不宣布契約無效，而試著改造契約。但美國法院通常覺得如當事人約定不同條款時，法院無權課當事人未交涉之條款，因為此種行動被認為直接干預當事人自由訂約，擔保他們自己期待之權利 [101]。可見美國法不似我民法正式承認情事變遷之原則。

---

[99] Burnham, op. cit., p. 399.

[100] Kuney & Lloyd 二氏以為不可行與目的無法達成之情況，實際問題不大，因貨物與服務之供應商常用（專門參與交易之律師會對因不可歸責於當事人之原諒原因），以諸如不可抗力 force majeure 明示條款事先加以防範，作為長稽延或甚至完全未履行之辯解理由。典型之不可抗力條款如下：

If any party fails to perform its obligations because of strikes, lockouts, labor disputes, embargoes, acts of God, inability to obtain labor or materials or reasonable substitutes for labor or materials, governmental restrictions, governmental regulations, governmental controls, judicial orders, enemy or hostile governmental actions, civil commotion, fire or other casualty, or other causes beyond the reasonable control of the party obligated to perform, then that party's performance shall be excused for so long as the cause for failure to perform persists. 參照 Kuney & Lloyd, op. cit., p. 766; Whincup, op. cit., p. 154.

[101] Burnham, op. cit., p. 399.

十、契約違反（不履行）之救濟

契約不履行或違反可分為重大違反（material breach）與輕微違反（minor breach）兩種[102]。在重大違反，對方可立即請求整個契約違反之所有救濟，包括全部損害賠償，而自己不需為對待履行。反之在輕微違反，對方可請求損害賠償，但仍須自己履行契約。法院決定重大或輕微違反，斟酌之因素如下：

（一）他方受領利益之分量。

（二）損害賠償對他方是否充分。

（三）一部履行之程度。

（四）對違約人之苛酷程度。

（五）違約人過失或故意。

（六）違約人履行契約其餘之可能性[103]。

在契約不履行，英美法通常在填補他方之損害，而非命違約一方照契約履行。特定履行之命令（decree），命令違約一方履行，在大陸法可能是原則，惟在英美法偶有准許而已，在大多情形，英美法院只能取得金錢賠償之判決。

其次契約賠償乃補償而非處罰。賠償數額非要處罰違約人之違約，而只是補償其損害。賠償基本尺度是使被違約一方處於與契約如履行一樣之金錢上地位，亦即通常排除個人或情感性質之非金錢損害賠償，而與侵權法之侵權行為責任不同[104]。

（一）賠償損害與其限制

1. 期待損害賠償（expectation damages）

在契約不履行訴訟最常見之救濟方法是請求賠償期待損害，使被害一方處

---

[102] 亦有學者將契約違反（不履行）（breach）分為下列三種：

　1. 全部或重要不履行（total or material breach）：是不可寬恕之不履行契約之核心或嚴重或兩者，致免除他方之相互、從屬或同時條款。此種不履行免除他方履行及訴請損害賠償訴權。

　2. 實質履行（substantial performance）：與重要不履行相反，是足以導致不履行並不重要結論之履行。

　3. 不重要不履行（immaterial breach）：不免除他方之履行，只發生損害賠償請求。參照 Kuney & Lloyd, op. cit., pp. 674-675.

[103] CMR, p. 30.

[104] Kuney & Lloyd, op. cit., p. 488.

於與契約完全履行一樣。但判決不補償被害人因違約所生之一切損害。對此一般原則之限制是下述之減輕損失與可預見性。又契約不履行原則上不可請求精神上損害賠償，且不可請求懲罰性損害賠償（punitive damages）[105]。

2.. 損害之緩和

英美法上被害人有採取合理步驟減輕損害（mitigation of damages）之義務，不可使對方蒙受過分之風險或負擔，否則損害賠償須減去以減輕措施可能避免損害之數額。此點為大陸法所無。例如出賣人不交付零件給買受人（製造商），買受人如有可能，應試向別處買，不可什麼都不作，讓工廠停擺，然後控告出賣人賠償因工廠關閉所受之損害。在僱傭契約，受雇人有義務使用合理努力找出類似工作。在貨物買賣契約，cover 須合理、善意及無不合理稽延。在建築與製造契約，建築商或製作商除完工會減少損害，例如完成部分製品外，需停止工作 [106]。此點可見英美法注重衡平之精神。

3. 可預見（foreseeability）

違約訴訟之原告通常不能請求違約一方賠償超過契約交易時可預見之利益之損失。即契約賠償額比在侵權行為之主張為少，因侵權行為被害人還可能請求賠償精神上損害（emotional distress），有時還可請求懲罰性損害賠償 [107]。

4. 違約金（liquidated damages）之約定

當事人可預先約定不履行損害賠償之總額，即違約金，英美法上稱為 liquidated damages，如工程契約訂定承攬人完成工作，每遲延 1 天，應付 100 元之類。此種條款之作用：

(1) 可使未違約一方避免在須確定證明損害額要求下，無法獲得有意義數量之賠償。
(2) 作為責任之限制，使一方事先可限定潛在風險，而可安心締約，不必擔心因不小心違約，致負與交易所得利益不成比例之賠償責任。

今日法院通常對違約金條款作有利處理（如合理且與不履行所生真正損害有合理關係，則可請求），因一則可減少訴訟，節省資源。且承認有效，乃符

---

[105] Smith's Review, p. 157.
[106] CMR, p. 32.
[107] Burnham, op. cit., p. 403.

合契約自由之一般原則[108]。如違約金條款法院認為無效，則他方當事人除契約另有約定外，仍可按通常方式計算請求賠償損害。值得注意的是，如條款被認為有效，但用意只是損害之底線或最低計算損害基準，而非唯一救濟時，尚可以通常方式證明並請求其他損失[109]。

依據契約法整編，如其數額是合理預測（forecast）不履行所生損害之適當補償，且損害不能（或難於）估計時為有效。但如所定數額與真正損害無關，且構成罰金或沒入（forfeiture）時，則此條款不能執行，而損害賠償於審理時按通常方法估算[110]。

（二）衡平救濟

1. 特定履行

特定履行（specific performance，或 mandatory (positive) injunction）為衡平法上救濟，由法院命違約之一方履行契約上義務，此救濟通常只在法律上救濟（金錢賠償）不足補償被害人違約之情形。例如土地通常被認為獨一無二，故在不動產契約適合命特定履行，但有關服務之契約，通常不下此命令，因命人履行服務被認為憲法增修第 13 條科以非自願勞役（servitude），但可禁止被告在別人處履行服務，例如職業球員不替簽約球隊打球，可禁止他為別的球隊出力。

按此乃例外而非原則之理由：(1) 政策上不欲成立自願或非自願之奴役；(2) 法官有困難及不願監視與評估履行是否充分。

亦有可能是禁止性（prohibitory (negative) in junction），即當事人只履行契約而不做別事。例如第二章 MGM v. Scheider）。此種 decree 較易執行，但仍繁瑣，且如金錢賠償夠了的話，多視為浪費司法資源[111]。

---

[108] 早期契約法歷史，當事人為確保契約履行，用刑罰保證金（penal bond）方式。即一種封緘文件，由允諾人允諾付一定數額金錢，並約定屆期如允諾人履行義務，則該支付義務作廢。保證金之數目通常相當龐大。例如羊毛商人允諾交付十擔羊毛，則保證金可能允諾如不履行，要付數倍羊毛之價值。到了 1600 年代，衡平法院開始禁止此種刑罰保證金，要求債權人先確定損失之數額再起訴。最初法院敵視此種違約金條款，後來由於可提升經濟效率，改變態度，而表示歡迎。Kuney & Lloyd, op. cit., p. 562.

[109] Ibid.

[110] Martin, op. cit., p. 80.

[111] Kuney & Lloyd, op. cit., p. 594.

2. 回復原狀之救濟

回復原狀（restitution）也是衡平法上之救濟方法，使當事人回復契約訂立前之狀態，以免一方不當得利而他方受損。有兩種不同用法，其一是因詐欺、脅迫、錯誤、不合詐欺防止法或其他原因致契約無效或可撤銷。其二為作為請求契約不履行請求損害賠償之代用品。惟後者須有契約完全不履行，才可取消契約而請求回復原狀。回復原狀對債權人比請求期待利益有利。因如違約一方所得價值超過契約價值時，法院所下數額可能超過契約價值。換言之，回復原狀之金額係按違約人實際獲得之利益為準，而期待賠償之金額僅係按債權人應期待之利益為準[112]。

3. 依準契約請求返還

在當事人之間雖無契約存在，若被告由原告之行為獲利時，原告有時可依準契約（quasi-contract）之原理請求返還所受利益。所謂準契約，亦稱為法律上之默示契約（contract implied in law），相當於我民法上之不當得利。雖用契約字樣，但其實並非真正之契約，且與契約無關，有人以為乃用錯名稱。它與事實上之默示契約（contract implied in fact）不同，因在事實上之默示契約，當事人可能有成立契約之意欲，而在法律上默示契約，一方當事人可能完全不欲成立契約之法律關係，尤以在回復原狀之訴（action in restitution）為然[113]。當事人之間沒有相互同意，只是基於公平之公共政策需要，予以一種救濟。即法律為防止一方因他方受損，而取得不當利益（unjust enrichment）[114]所定之義務[115]。

十一、第三人利益（third party beneficiary）契約

原則上只有契約之當事人才能享有契約上權利，例外是第三人受益人。在英美法第三受益人可分為下列三種：

（一）債權人受益人（creditor beneficiary）：例如 A 欠 C 100 元，A 賣一匹

---

[112] Burnham, op. cit., p. 404; Smith Review, p. 152.

[113] United States contract law; http://en.wikipedia.org/wiki/United_States_contract_law（最後造訪日期：2014/6/12）。

[114] Martin, op. cit., p. 21.

[115] Burnham, op. cit., p. 405; Smith Review, p. 152.

馬予 B 100 元，B 答應付 C 100 元，以清償 A 欠 C 之債務。C 是 B 允諾之債權人受益人，對 B 有有效債權，但 A 仍欠 C。

（二）受贈人受益人（donee beneficiary）：A 擬贈 C 100 元，A 賣馬予 B 100 元，B 允諾付 C 100 元，作為該付 A 之價金，C 乃 B 允諾 100 元之受贈人受益人，對 B 有有效債權。

（三）偶然受益人（incidental beneficiary）：是自別人契約之執行而受益之人。例如 A 雇 B 改裝房子，堅持用特定油漆匠 C，因他功夫好，此時 C 是偶然受益人，因 A 與 B 均無使 C 受益之特別意思。如 AB 毀約致 C 未受雇，C 無權依該契約請求賠償。偶然受益人在我大陸法並無此用語。

第三人於按當事人要求之方式，對受益表示予以同意，或訴請債務人履行允諾，或有理由信賴允諾，而重大改變其地位時，取得契約上權利，即對債務人有直接請求權，而不必先向債權人請求。此原則對受贈人受益人特別重要，因他缺乏約因，對債權人原無直接請求權，如無此原則，則其利益之實現，須仰賴債權人之善意（執行贈與）之故[116]。在此之前雙方當事人可自由改變或撤銷契約上受益人之權利[117]。又允諾人（債務人 B）同意對第三人（其債權人之債權人 C）支付受允諾人（債權人 B）之債務，並不免除 B 自己對其債權人 C 償債之義務。通常債務人對債權人受益人或受贈人受益人可主張相同之抗辯，如同對債權人一樣[118]。

十二、多數債務人（joint and several liability）

在多數債務人之情形，各債務人對債權人負責任之型態有三：

（一）joint liability

如當事人有責任，則各人負責至相關債務全額。例如已婚夫婦向銀行借款，貸款契約（loan agreement）通常訂定他們二人對全額共同負責（jointly liable for the full amount）。如一方死亡、失蹤或破產時，他方仍應負完全責任。

---

[116] Hay, op. cit., p. 59.

[117] Martin, op. cit., p. 45; CMR, pp. 17-18.

[118] Smith Review, p.52.

（二）several liability

又稱分配責任（proportionate liability），即當事人對債務，僅就各人之分擔額負責。例如聯合放款契約（syndicated loan agreements），通常訂定各銀行對貸款中僅就地自己所借部分負責。

（三）joint and several liability

即與我國法之連帶責任相同。債權人可對任何債務人，不問內部分擔額如何，就債務全部或一部請求。如被告一人還清全部債務時，有求償權，可要求其他債務人就其分擔額償還。例如共同侵權行為之行為人對被害人負擔此責任[119]。

十三、詐害債權人

詐害移轉發生在債權人與債務人，尤其無支付能力之債務人之間。美國詐害移轉受兩套法律規範。一是由大多數州採用之統一詐害移轉法（Uniform Fraudulent Transfer Act, UFTA）；一是聯邦破產法典（federal Bankruptcy Code）。此兩法規定：債務人所作移轉，如其移轉係以真正妨礙延遲或欺騙債權人意思為之時，對債權人為詐欺。在破產方面，破產管理人只能撤銷在提出破產申請2年內之詐害移轉。詐害移轉有兩種，一是故意詐害移轉，即債務人之移轉財產，係以妨礙延遲或欺騙債權人意思為之，贈與財產通常予局內人，使債務人無力支付債權人。其二為擬制詐害移轉，即當債務人財務困難時，移轉財產而未受領合理等值，而於移轉時無支付能力，或因移轉結果，變無支付能力或財產不合理少了。在此情況，債務人不必有詐害債權人之意思。原告如勝訴，可自債務人受贈之受讓人回復該移轉之財產，或取回其價值。在美國即使詐害移轉之善意財產買受人，亦只能部分受到法律保護[120]。

十四、契約之消滅（discharge of contract）

（一）履行（performance）

在清償方面，美國人是世界上最早流行用支票從事交易與付款之國度，因

---

[119] http://en.wikipedia.org/wiki/Joint_and_several_liability（最後造訪日期：2014/6/12）。

[120] fraudulent conveyance, http://en.wikipedia.org/wiki/Fraudulent_conveyance（最後造訪日期：2014/6/12）。

此支票方面之法律與實務特別發達。[121] 又契約不因履行服務之當事人死亡或失去能力而免除。如服務非獨一無二之性質，可以由第三人承擔，不使履行成為不可能。

（二）代物清償（accord and satisfaction）

債務可由 accord 與 satisfaction 消滅。accord 與 satisfaction 是一種新契約。所謂 accord 是契約一方當事人同意接受與原約定不同之履行，通常 accord 需要約因。如果它是與原定給付不同種類，或改向第三人給付，則其約因即使少於原來契約約定之約因，亦可成立。例如以 500 元之電視更換原定 700 元現金債務之 accord 契約是有效。accord 並不免除契約債務，不過延遲債權人執行之權利而已，舊契約繼續生效，直到新的或修改過的契約履行為止[122]。satisfaction 是 accord 之履行，它消滅了 accord 與原來債務。如債務人不履行 accord 時，此時債權人固然可依 accord 契約訴請履行，亦有權拒絕（repudiate）該 accord，堅持要求債務人履行原來契約上債務[123]。可見 accord and satisfaction 相當於我國民法上之代物清償。

（三）移轉（assignment）

契約之移轉是將契約下請求履行之權利移轉予另一人。通常契約上所有權利可移轉（assignment）予第三人。移轉有效時，債務人對債權人之債務消滅。例外不能移轉的是重大改變債務人之義務或風險（如基於獨特之個人服務契約之服務），或債權人會大大改變數量之供應契約（requirement and output contract），以及法律禁止之移轉，如薪水移轉[124]。

（四）債之更改（novation）

債之更改是以新債務人取代原債務人，更改消滅了原債務人之債務。例

---

[121] Braucher, op. cit., p. 221 et seq.

[122] Kuney & Lloyd ,op. cit., p. 226; Hay, op. cit., p. 61.

[123] CMR, pp. 28-29; Martin, op. cit., p. 74; http://en.wikipedia.org/wiki/Accord_and_satisfaction（最後造訪日期：2014/6/12）。

[124] CMR, p. 18; Martin, op. cit., p. 60 et seq.; http://en.wikipedia.org/wiki/Novation（最後造訪日期：2014/6/12）。按債權讓與在英國普通法上，最早不承認，法律上不可能，其准許比羅馬法晚很多，因法院懷疑讓與人藉讓與他人之方式來討債，助長興訟與投機。可是俟商業與信用擴張後，社會上需要增加移轉契約上請求權之方法，於是法院雖認為讓與無效，但發生受讓人取得代理權（power of attorney）以讓與人之名義提告之效力。請求權之買賣直至 17 世紀後半才准許。Fuller, p. 1073 以下。

如 A 將其營業賣予 D，D 同意承擔 A 之責任。P（A 之債權人之一）同意找 D 而不找 A。此時 A 對 P 之債務消滅，由 D 取代 A 成為 P 之債務人[125]。novation 與 assignment 不同，novation 是以新債務人取代原債務人，而 assignment 則是以新債權人取代原債權人，assignment 只要通知債務人就生效，而 novation 須經原契約所有當事人，尤其債權人之同意。在 novation，將原債務人之所有義務移轉予新債務人，而原債務人之債務完全消滅。例如有兩契約，D 要給付 A 電視，A 要給付 B 電視，此時可用 novation 方式，將兩契約以單一契約取代，即由 D 直接給付 B 電視。

（五）承擔（delegation，又稱為委託）

除了高度專屬性債務外，契約上債務可由第三人承擔（稱為 delegatee）。如該第三人不履行時，則債權人（obligee）於承擔契約有利於債權人之第三人利益契約效力範圍內，對原債務人（delegator）與承擔人有請求權。原債務人只有於他或承擔人履行或明示上述 novation 之結果，才免除契約上之義務[126]。

（六）放棄（release）與不告契約（contract not to sue）

放棄為終止契約關係之一種途徑，使債務人免於債務，在過去蓋章契約存在，且不生約因問題之時代特別有用。由於蓋章契約已經廢除，放棄需要約因。在一些州無約因也例外有效，尤其如滿足特別制定法所定要件時為然。不告契約，除了債務人不立即被免除契約之債務外，與放棄有同樣效力，但債務人對債權人只有不強制還債之請求權而已。不告契約於數人負同一債務，而債權人只想免除其中一人債務時有用。release 可能有免除全部債務人之效力，而不告契約可能個別訂立，此契約需要約因[127]。

（七）解除條件（condition subsequent）成就。

（八）解除（rescission）：當事人可由互相解除契約而消滅契約關係。

（九）契約之修改（modification）：須經雙方當事人之同意，此時債務可能部分消滅。

---

[125] Martin, op. cit., p. 74.

[126] Hay, op. cit., p.60; http://en.wikipedia.org/wiki/Delegation_(law)（最後造訪日期：2014/6/12）。

[127] Hay, op. cit., pp. 61-62.

十五、常見與基本契約法相關之契約

（一）和解契約（composition agreement）

商人於財務發生困難時，常與債權人達成和解（settlement），由各債權人同意以欠款之一定比例，作爲完全清償債權。此契約應與破產時之和解契約加以區別。後者如大多數債權人同意，並經法院確認後，對破產人之所有債權人，包括不同意提議條款之債權人，有拘束力[128]。

（二）信託契約

英國衡平法院發展出信託制度，爲英美法之一大特色。在信託，與約因及privity之要件[129]不同，受益人（beneficiary）雖爲信託契約之第三人，但可對受託人（trustee）執行其權利[130]。

（三）限制條款（restrictive covenants）

所謂限制條款乃英美法上特殊制度，與第三人利益契約不同，對第三人課以義務，常見的是設定「建築與使用限制」，約束鄰近所有房屋所有人須遵守一套建築與居住規則，以確保該區所有房屋之大小、品質與外觀都能近似。這種約款通例「隨著土地跑」（run with the land），結果變成土地之一部，可在原出賣人或買受人之受讓人（assignees）、或出租人與承租人之受讓人（assignees）之間執行，而不問他們是否知悉該限制。例如土地所有人出賣部分土地予買受人，附有買受人不得將其作爲工業用之條件時，則該土地所有人或其繼承人，可對買受人或任何嗣後從他購買土地之人，執行該條款[131]。

（四）代理契約（agency contract）

代理人（agent）在本人授予代理權範圍內，與第三人訂立契約時，其代理行爲視爲本人（principal）之行爲，本人要對第三人負責；本人應償還代理人爲執行代理事務，所有合法之支出與費用，且對代理人因執行職務所受損

---

[128] Martin, op. cit., p. 42.

[129] 所謂 privity，乃當事人間立於契約關係之謂。

[130] Whincup, op. cit., p. 66; 關於信託之詳細介述，參照楊崇森著，信託法原理與實用、信託業務與應用（三民，2010 年）。

[131] Whincup, op. cit., pp. 65-66. 楊崇森，美國物權法之理論與運用，法令月刊，第 64 卷第 10 期，2013 年 8 月，頁 40。

害負責[132]。此外依表見代理（apparent authority）之法律理論，本人有時對第三人，就代理人之越權行為，也要負責[133]。一些交易須本人交給代理人書面之授權書（power of attorney）[134]。

（五）租賃契約（lease）

在 1960 年以前不動產租賃認為受物權法規範，出租人之修繕義務與承租人之給付租金義務，彼此獨立不互相牽連，自該年後租賃法原理發生革命性變化，租賃改受契約法規範，上述兩種義務認為彼此牽連，若出租人不履行修繕義務，承租人可拒絕給付租金，從而使承租人得到較強保障[135]。

（六）合夥契約（partnership contract）

合夥有一般合夥（general partnership）與隱名合夥（limited partnership）之分，在一般合夥，合夥事務由全體合夥人共同執行，而在隱名合夥，合夥事務由出名營業人執行，隱名合夥人無執行合夥事務之義務與權利，僅於出資額限度內負義務。

（七）政府契約（government contract）

美國政府是全球最大貨物與服務之採購人，國防部占聯邦採購最大宗。政府採購與民間契約有三大不同。第一，政府契約受無數制定法、法規及政策之規範，鼓勵最大可能之競爭，確保稅錢好好運用，提升社會經濟之目標。第二，政府契約包含賦予政府特殊之締約權，包括單方更改契約條款或終止契約之權之強制條款，其中最重要的是 "Changes" clause、"Termination for Convenience" clause 及 "Default" clause。第三，由於政府乃主權團體之特殊地位，對政府之請求權與訴訟須按 the Contract Disputes Act 之獨特程序辦理。即請求權（claim）首先向 Contracting Officer。對其最後決定如有不服，上訴至 United States Court of Federal Claims（CFC）或 the Boards of Contract Appeals 之一。再上訴到 United States Court of Appeals for the Federal Circuit 最後到最高法院[136]。我國近年施行的政府採購法，也是仿照美國政府契約相關法律而制

---

[132] The Time-Life Family Legal Guide (Time Inc., 1971), p. 185.

[133] Last, Everyday Law Made Easy, (Doubleday, 1978), p. 31; Whincup, op. cit., p. 64 et seq.

[134] The Time-Life Family Legal Guide, pp. 186-187.

[135] Burnham, op. cit., p. 461; 楊崇森，美國財產法（物權法）之理論與運用，法令月刊，第 64 卷第 10 期，2013 年 8 月，頁 50-51。

[136] GOVERNMENT CONTRACTS LAW: AN OVERVIEW. http://www.law.cornell.edu/wex/

定的。

（八）加盟契約（franchise agreement）

　　加盟契約或連鎖店契約是使人進入別人開發之商事契約。一方取得授權人在別處成功經營相同商業之行銷與管理利益。包括商標、著作權及營業秘密等整套授權[137]，例如速食店連鎖、甜甜圈及24小時便利商店，皆其例子。[138]此種契約宜訂上地區保護（territorial protection）條款[139]。

（九）美國無無因管理制度

　　美國無無因管理制度，除學者隱約提到外[140]，有實例可供佐證，在 Webb v. McGowin（27 Ala. App. 82, 168 So. 196 (1935)）一案，W 為木材廠工人，正在自工廠樓上丟一巨大松樹木塊到地上，眼看會打倒突然在他下面出現的 McGowin，為了防止造成災難，他好心帶木堆改走旁邊，使木堆改道不致打中 M，他救了 M，自己反而受傷致跛腳。M 答應在 W 終身每 2 週付他 15 元。M 一直照付，惟死後遺囑執行人拒絕繼續付款。法院認為 W 救 M 係出於自願，M 並無補償之法律上義務，只有補償 W 損失之道德義務，且這義務他原可不理，但因他允諾付款而確認了此義務（變成有了約因）。即本件 M 因 W 之行為實質受益，加上有道德義務，再加上有有效約因，故死後其允諾仍可執行。換言之，本案被告付款之義務乃基於契約，不是無因管理[141]。又網路上提到例如 Doe 醫生在公路開車發現 Bloggs 躺在路旁不省人事，經施急救後救回。雖然受傷者並未要求急救，且不知被人急救，但他取得有價值利益，而滿足準契約之要件，此時法律課以準契約[142]。更可見美國法將無因管理當作準契約處理。

---

government_contracts（最後造訪日期：2014/6/12）。

[137] 關於授權之作用，參照楊崇森，專利法理論與應用（三民，2013 年三版），頁 433 以下。

[138] ABA, op. cit., p. 379.

[139] Kuney & Lloyd, op. cit., p. 836; ABA, op. cit., p. 379.

[140] Whincup, op. cit., p. 45.

[141] 參照 Chirelstein, Concepts & Case Analysis in the Law of Contracts(Foundation Press, 2001), pp. 29-32.

[142] http://en.wikipedia.org/wiki/Quasi-contract（最後造訪日期：2014/6/12）。

參、統一商法典之新規定

美國法學界過去一直努力想將各種商法予以法典化，但最成功例子是完成統一商法典（Uniform Commercial Code，以下簡稱 UCC）。UCC 在 1952 年提議，直到 1960 年代才廣泛被採用[143]。現在除路易士安那州外，在所有各州生效。UCC 主要目的在將商事交易之法律簡化、明確化與現代化，且使各州法律統一。如 UCC 有不備之處，則適用普通法上契約法原則[144]（UCC$1-103）。本文之討論只限於兩編，即貨物買賣之 article 2 與動產上擔保利益之 article 9[145]。

按統一商法典之重要前驅是美國「統一買賣法」（The Uniform Sales Act of 1906）。它部分根據英國之買賣法（Sale of Goods Act）而來，在 1906 年建議，最後被大約三分之二州採用。我國過去實施之動產擔保交易法，即係以美國統一買賣法爲藍本。內容包括動產抵押、附條件買賣及信託收據三種。UCC 包羅結合以前分開之法律領域，諸如買賣（sales）與流通證券（negotiable instruments），但省略了不少在別的國家可能認爲商法一部之主題。例如保險，因難於統一。他如省略破產與海商法，因屬於聯邦而非各州管轄；又公司與合夥亦同，因美國法律人不認爲與商法相近[146]。

在許多大陸法國家，對商人與商行爲有特別規定，例如德國與日本兩國之商法，但此非美國法律之傳統，在 UCC 之下，破產適用於所有人，而不限於商人。UCC 在買賣貨物編，對「商人」加以定義，且訂有由於其專業而適用於此種人之一些特別規則。但整體而言，該法典適用於商人與非商人[147]。UCC 也廢除了以前單務與雙務契約之區別[148]。

UCC 分十編（articles），article 相當於大陸法系國家民法典之編，下分爲 parts 相當於章，然後又分爲 sections 相當於 article，即條。該法典之內容如下：

第 1 編總則（Article 1. General Provisions）

第 2 編買賣（Article 2. Sales）

---

[143] Burnham, op. cit., p. 405.

[144] UCC §1-103.

[145] Burnham, op. cit., p. 405.

[146] 參照 Farnsworth, op. cit., pp. 123-124.

[147] Farnsworth, op. cit., p. 124.

[148] Hay, op. cit., p. 67.

第 2A 編租賃契約（Article 2A. Leases）

第 3 編流通票據（Article 3. Commercial Paper）

第 4 編銀行存款與收款（Article 4. Bank Deposits and Collections）

第 4A 編資金移轉（Article 4A. Funds Transfers）

第 5 編信用狀（Article 5. Letters of Credit）

第 6 編大宗買賣（Article 6. Bulk Transfers）

第 7 編權利憑證（Article 7. Warehouse Receipts, Bills of Landing, and Other Documents of Title）

第 8 編投資證券（Article 8. Investment Securities）

第 9 編動產提保交易（Article 9. Secured Transactions; Sales of Accounts, Contract Rights, and Chattel Paper）

第 10 編生效日及廢止（Article 10. Effective Date and Repealer）[149]

　　此外須補充者：

　　第一，即使 UCC 數州版本有些不同。設有一個永久編輯部（Permant Editorial Board），此非官方單位，負責檢查 UCC 下各州 case law，並提出修改建議，以免由於採用該法典達到之統一，由於不同司法解釋與適用而喪失。

　　第二，爲了保護消費者不受出賣人與金融機構過多之干預，對消費者信用買賣（賒賣）之規範，UCC 有意大體上迴避不碰，而由各州特殊制定法加以規範[150]。

一、統一商法典下之貨物買賣契約

　　UCC 第 2 編規定貨物買賣，但不涉及其他買賣，且只適用於動產，而不適用於不動產買賣。在大多情況適用於所有貨物買賣契約。只有少量條文需一方或雙方當事人是商人，且對商人一詞定義很廣。

（一）對商人之特別規則

　　爲期對商界與通常消費者都適用，UCC 對商人（merchant）加以定義，而適用不同行爲標準。所謂商人是指從事貨物交易或表示對所涉及之作法

---

[149] 參照 http://www.law.cornell.edu/ucc/ucc.table.htmlGeneral Provisions（最後造訪日期：2014/6/12）。

[150] Farnsworth, op. cit., p. 125.

（practice）或貨物（goods）有知識或技能之人 [151]。

（二）契約之成立

　　UCC 放寬成立與書面之要求。

1. 第 2 編（article 2）詐欺防止法要求所有貨物在 500 美元以上買賣契約要訂書面。但不需太多書面。因如要求履行一方簽署若干書面，顯示訂有契約，且指出涉及之貨物數量時，契約就有效成立。且在商人之間，如在合理期間內，收到確認契約之書面，且在 10 日內未對其內容提出異議之書面通知時，即使口頭契約亦可有效成立（UCC §2-201(2)）。此外 §2-204(1) 規定：如有「承認契約存在之行為」，即只要有當事人之履行，就足夠。依 §2-204，契約即使條款不全，除了數量外，如當事人有意締結有拘束力之契約時，並不致使契約歸於無效。

2. 放寬契約成立之要件：UCC 在許多契約條款不完全或不明之情形，承認契約為有效。即使當事人間之通信不足顯示有締結契約之合意，如當事人有確認性之行為（意即承認契約存在）之通常履行時，亦足以使契約成立。故 UCC 通常在下面兩情形被要求決定（補充）契約之內容：
   (1) 當事人之通信反映有契約，但其條款不明白。
   (2) 當事人之通信不能反映已有真正契約，但當事人已有了履行。

3. UCC 對格式契約之戰鬥（battle of the forms）之對策：統一商法典 §2-207（承諾或確認之附加條款），為解決上述不同格式契約內容之效力問題，特明文規定如下：
   「(1)一明確適時之承諾表示，或在相當期間內發出之書面確認，雖載有與原要約或原約定不同或附加條款，仍不失為承諾，除非有明白之表示應以同意該附加或不同之條款作為承諾之條件。
   (2) 附加條款應被解釋為附加於買賣契約之提議，在商人之間，此種附加條款應作為契約之一部，除非：(a) 要約中明示承諾應以要約條款之範圍為限；(b) 此種附加條款已重大變更原契約之內容；或 (c) 拒絕該附加條款之通知業已發出，或該通知係在收到附加條款後相當期間內發出。
   (3) 縱使當事人之書面文件未能符合契約之成立要件，然當事人以行為表示承認契約之存在者，該買賣契約即告成立。此時該買賣契約之條款應以經當事人同意之書面文件所載之條款，和依本法所規定之補充條款二者

---

[151] UCC §2-104(1).

組合而成。」

上開條文乃爲彌補或修正普通法 "mirror image rule" 下，雙方格式內條款若有出入，會阻礙契約完成之嚴酷性而設[152]。其涵意是：要約（要約去賣或買）之答復，如包含附加條款時，會自動變成契約之一部，除非要約明白限制相對人只能對要約之條款作承諾，或附加條款對要約作了重大變更，或要約之相對人反對要約條款。買受人或出賣人如對所收格式未仔細閱讀或反對，可能不知不覺陷入對他不利之契約。爲避免此種陷阱，可用一表格訂明：唯一交易是我提議的交易，且如他方提議附加條款或變更，這些附加或變更無效，而以我的交易爲準，當然這種文字在格式上須突顯，不可埋在無數印刷文字裡[153]。

4. 放寬約因之要求：UCC 對若干 option 契約[154]，對商人廢除了約因之要件。因此商人簽署之去買或出賣之契約，成爲確定要約（firm offer），即在要約所定時間或合理時間內，要約人不可撤回。

（三）統一商法典下契約內容之決定

1. 契約條款不完全或不明時，認爲有可執行契約。且即使當事人之間通信不足顯示訂約之契約，如當事人有承認契約存在之確認性行爲（通常爲履行）時，足以使契約成立。

2. 契約內任何條款之缺漏，由法典之補漏洞（gap-filler）條款加以補充。art 2 part 3 對價格、交付地、履行期及交付期間及時地等基本條款，皆依據當前商業習慣予以補充。

3. part 3 對 F.O.B.、C.I.F. 等標準條款下了定義。

4. §2-207 對所謂表格之戰鬥問題，定出解決方案。

（四）擴大出賣人之擔保責任

擔保責任乃法律保障消費者權益最重要之關鍵。分爲明示與默示擔保責任。統一商法典有關出賣人之擔保責任（warranty）規定，大大超越了普通法之規定。按我民法債編分則買賣節出賣人擔保責任分爲權利瑕疵擔保與物的瑕

---

[152] Kuney & Lloyd, op. cit., p. 128.

[153] Hancock, op. cit., pp. 54-56.

[154] 所謂 option contract 或 option，乃限制要約人撤回要約之權，以保護要約之相對人之一種契約。Restatement (Second) of Contracts §25 (1981); http://en.wikipedia.org/wiki/Option_contract.

疵兩種責任。物的瑕疵擔保責任係擔保危險移轉時，該物無滅失或減少其價值之通常效用或契約預定效用之瑕疵。……出賣人並應擔保具有所保證之品質（第354條）[155]。

1. 明示擔保責任（express warranty）：依 UCC §2-213，出賣人對買受人就貨物之事實或允諾之確認，成為交易基礎之一部，產生貨物符合確認或允諾之明示擔保[156]。但意見與吹噓（sales talk 或 puffing）不在內，故須區別事實與吹噓[157]。明示擔保是商人或製造商對消費者所作之允諾，通常在指明之期間（或數月或數年內）對產品之瑕疵可修理或更換。商品之標籤（label）是較正式之明示擔保，廣告上之事實說明亦認為是一種明示擔保。此點與我國法相比，對消費者之保護較為周密[158]。又售貨員對顧客所作表述（representation）亦同[159]。

2. 默示適於出賣之擔保責任（implied warranty of merchantability）：在今日商事交易，貨物買受人通常並無機會檢查貨物，而須仰賴出賣人之誠實。此種擔保責任非由出賣人自己明示允諾或表述而承擔，而是法律為了交易安全，特課出賣人有關所賣貨物之品質、性質、適合性或權利之責任。此責任有四種，包含：(1) 權利之默示擔保（implied warranty of title）：擔保該標的物是出賣人所有，出賣人有移轉予買受人完全無瑕疵之權利（clear title）；第三人不致對標的物主張權利，無優於該權利之留置權，亦無未透露或不知之負擔；(2) 在按描述或貨樣買賣（sales by description or sample），出賣人另須擔保給付物與描述或貨樣符合；(3) 默示適於出賣之擔保責任；(4) 適合特定目的（suitability or fitness for particular purpose）之擔保。UCC 仍重述舊法上之權利默示擔保，並未作重大的變動，但擴大了擔保範圍，包括保證第三人不致對買受人主張權利侵害。即課出賣人保證買受人不受第三人專利侵害之主張。例外不在此保證範圍的是：出賣人按買受人規格所製造或裝配貨物之交易，此時買受人有補償（indemnify）出賣

---

[155] 我民法第 354 條第 1 項規定：「物之出賣人對於買受人應擔保其物依……危險移轉於買受人時，無滅失或減少其價值之瑕疵，亦無滅失或減少其通常效用或契約預定效用之瑕疵。……出賣人並應擔保……其物於危險移轉時，具有所保證之品質。」

[156] Kuney & Lloyd, op. cit., p. 412.

[157] The Time-Life Family Legal Guide, p. 165 et seq; Lusk, op. cit., p. 815.

[158] The Time-Life Family Legal Guide, p. 165.

[159] Ibid.

人因第三人主張專利侵害所受損失之義務[160]。

§2-314 之默示適於出賣之擔保責任，可能是 UCC 最重要之擔保責任，它是基於法律規定，在任何買賣貨物，由商人出賣人自動負擔。但此種擔保被定義為貨物具有通常之效用與合理之一般品質，可在交易上通過，不致受人異議（但消費者使用不當之情形除外），且此種擔保不但包括貨品本身，且也及於其包裝或容器，此種擔保在今日交易上愈來愈重要。

3. 合於特定目的之默示擔保責任（warranty of fitness for a particular purpose）：依 UCC §2-315，如出賣人有理由知悉貨物需適合任何特定目的，且買受人仰賴出賣人之技能與判斷，來選擇或提供合適貨物時，（換言之，限於依賴出賣人意見之情形），則該產品除了須具有通常應有之效用外，更進一步尚須能發揮消費者購買之特定目的。此時就發生該出賣人選擇之貨物適於該目的之默示擔保[161]。但不像默示適於出賣之擔保責任，出賣人不需是商人，普通人亦須負擔此種擔保責任。

4. 免除擔保責任與責任限制：默示擔保責任並非絕對，只在若干情況下附隨出賣人。出賣人可否認（即不負擔，disclaim）任何上述擔保責任，或可限制違約時之救濟，惟須明白聲明或指出。關於否認責任之方式，常以文字（用明顯方式，以大字體印上 disclaimer，即不擔保之聲明）表明買受人取得該貨物 "as is" 或 "with all faults"[162]，或「出賣人不負任何明示或默示擔保」。

5. 擴大第三人之保護：擔保責任之第三人受益人。普通法之契約法有一原則是「契約關係」（privity of contract）之觀念，意即通常只有契約當事人之人，才能主張契約上之利益。當第三人因有瑕疵之貨物而身體受傷時，乃與契約無關之第三人，此時由於不能主張救濟而發生問題。為補救此弊，統一商法典基本上廢除了契約關係（privity）作為擔保責任請求賠償之要件，並放寬第三人之保護，而於 §2-318 規定：「出賣人之擔保，無論明示或默示，均及於任何因擔保之違反而受傷害之人，但此等人之使用消費該貨物，或受該貨物之影響，須係可得預見者。出賣人對擔保所及之個人所受之傷害，不得排除或限制本條之規定。」此種規定可謂一大突破。但該條件有三個選擇，即就第三人能告訴（自然人或任何人）、何種傷害能請求賠

---

[160] Lusk, op. cit., p. 815.

[161] 此乃相當於我法第 354 條第 2 項所定：「……出賣人並應擔保具有其所保證之品質。」惟其範圍較我民法規定廣泛，且更具體明確。

[162] The Time-Life Family Legal Guide, p. 169.

償（只有人身傷害抑或財產損失亦可）及何人可請求（只有家屬抑或任何受害之人）（按 UCC §2-318 列有 ABC 三種方案）。此外第三人請求賠償不問何種選擇，都不能請求賠償「純粹經濟上損失」，諸如所失利益，致廢除 privity 之效用並非太大。不過第三人之消費者常能請求由有瑕疵貨物所致之人身傷害，但第三人商業不能請求賠償由同一違反所生之所失利潤 [163]。

（五）救濟

UCC 對契約不履行定有救濟方法。一般而論，雖然 UCC 區分有清償能力與無清償能力之買受人，但出賣人於買受人不履行時，可扣住貨品，停止交付及訴請貨物價金（§2-709），及偶然所受之損害賠償（§2-710），契約價格與轉賣價金之差額（§2-706），損害賠償（§2-708）及取消契約。

買受人於出賣人違反擔保責任時，可能有數個救濟方法。最常見是請求賠償損害，包含人身損害及商業上損失或財產損失（UCC §§2-714, 2-715），亦可能拒絕與撤銷承諾（§§2-601, 2-605, 2-608）。買受人可請求返還所付價金，購買代替物品之費用（§2-712），稱爲 "cover"，但出賣人有權「治癒」（cure）瑕疵。買受人拒絕與取消承諾，只有在物品不符實質，減損其價值時才可以行使（§2-608(1)）。

須注意者，由有瑕疵商品受傷害之消費者請求賠償之擔保責任理論，成爲產品製作人責任之重要部分，在一些方面擔保責任較爲寬廣 [164]。

二、統一商法典下動產上之擔保利益

（一）擔保利益之性質

統一商法典將過去由契約所成立之各種擔保，不問其形式與名稱如何，包括質權（pledge）、動產抵押權（chattel mortgage）、附條件買賣（conditional sale）、信託收據（trust receipt）等，一律改稱爲擔保利益（security interests）[165]。

爲債權人提供擔保，其作用係於債務人不償還債務時，債權人可取得被擔

---

[163] Burnham, op. cit., p. 412 et seq.

[164] Burnham, op. cit., p. 412. 詳細有關產品製作人責任之分析，參照楊崇森，美國侵權行爲法之理論與運用，軍法專刊，第 59 卷第 6 期，2013 年 12 月。

[165] Lusk, op. cit., p. 718.；Coogan, "The Lazy Lawyer's Guide to Secured Transactions under the Code", 60 Michigan Law Review 685 (April, 1962).

保之財產。該有擔保負擔之財產稱爲擔保物（collateral）。因有許多場合債權人需要擔保利益。例如製造商在機器設備上設定擔保利益，用以借錢購買製造所需原料。供應貨物予零售商之供應商需要在零售商賣掉貨物前，在貨物上取得擔保利益，作爲零售商之存貨（inventory）。消費者向銀行貸款購買汽車，而以汽車上之擔保利益擔保貸款。UCC 將擔保用來購買擔保物之貸款之擔保利益，稱爲價金擔保利益（purchase money security interest）[166]。

（二）有效擔保利益之要件

　　爲了取得有效擔保利益，須符合三要件：1. 當事人應作成擔保契約，載明該抵押物，或由債務人將擔保物之占有移交給債權人占有；2. 債權人應爲擔保（通常爲金錢之貸款）付出對價；3. 債務人對該財產應有利益。爲了使債權人比其他債權人，即買受人與其他第三人，有優先權起見，債權人應使擔保利益完成手續（perfect）。即指加以扣押，並加上其他步驟，使世人知悉該擔保利益之存在。這些步驟包括呈報財務報告（financing statement）、取得標的物之占有、或在汽車，在所有權證書上註明有質權。其中尤以呈報財務報告最爲普通。它是一種簡短格式，報到債務人住居那一州州務卿辦公室[167]。

（三）擔保利益之執行

　　如債務人不清償債務，且不自動交財產予債權人時，債權人有權於債務人遲延時，以司法或非司法方法取得擔保物。司法方法通常須提起「動產回復占有之訴」（"replevin" 或 "claim and delivery"）訴訟，這是一種用於尋求取得他人占有下動產之占有之請求[168]。如扣押（seizure）不致「破壞秩序」（breach of peace），而達到扣押目的時，債權人亦可扣押（seize）該財產而不必上法院。因非司法方法較爲簡便與花費少，所以常爲許多債權人所常利用。由

---

[166] Burnham, op. cit., p. 413.

[167] Burnham, op. cit., p. 413 et seq.

[168] replevin 有時稱爲 claim and delivery，是用特殊訴訟程序，較通常訴訟快速回復被他人不法占有之救濟方法。法院可於訴訟之初（判決前）命被告返還特定物予原告。此訴訟常由有擔保之債權人或所有權人提出，以便取回擔保貸款或分期付款買賣價金之擔保物供債權之滿足，或由動產如汽車之所有權人提出，以取回被無權占有之動產。在貸款人找不到擔保物時，或所有人無法用自救行爲和平取回占有時使用。聲請之債權人常要提供擔保（bond）。參照 http://en.wikipedia.org/wiki/Replevin; writ of replevin, law and legal definition（最後造訪日期：2014/6/12）；http://definitions.uslegal.com/w/writ-of-replevin/（最後造訪日期：2014/6/12）。

於擔保利益經常在買汽車時用到，有些債權人經常訴諸此種「自助取回」
（self-help repossession），且用專家找出欠債債務人之汽車，然後把車開走或
拖走[169]。

（四）對擔保財產之爭議

1. 在有擔保當事人與債權人之間：有留置權之債權人，優先於手續未完全之附
   擔保當事人（unperfected secured parties）[170]。
2. 在有擔保債權人之間：視何人有優先權，完成擔保利益之債權人有優先權。
   如兩人都已完成，則以完成在先之人優先。即通常第一個呈報財務報告之
   有擔保債權人優先。在借錢以前，債權人可查閱公共紀錄，看以前有無財
   務報告，若沒看到，則可確定自己於呈報財務報告後有第一優先權。
3. 在債權人與債務人之買受人之間：UCC 規定即使財產賣掉，擔保利益仍繼
   續存在，除非由該有擔保之人授權債務人處分。因此有擔保利益之債權人
   與自債務人買擔保品之人發生爭議時，前者會贏。但買受人如在通常商業
   過程（ordinary course of business，即自通常出售該種貨物之人）購買有物
   上負擔之貨物時，可取得貨物而免於任何擔保利益。
4. 在有擔保債權人與破產管理人之間：如其交易等於財產上利益之「詐欺移
   轉」（fraudulent transfer）或構成無效之優先權時，債權人也會輸掉。此制
   度在防止債權人於債務人破產前不久，利用與債務人之影響力取得有利之
   地位。凡移轉財產利益，包括擔保利益，而有下列情形之一者，成立詐欺
   移轉：(1)於破產申請前一年內所為；(2)意圖欺騙或給債務人少於合理價值；
   (3)在債務人無清償能力中所為，或其行為導致債務人成為無清償能力[171]。

肆、結論

　　美國法律在商事交易方面，與歐陸國家相較，差異雖似較少，但以余所
見，其契約法仍有不少特色，包括：
一、由普通法與衡平法、判例法及制定法而組成，又有州法與聯邦法及統一法

---

[169] http://en.wikipedia.org/wiki/Replevin（最後造訪日期：2014/6/12）；Burnham, op. cit., p.
    414.
[170] UCC §9-317(a)(2).
[171] Burnham, op. cit., p. 415.

等，異常複雜，惟無聯邦統一契約法。

二、法律雖有零亂繁雜，見解不一，邏輯系統不夠井然有序之感，尤其欠缺總則性規定，但因法律原則多自實際判例累積而來，比大陸法更切合交易實態，更細緻。不少問題在大陸法缺乏規定或過於抽象或簡單不明，可於英美法，尤其判例，得到答案或指引。

三、不是所有各種契約都適用契約法，且分散各處。

四、有特殊之約因制度，贈與除現實履行外，原則爲無效，不能執行。

五、單務與雙務契約之觀念與我大陸法有出入；無償與有償契約對立之分類不存在。

六、有詐欺防止法（Statute of Fraud），使當事人對若干重要契約謹慎其事。

七、承認口頭證據原則（parole evidence rule）。

八、契約受政府管制或規範之範圍與程度極其廣泛。

九、政府契約另成一特殊領域，特別發達。

十、有可執行與不可執行（enforceable 與 unenforceable）契約之分，爲我民法所無。

十一、承諾之生效與大陸法不同，不採到達主義，而採發信主義，有其理由。

十二、對自然人行爲能力不似大陸法按年齡區分數階段。

十三、未成年人原則上可自行締結契約，其締結之契約效力獨特，相對人要受拘束，對交易安全不甚有利。

十四、公司能力受 ultra vires 原則之限制。

十五、不法契約不是一律無效，可能得撤銷。

十六、不似我大陸法，無無因管理制度，此點殊值吾人注意。

十七、缺少總則觀念。少準用或類推適用之規定。

十八、對未成年人有解放制度，符合社會實情，較便於少年人（尤其無產者）獨立求職或營生。

十九、脅迫與不當影響等法理特別發達，脅迫還發展出經濟上脅迫，順應時代變化，且符正義，值得贊揚。

二十、不當影響（undue influence）與不正表述（misrepresentation）亦構成撤銷契約之原因。

二十一、錯誤之效力不是得撤銷，而分爲可撤銷及無效兩種，且分得極細。

二十二、不動產買賣方面，有限制條款（restrictive covenants）之特殊制度，條款跟著土地跑，有助於社區整體規劃之維持或運作，使環境不致失控或雜亂無章。

二十三、瑕疵擔保責任名稱與大陸法不同，但範圍頗為周延，保護消費者，尤其第三人因產品瑕疵之人身傷害，可對無契約關係之製造商求償。

二十四、有特定履行（specific performance）之救濟方法，效力強，惜適用範圍較狹。

二十五、有各種禁反言（estoppel）制度，防止損害相對人。與大陸法誠實信用原則相比，似更具體明確，更有內容。

二十六、雖無正式承認誠信原則，但到處看到其衡平法之具體表現，例如被害人有減輕損害（mitigation of damages）之義務，符合誠信原則，當然禁反言制度更是誠信原則顯著之表現。

二十七、契約目的難於達成，有 frustration 之原則，可使債務消滅，為大陸法系民法所無。

二十八、為防止附合契約之弊害，加強消費者保護，承認不道德契約（unconscionable contract）。

二十九、動產擔保制度發達，尤其擔保利益種類廣，包括債權與無體財產、附條件買賣、動產抵押權、信託收據、應收帳款（account receivable）等，而統一商法典更有許多新穎規定。

三十、　統一商法典對所謂「格式契約之戰鬥」有了更切合交易實態的解決方案。

三十一、債務人事先拒絕履行（repudiation），構成契約不履行或契約終止之原因，符合公平原則，且在實際上有助於問題之早日解決。

三十二、區分第三人利益契約為債權人與受贈人受益人，甚至偶然受益人。

三十三、對於不當得利，有準契約（quasi-contract）之理論。

三十四、消費者保護法之內容豐富周延，對消費者保護強，例如統一商法典（UCC）對第三人之保護規定。

三十五、消滅時效缺乏統一之規範，且似無除斥期間之觀念。

三十六、隱私權與名譽權觀念發達，但無人格權之上位概念，債權（chose in action）與物權（chose in possession）抽象對立區別之觀念亦不發達[172]。

三十七、動產買賣法特別發達。

三十八、不動產租賃傳統上認為一種物權，而非債權契約，自 1960 年以後才有所改變。

三十九、英美法喜用公共政策一詞，涵蓋我民法上之公共秩序與善良風俗，甚

---

[172] http://legal-dictionary.thefreedictionary.com/chose+in+（最後造訪日期：2014/6/12）。

　　　　　　至可能更廣泛之社會福祉，其範圍似尤爲廣泛。

四十、　　美國法保護經濟上弱者，但不似我民法偏重保護債務人甚於債權人，
　　　　　尤其私權經判決確定後，在強制執行方面更厚於保護債權人。

四十一、仲裁之歷史與觀念發達。

四十二、有實質履行之觀念，且針對部分履行之程度，似細分其法律效果，更
　　　　　合衡平原則。

四十三、條件除停止條件與解除條件外，又承認有同時條件。又當事人可將條
　　　　　件放棄或寬免（excuse）。

　　總之，美國契約法無論在判例法與制定法方面，原則與解釋頗爲精密深
入，其制定法語句較爲冗長，二者有時覺得法律概念與用語，有點零亂，未盡
一貫，或有欠邏輯或嚴謹。但不容諱言，較大陸法細緻實用與富於彈性，是其
優點。且往往能與時俱進，針對不同個案情況，作較公平合理之處理，可供我
國立法、司法及法學研究思索或參考之處，不一而足。

第三章

....

美國侵權行為法之理論與運用

....

壹、緒論

英美侵權行為法在其法律體系中自成一領域，許多法理或原則與我國法不同，但相關判例與制定法極其複雜細緻，因為是數百年解決實際糾紛之判例與制定法累積而成，尚經驗，重實用，對社會上許多實際問題多有涉及，內容異常豐富。尤其近年來侵權行為法改革方面之建議與努力，可供我國立法與司法解釋參考之處頗多，我民法債編侵權行為部分，晚近也參探了不少英美侵權法之原則。由於國內有關美國侵權法之論著極其欠缺，對通盤性之描述與評論似更未見到。本章擬通盤作綜合性重點式評介，以便後人學習。

一、侵權行為與犯罪

美國刑法與侵權行為法有若干重疊，常見一種行為，例如毆擊（battery）有時是犯罪，同時又是侵權行為（trespass to the person 之一型態），詳如後述。侵權行為制度之目的在填補被害人之損害（有時有懲罰性賠償），取得賠償或禁制令（injunctive relief），停止他人之干擾；而刑事訴訟之功能不在協助私人，而是由國家行使刑罰權，剝奪犯人之自由。即一種違法行為可由國家以刑事訴追處罰及由被害人提起損害賠償之訴。不過刑事訴追與賠償之訴是分開之程序，在刑事訴訟對被害人不予補償[1]。這說明了何以監禁通常作為嚴重犯罪，而非侵權行為之處罰。侵權行為法也與刑法不同：（一）侵權行為可由過失行為成立，而未必自故意或犯罪行為產生；（二）在侵權訴訟，原告舉證責任較輕，只要有相當優勢之證據（preponderance of evidence），而非無合理之

....

[1] 犯罪被害人後來在民事損害賠償訴訟當原告時，由於法律有排除爭點（doctrine of issue preclusion）或禁止旁支反言（collateral estoppel）之原理，控告被告負責賠償，無甚困難。不過由於許多被告並無財產，有些州設有犯罪被害人補償機制、被害人可向補償機構提起請求自州基金補償之行政訴訟。參照 BURNHAM, INTRODUCTION TO THE LAW AND LEGAL SYSTEM OF THE UNITED STATES 425, n.4 (2006).

疑慮（beyond a reasonable doubt）。有時即使引起損害之被告在較早刑事審判被判無罪，原告仍在侵權之訴勝訴。例如 O. J. Simpson 被刑庭宣判無罪，事後仍被判對違法致死之侵權行為負責[2]。不過有些侵權行為可能含有公共色彩，例如公共妨礙（public nuisance），且有時侵權訴訟係由公共機構提起。又刑法固然基本上是處罰性質，但美國許多州已發展出刑事法庭可直接命被告對被害人支付金錢賠償或回復原狀（restitution）[3]。

二、侵權行為與契約

在英美法下，侵權行為與契約常有重疊或競合，因同一行為被害人常有侵權損害賠償請求權與契約請求權同時並存。例如在侵占（conversion），常與默示契約之返還請求權並存；在人身傷害（personal injury），常與違反瑕疵擔保責任並存，此時被害人可擇一請求。由於侵權法准許回復無形之損害，而契約請求則常不能，致原告在傷害，如事實許可，通常會選擇侵權行為之請求權[4]。

三、美國侵權行為法之法源

美國侵權行為法大致由英美普通法（common law）所構成，主要為州法，其內容各州有若干出入，惟大致相似[5]。雖然主要為案例法而非制定法（statute），但有各種制定法處理特別問題[6]。此外州與聯邦立法機關常通過法規，創設新的侵權行為，例如針對僱用差別待遇或各種消費者保護之立法[7]。雖然聯邦法院常審理自普通法或各州制定法產生之侵權行為案件，但完全由於聯邦法產生之侵權案件為數很少。聯邦最常見之侵權請求案件是違反個人民權（civil right）之救濟，可據以控告自言論自由以至員警使用力量過當之任何

---

[2]　http://en.wikipedia.org/wiki/tort (revised 2013/10).

[3]　Ibid.

[4]　HAY, AN INTRODUCTION TO UNITED STATES LAW 70 (1976).

[5]　關於美國各州侵權行為法之概要，可參照 DALLAR, BUSINESS TORTS, A FIFTY-STATE GUIDE (2011) 一書。

[6]　FARNSWORTH, AN INTRODUCTION TO THE LEGAL SYSTEM OF THE UNITED STATES 113 (1983).

[7]　BURNHAM, op. cit., at 425.

行為[8]。

四、美國侵權行為法之發展

普通法發展出不同種類與名稱的侵權行為——侵入（trespass）、詐欺（deceit）、誹謗（slander），後來出現毆擊（assault 與 battery）、侵占（conversion）等。各種侵權行為各有不同規則，至今尚難歸納出滿意之共同原則，甚至連下有用之定義也有困難[9]。其原因係由於英美普通法是歷史演進之結果，誠如霍姆斯（Holmes）大法官所謂：「一頁歷史要一卷邏輯才說得通。」（A page of history is worth a volume of logic.）有人說侵權法是美國普通法的最後堡壘，難怪至今還沒能法典化。

美國侵權行為法受英國法影響，除了繼受英國法之制定法外，有數州憲法明定侵權行為之救濟。有些傳統的侵權行為，例如離間夫妻感情（alienation of affection）及通姦（criminal conversation），已被許多州廢止[10]。其他例如妨害名譽（defamation）近時因涉及是否合憲關係，被判例法大幅修改。另一方面，傳統普通法不知之新侵權行為也由判例法引進，在美國有數個新的發展，包括產品之絕對責任（strictliability）、限制各種免責權〔immunities，例如政府免責（sovereign immunity），慈善團體免責（charitable immunity）〕、比較過失責任（comparative negligence）原則、較寬採證規則、提高情緒沮喪（emotional distress）賠償額、有毒物質引起之侵權行為（稱為 toxic torts，包含藥品、消費品、環境含毒物質所致損害）及集體訴訟（class action）[11]。較新侵權行為還包括故意與過失使人心理傷痛（infliction of mental suffering）、使人在出生前受損傷（infliction of prenatal injuries）及疏離父母之愛（alienation of the affections of a parent）等[12]。其中尤其重要的是承認隱私權侵害和產品製

---

[8]　http://en.wikipedia.org/wiki/United_States_tort_law (revised 2013/10).

[9]　KIONKA, TORTS IN A NUTSHELL 1 et seq. (1999).

[10]　關於離間夫妻感情（alienation of affection）及通姦（criminal conversation）之詳情，參照楊崇森，美國家事法之理論與實際運作（本書第四章）；DOBBS & BUBLICK, CASES & MATERIALS ON ADVANCED TORTS 319 (2006).

[11]　關於集體訴訟（class action）之詳情，參照楊崇森撰，美國民事訴訟制度之特色與對我國之啟示，軍法專刊，第 56 卷第 5 期，2010 年 10 月。

[12]　BURNHAM, op. cit., at 425, n.5.

作人責任[13]。

　　現代侵權行為受保險與保險法影響很深，因多數案件由保險公司核定賠償額（claims adjustment），且由保險律師辯護（按保險單，對給付額有最高限制）解決，而非由法院審判。自由市場環保論者欲將侵權行為賠償請求擴大到有毒物質引起之侵權行為（例如上述 toxic torts）及環境保護。

　　美國在侵權賠償方面尚維持懲罰色彩，例如在反托拉斯與消費者侵權行為，有懲罰性損害賠償制度，使得侵權行為與犯罪行為之間界線有點不明。

五、美國侵權行為法之特色

　　以余所見，美國侵權行為法之特色似包括（但不限於）下列各點：
（一）侵權行為法在法律中自成一領域，與在大陸法只是債編通則之一部不同。且各種侵權行為之要件與效果各異，並無共同適用之原則[14]。
（二）准許懲罰性損害賠償。
（三）不似我國，沒有刑事附帶民事訴訟制度。
（四）過去有政府免責制度，現已大幅放寬。
（五）妨害名譽之侵權行為是否成立，近年要件反而加嚴，且因涉及公益與公眾人物而有出入，同時更受其憲法增修第 1 條出版自由之限制，對公眾人物之保護較弱（詳後）。
（六）承認產品製作人之無過失賠償責任。
（七）侵權行為類型多由傳統英國普通法而來，基本上有一定類型，但近年亦自己發展出若干新類型，尤以商事侵權（business torts）或經濟侵權（economic torts）特別發達。
（八）Negligence 之意義與我國法不同，且範圍大得多，因為不但如我國法上過失，與故意並列，是行為人一種主觀意思外，更是許多侵權行為綜合之名稱，值得注意。
（九）承認「讓證據說話之原則」（doctrine of Res Ipsa Loquitur）及「最後明顯機會」（last clear chance）之原則，減輕被害人之舉證責任（詳後）。
（十）對被害人有「自甘冒險」（assumption of risk）之原則（詳後）。

---

[13]　Hay, op. cit., at 70 et seq.

[14]　Kionka, op. cit., at 2. 美國侵權法有幾分不確定性，變動不居乃其性質之一部。Dobbs, The Law of Torts 29 (2000).

（十一）對特別危險活動引起之損害，定有較重責任，尤其產品製作人責任之理論與實務特別發達，已爲我民法第 191 條之 1 至第 191 條之 3 等所參採。

（十二）過失甚至無辜之不實表述（misrepresentation）亦可能負擔侵權行爲責任。

（十三）第三人勸誘債務人不履行債務（毀約）亦可能成立一種侵權行爲，且對干預他人經濟活動亦可能負擔侵權責任。今日趨勢是擴大對良性經濟優勢之保護，重視具體衡平。

（十四）侵權行爲之被害人有減輕（mitigate）損害之義務。

（十五）很早承認侵害隱私權爲侵權。

（十六）有禁制令（injunction）制度，予法官甚大裁量權，彌補賠償救濟之不足[15]，對被害人保護較我大陸法周密。

（十七）有陪審制度，轟動社會之大案多由陪審團審理。

（十八）法院有甚大創法功能及裁量權，判決常作政策性考慮，擴大法益之保護，符合個案正義，甚至改變侵權法之走向。

（十九）保護人身與動產較爲周密，如 assault 與 conversion 之要件較寬，且 assault 與我國毆打或傷害之概念有異，極易成立侵權行爲。

（二十）區別土地所有人與占有人對第三人之侵權責任甚爲細密；且有「有吸引力之妨礙」（attractive nuisance）制度，對小孩保護周到。

（二十一）僱用人對受僱人職務上侵害他人權利之行爲負侵權責任。

（二十二）健訴濫訟易構成侵權行爲。

（二十三）在因果關係方面，承認「薄頭殼原則」（thin- skull rule），較能保護脆弱之被害人。

（二十四）重視公共利益，有公共妨礙（public nuisance）與公共緊急避難（public necessity）制度。其他如對酒醉之人之侵權行爲，酒館主人也要負責，亦其一例。

（二十五）使人情緒沮喪亦可能構成侵權。

（二十六）重視夫妻關係，對夫妻一方之傷害侵權行爲，配偶另一方可請求加害人賠償因喪失受傷配偶之陪伴與服務（consortium）所生之損害（loss of consortium）。

---

[15]　同註 11。

（二十七）有集體訴訟（class action）便於多數被害人起訴。

（二十八）非侵權法本身，但有利於侵權法發達之因素是法院訴訟費低廉與承認成功報酬（contingent fee）安排。

（二十九）勞工補償與保險制度對侵權法有不少衝擊，也令人省思。

（三十）法律因法官觀念與時俱進，例如醫療業務過失案件，原告同意之抗辯已進到被告須透露必要資訊（informed consent）才算有效，法律注重合理化與具體妥當性。

（三十一）行為人主觀意思，放肆（wanton）與漫不在意（reckless）往往有較重責任。

（三十二）消滅時效於未成年或無能力期間不開始進行，對弱勢之人保護周密。

貳、本論

一、故意侵權行為

（一）一般分類

1. 威脅毆擊（assault）

　　assault 與 battery 是英美法律史上最古老的兩種侵權行為。assault 是未經允許，公然威脅以身體與被害人接觸，如真正接觸則成立 battery。如有人對鄰居不滿，帶棒球棍走到他面前說要打他，則成立 assault 的侵權行為；如真正打了人，則成立 battery 之侵權行為。亦即有無真正接觸是 assault 與 battery 兩者不同之處。如未經允許，即使接觸只是碰一下或偷吻，亦不妨礙其成立；且接觸可以身體或物品為之[16]。

2. 毆擊（battery）

　　行為人對他人故意有害或攻擊性（offensive）之接觸，即可成立侵權行為，其成立要件遠比我國法上傷害為低，故不能譯為傷害；又只需意圖接觸即可，不需意圖使對方受到特定傷害。assault 與 battery 密切相關，人們常稱

---

[16]　You and The Law 90 (1973).

assault and battery，正如它們是合一或一定同時並存，但事實上兩者並非必須同時並存；可能有欠缺 battery 之 assault，及無 assaul 之 battery[17]。但由於辱罵與威脅性之言語挑釁，尚不足作為毆打對方之抗辯[18]。

3. 妨害自由（false imprisonment）

這是不法故意違反他人意願將人扣留。此種扣留可以是使用物理力量或對人或財產威脅之結果。常見妨害自由之訴訟是商人扣留有偷竊商品（shoplifting）嫌疑之顧客，不讓他離開。

4. 侵入房地（trespass to land）

在英美常見有人在土地或房舍門外豎有 no trespass（請勿擅入）字樣。在英美普通法下，占有地產之人，包含土地之所有人與承租人，有和平享有地產（quiet enjoyment of their lands）之權。侵入房地是擅自進入別人之土地。行為人只要欲進入他人之土地，至於是否知悉土地屬於他人及是否以為是自己土地，在所不問；亦不需使所有人或占有人發生真正損害。而且當人引起無生命之物進入他人土地時，亦可構成。美國法院於煙霧或污染物進入他人土地，且引起損害時，准許援引此種侵入房地之請求。古代之 trepass 與妨礙（nuisance）如今已被修改作為現代環境保護之普通法基礎。惟房地之所有人不可對單純擅入之人予以嚴重身體傷害，亦不可為了傷害擅入者，設置危險設備，如彈簧槍或陷阱[19]。

5. 對動產之侵擾（trespass to chattel）

如同侵入房地，trespass to chattel 是妨礙他人占有之侵權行為，惟與侵入房地不同，需對動產產生真正損害[20]。值得注意的是：對動產之侵擾今日亦被法院判決適用到網路與濫發垃圾電子郵件（spamming）之行為[21]。

---

[17] Ibid.

[18] ROSS, HANDBOOK OF EVERYDAY LAW 207 (1967).

[19] LAST, EVERYDAY LAW MADE SIMPLE 94 et seq. (1978).

[20] WEINERMAN, PRACTICAL LAW 128 (1978).

[21] CompuServe 是一家龐大線上服務提供商，先要求 Cyber Promotions, Inc.（一家不請自來廣告發送商）停止濫發垃圾電子郵件，並由軟體設計人篩除。被告繼續發送原告不要的 e-mail，CompuServe 基於普通法上 trespass to chattel 侵權行為，提起訴訟，並贏得禁止命令。法院認為由雷腦產生與收領之電子信號構成他人財產之 trespass，或擅自干擾與

6. 動產之侵占（conversion 或干擾他人動產）

　　conversion 在我大陸法苦無相當之制度或概念，極難作精確定義，略近於我國法上之侵占，但遠較寬鬆。它是有意與不法控制他人之動產，或干擾他人動產之使用收益[22]。

　　Kionka 教授列舉 conversion 之例子如下：(1) 以竊盜、詐欺、脅迫等方法不法取得他人動產之占有；(2) 移位：將動產自一地移至另一地；(3) 移轉占有：將他人動產擅自交付處分予無權占有之人；(4) 扣住占有不還：拒絕交還予有權占有之人；(5) 毀損或改變：故意損毀或重大改變；(6) 使用：如達到等同於實施管領之程度；(7) 主張所有權：主張所有權，加上干預所有人之占有權或控制[23]。在英美法常將 trespass to chattel 與 conversion 二者加以混淆。按兩者都是對他人動產占有為不利之行為，trespass to chattel 是以某種方式損害該物，而 conversion 是有意與不法控制他人之動產，或干擾他人動產之使用收益。例如：(1) 未經同意，將他人之動產借去使用：例如未經鄰居同意，自他車庫取走除草機使用；(2) 故意改變借用物：例如借鄰居長禮服，卻剪裁成短裙；(3) 借用人以與協議不同之方式使用：例如聲稱借車週末去近郊，卻開數百里去滑雪達 1 週之久[24]。conversion 是故意與無過失因素之特殊混合[25]幾乎所有 conversion 也是 trespass，但輕微的 trespass 並非 conversion[26]。動產被他人拿走時，所有人可提起返還之訴（action for replevin），聲請法院命侵害人返還。又小偷是 converter，但 converter 並不一定是小偷[27]。

　　使用（CompuServe v. Cyber Promotions, 962 F. Supp. 1015 (S.D. Ohio 1997)）。法院不接受被告所提原告之控訴乃經濟上侵權行為，尤其干擾商業關係之抗辯。CALVI & COLEMAN, AMERICAN LAW AND LEGAL SYSTEMS 258 (Prentice Hall, 2000).

[22] WEINERMAN, op. cit., at 128. 又有人解釋為干擾動產（interference with personal property），參照 YOU AND THE LAW, op. cit., at 90. 亦有人定義為擅自主張財產之所有權或控制，而排除其所有人之權利（an unauthorized assumption of ownership or property to the exclusion of the rights of its owner）。ROSS, op. cit., at 210.

[23] 參照 KIONKA, op. cit., at 174 et seq.

[24] YOU AND THE LAW, op. cit., at 97; WEINERMAN, op. cit., at 128 et seq.

[25] EPSTEIN, TORTS 32 (1999). 在普通法下 conversion 之訴訟，稱為 trover（該書頁 33）。

[26] KIONKA, TORTS 118 (1988). 為了與同一作者另一同名書區分起見，以下引本書時，用 KIONKA 2, op. cit. 表示。

[27] WEINERMAN, op. cit., at 128.

7. 妨礙（nuisance）

nuisance 是英美普通法最古老訴因之一，也是無法精確下定義與常被誤解之部分。傳統上被用來描述對他人土地有害或令人不快之活動，常在相鄰關係發生，即水或空氣污染，過度噪音或其他影響他人使用財產之活動[28]，也表示土地和平用益權（right of quiet enjoyment 或 use and enjoyment of interest in land）受到干擾之行爲。它常與 trespass to land 同時作爲保障專屬土地占有權之救濟手段。但 trespass to land 是有形侵入，干擾土地所有人之專屬占有，而 nuisance 是干擾土地所有人之使用或收益，需證明對方有過失與自己受到眞正損害，而 trespass 則不必[29]。嚴格說它不應當作一種侵權行爲，而只是某些種損害[30]。妨礙可分爲私的妨礙（private nuisance）與公共妨礙（public nuisance）兩類，私的妨礙是實質、不合理干擾他人現在所占有財產之使用或收益。公共妨礙是不合理干擾到社區之健康、安全或財產權，例如使用建物作犯罪活動，諸如娼妓。一個私人要以公共妨礙爲理由請求賠償，需他受到公共整體所無之獨特損害[31]。近年來鑑於若干濫用（尤其資源消耗與污染）引起有形損害，人們保護環境之興趣急劇上升，在尋求對抗之法律救濟時，常自侵權法，尤其 nuisance 探求[32]。在另一方面，在州與聯邦之層次又有許多環保制定法出現，與侵權法交互作用，不容忽視。

（二）責任能力

成年人原則上皆有責任能力。未成年人與無能力人一樣，對他們侵權行爲負責（R. §895）。未成年人以行爲人年齡之智慧與經驗之合理行爲爲準。許多州定下小孩被推定不能爲侵權行爲之年齡，通常 7 歲以下無侵權能力，7 歲至 14 歲推定無侵權能力，14 歲以上有完全侵權能力。如小孩從事被認爲成年人之活動，諸如開汽車或飛機，則被認爲須實施成年人程度之注意[33]。

---

[28] ABRAHAM, THE FORMS AND FUNCTIONS OF TORT LAW 173 (2002).

[29] KIONKA, op. cit., at 313 et seq.

[30] Id. at 312.

[31] CONVISER MINI REVIEW, TORTS 41 et seq. (2003).

[32] 侵權法整編第二版（Restatement of the Law of Torts (2nd)）在 nuisance 規定中，已擴大其救濟。按侵權法整編爲美國法學會（American Law Institute）網羅著名學者專家整理此領域代表性判例而成，對學術界與實務界之影響力頗大。以下若引用此整編時，以 R. 作爲此整編（Restatement）之簡稱，尚請讀者注意。

[33] KIONKA, op. cit., at 64.

（三）故意侵權行爲

故意侵權行爲需行爲人有一個外在（overt）行爲、主觀意思、發生損害，以及因果關係。故意（intent）分爲特定（specific）與概括（general）兩種。在大多數案件，即使所謂移轉意思（transferred intent，相當於我國法上不確定意思）亦可成立。例如當被告意欲傷乙，而實際傷到丙時，亦滿足侵權之意思要件。

1. 故意侵權行爲之抗辯（免責原因）：成功之抗辯可免除被告全部或一部賠償之責任。

(1) 同意（consent）

當被害人已明示或默示同意所受損害時，行爲人可作爲故意侵權行爲之抗辯（在過失與無過失責任，被害人之同意稱爲自甘冒險）。默示同意可自習慣與慣例或當事人間以前交易或他們間某種關係推知。當緊急情況眞正或顯然有死亡或重傷之危險，且救人無時間或機會取得被救人之同意時，認爲被救人有默示同意，例如車禍緊急將人急救開刀[34]。同意可附條件或限於時間、地點或範圍[35]。例如當被害人置自己於顯然會生損害之情況時，亦可推知有默示之同意；例如若干運動比賽，觀眾被認定接受受傷（例如被棒球或曲棍球打到）之風險。在許多情況從事危險活動之人會被要求簽署棄權書（waiver），免除另一方之責任。美國大多數州遵從被害人如已經同意犯罪行爲時，不得再對犯罪所生之侵權提起訴訟之原則。在詐欺或脅迫下所作之同意，不生效力。但如有制定法爲防止一定種類之人，諸如小孩與無能力人判斷力不足，未能正確瞭解行爲之結果致生損害時，行爲人不可援引被害人已有同意，作爲抗辯。例如法定強姦（statutory rape）即使未達法定年齡之少女同意性交，亦不成立同意，後來少女訴請行爲人賠償傷害（battery）時，此時性交之同意並不排除侵權行爲之成立[36]。又在業務過失（malpractice）有同意須先被告知才算數（informed consent）之原則，即在醫療過失方面，大約自 1960 年開始，病人之同意須基於醫師對他透露病情與醫療之可能風險[37]。醫師不實陳述或怠於透露欲作之治

34　Conviser Mini Review, op. cit., at 7.

35　KIONKA, op. cit., at 182.

36　YOU AND THE LAW, op. cit., at 100; WEINERMAN, op. cit., at 133.

37　EPSTEIN, op. cit., at 143; KIONKA 2, op. cit., at 121; GLANNON, THE LAW OF TORTS 63 (2005).

療或怠於透露他確知會發生之結果，而明知病人不知情時，病人之同意不生效力[38]。

(2) 自衛或正當防衛（self-defense）

為了自衛，防衛他人及防衛財產，可作為毆擊（assault、attery）及妨害自由（false imprisonment）之抗辯，且主張抗辯那一方如以合理並與面臨之威脅成比例之方式時，可加以援用。但防衛不等於報復，被害人如使用超過必要力量時，則自己反變成加害人，可能犯了傷害毆擊（assault & battery）。至對於財產之自衛，比防衛人身受到較大限制。又不動產被人妨礙時，占有人通常應先請求侵入者停止妨礙行為。如動產被人違法強奪時，須「趁鮮追逐」（fresh pursuit），即占有人應在被剝奪占有後，立刻開始取回之努力，或至少在知悉後立刻為之，且應繼續，不可中止。通常如有可能，應先要求交回；於被拒絕後，才可用必要與合理力量自衛[39]。

(3) 緊急避難（necessity）[40]

緊急避難有時被被告用作上述侵入（trespass）與侵占（conversion）之抗辯。緊急避難常涉及自然力，如火災、洪水、暴風雨及傳染病之類，但不以此為限。惟危難須來自與被害人無關之獨立原因。又分為兩類：公共緊急避難（public necessity）與私人緊急避難（private necessity）。公共緊急避難於合理必要損壞一個個人財產，以防止社區更大之損害時成立。例如炸毀房屋以防火勢蔓延全市，或毀滅有傳染病之禽獸以防蔓延，或於戰時毀掉財產以防落入敵手：如緊急程度夠高，且按情況合理時，不必對所有人賠償。美國南北戰爭時，田納西州有一城市市民為免軍隊喝醉後劫掠城市，將一個當地酒坊所有威士忌毀掉，酒坊告市府侵占（conversion），要求賠償酒的價錢，該市提出公共緊急避難之抗辯而勝訴[41]。私人緊急避難（private necessity）是損害他人之財產，以防止對其他個人或財產之損害。此特權較有限制，須緊急情況較大，且行為人行為依其情況為合理，惟實施私人緊急避難之人須對所致之實際損害支付償金[42]。

---

[38] KIONKA, op. cit., at 183.

[39] KIONKA, op. cit., at 190.

[40] necessity 似近於我國法上之緊急避難，故暫用如此譯名，參照楊崇森，美國刑法之原理與運用，軍法專刊，第57卷第3期，2011年6月，頁39以下（有關緊急避難部分之說明）。

[41] BURNHAM, op. cit., at 430.

[42] Ibid.; Vincent v. Lake Erie Transp. Co. (1910); R. §263; KIONKA, op. cit., at 194 et seq.

(4) 錯誤（mistake）

行為人在一些情況，可援引錯誤作為抗辯。但在侵入（trespass）別人土地及侵占（conversion）之情形，不能以錯誤作為抗辯[43]，因為此兩種侵權行為之成立，並不以故意為要件。

(5) 法律之授權

法律之授權或要求，亦是免責之事由[44]。包括懲戒，即有一定關係之人依習慣與需要有特權用體罰等懲戒他方。如父母或居於同等地位之人有權訓練教育小孩，學校教師亦同，但使用過分之力量可能要負責。軍官如合法，或主觀上認為合法，且客觀上非顯然不法時，可對下屬施以物理之力量、拘禁，以便執行命令。又船長可對船員與乘客實施合理懲戒[45]。

二、過失侵權行為（negligence）

（一）過失乃違反注意義務

過失侵權行為（negligence）是理性之人（a reasonable person）違反對公眾所負注意義務之侵權行為。注意美國法與我國等大陸法不同，在侵權法中特別設立了 tort of negligence 或 negligence 侵權行為種類（始於 Brown v. Kendall 一案），而與侵權人特定行為之主觀因素之過失意義不同。

過失通常認為是義務之違反（breach of duty），即未達到法律所定保護他人免於不合理損害風險之注意標準，而不問行為人主觀真正心態如何。宜注意者，美國法在故意與過失之間還有漫不在意（reckless）或重大過失（gross negligence）之行為[46]（50R. §8A, comment 6）。在一些過失侵權行為範圍內，基於社會政策考慮，例如在車禍侵權行為，雖然通常駕駛人只要有過失，即對車禍所致傷害負責，但一些州有所謂「客人法律」（guest statutes），當車內乘客訴請賠償時，除非駕駛人有漫不在意（reckless）或重大過失，否則駕駛

---

[43] YOU AND THE LAW, op. cit., at 99.

[44] KIONKA, op. cit., at 195 et seq.

[45] R. §146.; KIONKA, op. cit., at 198 et seq.; KIONKA 2, op. cit., at 128.

[46] 有些州將比故意為輕，但比單純過失嚴重的行為稱為故意與放肆（willful and wanton），毫不在意（reckless）行為。毫不在意比重大過失（gross negligence）重些。如法院認定被告侵權行為是「willful and wanton」或「reckless」時，有些抗辯如「與有過失」，常不能主張，甚至可能要以處懲罰性賠償損害。KIONKA, op. cit., at 116.

人不負責任，立法目的在鼓勵對人提供免費搭載。不過也有許多此種制定法被法院判認對車禍受傷乘客未能平等保護而違憲[47]。

1. 理性之人（a reasonable person）之注意

　　凡人負有作為一個理性謹慎之人，在相同或類似情況下作為之義務（a reasonable person would under the same or similar circumstances）。英美法不似我大陸法用善良管理人之標準字樣，而用理性之人（a reasonable person）之標準。理性之人是法律上一種擬制，並無普遍接受之技術性定義。它並非指普通之人或標準之人，而是按相關社區判斷在可能對公眾構成損害威脅之狀況，一個標準成員怎麼作為或反應，將被告之行為與理性之人在類似情況之行為加以比較。換言之，它是社會上一個假設性之人，在行為上應實施之普通注意、技巧與判斷（a hypothetical person in society who exercises average care, skill, and judgment in conduct），作為決定責任之標準。行為人是否成立侵權行為，應適用此客觀尺度；雖然個案之特定情況，要求不同種類之行為與注意程度，但理性謹慎之人之標準本身不變[48]。對社會有特別義務之人，注意之標準較高。例如協助危難之醫生比通常人負較高之注意義務[49]，而小孩或無能力人，須按該年紀或該能力之理性之人之經驗、智慧之標準加以判斷。

　　認定行為人有無過失時，法院通常也會參考以前司法判決或制定法（如建築安全典範或交通法規），甚至業界或公會之規章所定標準或慣例予以認定[50]。

2. 違反制定法

　　有些制定法課予人絕對遵守之義務。在大多數州，如被告違反制定法上注意義務時，違反制定法本身便是 prima facie negligence 或 negligence perse，即法律上過失之意（R. §288B[51]）。但有若干免責事由（excuse），包括行為人無法控制之身體情況、無辜不知制定法適用之事實、非行為人所致之突發緊急情況，甚至遵守制定法比違反更危險等；但大多制定法之違反只是過失侵權行為

---

[47] Burnham, op. cit., at 430, n.38.

[48] http://en.wikipedia.org/wiki/Reasonable_person (revised 2013/10).

[49] Kionka, op. cit., at 63.

[50] Id. at 88.

[51] Abraham, op. cit., at 78 et seq.

（negligence）之證據。

　　學者指出認定是否符合注意標準之相關因素如下：

(1) 損害之可預見性：原告所受損害，如非被告所能預見，則不負責，因不能期待理性之人對不可預見之風險採取預防措施。

(2) 風險規模之大小：理性之人對非常小之風險不必採預防措施。又分為二點：
　　①損害發生之可能性。
　　②結果之嚴重性。

(3) 採取預防措施負擔之大小：法院會斟酌對風險採取預防措施費用之大小與可行性。

(4) 被告行為之有用性：被告行為在社會上之有用性愈大，被認為過失之可能性也愈小。

(5) 一般慣例（common practice）：怠於遵行採取安全預防措施之一般慣例，是過失之強大證據，因顯示被告不作社區上別人認為合理之事，一般慣例在業務過失案件之意義尤大。原告也須證明怠於遵行該安全預防措施乃產生損害之原因，但非絕對[52]。

3. 專門職業之人之過失標準

　　當認定專門職業之人有無過失時，應適用理性之人標準之專門職業版本。即此時改以在該領域理性之專門職業之人所具有聲譽良好成員之訓練與技巧作為標準，常由於專家證人之協助來認定[53]。如醫師之行為符合職業內通常與習慣之標準時，法院很少會認為有過失。在一些州注意標準被認為須符合被告執業當地合理適格醫師之標準，即受到所謂「當地原則」（locality rule）之限制。換言之，須用他執業之「當地」或「類似地方」合理受過訓練之醫師通常所用之技巧與注意。這點常使原告難以證明適用之標準，因當地別的醫師尤其不欲對同業作不利之證詞。今日趨勢是不採此限制[54]。

4. 積極之侵權行為與消極之侵權行為

　　英美法分侵權行為為 misfeasance（積極之侵權行為）與 nonfeasance（不作

---

[52] GILIKER & BECKWITH, TORT 113 et seq. (2001).

[53] BURNHAM, op. cit., at 431; http://en.wikipedia.org/wiki/Reasonable_person (revised 2013/10).

[54] KIONKA, op. cit., at 309.

為致人受損）[55]。通常法律課人不為一定行為之義務，但並不課積極為一定行為之義務。怠於協助他人之案件（failure to aid cases）較有問題。在美國，人通常對危險中之他人不負協助或拯救之義務，即無擔任善良的撒馬利亞人（good Samaritan，見義勇為之意，語出自聖經新約路加福音）之義務。但如二人之間有特別關係時，則發生此種義務。例如旅館主人於火災發生時，有協助旅客逃生之義務，學校亦有各種協助學生之義務。又如拯救他人之人如置被救人於困局時，亦可產生特別關係。又開始協助他人之人，不可中途中止協助，如中止會使該人情況比未協助更惡劣時[56]。例如見有人沉溺在水中，下去救援，原則上不可拖到中途放棄。

5. 讓證據說話（Res Ipsa Loquitur）之原則

　　negligence 可以直接證據或情況證據予以證明。在一些情況，過失可依 Res Ipsa Loquitur 之原理加以認定。Res Ipsa Loquitur 乃讓證據說話（the thing speaks for itself）之意，為英美法之特殊原則，在構成過失之事實被告較易取得之情況，有時用來移轉舉證責任予被告。其適用須滿足以下要件：(1) 須事故在通常無過失情形下不致發生；(2) 被告須對引起損害之物有控制；(3) 發生之原因為原告所不知[57]。換言之，適用在被告控制傷害原告之情況或設施，且除非被告有過失，通常不致發生此類損害之情況。法官可指示陪審團，只要原告並無與有過失，可推論被告有過失。

　　茲舉可適用此原則之例子如下：

(1) 鐵路公司雇包商安裝臨時火車月臺，啟用不久即在原告腳下崩塌，致原告受傷。此時即使因崩塌致無法提出正確原因之證據，陪審團仍可推論係因施工過失所致。

(2) 磚頭自正在修理之屋頂煙管掉落，打中原告。原告不可能甚至連工人也不可能指出掉落原因，但陪審團可公平推斷可能由於工人疏失所致。

(3) 電梯在樓層間突然卡住，致原告摔到地板上[58]。

---

[55] KIONKA 2, op. cit., at 148.

[56] BURMHAM, op. cit., at 432.

[57] GILIKER & BECKWITH, op. cit., at 128 et seq.

[58] GLANNON, op. cit., at 116.

（二）損害

法律上損害不限於身體損傷，且包括情緒上、經濟上、名譽上損害以及妨害隱私權、財產或憲法上權利。

（三）因果關係

侵權行為之成立，需引起被害人之損害。為了證明侵權行為與被害人損害之間有因果關係，原告須證明被告行為或違反義務乃其損害之事實上原因，以及該事實上原因係損害之相當原因。所謂相當原因通常係指行為人之行為與損害之間有未中斷之原因與結果關係，如其間有外在的原因（intervening cause）介入，則因果關係變複雜，可能中斷，但未必盡然。簡述於下。

1. 事實上原因（cause-in-fact）

通常由應用「如非……則……不致」之標準（"but for" test）。亦即在如無被告之行為，原告不致受損之情況，則被告之行為被認為被害人損害之原因（cause-in-fact）。另一決定真正原因之標準是實質因素法（substantial factor test），依被告行為是否為引起被害人損害之實質因素予以認定。惟因此說範圍過廣，所以要適用下述之相當因果加以限制。

2. 相當原因（proximate cause）

此問題極其複雜，非本文重點。基本上有預見（foreseeability）說，凡一個理性之人可預見到之損害結果，行為人即應負責。又有被告對行為所引起之正常與增加風險之有害結果負責（the harm-within-the-risk test）。另一相當原因之標準是直接（directness）說，即視行為與損害間是否有不中斷之順序（unbroken sequence）而定。

3. 介入原因（intervening cause）

由於介入原因使因果關係認定更為繁複。所謂介入原因是在被告行為之後發生，且對損害有加工作用者。如介入原因為原告損害之相當原因時，被告之行為固不認為損害之相當原因；但如介入原因是被告行為之可預見結果時，則被告常被認為對此額外之損害負責。換言之，被告基本上對可預見介入原因之可預見結果要負責；對可預見介入原因之不可預見結果，及不可預見介入原因之不可預見結果，則不負責。

談到相當因果關係，Palsgraf v. Long Island Railway Co.（162 N.E. 99 (N.Y.

1928)）一案特別值得一提。該案被告鐵路某員工協助乘客 Palsgraf 太太上已開動之火車，因員工手沒抓緊，將乘客攜帶包裹掉地上，內有炮竹爆炸，震動波及數英尺外月臺尾端大磅秤掉落，致原告受傷。紐約州最高法院認爲員工之行爲無過失，廢棄原告勝訴判決，法官 Cardozo 撰多數意見書，認爲員工對原告 Palsgraf 太太此種非可預見損害之結果，因不負注意義務，故無責任可言。而 Andrews 法官代表少數意見，採較傳統看法，認爲員工過失與原告損害之間有相當因果關係，而認爲鐵路公司應負過失責任。該案是侵權法上爭議與討論最多之案件，所涉及的其實並非行爲不可預見之結果，而是不可預見之原告，即不在行爲顯然引起損害危險區之人，其損害爲行爲人所無法合理預見[59]。

　　在英美法，被告甚至對可預見之不可抗力（act of god）所生之損害亦要負責[60]。被害人身體或精神如有暗疾時，被告對侵權行爲所引起不可預見之損害（例如用粉筆丟被害人的頭，卻發生死亡結果）亦要負責，稱爲「薄頭顱或蛋殼頭原則」（thin-skull 或 eggshell-skull rule）。被告不能抗辯原告有不可預見之弱點或毛病，或其損害遠比無此種弱點之人嚴重[61]。

（四）抗辯

1. 與有過失與比較過失

　　英美普通法至少自 1809 年開始，已承認被告可提出原告與有過失（contributory negligence）之抗辯，規定原告之損害如也來自自己之過失時，不問其過失如何輕微，完全不能請求賠償。這種不是全部賠償就是分文不賠的原則，將損害轉嫁給比被告過失更少的原告[62]。在實務上爲了緩和這些極端之結果，陪審團不時基於同情心加以竄改，因他們不但有權決定當事人是否過失，且有權決定何種賠償。陪審團可能准許賠償請求，但在計算賠償額時，斟酌原告之過失而無視與有過失之原則[63]。後來這原則產生不公平與苛酷結果之

---

[59] DOBBS, KEETON & OWEN, op. cit., at 284 et seq.; BURNHAM, op. cit., at 433. http://en.wikipedia.org/wiki/United_States_tort_law#Proximate_cause (revised 2013/10).

[60] BURNHAM, op. cit., at 433.

[61] 英美法有法諺：侵權行爲人應將所發現之被害人帶走。（The tortfeasor must take his victim as he finds him.）表示侵權行爲人對可預見結果之不可預見損害也要負責。JONES, TEXTBOOK ON TORTS 272 et seq. (2002); ABRAHAM, op. cit., at 128 et seq.

[62] FARNSWORTH, op. cit., at 114.

[63] Ibid. n.7.

感覺日增。到了 1970 年代，美國各州法院開始修正普通法，由州議會通過制定法，改採比較過失（comparative negligence）制度或由司法判例予以修改。

比較過失之原則又分為兩種，即純粹比較過失之原則與修正之比較過失原則。純粹比較過失是完全依照原告與被告過咎之比例來分配責任。例如陪審團如認定原告過失行為為其損害原因 30% 時，則原告仍可請求被告賠償損害 70%；如原告過失占 70%，而被告占 30% 時，原告仍可請求被告賠償損害 30%。純粹比較過失是司法判決最常採用，且為學界贊成之方式。

修正比較過失是最常見之立法方式，有不同版本，最常見的是原告可請求被告過咎之比例，但須原告過咎程度為 50% 或更少。還有別的版本用平等過咎原則（equal fault bar rule），即如原被告雙方過失同為 50% 對 50% 時，則原告不可請求賠償[64]。

2. 最後明顯機會（last clear chance）

行為人與有過失之抗辯，有時可由被害人援引所謂「最後明顯機會」之理論將他打敗。汽車事故是常見發生此種抗辯之情況，亦即儘管原告自己與有過失，如被告實施通常注意，仍能避免傷害原告時，原告亦可取得賠償。理由是由於被告有最後明顯機會避免原告損害之發生而不避免，因此有過失。換言之，被告怠於作為，而非被害人自己過失，才是產生損害之相當原因；亦即被告怠於避免事故之過失，成為被害人損害之直接且相當原因[65]。此原則只適用於當被告過失發生時間在原告與有過失之後，基本上原告是在危險區，在時間上來不及逃避，被告有最後機會採取防止否則會發生損害之行動。如被告當時過失怠於採取行動防止損害，則不准他用原告以前之過失作為抗辯[66]。此原則原來要緩和與有過失不賠之苛酷結果，今日由於多數州改採比較過失原則之結果，致此原則已經失勢[67]。

3. 自甘冒險（assumption of risk）之抗辯

自甘冒險也是英美侵權行為法重要原則，當被害人自願同意冒可能發生之

---

[64] BURNHAM, op. cit., at 434.

[65] YOU AND THE LAW, op. cit., at 109; COUGHLIN, YOUR INTRODUCTION TO LAW 69 et seq. (1963); HAY, op. cit., at 71.

[66] KIONKA 2, op. cit., at 158.

[67] KIONKA, op. cit., at 124.

一定損害，例如滑雪人被另一滑雪人撞到或棒球賽一觀眾被界外球打到時，被告可主張自甘冒險之抗辯。被告援引此抗辯時，須證明原告知悉潛在危險而同意冒險。即原告知悉風險且自由選擇冒險，如缺其一，則抗辯不能成立。同意可明示或默示。一個人可由於簽署書面契約而承擔冒險。但有若干限制：(1)須出於自由意志與瞭解：如當事人間有公開自由磋商時，此種約定通常會被法院維持。但一方如交涉能力顯然不足或居於不利地位時，法院可拒絕承認該協議。法院也考慮同意人是否真正瞭解同意書之內容與其程度[68]。如通常條款係由提供危險活動之一方起草時，須對起草人為不利之解釋。在冒險明白牴觸立法意旨之情況，例如牴觸公共場所安全設施標準時，於法不生效力[69]。

美國法院與學者又將自甘冒險分為主要自甘冒險（primary assumption of risk）與次要自甘冒險（secondary assumption of risk）兩種[70]。所謂主要冒險是所冒的是活動之固有（inherent）風險，且以合理負擔所無法避免者。例如：
(1) 原告決定參加野外求生訓練，結果在暴風雪中迷路而受嚴重凍傷。
(2) 原告在被告溜冰場滑冰，被失控之技巧不良溜冰人撞後，碰牆受傷。
(3) 原告參加攀岩課，被另一攀岩人弄開之硬石打中受傷[71]。

如被告對原告未負注意義務（duty of care），或未違反任何他可能負擔之注意義務，則被告並無過失。

所謂次要自甘冒險是原告愚蠢地接近被告違反義務所生之既知危險，例如：
(1) 同意坐一個酒醉司機開的車。
(2) 原告向被告借汽車，發現車子煞車時會走，但向左邊斜走，當他在紅燈前煞車時，偏向撞到對面來車。
(3) 被告在大街上放煙火，原告欲看秀，站在他身旁，被一串鞭炮爆炸所傷。
(4) 被告開店時店地板部分打蠟，原告看到地板濕仍欲取食物，在濕地板走而滑倒[72]。

在上述情況，這些活動即使以適當注意為之，仍有若干不可避免損害之風

---

[68] 提供準獨占公共服務，如鐵路或電力，不能訂此條款（R. §496B cmt f）。
[69] 自甘冒險有幾分與故意侵權行為之同意相似。如同同意，在許多場合自甘冒險並非明示，而須自原告之行為推知。歷史上自甘冒險之大戰場是工業事故，受僱人被認為自甘冒其僱傭之風險與大多數同事過失之風險，今日由於勞工補償制度不採過失責任，似已失去重要性。參照 GREGORY, CASES AND MATERIALS ON TORTS 209 et seq. (1969).
[70] ABRAHAM, op. cit., at 155.
[71] GLANNON, op. cit., at 505 et seq.
[72] GLANNON, op. cit., at 506 et seq.; KIONKA, op. cit., at 135.

險，而原告知情，仍選擇面對從事該活動，結果受損害，則雙方都有過失，此時只是比較過失之變種 [73]。惟普通法認為原告明知面對被告過失所生之危險，而冒了因此所生損害之風險時，不能訴請賠償（R. (2nd) §496C）。換言之，在次要冒險，即使原告能證明被告有 prima facie case of negligence，自甘冒險仍成為積極抗辯 [74]。

茲再嘗試綜合自甘冒險之效果如次：

(1) 如面對被告過失所產生之風險，原告之選擇為不合理時，則係原告過失，多數法院認為此種次要自甘冒險為獨立抗辯，而非比較過失，致不能取得賠償。

(2) 如原告面對之風險是合理之選擇，大多數法院今日適用比較過失原則，准許原告賠償，但有些州完全不給 [75]。

4. 免責（immunity）

英美法基於社會政策之考慮，由於對社會整體或特定被害人之關係，而免除一定之人或團體之侵權責任。常見例子是夫妻，父母子女及所謂主權免責（sovereign immunity 或可譯為政府免責），最重要的是主權免責之原則。此原則係來自普通法，許多州已由制定法加以修改，或由司法判決予以廢棄。

按主權免責之原則係淵源於英國普通法，基於「國王不能為非」（The King can do no wrong）之觀念而來。美國聯邦和州政府都享有普通法上之主權免責權（sovereign immunity）。聯邦憲法增修第 11 條禁止公民告五十州。州的免責權還擴張到地方，例如市，至少在實施政府功能範圍內如此。例如員警與救火部門享有廣大免責權，而郡醫院或機場通常則否。在 1946 年美國國會制定了聯邦侵權賠償法（Federal Tort Claims Act），除了故意侵權行為外，放棄聯邦主權免責權。由於美國廣泛採用責任保險制度之結果，許多州也在 1960 與 1970 年代在不同程度廢止了州與市之免責權。固然近年對此趨勢有反挫且重現免責之情況，但有政府免責權之州，通常對一些最常見之侵權行為設有例外，諸如因州車輛交通事故或未妥善維護公共建築所致之人身傷害，人民可提起賠償訴訟 [76]。

---

[73] EPSTEIN, op. cit., at 213.

[74] GLANNON, op. cit., at 507 et seq.

[75] Id. at 511 et seq.

[76] BURNHAM, op. cit., at 436.

（五）共同侵權行爲（joint torts）

侵權行爲往往由數人所致，此時此數人稱爲共同侵權行爲人（joint tortfeasors）。共同侵權行爲人對他們所引起之損害負連帶（jointly and severally）賠償責任，即其中一人對被害人全部損害負責，被害人只須控告其中一人，此人於清償後，可對其他共同行爲人就其分擔之比例有求償權（right of contribution）（美國聯邦民事訴訟規則規定，被告在訴訟中有權將其他侵權行爲人帶進（implead）同一訴訟[77]，但他人可能無資產清償（稱爲 judgment-proof）[78]。

1. 同時行爲（concurrent action）

有兩種情形：(1) 同時行爲彼此獨立，只有於損害不可分，即無法證明損害哪一部分由一人所引起，哪一部分由另一人所引起時，認爲是共同侵權行爲人。例如乘客受傷因所乘汽車司機與另一部汽車司機同時過失所致；(2) 如損害可分，則同時行爲人非共同侵權行爲人。如甲乙二人是不同狩獵團體之成員，於打獵物時，同時開槍誤中丙。甲射中丙腿，乙射中丙手臂。此時丙之損害可分，故甲對腿傷負責，乙對臂傷負責[79]。

2. 協同行爲（action in concert）

兩個侵權行爲人之協同行爲，即合作或協調時，不問被害人之損害是否可分，被視爲共同侵權行爲人。例如甲乙乃同一狩獵團隊成員，協議往丙方向開槍去嚇他，不意射中丙之臂與腿，此時即使能認定各人所致之傷害，甲乙二人亦成立共同侵權行爲。

3. 多次系列行爲（multiple serial actions）

侵權行爲人之行爲雖非同時，而係先後發生時，亦可能被課連帶責任。例

---

[77] 參照楊崇森，美國法制的實務與運作，第三章〈美國民事訴訟之特色與對我國之啓示〉，對 implead 之情況敍述甚詳。

[78] 另一不告所有共同侵權行爲人之理由是：其中有些人可能是原告之親戚或朋友。例如由於原告所乘汽車駕駛人之過失與另一輛駕駛人之過失併合，致原告受傷，如原告車子駕駛人是自己的兒子時，則原告可能不欲將他列爲被告。BURNHAM, op. cit., at 436, n. 70.

[79] 如丙只有一傷，例如中了一槍，而不能證明是何人所開時，則法院可能將因果關係爭點之舉證責任移轉予被告，而判二人負責，除非他們能證明無辜。Summers v. Tice, 199 P. 2d 1 (Cal. 1948); BURNHAM, op. cit., at 346, n.72.

如甲傷害丙，丙被送入醫院，因乙醫生診療有誤，加深丙之傷勢。由於誤診乃傷害可預見之風險，故甲對丙整個傷害負責，而乙醫生與甲就加重傷害部分連帶負責[80]。

三、對特定活動之特殊責任

（一）土地所有人或占有人對進入土地之他人之責任

1. 傳統

英美法傳統上土地所有人或占有人對進入其土地可能受到傷害之他人負有義務。此義務根據進入之人與所有人之關係，區分為下列三種。

(1) 被邀之人（invitee）

指被所有人明示或默示邀請進入其土地作買賣或工作之人，諸如顧客或受僱人。由於為所有人之利益入內，所有人對他們負最重之義務——保護他們免於所有不合理之危險。滑倒是涉及被邀之人訴訟之常見例子。例如店主有速即清除傾倒在店走道上之液體或其他危害物之義務。

(2) 准許之人（licensee）

准許之人是得到所有人允准入內，但並非為所有人利益之人，諸如參加派對之賓客。所有人對他們只負警告土地外觀之任何損傷危險之義務[81]，而不負保護免於所有不合理損害之危險。

(3) 闖入者（trespasser）

闖入者通常無權進入所有人之土地，但即使對他們，所有人亦應負免於受到意外不合理危險之義務[82]，但不負警告任何暗藏危險之義務。不過無論如何，所有人不應設置驅趕闖入者有致命力量之陷阱[83]。

---

[80] Burnham, op. cit., at 437.
[81] 另一說，此時應警告暗藏危險狀況，Abraham, op. cit., at 228 et seq.
[82] 另一說此時應負避免放肆（wantonly）與故意（wilfully）傷害他們之義務，Ibid.
[83] Burnham, op. cit., at 468 et seq. 上述各點可與我民法第 191 條建築物或工作物所有人之責任規定作比較。

2. 現狀

美國法院對上述三分法愈來愈不滿意，首先由加州最高法院在 Rowland v. Christian 一案[84] 發難，後來影響深遠。主要因此種分類不合時宜，在個案又難於區分受傷人之身分，而應考慮許多因素，包括損害可預見性、被告行爲與原告損害關係之密切性、被告行爲在道德上之非難性。幾乎半數的州已經放棄或實質修改了上述三分法，或完全廢棄此種分類，或即使保留對闖入者（trespasser）之較低程度注意，但廢除被邀之人（invitee）與准許之人（licensee）之區別[85]，而改採參酌所有周圍環境，根據所有人作爲或不作爲之合理性，而作統一分析之分法。

3. 旅館主人之特別義務

法律對旅館或汽車旅館主人課以特別義務。自中世紀起，普通法認爲主人有特別義務保護客人。此種義務在若干情況甚至擴充到第三人之故意行爲。例如有證據，謹慎之旅館主人會裝置較堅固之門戶與鎖鑰之情形，店主對強盜破門進入客人房間，槍殺丈夫，引起妻精神崩潰並搶劫所致之損失，也要負責。

4. 有吸引力之妨礙（attractive nuisances）

如房地由於有危險之物體或情況，可能吸引不能瞭解該危險之小孩闖入時，儘管小孩是闖入者（trespasser），美國大多數法院課土地所有人負實施通常注意義務，以避免因其房地上人爲狀況，引起小孩合理可預見損害之風險，否則可能要對小孩所受之損害負責。例如小孩進入積水的坑洞戲水致受傷或溺斃時，土地所有人被法院判令要負責。又如屋主讓圍繞水池的籬笆開著，小孩被水管流入水池的聲音引誘進來，結果掉進水池淹死[86]。此原則也適用於廢棄之汽車、木材堆或沙堆、跳躍床及泳池，在美國法稱爲有吸引力之妨礙（attractive nuisances）。豎立警告小孩土地之危險的警告牌，固然可能免除土地所有人之責任，但未必都如此，尤其當小孩不懂告示之內容時爲然。此時土地所有人尚須採更多積極步驟來保護小孩。如受傷小孩之年紀可瞭解風險時，

---

[84] 169 Cal. 2d 108, 443 P. 2d 561, 70 Cal. Rptr 97 (1968).

[85] ABRAHAM, op. cit., at 229 et seq.; KIONKA, op. cit., at 233.

[86] http://www.google.com.tw/search?q=gainesville-accident-attorney-gives-examples-of-attractive-nuisance-in-florida.cfm&ie=UTF-8&oe=UTF-8&hl=en&client=safari (revised 2013/10).

此原則可能不適用[87]。

（二）代理責任（vicarious liability）

代理責任是第三人對他人所爲之侵權行爲所致之損害負責。常見是基於被告與行爲人之間有若干關係，其情形如下：

1. respondeat superior

代理責任最常見之類型是所謂 respondeat superior（let the superior answer）[88]，即雇主要對受雇人在職務範圍內所犯之侵權行爲負責，例如店員倒清潔劑在地板上，顧客滑倒受傷，則顧客可告店員或老闆賠償。這是一種嚴格責任，雖然雇主完全無辜，常被人稱爲轉嫁過失（imputed negligence）之一種情況[89]。

2. 汽車所有人責任

汽車所有人對經其同意開他汽車之人之過失侵權行爲也須負責，稱爲家庭目的原則（family purpose doctrine）[90]。此種責任大多由制定法所課，如同 respondeat superior，主要侵權行爲人仍須負責任，但通常告雇主或所有人較有結果，因他們較有可能買保險。

3. 父母對子女侵權行爲之責任

在大多情況，父母對子女侵權行爲並不負責，除非有過失或怠於適當實施對子女之控制權[91]。

4. 所謂 enabling torts 之責任

法院對所謂 enabling torts，即導致他人能從事侵權行爲，或與處於危險之人因有特殊關係，而令負侵權責任。例如加油站誤將顧客的鎖匙留在車內，對

---

[87] http://en.wikipedia.org/wiki/Attractive_nuisance_doctrine (revised 2013/10).

[88] ABRAHAM, op. cit., at 181.

[89] 雇主代理責任之根據：1. 他對受雇人行爲有某程度控制；2. 他發動產生侵權行爲之活動；3. 他遴選受雇人；4. 因代理責任是雇用別人特權之代價；5. 他較有資力補償原告。
KIONKA, op. cit., at 261 et seq.

[90] KIONKA, op. cit., at 294 et seq.

[91] WEINERMAN, op. cit., at 149 et seq.

偷車之人開車過失傷害到第三人也要負責。又如餐廳的酒保賣酒給已醉之顧客，對顧客酒醉開車傷害他人可能要負責[92]。

　　另一種不同但相似的責任是出租人、大學、購物中心對承租人、學生或顧客，因第三人之不法行為所受可預見之損害也要負責任，而應採取防範措施，以減少第三人傷害被害人之風險[93]。典型的例子是 Kline v. 1500 Massachusetts Apartment Corp.（439 F.2d 477 (D.C. Cir.1970)）一案，該案被告出租人被判對承租人在被告公寓式房屋（apartment house）走廊，被第三人毆打所受損害之過失行為負責。在這些案件，當法院認為房地產所有人對在房地產上犯罪之第三人之被害人有義務時，常有二因素存在。一是原被告間事先有一定關係存在，可能由契約或由明示或默示之邀請而來。第二是有狀況使被告注意到第三人對原告有損害之風險，例如過去在走廊發生過有人被毆情事、或已對出租人報告門鎖壞掉或類似情事。如符合這些要件，則被告房東對原告房客負有義務。至是否違反此義務而有過失，要衡量風險發生可能性之大小、潛在損害是否夠大、減少風險之預防措施支出是否不多等。預防措施可能包括裝較好鎖、裝緊急電話、用較亮照明等[94]。

　　這也就是所謂 dram shop[95] 責任。依照普通法規則，賣酒之人對第三人因酒醉之顧客後來所致他人之損害，例如車禍，不負責任，因認為損害之因果關係過於遙遠[96]。但今日許多州法律規定酒館對在他酒館喝醉，或對已在別處喝醉之人賣酒時，就該顧客對第三人所加之傷害亦要負責[97]。甚至在沒有這種特別制定法的州，由於法規禁止對已醉客人提供服務之關係，亦可提起侵權訴訟。此種責任已由法院判決擴展到宴會之主人，雖然趨勢似走向相反方向[98]。

（三）無過失責任

1. 不正常危險活動

　　無過失責任或絕對（strict）責任是法律不需證明被告有故意、過失、

---

[92]　Abraham, op. cit., at 225.

[93]　Id. at 226 et seq.

[94]　Id. at 226.

[95]　dram shop 是 18 世紀稱呼客棧之用語，今日只指此類責任。

[96]　Kionka, op. cit., at 335.

[97]　理由是從事賣酒之人負擔不可避免結果所致損害之支出，可作為營業成本之一部。
　　　Kionka, op. cit., at 335.

[98]　Burnham, op. cit., at 437.

毫不在意或任何其他過咎，課以責任。被告即使已採一切可能預防損害原告
之措施亦不例外。即責任之基礎並非在於侵權行為人（tortfeasor）之可歸責
（culpable）心態（是否知悉或意欲完成該不法行為，或違反注意義務），而
係純粹基於行為之本身或其結果。

　　此種嚴格責任最初應用在危險動物所有人之案件。現代非常危險活動之例
子有住宅燻蒸消毒、煙火展示及貯存汽油等 [99]。

2. 產品製作人責任

　　近幾十年來，美國有瑕疵產品所生損害責任之法律，發生快速與急劇之變
化。產品瑕疵責任自「讓買主注意」（caveat emptor, let buyer beware）變成無
過失責任。產品製作人責任之歷史大體上可說是所謂「契約關係」（privity）
對消費者求償責任限制之腐蝕史 [100]。

　　過去商品之買受人對製造商因無契約關係（privity），不能請求賠償。
直到 1916 年，Cardozo 法官在 MacPherson v. Buick Mortor Co.（217 N.Y. 382,
111 N.E. 1050 (1916)）一案，判決消費者可告無直接契約關係之製造商 [101]。此
案有了突破，因直接出賣人（經售商）常無資力賠償消費者因商品瑕疵所受之
損害，且由於現代商品都大量製造，事先包裝，商品零售商常只是商品交易移
轉的導管（conduit），對生產商品不可能有過失。該案結果製造商只在有過失
時，才對商品之買受人或使用人負責，而證明製造商有過失良非易事，因須證
明被告訓練檢查人員方法、檢查標準、瑕疵未發現比率等。故該案對消費者保
護，固然是向前跨了一大步，但仍不能自製造商自動取得賠償，因仍須證明他
有過失。由於今日產品與製造技術日益複雜，對消費者又產生了新的問題。

(1) 從明示擔保責任到默示擔保責任

　　到了 1930 年代，一些法院開始要直接出賣人，有時甚至製造商，負違
反明示之擔保責任。按商品出賣人擔保責任包含明示擔保責任與默示擔保商
品具備通常效用（merchantability）及符合特定目的（fitness for a particular
purpose）。

　　通常產品製造商被判認對產品之具備通常效用（merchantability）負默示

---

[99] BURNHAM, op. cit., at 437 et seq. 無過失責任（strict liability）也適用於著作權侵害與若干商
　　標案件。有些制定法上之侵權行為也是無過失責任，包括許多環保法上之侵權行為。

[100] KIONKA, op. cit., at 249.

[101] ABRAHAM, op. cit., at 188.

擔保責任。1960 年在 Henningsen v. Bloomfield Mortors, Inc.（32 N.J. 358, 161 A. 2d 69 (1960)）一案，原告是新車買受人之妻，因汽車駕駛盤壞了，莫名其妙滑離道路而受傷。法院首次判認：即使商品非食物，不但直接出賣人，且製造商也對消費者負商品具備通常效用（merchantability）之默示擔保責任。法院且認為這默示擔保責任不能預先以契約予以排除，所以不啻要負無過失責任，Prosser 教授譽之為攻陷了第一個契約關係限制之城堡 [102]。

原告對有瑕疵產品之訴因，可基於三種不同原則之中一個或數個：1. 過失（negligence）；2. 違反擔保責任；3. 嚴格侵權責任 [103]。違反瑕疵擔保責任之救濟對被害人之優點是：不須證明過失。但除了須受契約關係限制外，受到若干契約型抗辯之限制，包括：1. 要迅速通知出賣人有瑕疵；2. 買受人須依賴擔保責任；3. 出賣人可限制或排除默示擔保責任 [104]。

(2) 絕對責任

絕對責任一般可應用於危險有瑕疵或不安全之產品。此種責任是由 1963 年加州最高法院判決（Greenman v. Yuba Power Products, Inc., 377 P. 2d 897 (Cal. 1963)）一案與 1964 年侵權行為法整編第二版 §402A 開其先河。依其理論，產品之供應商（製造商、經銷商或出賣人）對最終消費者或使用人，因產品「瑕疵狀態對使用人不合理的危險」所生之人身傷害或財產損失，負賠償責任 [105]。即使製造商維持合理品質管理，且設計過程並無過失，亦可能要負責。零售商即使未參與製造或設計過程，亦可能要負責。惟出賣人可向製造商求償 [106]。

① 產品製作人負絕對責任之理論根據

由於現代產品與生產方法比往昔更加複雜，消費者無法檢查產品認定其安全。絕對責任可使製造商製造更安全之產品。瑕疵產品之損害支出可分散到社會全體；令供應商負擔無過失責任，供應商可買保險，將其損失轉嫁予所有消費者，且可提高產品價格，以反映保險費之支出。

---

[102] ABRAHAM, op. cit., at 195.

[103] KIONKA, op. cit., at 246.

[104] Id. at 248-49.

[105] 整編 §402A：對此廣泛責任之限制是：(1) 只適用於供應商，即經常處理產品之供應商；(2) 產品必須離開供應商控制後，未被改變，且須以正常與正確方式使用。BURNHAM, op. cit., at 438, n.82.

[106] Id. at 438.

　　依整編 §402A，嚴格責任不但擴大至產品製造商，且在大多數州擴大至有瑕疵零件之供應商，且包含在銷售鏈（chain）所有之人，包括大賣商、經銷商、零售商及商業上出租人與受寄人[107]。在原告方面，法院通常准許旁觀者（bystanders）（即買受人、使用人或消費者以外，凡可預見受損害風險之人，例如因汽車瑕疵所引起碰撞受傷之第三人）請求賠償[108]。

②瑕疵之定義

　　產品如包含若干使它不合理安全之不正常時，被認為有瑕疵。瑕疵之存在，可由：A. 製造瑕疵（例如罐頭食物由於未適當密封，致食物中毒，遭受嚴重損害時，消費者可主張此點）；B. 設計瑕疵（例如汽車油箱於稍微衝擊發生爆炸，可基於此點控告汽車公司）[109]；C.怠於警告與產品結合之潛在危險。亦即產品有先天固有（inherent）之危險，而未警告最終買受人。例如當生產者可預見使用產品有潛在受傷之危險，且若警告消費者或使用者，會大大減少危害發生之風險，而怠於警告時，也認為產品有瑕疵。

　　最困難的問題是如何認定產品設計有瑕疵？最初方法之一是來自整編 §402A 文字，即「消費者期待法」（consumer expectation test）。為補充此說之困難，法院後來發展出「被推定出賣人（presumed seller test）法」，依此說，如製造商置有害或危險產品於市場時，推定他對產品之性質完全知情，而有過失，此時該產品為有瑕疵[110]。

　　後來此三種瑕疵由法院歷年在侵權法整編第二版 §402A（注 F1）將瑕疵定義更加精緻化。1997 年侵權法整編第三版（Third Restatement）問世，除了在第 2 條明白將瑕疵分為上述三類外，並對設計與警告瑕疵下了更清楚之定義，「當產品有可預見之損害風險，由於採取一種合理的別種設計能減少或避免，而省略了別種設計，使產品不能合理的安全」時，則設計為有瑕疵。有人批評此種定義明顯要求消費者須釋明「有合理別種設計」一點與 §402A 有了出入，但第 2 條並非唯一認定瑕疵之途徑。依其第 3 條，如能「推論原告所受之損害是由產品瑕疵而來，而損害原告之事故是一種產品瑕疵結果通常所產生者」時，並不需任何特定瑕疵之證明。亦即如產品引起通常由瑕疵所生之類損害，且原告能消除其他可能，作為發生損害唯一原因時，可由情況證據證明有

---

[107] KIONKA, op. cit., at 258.
[108] Id. at 256.
[109] CALVI & COLEMAN, op. cit., at 260.
[110] KIONKA, op. cit., at 254 et seq.

瑕疵[111]。

　　整編第三版對警告此種爭點之態度是：產品「由於指示或警告不足，當產品可預見之損害風險由於提供合理指示或警告能減少或避免，而省略指示或警告使產品不能合理的安全者，此產品」即屬有瑕疵。評註（comment）更清楚指出：如可用其他措施，諸如別種設計，減少其危險時，單單警告尚不足使產品合理的安全。此與整編第二版在它評註（comment），加上「如附上警告，則非瑕疵狀態」之態度有別[112]。例如汽車駕駛人椅背突然垮下，致駕駛無法控制汽車時，原告請求賠償不需證明製造商能有別種可使座位較不易垮之設計。又原告可因「明顯不合理設計」，即不合理的危險設計得到賠償，因此種產品根本不應推出銷售。例如有人被雪茄煙爆炸受傷時，原告不必證明製造商可以有較安全之別種設計[113]。

③抗辯

A. 產品使用不當（misuse）

　　產品使用不當可以是產品製作人責任請求之完全抗辯[114]。例如甲用菜刀開瓶蓋，刀片破碎了，其中一片飛入眼內，則菜刀製造商可主張這是使用不當。亦即如使用不當是客觀上不可預見，則成立抗辯；反之，如不當使用是可預見，且非異常之使用，例如站在椅子上或嬰兒舔食傢俱玩具的漆時，則椅子與玩具之製造商可能有義務參酌可預見不當使用來設計產品。如特定不當使用在被告即製造商是可預見時，則被告通常仍要負責。亦即原告使用不當之風險，為被告可預見時，則主張原告使用不當之抗辯不能成立[115]。

B. 被害人與有過失

　　依侵權法整編 §402A 評註 n，原告儘管過失，仍可完全取得賠償。但有人主張比較過失原則亦應適用到產品製作人責任，致有許多產品責任案件，原告基於被告同一行為，同時主張過失與無過失責任。有人反對適用比較過失於無過失責任，主張如此請求是要求陪審團比較蘋果與橘子觀念上不同種類之行

---

[111] Id. at 260.

[112] BURNHAM, op. cit., at 439.

[113] Ibid.

[114] 產品之不當使用，可能在數種方式影響製作人之無過失責任。有時因顯示產品並無瑕疵，原告不能提成立表面侵權行為之主張（prima facie claim）；在有些案件構成原告不當使用，減少或不能請求賠償。GLANNON, op. cit., at 319.

[115] KIONKA, op. cit., at 257; ABRAHAM, op. cit., at 202.

為；因在過失案件，陪審團比較被告過失與原告過失之大小；但如何比較被告無過失責任與原告使用之過失，這在觀念上有不同種類之行為：因被告責任係來自無任何過失（至少在製造瑕疵案件），而原告過失是基於過失。在另一方面，減少因原告過失之賠償，可達到侵權行為法數個目標，鼓勵原告注意，使過失之原告分擔他們過失所生損失之一部[116]。

今日原告過失在無過失產品製作人責任之效果因州而異。

一些州仍堅守侵權法整編評註 n 之態度，儘管原告使用產品有過失，仍認為原告過失與無過失產品責任無關，原告可完全請求賠償。但大多數州現今將此種過失認為無過失責任之一部抗辯，減少原告之賠償額；至少有一州（北卡羅來納），將與有過失作為完全抗辯，而使原告完全不能得到賠償[117]。

絕對侵權責任並非被害人唯一可據以追訴加害人之原則，此外尚有二種救濟途徑：即基於契約法上默示或明示擔保責任之賠償原則及主張過失設計或過失製造之侵權法原理。通常無過失責任是三種賠償中之最易主張者。但此二種賠償方法是住在不採絕對責任之州之原告所必需[118]。

在 1972 年美國國會通過了聯邦消費者產品安全法（Consumer Product Safety Act），成立了消費者產品安全委員會（Consumer Product Safety Council），訂定不同產品之安全標準，包括要求加上警告之標籤。其規章涵蓋許多產品，包括游泳池滑板、嬰兒之小床、鎮靜劑、電動庭院除草機、玩具、睡衣及煙火。該委員會有權從事研究調查可能發生危險之產品，命召回及起訴禁止其行銷。違反產品安全標準，如違反是明知，也成為所致損害之賠償責任之基礎[119]。

④市場占有率責任（market-share liability）

在一些產品責任案件，消費者不可能辨別並指出有瑕疵產品是哪家公司製造。這種案件在傳統侵權理論下，由被害人證明極其困難。例如在 1970 年代，DES 幾十年來是孕婦防止流產之聖藥，後來發現在懷孕期間服此藥，婦女所生女孩會罹患種種疾病包括乳癌，導致全美各地紛紛對製造商提出賠償之風潮。該藥品係由 200 家公司製造，即使所有公司有過失行銷該藥，也只有

---

[116] GLANNON, op. cit., at 315.

[117] Nicholson v. American Safety Utility Corat, 488 S.E. 2d 240, 244 (N.C. 1997); GLANNON, op. cit., at 317.

[118] BURNHAM, op. cit., at 440.

[119] BURNHAM, op. cit., at 440 et seq.

其中一家引起原告損害，因其母只服用一家藥。最初課此種市場占有責任之案件，是由加州最高法院在 Sindell v. Abbott Laboratories（607 P. 2d 924 (1980)）一案所首創，准許原告許多製造商，推定各家對原告損失負部分責任。各家責任分擔按其母吃藥時，在相關市場所賣 DES 之分額而定[120]。依此說，如所有製造商之產品相同，不能合理期待原告認定特定製造商時，原告可請求所有生產系爭產品一定數量之製造商賠償，除非特定製造商能證明它不可能製造損害原告之產品，否則各製造商對判決按符合市場占有之比例負責[121]。

　　此說之困難是：

A.很少疾病只由單一原因所致，有時原告疾病也由與被告無關的其他病因所致，因此石棉瓦、以鉛為基礎之油漆及其他藥品不能適用此說。

B.不同被告所生產同一有毒物質，並不必然在化學上具有同一性。

C.並非都有相關市場占有資料，尤其決定市場占有時期是訴訟前 20 年或更久之情況。況相關市場係指全國、州或地方，亦有問題。

D.通常不宜告所有可能之被告，因有些已退出市場，有的不受提起訴訟法院管轄[122]。

　　此說固然理論上合理，但其效果在實務上仍有疑慮，因此各州並未全採此說，即使原則上同意之法院也不欲擴張至有潛在影響之藥品以外之產品[123]。

四、保護特定利益之侵權行為

（一）損害經濟利益

1. 詐欺與不實表述（fraud and misrepresentation）

　　承認不實表述之侵權行為，旨在救濟在商業關係過程中不實資訊溝通所生之損害。惟並非所有不實表述都可成立侵權行為。資訊之移轉作為所購買服務之一部，且如無明白保證正確，即使在商業關係上所作敘述，不保證其正確真實。只有諸如法律或會計意見，對方通常才有這種期待[124]。

---

[120] GLANNON, op. cit., at 160.

[121] BURNHAM, op. cit., at 441.

[122] ABRAHAM, op. cit., at 112 et seq.

[123] BURNHAM, op. cit., at 441.

[124] ABRAHAM, op. cit., at 264.

(1) 詐欺

普通法上詐欺（fraud or deceit）是故意之不實表述。其要件：①被告不實表述。不實表述包括虛偽敘述，故意隱匿或怠於透露資訊；②被告明知敘述不實；③被告欲引誘原告信賴不實表述；④原告合理信賴；⑤原告因信賴致遭受真正損害。

(2) 過失之不實表述（negligent misrepresentation）

此乃較新侵權行為。法院最初只在發生人身或財產有形損害時，勉強准許訴訟之進行。等到此觀念得到更多承認與支援後，法院在無形經濟利益之損害，諸如失去利潤或不利契約，准許此種訴訟。今日在涉及商業關係，當一方當事人信賴另一方所提供錯誤資訊時，常提起此種不實表述事件。此種訴訟亦需具備一般過失（negligence）訴訟之要件[125]。侵權責任之例子多涉及專業人士及其他提供專門服務，如會計師、律師、不動產經紀人等之業務過失，因他們常被期待依照他們職業之標準，合理謹慎以保表述正確[126]，因此往往要對當事人或顧客就建議、意見或結論之有過失之不實表述負責。此責任有時也課予若干非專業，但居於特別信託或信賴之類特殊關係（special relationship of trust & confidence）之人，使他們對因過失不實表述受損害之人（諸如公司董事對投資人，或受寄人對寄託人）負責[127]。

(3) 無辜之不實表述（innocent misrepresentation）

在一些州，無辜之不實表述亦可成立侵權行為，這是法院個案判斷認為在受損一方與無辜不實表述人之間，由後者吸收損失較為公平。此嚴格責任之理論，在今日當不實表述涉及物或服務之買賣時，已為大多數州所接受。因此物品之製造商在該物不符廣告所述之功能時，即使製造商善意以為其表述屬實，亦可能對消費者之有形損害負責[128]。換言之，對無辜不實表述之違反，負擔保責任，等同於無過失責任[129]。

---

[125] BURNHAM, op. cit., at 442.

[126] ABRAHAM, op. cit., at 270 et seq.

[127] Id. at 270 et seq.

[128] BURNHAM, op. cit., at 442.

[129] ABRAHAM, op. cit., at 273. 按此點在我民法原只有出賣人負瑕疵擔保責任，製造商不負侵權責任。直到民國 88 年民法增列第 191 條之 1，才引進商品製造人侵權責任制度。

2. 妨礙經濟優勢

(1) 故意干預契約上權利

這種干預他人契約行為須出於故意，且為了不正之目的（improper purpose），包括為了行為人之經濟利益。此種侵權行為起源於英國 1853 年 Lumley v. Gye 一案[130]。該案被告出較高報酬，勸誘一名歌劇歌星違反專屬表演契約，改去自己戲院表演。原告主張被告勸誘債務人不履行契約，這種干預是出於惡意，向法院訴請賠償，結果被告敗訴。有一段時期，法律對惡意是否為侵權行為之一要素態度不明，如今已確立了需要惡意之原則。在另一方面，並非每種干預他人契約之行為都成立侵權行為。干預須為了不正當之目的（improper purpose），但大多數干預行為，包括只為了被告之利益，被認為不正當。法院認為有正當目的之干預，包括防止不道德行為及試圖影響小孩勿與不適當之人結婚等。在另一方面，杯葛一契約當事人，施壓之目的希望受壓人採取行動，例如解決勞資糾紛，通常被認為並非正當目的[131]。

例如近年有名 Texaco, Inc. v. Pennzoil[132] 一案，該案 Pennzoil 欲合併 Getty 油公司，與 Getty 訂有備忘錄（未作成書面契約）。Texaco（太士古）也想合併 Getty，對 Getty 股東許以更好價錢，結果 Getty 取消與 Pennzoil 之合約，接受 Texaco 之要約。Pennzoil 訴請 Texaco 賠償。法院判 Texaco 干預 Pennzoil 與 Getty 之契約，要付 Pennzoil 75.3 億美元損害賠償及 10 億元懲罰性賠償。論者以為此類案件法官或陪審團對事實如作了錯誤推理，可能冷卻了反托拉斯法所要保障的競爭，且有使競爭者陷於毀滅之風險[133]。

近年學者對此種侵權行為應否存在，意見不一。有效率毀約（efficient breach of contract）說認為：契約被不履行，有時對契約本身及對支付賠償之違約當事人可提高價值，且原告本來可自毀約那一方得到賠償，而承認這種侵權行為，會禁止有效率之毀約，因此不應存在[134]。在另一方面，也有人以為涉及典型故意干預訴訟之繼續性關係契約（on-going relational contracts）（如僱傭、商業需要與供應契約等）時，最好由於促進合作，而非透過有效率毀約來

---

[130] 118 Eng. Rep. 749 (Q.B. 1853). 此在大陸法乃所謂第三人侵害債權之問題。

[131] ABRAHAM, op. cit., at 274 et seq.

[132] 729S.W. 2d 768 (Tex. App. 1987).

[133] DOBBS, op. cit., at 1278.

[134] ABRAHAM, op. cit., at 274 et seq. 關於此 efficient breach of contract 說之詳細探討，參照 EPSTEIN, op. cit., at 579 et seq.

達成。惟任何一說都未明白占上風，或對法院有太多影響[135]。

(2) 干預可能之經濟優勢

　　此種侵權行為是以其他方式干預別人可能之商業成功，包含機會或希望，即使他人尚無契約，如此種干預行為是不法或為了引起損害而為之，亦可能成立侵權行為。成為此種侵權行為對象之經濟優勢是可能，但尚未執行（executed）之契約。時至今日，不正當干預行為中有一些已凝結成不正競爭之類型，發展成為獨立之次侵權行為（subtorts），例如不正競爭、商標專利及著作權侵害、產業間諜、虛偽廣告、盜用智慧財產（misappropriation of intellectual creations）、杯葛等[136]。另一主張侵權行為之有趣例子是控告離職律師「偷走」事務所的當事人[137]。

　　按干預他人經濟上機會或希望之請求案件，係針對單獨（stand-alone）之經濟損失，而無對人或財產之有形損害。它與干預他人契約之請求案件類型不同，被告不干預現存與有效（enforceable）之契約，只干預原告可能之經濟利益，諸如可能出賣貨物予願意購買之買受人之希望。原告無須有取得契約之希望，而以有經濟上獲利（gain）之可能希望（probable prospect）為已足[138]。近來美國法院似承認被告如未用不正當方法（improper means），且干預行為不致產生違法限制交易（restraint of trade）或獨占之結果時，可自由與原告競爭經濟機會。所謂不正當方法，包括暴力與任何獨立侵權行為，如賄賂、濫訟、詐欺、不實陳述、誹謗、脅迫、濫用內線或機密資訊或違反信任關係（fiduciary relationship）等[139]。

　　有些評論家認為至少應廢止大部分干預經濟上機會之侵權行為，而應著重詐欺、誹謗或已構成不法行為之限制貿易（restraint of trade）、僭用原告契約關係，而非僅針對干預契約本身，或至少應對此種方向加以限制，以免干預到市場適當之競爭。也有人主張法院應減少模糊之干預原則，於被告做了特定侵權行為，且引起實際損害時，才考慮是否成立侵權行為，而非只是針對一個單一獨立行為，就認為構成侵權行為[140]。

---

[135] ABRAHAM, op. cit., at 274 et seq.

[136] ABRAHAM, op. cit., at 275; BURNHAM, op. cit., at 442 et seq.

[137] BURNHAM, op. cit., at 443, n.107.

[138] DOBBS, op. cit., at 1275.

[139] Id. at 1277; DOBBS, KEETON & OWEN, op. cit., at 1009.

[140] DOBBS, op. cit., at 1258.

在此附帶一提，傳統上債務人不履行契約，在法律上只負擔契約責任，並無侵權責任可言，更不生賠償懲罰性損害與精神上損害之問題。但近來美國有些法院竟也認爲惡意不履行契約也可成立侵權行爲，因法院認爲契約當事人應善意履行。例如，1984 年加州最高法院首創了基於惡意而否認有供應石油予原告之契約，成立侵權行爲。此種擴大責任之作法，使得 Kozinski 法官幾稱「我們將看到惡意不回電話……，也要求懲罰性損害賠償之法律訴訟了。[141]」

（二）濫用法律程序（misuse of legal procedures）

1. 惡意追訴（malicious prosecution）

此種侵權行爲須被告對原告提起或發動刑事追訴，程序終結結果原告沒事。且須被告無相當理由（probable cause），純以提起訴訟爲目的。分析言之，此種侵權行爲之要件如下：

(1) 提起訴訟或教唆提起：被告發動訴訟，如簽告發單（charge sheet）並同意作證屬之，不必由自己追訴。

(2) 追訴結果，須對原告有利而終結：雖然非法，原告須在實體上被判無罪，或於上訴改判無罪。如追訴中止，或基於技術性理由將原告釋放，尚不足當之。如原告被判罪時，則原告不能對被告提起此種惡意追訴訴訟。

(3) 無合理與相當之理由（reasonable & probable cause）：如被告基於合理理由，誠實地以爲原告可能犯罪時，則不成立侵權行爲。惟此非謂被告須以爲原告可能判罪，此問題應由當時被告所知或所信之事實予以認定，即使後來被告發現事實或想法不正確。

(4) 惡意：被告追訴須出於不法或不正當之動機，其因被原告指稱犯罪受損，出於憤慨或報復致提起刑訴，尚不足當之。

(5) 原告受到損害：①名譽之損害；②人身損害，如曾受到羈押；③財產上損害，如爲了防禦追訴，花了不能求償之費用。
以上要件原告均須證明[142]。

2. 不法提起民事訴訟（wrongful institution of civil proceedings）

此種行爲有似上述之惡意追訴，但適用於被告無證據而提起民事訴訟之

---

[141] DOBBS, op. cit., at 1289.

[142] ABRAHAM, op. cit., at 275; BURNHAM, op. cit., at 442 et seq.

情況。與上述之惡意追訴相似，此侵權行為之成立，須被告為了不正當目的提起訴訟，且訴訟結果因對原告有利（因時效完成而終結，不算在內）而終結。例如提起訴訟來修理人，或無勝訴之真正機會，而要求和解時，皆係為不正當目的而提起訴訟[143]。又欠缺相當理由，於變成明朗後，仍繼續訴訟之情形，亦然。提起民事訴訟有相當理由之要求，比追訴刑事訴訟所需為寬[144]。

3. 濫用訴訟程序（abuse of process）

提起民事或刑事訴訟雖有理由，但一造以訴訟用於不正當之目的時，可能成立濫用訴訟程序。例如，威脅除非原告還債或履行某些服務，否則要傳喚他在正進行中之訴訟作證[145]。又如賒帳公司企圖執行債務人財產，目的在對債務人施壓，強迫他用依法免於被債權人扣押之資金去償還債務[146]。

（三）妨礙尊嚴利益

1. 妨害名譽（defamation）

美國法上妨害名譽分為 libel 與 slander 兩種。前者是用文字傳遞，後者是用言詞發表，前者較為嚴重，因書寫或印出較為永久，流通廣，又較為有意[147]。

有關妨害名譽此種侵權之法律歷經不少變遷，尤其有時涉及憲法增修第 1 條言論自由保障問題，使問題更加複雜。過去 60 年美國侵權法大多侵權責任雖逐漸擴大，但妨害名譽責任卻相反，是唯一主要縮小侵權責任範圍之領域。因自 1964 年起，美國最高法院介入此領域，且仍在努力依憲法增修第 1 條之規定來限制其成立[148]。

(1) 成立妨害名譽侵權行為之要件

① 行為人作出對他人虛構（false）有損其名譽之敘述，包含文字（libel）與言辭（slander）兩種方式。

② 對他人無特權之敘述被出版或傳達予他人。

---

[143] BURNHAM, op. cit., at 443.

[144] DOBBS, op. cit., at 281.

[145] BURNHAM, op. cit., at 443.

[146] Czap v. Credit Bureau of Santa Clara Valley, 86 Cal. Rptr. 417 (Cal. Apat 1970). 濫用法律程序也可能另構成誹謗（libel）之侵權行為。其詳參照 DOBBS, op. cit., at 271 et seq.

[147] KIONKA, op. cit., at 443 et seq.

[148] ABRAHAM, op. cit., at 251.

③ 該敘述有損被害人之名譽。所謂有損名譽係指降低被害人在社會上之評價或妨礙別人與他交往。單純意見表達與單純罵人則不構成。如一旦成立，則損害被推定，如出於故意，還可科以懲罰性賠償。

④ 在一些情況，被告須有某程度過咎，即對知悉或怠於確定所述之真偽有故意或過失。

⑤ 在一些情況，須有特別損害之證明（R. §558）[149]。

(2) 被告之抗辯

① 真實：傳統上所述內容真實乃妨害名譽之絕對抗辯[150]，即除非虛假，否則誹謗性之表述不成立侵權，且被告有舉證所述屬於真實之責任[151]。但憲法增修第 1 條現改要原告證明被告敘述係屬虛假，又現今法律至少在有些情況，更要求原告須證明被告對敘述之虛假有過咎（R. §581A）[152]。

② 特權（privilege）：美國法將免責事由稱為特權。在妨害名譽行為之特權可分為：

　A. 絕對特權（absolute privilege）：旨在保護表述人執行重要職務，通常為在司法或立法程序踐履職務之人。即在司法，為法官、律師、當事人、證人、就訴訟程序有關之事務，享有特權。在立法，為國會、州或地方議會議員，於履踐立法功能時享有特權，出席議會作證之人亦同（R. §§585-589）。又高階政府行政官員履踐其職務時（R. §591）與夫妻之間亦有此特權。另公正報道官方行動或訴訟或公開涉及公益之會議亦然。

　B. 相對特權（qualified privilege）：限於攸關公益或為保護自己利益才可免責。限於表述出於惡意、毫不在意、或明知不實時，才要負責。

③ 當言論攸關公益（public concern）時，憲法增修第 1 條為保障言論自由，對妨害名譽之敘述或言論加以保障，一般視被害人是否公眾人物（public figure）及主題涉及公益（public concern）之程度而異。所謂公共人物包括所有位居監督位置之官員，及任何為了影響相關爭議之解決，自願置身特定爭議前線之私人。何謂公益，此點較不分明，但顯然包括政府官員履踐職務，或其他公眾人物對於使他們成為公眾人物之主題看法之批評。

---

[149] BURNHAM, op. cit., at 443, n.107.

[150] ABRAHAM, op. cit., at 253; YOU AND THE LAW, op. cit., at 92 et seq.

[151] BURNHAM, op. cit., at 443 et seq.

[152] KIONKA, op. cit., at 435.

　　當公眾人物對有關公益事務相關之妨害名譽提起告訴時，憲法增修第 1
條大大限制了該人請求賠償之能力。在 New York Times v. Sullivan 一案（376
U.S. 254 (1964)），最高法院判決稱：「由官員與公眾人物所提妨害名譽訴
訟及其他類似侵權訴訟，會涉及憲法增修第 1 條，因他們可用來作爲潑冷水
（chilling）或阻止討論公共爭議之手段。任何由官員或公眾人物所提起之此
種訴訟，除非原告能以有說服力之明顯證據，證明被告作家或出版商之敘述出
於明知虛妄，或對其眞僞毫不在意（reckless disregard），否則應予駁回[153]。」

　　該案判認：當公眾人物提告時，憲法增修第 1 條對於普通法上妨害名譽之
要件有三種影響：A. 改變普通法上舉證眞實之責任，要求原告證明被告陳述
係屬虛妄。B. 對被告過咎要求之程度提高，原告須證明被告有「眞正惡意」
（actual malice）。C. 且對原告要求較高證明之標準，即原告證明被告有眞正
惡意，需達到說服力明確之程度（with convincing clarity）。爲了證明眞正惡
意，原告須證明被告明知所述爲虛妄，或無視其眞僞或毫不在意。即採主觀標
準，原告須證明編者或作者事實上對其出版品之眞實有重大懷疑[154]。

　　反之，私人控告之妨害名譽如涉及公益時，則憲法增修第 1 條之影響有
限，主要案件是 Gertz v. Robert Welch, Inc.（418 U.S. 323 (1974)）。該案法院
判認憲法增修第 1 條：

A. 關於眞實，與上述公眾人物相同，普通法舉證責任移歸原告負擔。

B. 只有原告眞正證明基於被告至少過失所致之損害，才准許補償性損害賠償
之請求。

C. 禁止法院下推定或懲罰性賠償之裁決，除非原告依 New York Times v.
Sullivan 一案之標準，證明被告有眞正惡意。

　　此外如無證據顯示原告是公眾人物或妨害名譽涉及公益時，則憲法增修第
1 條對案件適用之法律並無影響[155]。

(3) 被告其他抗辯

① 公平評論（fair comment）：對公益有關之事務之公平評論[156]。

② 報導公的行動或程序或公益會議，如報導正確，可受到保護[157]。

---

[153] BURNHAM, op. cit., at 371 et seq.

[154] Id. at 447.

[155] Id. at 448.

[156] KIONKA, op. cit., at 452; ROSS, op. cit., at 208.

[157] KIONKA, op. cit., at 452.

③ 被告撤回毀損性之敘述（與原來出版之同一方式），或能證明其誤信眞實
爲有理由時，並非完全之抗辯，但可減輕賠償[158]。

(4) 妨害名譽之賠償

在妨害名譽訴訟，被害人可請求賠償之損害，包括：

① 名義上之損害（nominal damages）。
② 一般（或推定）損害。
③ 特別損害。
④ 精神上沮喪與所生之身體損害。
⑤ 懲罰性賠償：在被告行爲有眞正惡意（actual malice），即有意傷害原告或
漫不在意無視是否會受害時，普通法一般准許懲罰性賠償。但憲法禁止對
新聞媒體懲罰性賠償，除非能證明被告明知敘述是虛妄或漫不在意無視其
眞僞[159]。

2. 使人情緒沮喪（inflction of emotional distress）

這是較新的侵權行爲，且其責任之界限仍有待界定。過去法院不願准許賠
償使人情緒沮喪，主要理由是避免健訴濫訟，及不應救濟單純之自我受傷。在
過去使人情緒沮喪，請求賠償，須有若干身體接觸（毆擊〔battery〕），而現
代使人情緒沮喪之侵權行爲已放寬，不需眞正之身體接觸了。惟行爲人之心態
須是故意或毫不在意（recklessness），最近法院甚至認爲過失亦可成立。

(1) 故意使人情緒沮喪

行爲須暴虐（outrageous）與極端（extreme），原告須證明被告行爲導
致他嚴重沮喪。惟除非被告知道原告特別敏感，單單口頭咒罵（abuse）、惡
言、粗暴，除非有加重情況，否則通常不成立侵權。短暫不愉快、被羞辱，與
失眠一兩夜亦然[160]。如被告知道原告特別敏感，即使同一行爲對正常健康之成
年人，不致產生嚴重反應，亦可能要對極端與暴虐之行爲負責。法院有時要看
原告有無就醫。

---

[158] Id. at 455; LAST, op. cit., at 42.

[159] KIONKA, op. cit., at 454.

[160] KIONKA, op. cit., at 157-58.

(2) 過失使人情緒沮喪

這是新概念，大多數州規定被告之行為需針對原告，且原告所生之沮喪必須可合理預見。與故意使人情緒沮喪之情形不同，過失使人情緒沮喪，通常還需原告由於情緒受創，致身體罹有症狀[161]。

（四）侵犯隱私（invasion of privacy）

侵犯隱私並非普通法上之權利，它是較晚近的發展，受到 1890 年哈佛法律評論 Warren 與 Brandeis 二人的文章刺激而發展出來[162]。侵犯隱私可分為下列四種不同侵權行為[163]。

1. 僭用（appropriation）

這是為了財務上之利益，未經同意，使用他人之姓名或肖像。例如將名人之姓名或肖像置於某產品廣告上。對僭用之限制，與自甘冒險相近。任何人參加公眾集會上街，照片可能被拍，用於新聞媒體，例如在運動比賽歡呼之人對雜誌登其照片無請求權。由於新聞與娛樂媒體之商業利益與言論自由密不可分，常不易區別純粹商業僭用肖像與合法報導公眾有興趣之事，因此公眾人物尤其藝人較少受到此種侵權行為之保護。但在另一方面，由於這些人姓名與肖像有助於產品銷售，當他們提起此種僭用訴訟勝訴時，可能獲得賠償額相當龐大[164]。

2. 闖入（intrusion）

這是以冒犯理性之人之方式，侵犯他人之獨處或私生活，包括臥房、醫師診察室，甚至郵件、電話竊聽；且不必親身侵入，自遠處以視聽器材監視窺伺亦可成立。與其他侵犯隱私之侵權行為不同，被告通常無相對利益可以合理化其行為。困難問題是在公開場所（例如街道、公園或博物館）而非私人場所之跟蹤（stalking）與其他連續出現與闖入。跟蹤名人與私人一旦變成騷擾（harassment），此時需聲請發禁制令（injunction）或訴諸刑法制裁[165]。例如

---

[161] Id. at 159; Burnham, op. cit., at 445 et seq.

[162] Ross, op. cit., at 209; Kionka, op. cit., at 456.

[163] 將來可能有其他類型或變種出現，Kionka, op. cit., at 456.

[164] Abraham, op. cit., at 260 et seq.

[165] 例如 Galella v. Onassis, 487 F. 2d 986 (2d Cir. 1973); Abraham, op. cit., at 262 et seq.

經由他人房屋窗戶拍攝他人之照片，但在公開場所，如公開之海濱，或在私人場所經准許拍攝他人照片時，則不成立。法院已開始承認憲法上隱私權不受政府過度或不合理闖入[166]。

3. 公開私生活（publicity of private life 或稱爲透露 disclosure）

　　這是公布他人私生活之細節。按人有不受干擾（to be let alone）之權利，有些人自願置於公眾目光之下時，對公開私人生活比起一般人期待較少保護，有時有些人非自願變成公眾之目標，此時其隱私須與公眾對他們之興趣加以平衡。此問題主導案件是 Sidis v. F-R Publishing Corp.（113 F. 2d 806 (2d Cir.1940)）。該案紐約客雜誌描述一個隱居的天才，他多年前就是聞名的神童，後來成爲平凡的書記，住在 rooming house，多年避免大眾注意。但法院認爲他無訴因，因有關他的故事對他雖難爲情，但有新聞價值。公開私生活是否構成侵權行爲，似應視個案斟酌過去是否自願受到大眾囑目，透露資訊之性質，被告取得資訊之方法，公眾對所透露資訊之合法性而定[167]。

4. 虛僞不實之展示（displaying in a false light）

　　這是用冒犯理性之人之方式，惡意（actual malice）[168] 將他人爲不實之公開。此種行爲類似妨害名譽（defamation），也常構成妨害名譽，但不同處是請求賠償，原告不需證明如此描繪會傷害他人之名譽[169]。公開事件須對理性之人很感冒，因此較輕微不正確或以其他方式對原告爲正確且有利之虛構故事，則不構成[170]。

五、被害人之救濟

（一）集體訴訟

　　集體訴訟（class action）是美國法爲了便於多數因侵權行爲受損害的被害

---

[166] Kionka, oat cit., at 459.

[167] Abraham, op. cit., at 261 et seq. 公眾合法興趣可能擴大到公眾人物的家人或密友，Kionka, op. cit., at 460.

[168] Abraham, op. cit., at 263.

[169] Burnham, op. cit., at 446.以上四種除第一種僭用外，訴訟只能由被侵害之生存個人提起。R. §652; Kionka, op. cit., at 457.

[170] Kionka, op. cit., at 461.

人提起民事賠償訴訟而設的特殊制度[171]。團體設有代表，雖然代表之當事人名義上負責指揮集體訴訟，以他們名義，為了他們自己與團體其他成員之利益為之，但實際上代表團體之律師有決定的聲音。典型的集體訴訟是由有專門經驗與財力（有管理與資助可能巨大煩累的法律企業）的法律事務所，以成功報酬（contingent fee）之方式進行。事務所代表原告並無不利風險，因不需負擔認證（certify）及適當通知團體成員之龐大費用。反而是團體律師個人須投下龐大專業努力與自掏為數不少的墊款，辦理團體認證與進行訴訟，直到和解或判決為止。此種律師之風險大過當事人，以致律師為整個團體作決定，而甚少考慮到所代表名義上原告的看法[172]。

近來集體訴訟的發展，被許多人認為多少被濫用。企業律師組織集體訴訟，去伸張團體成員甚至不明之權利，然後進行對律師有益，但對所代表團體沒有什麼利益的和解。被告有誘因與原告律師通謀，去產生不利於潛在責任的和解。原告律師利用集體訴訟，增加籌碼，以致除了最強硬被告外，也願對賠償請求和解，以免被陪審團裁決龐大賠償的風險。至美國法官習慣於訴訟之消極角色，不能對通謀之代表當事人所提議之和解是否合理公平，作積極調查。所幸這些濫用已經有矯正性的立法加以規範中[173]。

（二）損害賠償

1. 一般

被告應賠償原告所有損害之結果，包括人身或財產損害所生之經濟與非經濟上損失。經濟上損失係指原告所蒙受之實際費用，財產毀損、醫藥費、喪失薪水等典型的例子外，也包括原告由若干以前已存在之狀況（pre-existing conditions）、性向（predisposition）或正常人所無之弱點（vulnerability）所致之損失，即使情況為被告所不知，這是美國法承認所謂「蛋殼頭」（eggshell）或薄頭蓋骨原告之原則（thin-skulledplaintiff rule）之一表現[174]。財

---

[171] 其詳參照楊崇森，美國法制的實務與運作，第三章〈美國民事訴訟制度之特色與對我國之啟示〉。

[172] VON MEHREN & MURRAY, LAW IN THE UNITED STATES 184 (2007).

[173] 例如：私人證券訴訟改革法（the Private Securities Litigation Reform Act of 1995），對集體訴訟提高了門檻，篩除沒有什麼意義的證券集體訴訟。集體改革法（the Class Reform Act of 2005）針對集體訴訟方便的州法院所生若干濫用，放寬聯邦法院對不同州公民訴訟管轄權，除了最不重要集體訴訟外，可將案件自州法院移到聯邦法院處理。此外尚有其他立法措施，也正在考慮中。參照 VON MEHREN & MURRAY, op. cit., at 184.

[174] KIONKA 2, op. cit., at 242. 所謂蛋殼頭原告之原則是如被害人身體或精神有暗疾，被告應對

產損害與過去醫藥費及損失工資，較易估算，而將來醫藥費與將來工作收入之損失，則較難認定，需有醫師與經濟專家之鑑定證言。在賠償非經濟損失方面，美國法院可能比西歐國家寬鬆。在過失（negligence）與產品製作人責任，原告通常不能請求「純粹經濟上損失」（pure economic loss），即不能根據侵權行爲請求加害人賠償所失利益或其他財政上損失，只能根據契約請求[175]，主要顧慮無數原告以可疑理由提起昂貴訴訟，充斥司法系統[176]。

直到最近各國通例，原告自其他來源（collateral source）所領金錢，不可自被告賠償額中扣除。

因此賠償判決數額尙須扣除原告自保險單或政府補償計畫，諸如勞工補償所領之數額。

由於晚近侵權行爲改革立法之結果，少數州對人身傷害訴訟或醫療過失案件，一般能獲賠償之數字定有最高額（如25萬美元）或其他限制[177]。損害賠償通常是整筆（lump sum）而非定期給付，目的在以金錢補償原告眞正所受損害。但整筆給付難免因投資失敗或不愼花費而喪失，且未考慮到目下法院不考慮之貨幣貶值問題。因此英國有改進建議，以定期給付（periodic payment）長期取代整筆給付判決，以免申請人情況變遷，及確保原告有長期足夠資金。英國 Pearson Commission 曾建議除因原告請求整筆給付，且認爲較爲適合外，法院對因死亡或嚴重或永久性傷害所致之將來金錢損失，應以定期給付爲之；同時建議定期給付應配合給付之醫療或其他情況加以調整[178]。

(1) 原告通常受「減輕損害」（mitigate damages）義務之限制

即依可避免結果（avoidable consequences）之原則，原告如以合理行動，能防止損害繼續惡化時，應採取防止損害繼續擴大之步驟，以減少被告侵權行爲所生之損害（R. §918）。例如因受傷失業，如還能工作，應找代替工作；如找到收入較低之工作時，可請求賠償以前收入與現今收入之差額。受傷之原告須就醫以改善情況，但有將來另外受傷之實質風險或醫療結果難於確定時，

侵權行爲所引起不可預見之損害（例如用粉筆丟被害人頭，卻發生死亡結果）亦要負責，稱爲「薄頭蓋骨或蛋殼頭原則」（thin-skull 或 eggshell-skull rule）。被告不能抗辯原告有不可預見之弱點或毛病，或其損害遠比無此種弱點之人嚴重，已於上面因果關係處敘及。

[175] BURNHAM, op. cit., at 451.

[176] EPSTEIN, op. cit., at 606.

[177] KIONKA 2, op. cit., at 243.

[178] KILIKER & BECKWITH, TORT 362 et seq. (2000).

通常不需經醫療程序[179]。如怠於爲作爲時，不能請求賠償此種不作爲所致之損害。因嚴格說來，這些損失是原告自己而非被告不當行爲之結果，但原告只須做合理之努力[180]。

(2) 可避免之結果

原告於事故前怠於實施合理注意，未做一些可能減少損害之行爲時，可能不能請求因此怠惰所生之損害。最常見例子是原告在汽車碰撞受傷時，未繫安全帶，此行爲與有過失不同，因未對事故本身加工，只是加重損害而己。如被告能證明原告損害中某些獨立部分是由這行爲所引起時，一些法院會對該部分拒絕給他賠償[181]。

(3) 喪失同伴利益（loss of consortium）

英美法有一特殊制度，即被害人之配偶可請求加害人賠償喪失伴侶之利益。即在大多數州，如被告侵權行爲傷害了一方配偶，他方配偶（夫或妻）有獨立訴因，可訴請被告賠償因喪失受傷配偶之陪伴與婚姻關係（consortium）所生之損害（R. §§693, 694, 694A）[182]。

(4) 律師費

在英國民事訴訟，法院對勝訴一方，不但判給訴訟費用，而且律師費也在賠償之列；但在美國大多訴訟只有規定訴訟費用判給勝訴人，勝訴人須負擔自己律師費用[183]。

2. 懲罰性損害賠償

美國各州承認懲罰性損害賠償（punitive damages 又稱爲 exemplary damages），旨在懲罰行爲人，阻止其重複爲該行爲。基本上只對特別過分之侵權行爲才會准許，通常過失或嚴格責任不會扯到懲罰性賠償。

此種賠償通常與補償性賠償一起准。原告通常須證明被告有故意侵權行爲或毫不在意（reckless），有意（willful）或放肆（wanton）之行爲。懲罰性賠償之數額通常由陪審團決定，惟可受法官審核。此種賠償典型在故意侵權行爲

---

[179] JONES, op. cit., at 497.
[180] KIONKA, op. cit., at 141.
[181] KIONKA, op. cit., at 141 et seq.; KIONKA 2, op. cit., at 243.
[182] KIONKA 2, op. cit., at 243.
[183] YOU AND THE LAW, op. cit., at 118.

案件才准許，但在若干產品製作人責任訴訟，製造商知道產品有瑕疵，且有嚴重損害與死亡之潛在危險，而仍作不糾正瑕疵決定之情況也會准許。

　　許多外國觀察家對美國，各州法院損害賠償之裁判除了補償被害人損害外，還可下懲罰被告違法行爲之賠償感到驚奇。因爲大多數大陸法系國家傳統實務是將民事賠償角色限於補償被害人因被告侵權行爲所生之損害，刑罰嚴格說，是公權力機構提起刑事與行政訴訟之範圍[184]。由於懲罰性賠償目的在嚇阻（有時稱爲「學乖金」〔smart money〕），使被告感受到其非行之痛苦，以嚇阻他與別人再爲類似行爲。因此被告之財政能力在決定此種賠償時，扮演重要角色。被告財力愈大，陪審團應判付愈多，以促其注意。

　　近年來若干州提升懲罰性賠償最低標準，自重大過失改爲蓄意（deliberate）不法行爲，或至少需任性放肆（wanton）之不法行爲。最近美國最高法院裁判對所下懲罰性賠償之數額，加上憲法上之限制。在 BMW v. Gore, 517 U.S. 559（1996）一案，最高法院裁判認爲眞正損害 4,000 元，所下 200 萬元懲罰性賠償，乃憲法增修第 8 條「過多罰金或苛酷不尋常之處罰」（excessive fines or cruel and unusual punishment）。在 State Farm Mutual Auto Insurance Co. v. Campbell（530 U.S. 408 (2003)）一案，最高法院廢棄另一數百萬元懲罰性賠償裁判，建議在所下懲罰性賠償與被告所致眞正損害間應有一定比例，而具有憲法上之意義[185]。

3. 冤死請求權（wrongful death）

　　在英美普通法下，原告對加害人之賠償請求權於其死亡時屆滿[186]。因此有人說「殺人比傷人便宜」。爲了矯正此種苛刻之普通法原則，大多數州通

---

[184] 參照 VON MEHREN & MURRAY, op. cit., at 179. 按我法制受美國法影響，消保法第 51 條規定：「依本法所提之訴訟，因企業經營者之故意所致之損害，消費者得請求損害額五倍以下之懲罰性賠償金；但因重大過失所致之損害，得請求三倍以下之懲罰性賠償金，因過失所致之損害，得請求損害額一倍以下之懲罰性賠償金。」此外在公平交易法與專利法、著作權法、商標法、營業秘密法及證券交易法等法也分別定有懲罰性賠償之規定。

[185] 按上訴審法院修改懲罰性賠償裁決之程度，各州有些出入。有些州上訴審法院較不遲疑修改明顯過高之賠償裁判，有些法院則較尊重陪審團，只有在稀有情況才廢棄或減少懲罰性賠償。將公共規範與嚇阻違法的角色授予私的訴訟當事人及其律師，是否爲實現公共政策最有效最省費的方法，學者以爲尚有辯論餘地。參照 VON MEHREN & MURRAY, op. cit., at 181.

[186] survival of tort action 是沒有合理根據，純粹由於遵從先例（stare decisis）留傳下來之原則之一著例，KIONKA, op. cit., at 411.

過制定法予以修改，規定被害人死亡後，可由一定親屬提起「冤死請求權」
（wrongful death claims）。

　　制定法通常規定儘管被害人死亡，如未死亡要負責之加害人，不問自然
人或法人，要對被害人之一定繼承人（依制定法在無遺囑死亡時，有權繼承之
人，亦即法定繼承之繼承人，通常為死者之配偶、子女及父母）繼續負責。大
多數州訴訟須由死者遺產之法定代理人（personal representative）提起，有些
州可由若干受益人直接提起[187]。可請求之賠償是繼承人而非死者於死亡前所受
之損害。包括經濟上損害，如醫藥費、失去扶養之損失（以死者可收到之收入
為準）；且包括非經濟上損害，如因失去伴侶之情緒沮喪。由於賠償尺度是對
生存原告之影響，所以其數額由於死者對生存原告生活眞正或潛在重要性如何
而有重大出入。例如，一個失去母親的 12 歲女孩，會比多年未與死者連繫之
死者已成年兄弟得到多得多[188]。但這請求權也受到加害人對活的被害人所有各
種抗辯的限制，最常見的抗辯是死者與有過失。

4. 禁制令（injunction）

　　當原告證明至法院滿意，賠償損失不足以充分救濟，或侵權行為已再來
或面臨其威脅時，可由法院下禁制令，命被告停止侵害活動[189]。如有違反，
可受藐視法庭包括監禁之制裁。法院常在 trespass 案件或減少妨礙（abate
nuisance）案件對被告發禁制令[190]。

　　禁制令依其性質，可分為禁止性（prohibitory）與強制性（mandatory）兩
種。禁止性之禁制令是命被告不得為一定行為，這是最常准許之情況，且聲請
如不准，被告可能繼續作侵權行為之情形；反之，強制性之禁制令係命被告為
一定行為，則較少准許。法院會斟酌案情及命被告賠償是否適宜。在被告妨礙

---

[187] 參照 KIONKA, op. cit., at 421.

[188] BURNHAM, op. cit., at 455.

[189] ROSS, op. cit., at 213. 按英美法上之禁制令（injunction）在民事訴訟扮演非常重要角色。該
　　制度原為衡平法上之救濟方法；國內有人譯為禁制令者，但語意過狹，因其應用對象與
　　態樣非常廣泛，遠較我國法假處分多彩多姿，極富彈性，且不以定暫時狀態為限，在我
　　國法苦無與其意涵及作用相當之用語或制度。因為它是原告申請法院命被告為一定行為
　　（或一系列行為）或不為一定行為，法院可在許多不同種類的案件，下 injunction 之命令，
　　其功能非常廣泛，深值注意。其詳可參照楊崇森，美國法制的實務與運作，第三章〈美
　　國民事訴訟制度之特色與對我國之啟示〉。

[190] BURNHAM, op. cit., at 455 et seq.

申請人採光或興建違反所謂限制約款（restrictive covenant）之房屋之案件，法院較可能准許賠償，以代禁制令。上述兩種禁制令都可在審理前或審理時暫時准許，稱爲中間禁制令（interlocutory injunction）[191]。

5. 自救行爲（self-help）

在一些案件，侵權法容忍被害人之自救行爲，例如用合理力量驅趕闖入土地之人。自救行爲也可作爲對毆擊侵權行爲之抗辯。惟此種救濟只限於罕見場合；雖然承認用於防衛自己、家庭或財產，但只能用眞正需要抵抗攻擊之力量[192]。被害人亦可不經法院許可，逕由自救行爲來減輕（所謂abatement）他人對土地之妨礙（nuisance）[193]。

6. 和解

被害人可與加害人簽訂契約和解（settlement），事實上美國大多數侵權案件不經審理而由和解解決。和解文件有一種稱爲棄權書（release），導致發展出一種方法稱爲放棄告訴條款（covenant not to sue），通常保留原告控告其他侵權人之權利。侵權法整編認爲 release 除非明白訂定，不免除其他侵權人對同一損害之責任（R. §885）。

7. 消滅時效

侵權法對起訴期間亦有限制，目的在保護侵權行爲人免於永久暴露在潛在責任之下，同時免於發生防衛訴訟之證據問題[194]。其期間通常自發現損害時起經 2 至 3 年而消滅，但制定法有大變動[195]。

在此須注意者，在一些案件，被害人有正當理由不知有訴權，直到時效完成才發現，如嚴格適用消滅時效，不能告訴，未免過於苛酷。美國侵權法因此有例外規定：如損害不易察覺（如有外在來源）時，可能適用稱爲發現原則（discovery rule）之特別原則。例如原告開刀時有外科海綿留在體內，原告雖

---

[191] GILIKER & BECKWITH, op. cit., at 380 et seq.

[192] ROSS. op. cit., at 213.

[193] FARNSWORTH, op. cit., at 113, n.3.

[194] KIONKA, op. cit., at 142.

[195] WEINERMAN, op. cit., at 150. 美國訴請賠償之時效期間，各州不一，且同一州亦可能因侵權行爲種類而有差異。以紐約州爲例，商業上誹謗爲 1 年，侵占爲 3 年，詐欺、詐欺脫產爲 6 年。Daller, op. cit., at 599.

感不適，但無理由懷疑這是侵權行為之結果。等到他發現醫療過失之侵權行為時，可能距開刀已過 2 年時效。在這些案件，判決或制定法常規定在原告知悉或實施合理注意，應知受了損害，且損害可能由某人之侵權行為所致前，時效停止進行。此發現原則最初應用在醫療過失案件，後來常擴張到其他案件，如產品製作人責任及其他業務過失案件。按美國法與我國不同，消滅時效於：(1) 原告是未成年人或心智不全之人之期間，及 (2) 被告詐欺隱匿原告能認定有訴權之事實之期間，通常不進行[196]。此點自較我國民法公平。

8. 靜止法律（statute of repose）

靜止法律是最近的新發展，現今已很普通。它是補充與限制消滅時效與上述發現原則之適用，限於特定種類案件，最常利用在醫療業務過失與產品製作人責任。不像消滅時效，在靜止法律下，當侵權行為完成時時效已開始進行，而不問損害是否已發生。因此原告請求權可能在訴因發生前已被排除。此外此種法規常對未成年人與無能力人不利。此類法規之目的在消除侵權行為許多年甚至幾十年後發生請求之可能，因保存紀錄與保險或以他法支持此種可能責任之負擔被認為過重。儘管此類法規影響巨大，但被人提出憲法上之挑戰後，多被法院支持[197]。

六、侵權賠償制度之危機與晚近改革

（一）對侵權制度之批評

1. 不能嚇阻或不足嚇阻侵權行為之發生，因非單由法律原則與責任即能達成嚇阻之目標。
2. 使用資源昂貴及責任保險有欠效率。在 1980 年代，有所謂大量侵權行為（mass torts），例如成千上萬請求賠償案件充斥法院，人們批評此制欠效率，昂貴與不公平。包括通謀和解，主要有利於律師與被告而非原告[198]。
3. 侵權訴訟欠缺確實性，大眾覺得像買彩票一樣，無法發揮補償違法行為或確保補償制度之功能[199]。

---

[196] Kionka, op. cit., at 143.
[197] Kionka, op. cit., at 141 以下。
[198] Dobbs, op. cit., at 1095.
[199] Id. at 1093.

4. 訴訟爆炸：主要在1980年代，美國人特別愛提侵權訴訟[200]，侵權制度失去控制，對小損害也興訟，提高營業費用。保險由於過度補償受害人，變得過於昂貴，致有些情況無法保險，尤其在醫療業務過失案件，增加了美國醫療之支出。在產品製作人責任方面，裁決數額和訴訟件數之增加，對企業成長和科技研究構成嚴重之障礙。經常恐懼負擔賠償責任，使保險高風險事業幾乎不可能。又研發人員也擔心賠償，妨礙了新研究之發展[201]。甚至有些有價值產品，如處方藥與疫苗，因侵權責任風險高，被驅逐出市場[202]。

（二）侵權行為制度之改革

1. 侵權行為制度之功能

　　英美學者與法律人認為侵權法係立於四種基礎上：平息紛爭（appease-ment）、正義（justice）、嚇阻（deterrence）及補償（compensation）[203]。自1950年代後期開始，法律經濟學者強調誘因與嚇阻，而認為侵權法之目標是有效率分配風險（efficient distribution of risk）。自20世紀中期至後期，各方要求改革侵權法之聲甚囂塵上，有些人強調被害人所遭遇之困難，因被害人並非都能找到有清償能力之人，能在法院得到賠償。P. S. Atiyah 教授稱這情況不啻是「賠償彩票」（damages lottery），被害人中獎機率太小。因此紐西蘭政府於1960年代建立了無過失國家事故補償制度[204]。類似建議也是英國「敕書」

---

[200] 美國人與其他英美法系國家比較、特別愛好提起侵權訴訟。Lieberman, The Litigious Society, at 4 et seq.

[201] 有人主張這是美國容易負擔責任之原則、律師成功報酬（contingent fee），保險存在、失控陪審團以及人人未經深思動輒訴請賠償之文化之結果，Burnham, op. cit., at 457.

[202] Dobbs, op. cit., at 1094.

[203] Abraham 教授指出侵權行為法之功能是矯正正義（corrective justice），嚇阻（optimal deterrence），損失分配（loss distribution），補償（compensation）及匡正社會不平（redress of social grievances）。參照 Abraham, op. cit., 14 et seq.

[204] 紐西蘭的無過失補償責任：在1974年由勞工黨政府對所有引起傷害與死亡的事故，引進了包羅廣泛的國營補償制度，並且廢除人身傷害侵權訴訟。所謂事故也包括醫療過失與傷害等故意行為。該制度五目標（社區責任、廣泛權利、真正補償、完全矯正與行業效率）與英美侵權法制度構成劇烈之對比。該制度資金來自公民付保險費相關基金。即雇主與自雇（self-employed）之人付錢，去保與職業相關之傷害，司機去保道路交通事故，醫療照顧提供人去保醫療過失。在這些範圍以外發生之事故，則由一般稅收資助。紐西蘭想在各方面取代侵權法之廣泛制度，因需費過鉅，不久通過了事故復原與補償保險法（the Accident Rehabilitation and Compensation Insurance Act 1992）（現被事故保險法〔Accident Insurance Act〕取代），減少事故被害人之利益水平。該制度現今基本上只

（Command Papers）[205] 與許多學界辯論的主題。

2. 侵權行爲法之改革措施

　　美國各州議會已通過許多改革侵權行爲法的措施，惟責任之基本基礎不變，對於可請求之數額及其他程序方面，加上許多限制。諸如修改連帶責任、修改或消除其他收入來源原則（collateral source rule），限制請求非經濟賠償損害與懲罰性賠償及規範律師成功報酬[206]。統一法委員會在1996年通過一個模範懲罰性損害賠償法（Model Punitive Damages Act），對懲罰性損害賠償予以更多限制，包括認定被告「惡意損害」，要有更高「明顯且有說服力」（clear and convincing）之證據[207]。

　　惟大多數研究結論是侵權行爲制度在訴訟費用方面有問題，且賠償金不足以補償大多數勝訴之當事人，更未補償值得賠償請求之大多數人。論者以爲已制定之侵權法改革包裹，只攻擊訴訟太多與陪審團失控，而未試圖針對此等問題之核心，即未對如何更公平與更有效率來補償值得補償之被害人問題加以解決[208]。

（三）侵權行爲法之代替性制度

　　學者以爲對於侵權法，有數種代替性制度，即：
1. 勞工補償；
2. 私人保險，諸如無過失計畫；
3. 無過失侵權行爲制度。
　　此三種在所生嚇阻力量、補償之程度與適當性及所用程序方面，優缺點[209]如下。

補償失去之收入，至非財產損失，例如精神上損害之補償已經廢止（雖在一些案件可能付殘廢補助）。其他給付也有最高額限制。參照 GILIKER & BECKWITH, op. cit., at 15 et seq.

[205] 英國政府、皇家委員會（Royal Commissions）等國家機構或公營機構提交予英國國會的白皮書、綠皮書也算作敕書。http://zh.wikipedia.org/wiki/ 敕書（revised 2013/10）。

[206] 有數州已採之相同步驟，是限制非財產損害，而訂上一定最高數額，例如不超過美金 25 萬元。BURNHAM, op. cit., at 457.

[207] Ibid.

[208] BURNHAM, op. cit., at 458.

[209] DOBBS, op. cit., at 1096.

1. 勞工補償制度

在 20 世紀之初，美國各州通過勞工補償法（workers' compensation acts），勞工不需證明雇主過失，補償數額限於工資損失與醫藥費，但沒有補償精神損害、懲罰性賠償或其他侵權行爲能請求之賠償。這種救濟制度也排除由僱傭關係對雇主可能行使的侵權行爲救濟。勞工補償制度之優點是勞工於工作受損傷後，可迅速領到錢，且確定取得賠償不需證明雇主過失。對雇主的優點是產業上事故之支出數額一定，且有可預測性[210]。

2. 私人保險，尤其無過失汽車保險制度

車禍是美國法院爲數最多的侵權行爲案件。大約一半的州法律規定車禍當事人由自己保險公司補償，而不必證明過咎及自被告（他方）保險公司索賠，消除了大多數交通事故訴訟索賠之必要。

大多數無過失補償計畫准許乘坐汽車受傷之人領取受傷所生之醫藥費與薪水損失。這種數額限於經濟上賠償損害，非經濟損害，諸如精神痛苦，大多數一般案件不能請求。致死或嚴重破相或身體功能永久損傷例外地與過去一樣，可對被告行使傳統侵權行爲救濟方法。責任保險之作用在分散支出，但角色有限，並非人人都有能力支付第一人保險。且將所有事故補償自司法機構移置於保險公司手中，在道德與智慧上是否妥善，正義能否伸張亦值研酌[211]。

3. 無過失侵權行爲制度

侵權行爲賠償制度之眞正問題是支出高，且不能爲許多被害人所利用，因此有些州對侵權行爲已考慮採無過失責任計畫，旨在給付補償予更多值得補償之被害人，且以比當前侵權行爲制度效率更高與低支出之方式補償。佛羅里達與維吉尼亞二州已將無過失觀念應用到分娩時神經受損之嬰兒。國會對於接種疫苗所生之損害也祭出相同措施；不過這些計畫實際利用度不大。更有人鑑於高支出與在複雜領域（例如醫療損害）之可行性，以及消除過失與更有效率之制度，可能招致更多賠償請求案件，而懷疑無過失是否爲問題之正確答案者[212]。

反對者又主張：無辜當事人、被害人不應對他們所犯違法行爲得不到補

---

[210] BURNHAM, op. cit., at 458 et seq.
[211] 參照 GILIKER & BECKWITH, op. cit., at 16.
[212] BURNHAM, op. cit., at 459; 美國有數州汽車責任無過失保險案件面臨上升。

償。應迫使侵權人承擔侵權行爲責任。他們指出消費者產品之安全，是侵權訴訟之直接結果。且企業亦由營業秘密損失及妨礙受雇人關係取得賠償，而自侵權法受益[213]。

參、結論

以上已針對美國侵權行爲法作了全面重點式評介，相信對檢討我國侵權行爲的法制有不少啓發。隨著醫學進步與生存預期期間增加，以及非婚姻關係變得更普通，侵權法應更彈性，以因應社會發展，與時俱進。

我國民法對侵權行爲規定僅寥寥數條，對行爲類型分析不夠細緻，且案例少，致法官解釋或裁量權力過大，對個案判決結果，可能出入甚多，難期妥適。但社會現象極其紛繁，以有限法條或極抽象原則未必都能圓滿解決而無遺憾，且侵權行爲制度之目的功能安在？僅以塡補損害而已乎？抑或尚有嚇阻或其他功能，我國學者與司法實務界似乏深刻之探索。至其與保險制度之關係對侵權制度之未來有何衝擊，今後侵權行爲法何去何從，在在均值得深刻探討。而英美侵權行爲法細緻之法理與原則，反映時代與社會變遷之挑戰，追求實質衡平之精神與考慮判決產生之影響等，很多地方可作爲我大陸法進一步探索或反省之借鏡。

---

[213] CALVI & COLEMAN, op. cit., at 262.

第四章

美國家事法之理論與運用

壹、前言

　　親屬法制涉及社會基本單位的家庭種種權利義務，規律人一生基本人倫關係，與我人關係至為密切。美國的家事法（親屬法）在許多層面與我國法不同，針對實際問題，規定極為細緻，且富於特色，也有些制度已深深影響到我國法，尤其近年我民法親屬編大幅修改，引進許多新觀念新制度，如深入比對，可發現直接間接採用美國法之規定為數極多，因此不論從事比較法研究也好、窮本溯源也好，都有瞭解之必要。且由於比較法律制度，更可對其文化民情觀念與社會實態之變遷與現狀有深一層之瞭解。惜國內此方面論著不多，而通盤評介之論著尤為奇缺。筆者爰勉力擬作通盤介紹。惟因美國採聯邦制度，各州法律規定不一，又是判例法國家，變動頻繁，法律極其繁雜，爬梳不易；何況近年來美國社會對家庭婚姻等觀念有極大變遷，把握其現狀與趨勢談何容易？本文只有盡力設法掌握其特色，尤其著重動態面與實務面之探討，俾讀者對其法制之實際運作及有關問題，有較通盤與明晰的瞭解。

貳、美國家事（親屬）法之特色與變遷

一、美國家事法之特色

　　在英美親屬法稱為 family law，有時也稱為 domestic law，範圍比我國親屬法狹隘，因基本上其規律之法律關係是以親子關係為主，親屬關係所生權利義務不似我國廣泛，更無家庭會議可言。美國並無全國統一的家事法或親屬法，親屬法傳統上被認為各州規範的領域。結婚、離婚、扶養、收養等都由各州自行立法加以規範。大多數州法為制定法，但法院判決可能更為重要，因制定法條文只是一般性。在家事法領域，為免各州各自為政，解決民間在州際活動頻繁之需要，這方面統一州法全國委員會議頗為活躍，先後制定了不少模範法，對各州立法予以甚大影響，且達到某些一致性。其次，晚近聯邦憲法也愈

來愈發揮其影響力，尤其在家事隱私權之發展方面爲然。同時聯邦國會立法也介入若干家事領域，特別在社會福利（對貧困家庭協助）、執行兒童扶養義務及稅法方面，頗爲顯著[1]。

二、美國近年來社會與家事法之變遷

在過去 40 年，美國家庭生活型態起了激劇變化，以致衝擊驅使家事法也出現許多變遷。

（一）在 2005 年首次出現已婚夫妻只占少數戶數。自 1970 年起，每 10 年未婚夫妻同居人數約增加一倍，整體則大約增加 1000%。大多數人雖有結婚，但年齡較遲，通常只在同居一段時間之後，且維持婚姻之期間亦較短。

（二）未婚同居撫養小孩之男女數目激增，十個小孩中有四個可能至少部分歲月在同居家戶中撫養長大。

（三）在 1989 年，估計所有第一次結婚男女中，60% 可能以離婚收場。由於離婚率高，今日全美約有一半小孩在單親家庭渡過若干時日[2]。

（四）在過去 30 年，非婚生子女與婚生子女相同，已取得平等權利。

（五）自人工受精與孕母，至試管嬰兒及胚胎移植，各種新懷孕途徑之出現，已產生各種史無前例之倫理與法律問題，目前尚無滿意答案。

（六）離婚後小孩監護與婚姻財產之分配，已自過去無規則可循之司法裁量，轉變爲有詳細規則出現，以致對裁判結果有了某程度之可預測性。

（七）過去法院大抵認爲家暴乃家庭私事予以駁回，現在則變成檢察官、法官與立法者密切關注之課題。

（八）同居伴侶愈來愈能規律化他們之間的關係，不但透過契約，且登記爲法律上承認之家內夥伴。一方面固然有更多異性夫妻自婚姻出走，但在另一方面，同性伴侶在要求組成家庭方面，卻大有進展。

（九）家庭一向在傳承基本社會價值上扮演重要角色，但晚近發生變化，傳統家庭之意義與作用受到挑戰而須再檢討，而家事法成爲美國最熱門與最富於爭議之公共辯論之起燃點[3]。

---

[1] BURNHAM, INTRODUCTION TO THE LAW AND LEGAL SYSTEM OF THE UNITED STATES 505 (2006).

[2] CLARK & ESTIN, DOMESTIC RELATIONS, CASES AND PROBLEMS 11 (2000).

[3] KRAUSE & MEYER, FAMILY LAW IN A NUTSHELL 1 et seq. (2007).

參、婚姻

一、結婚

（一）結婚之要件

1. 實質要件

在美國法下，凡達法定年齡、身心健康且無婚姻關係之人，始有結婚能力。分述如下：

(1) 結婚年齡：現今美國各州男女一律改爲 18 歲（例外爲內布拉斯加州爲 19 歲，密西西比州爲 21 歲）。

大多數州准許 18 歲以下之未成年人結婚（通常須至少 16 歲，但有時更低），但須經父母同意及／或法院許可。有些州准許已懷孕之 18 歲以下女子結婚，無須父母同意或法院許可[4]。按以前美國傳統上各州所定男女結婚年齡出入不少，且因男女而有差距，並非全都相同，多爲男 21 歲、女 18 歲。如父母同意，則多爲男 18 歲，女 16 歲。有似我國民法親屬編男女年齡有所差距，但後來被人以性別差別待遇爲由，告到法院，甚至聯邦最高法院亦認爲男女不同年齡乃差別待遇，違反憲法上平等保護之保證，而宣判爲違憲[5]。所以後來各州男女最低結婚年齡改爲一致。此點在我們看來，男女年齡差距與差別待遇無關，主要考慮男女身心發育快慢不同，似不無過火之感。

(2) 雙方須有結婚合意。如一方被脅迫或詐欺，則婚姻可撤銷而歸無效。

(3) 被判精神病、已有前婚、近親（各州對禁婚親所定範圍不一，幾乎所有州都禁止伯叔舅與姪甥〔uncle-niece & aunt-nephew〕）不能結婚。有一半的州（但統一結婚離婚法〔Uniform Marriage and Divorce Act，簡稱 UMDA〕，並不禁止）禁止同（含外）祖父母之堂（或表）兄弟姐妹，即所謂 first cousin 結婚。有些州禁止同（含外）曾祖父母之堂（或表）兄弟姐妹，即所謂 second cousin 結婚。半血緣關係與全血緣同視。許多州民事

---

[4] http://en.wikipedia.org/wiki/Marriageable_age (revised 2013/10).

[5] Stanton v. Stanton, 421 U.S. 7, 95 S. Ct .1373, 43 L.Ed.2d 688 (1975); Stanton v. Stanton, 429 U.S. 501, 97 S. Ct. 717, 50 L. Ed.2d 723 (1977). 又參照 KRAUSE, FAMILY LAW 86 (1988); STATSKY, FAMILY LAW 184 (2002).

禁婚親範圍與刑事亂倫罪相同。有些州則民事禁婚親範圍較廣[6]。許多州禁止繼父母與前夫（妻）子女以及收養關係所生親屬之間結婚[7]。又有些州不可與夫之兄弟或妻之姐妹結婚[8]。

(4) 過去有些州禁止黑白通婚（miscegenation），對違反者，甚至科以刑罰，直到 1967 年因最高法院判決，認為這些法律違憲而取消[9]。

(5) 對於結婚之限制，有時當事人可去沒有這種限制的別州來規避，因為在舉行婚禮的州有效的婚姻，在別的州通常會被承認[10]。

2. 程序要件

(1) 取得結婚許可證

當事人雙方在舉行婚禮前，須先取得結婚許可證（marriage license）。此許可證應向郡書記（county clerk）申請，須填表，包括要用的姓[11]，宣誓所填資訊屬實（否則犯輕罪或偽證）。自申請至取得結婚許可證，有等待時間，各州不一，約需一天至一週不等，目的在使當事人保持冷靜，避免輕率結婚，如有顧慮，尚可改變主意[12]。惟取得結婚許可證，只是結婚第一步，並不表示手續已完成。且許可證往往有一定效期，過期須重新申請。許多州規定男女雙方須驗血，看有無性病，不過其結果通常不影響結婚。近年來有些州還要檢驗有無愛滋病。

(2) 儀式婚

雙方須有結婚儀式（包括宗教婚或民事婚），且須由法律授權之人證婚。

---

[6] KRAUSE & MEYER, op. cit., at 46.

[7] KRAUSE, op. cit., at 83; CLARK & ESTIN, op. cit., at 133.

[8] THE TIME-LIFE FAMILY LEGAL GUIDE op. cit., at 45 (1971). 有學者謂對於基因與優生之理由禁止近親結婚一節，近年已有若干作者提出質疑。GREGORY, SWISHER & WOLF, op. cit., at 57.

[9] 在 1967 年以前，美國大約有 16 個州禁止不同種族間通婚，到了 1967 年最高法院在 Loving v. Virginia 一案（388 U.S. 1, 87 S. Ct. 1817 (1967)）判認婚姻為憲法增修第 14 條所保障之基本人權，此種異族通婚禁止，乃違反該增修第 14 條平等保護之保障。參照 KRAUSE, op. cit., at 90; KLING, op. cit., at 62; THE TIME-LIFE FAMILY LEGAL GUIDE, op. cit., at 45.

[10] FARNSWORTH, AN INTRODUCTION TO THE LEGAL SYSTEM OF THE UNITED STATES 120 (1983).（本文偶亦引用其 1975 年版，以下如無特別標明年號，則指 1983 年版）。

[11] 一種姓名，只要持續使用，且非詐害債權人等人者，可准更改，通常似須經法院准許。STATSKY, op. cit., at 119.

[12] KRAUSE, FAMILY LAW 65 (1988); http://usmarriagelaws.com/search/united_states/index.shtml (revised 2013/10).

亦即與我國證婚人有無並無強制，且請何人證婚，悉聽尊便不同。美國證婚人之資格有限制，有權證婚之人只限於教會的神父牧師或一定官員，如法官或市鎮長。其目的在公示作用，並使當事人對結婚莊嚴性質印象深刻。也有人說宗教婚禮舉行後，最好再舉行民事婚儀式，不過並非必要[13]。大多數州須有證人一或二人在結婚證書上簽名。舉行典禮後，須由主持婚禮之證婚人簽署結婚證書（marriage certificates）（有時在結婚許可證背面填寫[14]）後，拿一份向郡或州指定機關辦理結婚登記，成為公家紀錄。如不登記，未必使婚姻無效，但以後可能難於證明有有效婚姻的存在[15]。在別州甚至海外舉行之婚禮如在舉行地婚姻有效，原則上在任何州亦有效[16]。

（二）普通法婚姻（common law marriage）

美國有所謂普通法婚姻之特殊制度，其實就是非正式婚姻，這是源自英國教會法庭的制度[17]。即男女同居如合於一定條件，法律上可發生相當於正式婚姻之效力。在美國約四分之一的州承認普通法婚姻，即雙方依結婚之約定，締結非正式婚姻，但欠缺結婚證書及典禮之形式[18]。

法院在認定普通法婚姻存在與否時，會考慮雙方是否對公眾表示其為夫妻[19]、是否同居、用共同之姓、申報共同所得稅單、開有共同銀行戶頭或有任何其他表示其結婚意思之行動。雙方又須表達現在為夫妻之意思，且有結婚之能力。

普通法婚姻如在一州法律上有效，則原則上由所有州予以承認，即使在不承認普通法婚姻之州亦然[20]。

如能證明有效之普通法婚姻，則配偶或子女享有與舉行正式儀式婚相同之

---

[13] Hay, An Introduction to United States Law 92 (1976).

[14] Clark, The Law of Domestic Relations in the United States 38 (1988).

[15] http://usmarriagelaws.com/search/united_states/index.shtml (revised 2013/10).

[16] http://usmarriagelaws.com/search/united_states/index.shtml (revised 2013/10)

[17] Clark & Estin, op. cit., at 100. 早期美國移民相距遙遠、不易找到主婚之教士或官員，難於舉行正式婚禮、登記制度未上軌道，證明困難，致此制度在美國繼續發達。Krause & Meyer, op. cit., at 55 et seq.

[18] Krause, op. cit., at 67. 英國在 1753 年不再承認普通法婚姻制度。Krause & Meyer, op. cit., at 55.

[19] 例如在公開場合，對別人介紹另一方是他的婚姻伴侶，「This is my husband 或 I'd like you to meet my wife」之類，且達一定期間。參照 Last, op. cit., at 99.

[20] Krause & Meyer, op. cit., at 56.

利益與法律上權利。民間最常見主張有普通法婚姻之情況，是一方死亡，他方欲繼承其遺產或其他與婚姻聯結之權益，諸如爭取勞工補償給付或社會安全利益（social security benefits）[21]。

有些州即使承認此種婚姻，但法院不太歡迎，因恐有虛構當事人結婚而作某種請求之虞，尤其在一方亡故之後。且鑑於近來許多男女同居一起，但不一定有結婚真意，因此法院通常要求當事人提出雙方曾有結婚意思之強力證據，才下成立普通法婚姻之結論[22]。

（三）推定婚姻（putative marriage）之理論

推定婚姻為天主教教會法與許多大陸法所承認，不過規則可能有出入。所謂推定婚姻是至少一方配偶善意締結之顯然有效婚姻，但由於某種技術上障礙，諸如有一方有既存婚姻，致在法律上無效。與普通法婚姻之人在法律上尚未完成結婚不同；推定婚姻之配偶（稱為 putative spouse）實際上已完成結婚，且善意以為已有合法之婚姻。因此法律為公平計，對於有此種信賴之善意配偶，賦予若干權利。如一旦障礙除去，則婚姻變成有效。如未除去，至少無辜的一方常有權在分配財產與小孩監護方面，受到離婚之保護。

美國有一些州亦有推定婚姻之觀念。許多州遵從「統一結婚離婚法」（有時亦稱為「模範結婚離婚法」〔Model Marriage and Divorce Act〕），由制定法建立推定配偶（putative spouse）之觀念。此觀念在加州、科羅拉多、伊利諾、路易斯安那、明尼蘇達及蒙他拿等州被法典化。有些州則由判例法（case law）加以承認。

（四）婚姻之法律效果

1. 結婚成年

在大多數州，未成年男女因結婚成為成年。又由於 1971 年美國憲法增修第 26 條將選舉權年齡自 21 歲降低至 18 歲，許多立法者認為此 18 歲而非 21 歲，應作為取得成年人其他權利之標準[23]。結果今日大多數州已將成年年齡降

---

[21]　BURNHAM, op. cit., at 506. 在下列情況，法院常認為有普通法婚姻：正式婚姻被認為無效；或雙方已住在一起，且善意以為他們已結婚；或為了減輕財產與扶養事務之不公平，尤其在一方當事人死亡時。參照 KRAUSE, op. cit., at 71.

[22]　STATSKY, op. cit., at 124.

[23]　THE TIME-LIFE FAMILY LEGAL GUIDE, op. cit., at 79.

爲 18 歲，斯應注意 [24]。

2. 配偶之一方可否控告另一方配偶？

過去許多州不准夫或妻提民事訴訟告對方，理由是保障婚姻和諧，並避免當事人間通謀之可能。故如夫過失駕駛汽車，致車內之妻受傷時，妻可能不能告夫，即使夫對此種事故買有高額保險 [25]。又英美法好多世紀來發展出不可強制夫妻在法庭上作證不利於另一方之原則。許多州認爲夫妻間談話，在法律上有保密特權，故法院不可命一方透露自他方所知之事。但任何一方可在法庭作證，支持另一方所提訴訟，例如確認汽車因交通事故被毀損之數額 [26]。這些規定乃起源於基督教夫妻一體，不可告自己之思想，及夫妻訴訟會導致痛苦與婚姻破裂之旨趣，但晚近已常被忽略，且有所改變。

3. 夫妻間之權利義務

(1) 婚前夫妻財產契約（premarital agreement）

在大多數州，當事人可預先約定結婚後夫妻財產或扶養權利之歸屬 [27]。此種婚前夫妻財產契約，亦稱爲 prenuptial 或 antenuptial agreement。近年來甚至約定萬一婚姻失敗，財產如何分配。不過並非所有法院都承認其效力，因恐有鼓勵離婚之虞，但有相反意見以爲當事人如預先瞭解離婚有時在財務上有毀滅性結果，會減少離婚之發生。近年法院態度已有改變，只要契約符合若干形式與實質要件，可對死亡或離婚預作安排。但法律往往要求契約須眞正出於自願，充分透露雙方資產與負債，且契約內容必須公平合理。法院可能不承認重大不公或片面之契約，尤其一方利用他方之無知或欠缺商業資訊之情況爲然 [28]。

(2) 姓

傳統上美國婦女於結婚時，改從夫之姓。過去有些州規定妻用夫姓。這種法律已廢除，或明顯可受違憲之攻擊。實則現今法律並無規定一方要改用另一

---

[24] CLARK, op. cit., at 716. 在一些新改變的州，父母仍須扶養子女至 21 歲，CLARK & ESTIN, op. cit., at 463.

[25] LAST, op. cit., at 99.

[26] THE TIME-LIFE FAMILY LEGAL GUIDE, op. cit., at 67 et seq.

[27] 此常在財力重大不同之夫妻間，或較大年齡之夫妻欲保障前婚子女之繼承權之場合發生。BURNHAM, op. cit., at 508.

[28] BURNHAM, op. cit., at 508; KRAUSE & MEYER, op. cit., at 81 et seq.

方的姓。妻有權利選擇，繼續用本姓或用夫姓或用全新的姓。一旦離婚，大多數州准許婦女請求法院准其恢復本姓或用別姓[29]。

(3) 住所

夫妻只能有一個住所。原則上由夫決定夫妻之住所，但其抉擇不可不合理或擅斷。如基於健康或事業之理由，須遷至其他社區時，則妻有義務跟隨，否則有可能構成遺棄。如妻基於如跟隨會有害其健康時，則可予以拒絕；如夫仍舊遷徙，則可能夫構成遺棄[30]。如妻有時與夫不住在一起，但並無與夫別居之意思時，其住所仍係夫之住所[31]。惟近年觀念改變，妻似可獨立取得自己住所。

(4) 妻之行為能力與財產權

① 在傳統英美普通法下，單身女子與男子相同，有行為能力，但已婚婦女之法律地位，因結婚而起了重大變化，法律上能力受到許多限制。由於結婚，夫妻法律上成為一體，由夫代表，其權威在夫；已婚婦女不能締結契約，起訴或被訴。其不動產由夫占有，動產由夫取得所有權。其財產事實上變成夫之財產，由夫控制。不過據說衡平法也提供若干克服嚴苛普通法上婚姻財產之原則[32]。

② 過去普通法下如妻於夫在場時犯罪，法律認為夫迫其犯罪。如妻在外工作所賺收入，由夫取得。已婚之妻不啻為夫之財產。總之，在普通法下夫妻被認為一體，而該人為夫[33]。

為匡正上述普通法之失，到 1900 年止，美國所有州都制定了「已婚婦女財產法」（Married Women's Property Acts），使婦女得到解放，被賦予擁有與管理自己財產之權利，也發展出特有財產之觀念，取消訴訟程序上之無能力，亦可締結契約，甚至賦予已婚婦女對其夫提起告訴，請求賠償損害之

---

[29]　STATSKY, op. cit., at 400 et seq.; 近來法院承認未婚伴侶，包括同性伴侶採用共同之姓之權利。KRAUSE & MEYER, op. cit., at 104.

[30]　KLING, op. cit., at 59 et seq.; http://definitions.uslegal.com/d/domicile-by-operation-of-law/ (revised 2013/10).

[31]　READER'S DIGEST, YOU AND THE LAW, op. cit., at 362 (1973).

[32]　在舊日英國，如經妥善安排，已婚婦女有可能迴避普通法之限制，對其財產有所謂 use，而可移轉予他人，或控制其特有財產，以免受到夫之債權人之追索。參照 BURNHAM, op. cit., at 507; CLARK & ESTIN, op. cit., at 632; KRAUSE, op. cit., at 107. 又關於英美衡平法之發展詳情，可參照楊崇森，信託法之原理與應用（三民），頁 41 以下；楊崇森，英美法系 vs. 大陸法系若干問題初探，軍法專刊，第 57 卷第 4 期，2011 年 8 月（本書第一章）。

[33]　STATSKY, op. cit., at 398.

權利[34]。

(5) 夫對妻之債務負責？何人有日常家務代理權？

妻所訂之契約，除了為家庭與家務所需之物品外，不影響夫之財產，且不使夫負責。夫應供應妻生活必需品（necessaries），支付妻處理家務所負債務，如食、衣、裝潢等，否則妻可購買而記他的帳，稱為「必需品原則」（doctrine of necessaries）。換言之，妻在購買家庭必需品時，視為夫之代理人（agent），夫須負責清償[35]。但妻之代理權有所限制，其採購或帳單應與夫之收入或生活程度成比例[36]。夫之保護是：如妻是浪費者，可在當地報紙刊登廣告，不再付她帳單；且寫信予她常去之商店，聲明不要讓她賒帳。反之妻不負支付夫帳單之義務。又夫妻雙方對共同簽署之票據、稅單之類負責[37]。

近年來由於憲法與社會變遷，有些州認為只課夫責任，有違平等保護原則，故擴大該必需品原則之適用，認為夫有時亦為妻之代理人，而准許商人或醫療提供者控告妻[38]。

(6) 對另一方配偶之行為

已婚婦女對其侵權行為負責，被害人可訴請賠償因侵權行為所生之損害。夫對妻之行為不負責，反之亦然，除非出於夫之造意或請求[39]。

(7) 財產

① 普通法財產所有權制度

美國大多數州（除下述採所謂共有財產〔community property〕制的數個州外），夫妻財產採普通法財產所有權制度（common law property）。即視財產之所有權或名義而定其歸屬。由一方在婚姻中取得之財產（除了贈與予他方外）完全歸屬於他，而有完全單方面處分之權[40]。換言之，管理家務不出外賺錢的妻，對婚姻中所累積之財產，只有在能證明是夫之贈與時，才可主張權益。

---

[34] FARNSWORTH, op. cit., at 121; ROSS, HANDBOOK OF EVERYDAY LAW 184 (1967).

[35] COUGHLIN, op. cit., at 184.

[36] Ibid.

[37] YOU AND THE LAW, op. cit., at 368.

[38] GREGORY, SWISHER & WOLF, op. cit., at 84-87; KRAUSE & MEYER, op. cit., at 94 et seq.; HELM, op. cit., at 110; KRAUSE, op. cit., at 106.

[39] ROSS, op. cit., at 185.

[40] GREGORY, SWISHER & WOLF, op. cit., at 387; KRAUSE & MEYER, op. cit., at 100.

由於法律重視經濟上有形之貢獻，而輕視提供家務之貢獻，對妻至為不利與不公 [41]，在 1970 與 1980 年代，採此財產制的各州迅速改採婚姻是一種合夥之較寬鬆觀念之新模式，即所謂公平分配制度（equitable distribution system）。此制度與共有財產制（community property），各配偶自動享有一半夫妻財產不同；通常承認法院有權公平分配在婚姻中任何一方所取得之夫妻財產。由於按法官所認為之衡平原則分配，取決於法官的裁量與認定，通常夫妻並非各分得50% 與 50%，且其分配結果可能有些難於預測。因此在採用此制度的各州，配偶有較多誘因，事先就財產分配訂立契約，而不欲法院干預，不過最後仍難免發生爭議，而由法院定奪 [42]。

在美國法，二人以上共有財產，有三種型態：tenancy by the entirety、joint tenancy 及 tenancy in common。Tenancy by the entirety 只能由夫妻創設。雖然夫妻亦可創設 joint tenancy 或 tenancy in common，但在大多數州，夫妻在大多數情形，除權狀或移轉文件另有記載外，推定以 tenants by the entirety 之型態，取得財產之所有權。換言之，夫妻二人取得不動產時，通常是以 tenancy by the entirety 之型態共有這財產。此型態是專指夫妻共有之情形 [43]，為古老普通法夫妻人格統一理論的殘留。此非指夫妻各享一半，而是二人共有該財產，且任何一方都不可移轉其一半利益 [44]。當一方死亡時，不問其遺囑怎樣寫法，該財產自動歸屬於生存配偶。但如一方享有（tenancy in common）（實際上較不可能），則可留其所有一半之利益予他方配偶以外之人 [45]。

---

[41] dower 與 curtesy（詳如後述）只是在一方配偶死亡時，生存配偶才取得他方配偶財產之利益。在離婚時普通法不承認配偶一方由於婚姻本身取得任何財產利益。Wirth v. Wirth 一案是常引用對此普通法夫妻財產處理不公與苛酷之例子。參照 GREGORY, SWISHER & WOLF, op. cit., at 387.

[42] http://www.ehow.com/about_5262344_equitable-distribution-divorce-law.html (revised 2013/10).

[43] GREGORY, SWISHER & WOLF, op. cit., at 72 et Seq; http://legal-dictionary.thefreedictionary.com/Tenancy+in+Common (revised 2013/10).

[44] COUGHLIN, op. cit., at 165.

[45] 按通常 tenant 係指承租人而言，但在共有所有權，則是指不動產之共有人。所有 tenants in common 在財產上享有個別、不可分之利益，各人可以讓與或移轉，但無生存者權。在 tenancy by the entirety，各共有人可不經他方同意轉讓自己權益。若共有人死亡時，則其利益歸生存配偶取得，稱為生存者權（Right of Survivorship），而取得財產之完全所有權。Joint tenants 也有生存者權，一個 joint tenant 可轉讓其權益，但此時 tenancy 變成 tenancy in common，而其餘共有人並無生存者權。

②共有財產（community property）制度

美國有少數州（基本上在西部）由於受到法國或西班牙（來自墨西哥）殖民之影響，夫妻財產採所謂共有財產（community property）制度，這是起源於大陸法系國家的夫妻財產制度。在此制度下，基於夫妻乃合夥之觀念，大多數在婚姻存續中取得之財產（任何一方所賺金錢，及以金錢所買之所有財產，不問由那一方努力所取得），自動由配偶雙方共同所有，對家務之無形貢獻與產生收入之活動平等看待[46]。在婚姻中所欠債務，通常亦為二人的債務。在一方死亡時，除其遺囑另有指定外，所有之一半財產歸屬於生存配偶。於離婚時各人保留其特有財產及將共有財產（community property）均分。但各人在結婚前所有之財產及在婚姻中，由於贈與、繼承或遺贈或個人損害賠償所得之財產，成為該配偶之特有財產（separate property），可留予任何人，而不歸生存配偶。特定財產，如無特別相反證據，則推定為雙方共有。其根據是在此種共有財產，雙方配偶對家之創建與運作，在理論上有同等之貢獻。美國採共有財產制的有加州、亞利桑那、愛達荷、路易斯安那、內華達、新墨西哥、德克薩斯、華盛頓及威斯康辛[47]。

(8) 扶養義務

夫有扶養維持妻與家庭之義務。妻有自己財產與財力，並不免除夫扶養妻之義務[48]。妻通常無同等扶養夫之義務，雖然許多州如夫貧困時，課妻附條件扶養義務。今日此種區別會被認為不合平等保護條款而違憲[49]。夫須供給妻所有生活必需品（all the necessities of life），已如上述。配偶不能浪費，自願變窮，以逃避扶養義務[50]。

(9) 相互繼承之權利

在傳統普通法下，妻對夫之遺產有所謂「寡婦分」（dower）之權利，於夫死亡時，取得夫不動產三分之一至二分之一。妻死亡時，生存之夫對妻之遺

---

[46] GREGORY, SWISHER & WOLF, op. cit., at 77.

[47] Id. at 388. 威斯康辛州近來由於採用統一夫妻財產法（Uniform Marital Property Act）加以小修改，而加入成為共有財產制之一員。CLARK & ESTIN, op. cit., at 732. 按統一夫妻財產法受到共有財產制之影響。GREGORY, SWISHER & WOLF, op. cit., at 79.

[48] COUGHLIN, op. cit., at 161.

[49] KRAUSE & MEYER, op. cit., at 91 et seq.

[50] Gastineau v. Gastineau, 151 Misc. 2d 813, 513 N.Y.S. 2d 819 (1991); STATSKY, op. cit., at 263 et seq.

產亦有相對應之權利，稱爲「鰥夫分」（curtesy）[51]。此等權利旨在配偶死亡無遺囑時，保障生存配偶之生活。但上一世紀由於財富累積多以投資方式，而非限於不動產，dower 與 curtesy 已不能有效保護生存配偶，加以由於避免性別差別待遇，在美國大多數州已經廢除，而以制定法賦予夫妻對他方遺產之法定應繼分（稱爲 statutory share 或 elective share，包括動產與不動產之三分之一至二分之一，其數字各州可能有異）取代，通常夫妻相同。值得注意的是：生存配偶有選擇權（right of election），可在這法定應繼分與死亡配偶遺囑留給該人的部分，二者之中，任擇其一。即可選擇要這法定應繼分，以取代他方遺囑留給的部分[52]。在一些情況，生存配偶不可出售或移轉他方配偶在 dower 與 curtesy 或法定應繼分（statutory share）權利下之財產[53]。

(10) 夫可否對妻成立強姦罪？

在普通法原則下，夫不能成立強姦妻之罪，雖然如用暴力時，同一行爲可以刑法傷害（assault）罪處罰。在昔日普通法下，學者有謂：「夫不可能對其合法之妻犯強姦，因基於他們相互婚姻上同意與契約，妻已委身與夫，而不能

---

[51] dowercurtesy 是附條件之權利，於他方配偶死亡時成就。權利之範圍視有無子女而定。如有子女，則 dower 是三分之一 life estate，即生存配偶在生存期間，可收到不動產所生收入的三分之一。如無子女，則 dower 是所謂 fee simple（最完全之不動產所有權）的二分之一。但此權利於其死亡時消滅，無法傳給他人。又須注意夫之 curtesy，只有夫妻曾生有小孩時才享有。GREGORY, SWISHER & WOLF, op. cit., at 74 et seq. 所謂 fee simple 乃英美不動產所有權中最圓滿之型態，可永久存續。因英美普通法下之不動產所有權，與大陸法迥異，分爲數種，並非全是永久完全的權利，其存續期間可長可短，且可附以條件或限制，至爲複雜；也因此使得英美土地所有人處分產權的自由與範圍，能隨心所欲，比起大陸法更有彈性，且寬廣得多。其詳可參照楊崇森，信託法原理與實務（三民，2011年），頁 55 以下。

[52] GREGORY, SWISHER & WOLF, op. cit., at 75 et Seq.; STATSKY, op. cit., at 400. 在 1900 年新修之統一遺囑驗證法（Uniform Probate Code）（原版至少有十六州採用）在融合法定應繼分與共同財產制精神之外，保留普通法賦與生存配偶遺產零星比例之作法，定下詳盡而複雜之計算夫妻法定應繼分之方法，斟酌許多因素，尤其依夫妻結婚期間長度，調整生存配偶應得比例，例如結婚 1 年只得 3% 增加額，然後按年遞增，而結婚 15 年以上，則增到 50%，此點尤其在富豪老人晚年再婚，新娘不致不久財產暴增，影響子女應繼權益，較爲公平，可供我國立法參考。參照 KRAUSE, ELROD, GARRISON & OLDHAM, FAMILY LAW, CASES, COMMENTS, AND QUESTIONS 129 (1998); KRAUSE & MEYER, op. cit., at 102.

[53] http://www.nolo.com/dictionary/dower-and-curtesy-term.html (revised 2013/10); www.kingsrivertitle.com/general-legal-news/dower-and-curtesy-what-it-is-and-what-it-does/ (revised 2013/10).

撤回[54]。」今日此見解仍舊是一些州的法律，准許對婚姻上強姦（marital rape）作不同形式之免責。但大多數州如夫妻分開住，且已申請離婚或別居生活費時，可訴追強姦[55]。惟法院與立法機構不大情願適用刑法強姦於夫妻，部分原因是擔心未同意性交之證據出於虛構[56]。

(11) 配偶家暴問題

美國雖標榜男女平等，但民間對婦女家暴之現象意外嚴重。在昔日普通法下，夫享有以溫和力量懲戒（discipline）妻（或子女）之權利，致毆打妻子爲社會所接受[57]。

妻可請求州政府追訴夫之傷害、加重傷害、恣意妄爲、違反公安、騷擾等罪名（assault, aggravated assault, battery, aggravated battery, reckless conduct, disorderly conduct, harassment）。有的州也有專門適用於對配偶所犯行爲之特別罪名。但刑事告訴之效果不彰，且許多婦女擔心告訴後家庭會破裂，生活無依。有些婦女對施虐之夫，訴諸殺人之極端作法，加以報復。

現今比刑事訴訟更有用的對策，是由妻子申請法院頒發保護令（orders of protection）或個人保護令（personal protection orders）[58]。禁止夫接近妻，或以其他方式威脅妻。如在離婚之訴繫屬中，則可由法庭頒發暫時禁制令（temporary restraining order）。有些州爲了克服一再勸說若干被害人對施暴之夫告訴之困難，已建立「不撤回」（即不銷案）（no drop）追訴之政策，不問被害人合作與否，要對夫進行追訴[59]。過去被害人報警時，員警對付家暴常用之方法，是逮捕、調解及命加害人出門冷靜下來。現今制定法要求員警提供運送被施暴之妻至安全處所。許多州准許員警基於合理以爲該禁制令已被違反爲由，立即逮捕違反禁制令之人。1994 年國會制定「防止對婦女施暴法」（Violence Against Women Act），目的在加強對家暴法律之執行[60]。我國近年施行之家庭暴力防治法，尤其民事保護令之制度，基本上係參考美國之作法與

---

[54] HALE, THE HISTORY OF THE PLEAS OF THE CROWN 629 (1736).

[55] 如 People v. Liberta, 64 N.Y.2d 152, 485 N.Y.S.2d 207, 474 N.E.2d 567 (1984).

[56] STATSKY, op. cit., at 414; KRAUSE, op. cit., at 123.

[57] STATSKY, op. cit., at 408; KRAUSE & MEYER, op. cit., at 96.

[58] BURNHAM, op. cit., at 530.

[59] KRAUSE & MEYER, op. cit., at 112. 不過對此種對策，也有正反意見，GREGORY, SWISHER & WOLF, op. cit., at 223 et seq.

[60] GREGORY, SWISHER & WOLF, op. cit., at 223 et seq.

立法。

(12) 墮胎問題

　　墮胎問題在美國一向聚訟不休，不但在教會與立法者之間有不同見解，而且也是其政治上一大爭議問題。重點在於尚未出生之人之權利與婦女選擇要不要生小孩孰輕孰重問題[61]。在1970年代早期，墮胎在每州都定爲犯罪。許多州如因強姦或亂倫結果懷孕，或醫生證明繼續懷孕會對母親生命構成威脅時，才准許墮胎[62]。但自1973年最高法院在 Roe v. Wade 一案（410 U.S. 113, 93 S. Ct. 705）判決後，法律有了巨大變化，墮胎在各州成爲合法[63]。在該 Roe 案，法院認爲：懷孕婦女之隱私權，包含終結懷孕之權利；而謂「個人隱私權包括墮胎之決定，但此權利並非無限制，而應斟酌與州規範之重要利益取得平衡」（the right of personal privacy includes the abortion decision, but that this right is not unqualified, and must be considered against important state interests in regulation.）。後來又有 1992 年的 Planned Parenthood of Southeastern Pennsylvania v. Casey 一案作某程度修改[64]。目前美國司法解釋是墮胎乃合法，但可由各州以不同程度加以限制。各州已通過法律，限制後期墮胎、規定未成年人墮胎，應通知其父母，及要求於進行墮胎前，應透露墮胎之風險資訊予病人[65]。

二、婚姻之解消

（一）離婚

1. 離婚之限制

　　美國並無我國之兩願離婚或協議離婚，只採裁判離婚主義，在 1970 年代之前，各州法律對離婚原因限制頗嚴，目的在維護婚姻之安定。到了 19 世紀

---

[61] GREGORY, SWISHER & WOLF, op. cit., at 144 et seq.
[62] THE TIME-LIFE FAMILY LEGAL GUIDE, op. cit., at 69; STATSKY, op. cit., at 406 et seq.
[63] 在該案判決前，墮胎之合法性由各州決定。墮胎在三十州爲不合法，在二十州於若干案件爲合法。
[64] 505 U.S. 833, 112 S. Ct. 2791, 120 L. Ed.2d 674 (1992).
[65] http://en.wikipedia.org/wiki/Abortion_in_the_United_States (revised 2013/10).

初葉，一些州尚須經立法機構通過特別法才准許離婚[66]。即使其他各州，也只有在一方配偶本身無辜（innocent），且證明另一方有若干法定重大過錯（離婚原因），即有刑事犯罪，或「道德敗壞」情事，例如通姦、遺棄或虐待時，才准許離婚。即使今日各州婚姻法革命，改採無過失離婚制度，離婚仍須經法院判決准許。

2. 傳統離婚法定原因

傳統上在美國離婚須他方有過失（at fault），即只有無辜當事人才能獲准離婚，如雙方都有嚴重婚姻上不正行為，尚屬不足。傳統離婚事由甚為有限，只有通姦、身心虐待、遺棄、心神喪失及習慣性酗酒。分述如下：

(1) 通姦：通姦是已婚之人自願與他人性交。如被告被強暴或當時患精神病，則非自願。由於通姦直接證據難得，所以多仰賴情況證據。

(2) 虐待：虐待成為離婚原因，法律常需「極端」（extreme）或「不人道」（inhuman）。有些州限於真正身體暴行或有暴行之虞，始可成立。

(3) 遺棄：配偶一方以不回復同居之意思，自願離開他方，經一定法定期間（例如 2 年）未經他方同意，且無正當理由者，成立遺棄。又留在家配偶之行為使他方離家正當化，或拒絕他方誠意和好之要約者，成立擬制（constructive）遺棄。

(4) 其他：有些州列有許多與上述密切相關，且有時重複之原因。例如毒癮、不貞、怪異性行為、忽略責任、酗酒、犯了嚴重之罪等[67]。

(5) 失蹤：此外依英國法，當夫妻之一方長期不在，無音訊生死不明時，法院會推定宣告其死亡，並解消婚姻或免責，准其再婚，即使日後歸來，主張配偶之權利，離婚仍舊有效或免責，稱為 Enoch Arden 法則或情況。美國大多數州亦有此種法律，但失蹤期間（通常為 7 年）、尋覓努力之必須證明及公告種類之細節則有不同。在紐約州自最後音訊日起須經 5 年以上，且須 1 週一次連續 3 週，在失蹤人最可能閱讀之報紙，刊登提起離婚訴訟之通知[68]。

---

[66] CARP & STIDHAM, JUDICIAL PROCESS IN AMERICA 196 (1993).

[67] STATSKY, op. cit., at 187 et Seq; GREGORY, SWISHER & WOLF, op. cit., at 263 et seq.

[68] STATSKY, op. cit., at 153; LAST, op. cit., at 109; ROSS, op. cit., at 190 et seq.; COUGHLIN, op. cit., at 178. 按所謂 Enoch Arden 法則乃由英國 19 世紀有名詩人但尼森（Tennyson）之詩或音樂劇（melodrama）中男主角 Enoch Arden 而得名。該 Enoch Arden 遭遇船難，滯留國外

3. 過失離婚訴訟之抗辯

在傳統過失離婚訴訟，被告可提下列抗辯：

(1) 宥恕（condonation）：宥恕是原告已有意與自願原諒被告以前構成離婚原因之非行。在不再犯之瞭解下，饒恕了非行之一方。雖然宥恕適用於所有婚姻非行，但最常在通姦情況發生。如一方知悉他方與人通姦，嗣後仍與其同居，則可能被認爲通姦已被宥恕，不能再成爲離婚理由。例外是同居出於必要時，不適用此原則。宥恕可能是最常見與有效之抗辯[69]。

(2) 挑釁（provocation）：如離婚係基於虐待、遺棄、不扶養之類理由，被告常抗辯其非行係由原告不當行爲所挑起，惟被告須證明其報復（婚姻非行）與挑釁相較，並未過度。如被告抗辯成功，則原告不能獲准離婚[70]。

(3) 通謀（collusion）：此乃指原告與被告用詐欺方式合作，包括以僞造犯錯證據矇騙法院。例如爲了讓對方獲准離婚，雙方約定由其中一人犯一婚姻非行，例如在通姦爲唯一離婚理由的州，夫妻演戲，由私家偵探衝入汽車旅館房間發現對方與預先安排的戀人在床。此種通謀是對法院詐欺，過去是美國離婚制度重大弊害之一。通謀證據是有效抗辯，當當事人一方改變主意，向法院透露離婚原因係出於通謀時，法院可能不准離婚[71]。

(4) 原告也犯錯（recrimination）：如原告也犯錯時，不能訴求離婚，理由是傳統上只准無辜之配偶離婚[72]。

(5) 縱容（connivance）：爲了構成縱容，原告對被告非行予以同意，尚嫌不足，尚需原告積極爲另一方製造犯非行之機會。如原告僅默許該機會，而

甚久，迨歸來時，發現妻已再嫁，但他爲了成全妻之後婚，不使妻知道。此點更可窺知英美普通法乃習慣法，由慣例累積逐漸演進而成，而與大陸法定有一般性死亡宣告之抽象規則不同。參照 http://www.duhaime.org/LegalDictionary/E/EnochArdenLaw.aspx (revised 2013/10); http://en.wikipedia.org/wiki/Enoch_Arden_law (revised 2013/10); HELM, op. cit., at 56 et seq.

[69] GREGORY, SWISHER & WOLF, op. cit., at 270. 宥恕可否附條件，各州態度不一。它被批評予被害人向另一方勒索之工具，但其優點在於有助於和解，因予被害一方嘗試和解而不危及離婚之原因。有些州法規定在若干情況下，和解之嘗試不構成宥恕。參照 KRAUSE, op. cit., at 139 et seq.

[70] KRAUSE, op. cit., at 138.

[71] GREGORY, SWISHER & WOLF, op. cit., at 269 et seq.

[72] GREGORY, SWISHER & WOLF, op. cit., at 269; FARNSWORTH, op. cit., at 131. 在過失離婚主義消失前，法院與立法機關若非廢除此種抗辯，就是由法院酌量採用，以減輕其適用。參照 KRAUSE, op. cit., at 138.

未協助製造機會時，尚不成立[73]。此抗辯亦係基於衡平法上乾淨的手（clean hands）之原則[74]。

4. 離婚之程序

(1) 離婚判決（decree）原則上雙方（含代理律師）須在下判決之法院出庭，否則不能拘束雙方。

(2) 居住要件：大多數州規定至少一方須在提訴之州有住所，一般定有原告須連續住在該州一定期間，自 6 週至 2 年不等，俾法院對離婚之訴有正當管轄權。

(3) 候鳥式離婚：美國有許多人由於對法律規定離婚原因之限制與手續之困難，感到不耐，設法去手續迅速簡便的別國或外州取得所謂候鳥式離婚（migratory divorce），俾便自不幸婚姻迅速解脫。雖然許多州不鼓勵別州居民到處尋求（shopping around）容易取得離婚判決，但阿肯色、科羅拉多、內華達、猶他及懷阿明等州准許「速食離婚」（quickie divorces）[75]。

(4) 妻之律師費由夫負擔：當妻訴請與夫離婚時，可聲請法院於訴訟有結果前，命夫支付暫時贍養費及律師費。前者因訴訟會拖很久，且妻於此期間必須生活。至律師費之根據是它已成為妻之生活必需品，為夫所應負責。法院通常只在訴訟結束時准許，即使妻敗訴亦然。如妻是訴訟之被告，兩種也可能都准[76]。

---

[73] KRAUSE, op. cit., at 138 et seq.; FARNSWORTH, An Introduction to the Legal System of the United States (Oceana, 1975) at 131et seq.; STATSKY, op. cit., at 189.

[74] GREGORY, SWISHER & WOLF, op. cit., at 269.

[75] COUGHLIN, op. cit., at 178; STATSKY, op. cit., at 181; HELM, op. cit., at 61 et seq. THE TIME-LIFE FAMILY LEGAL GUIDE, op. cit., at 60 謂：加勒比海國家、愛達荷，迅速簡便，只要住 42 至 90 天。但 FARNSWORTH 教授說：內華達州最為有名與商業化，放寬離婚原因與住所要求。見氏著前揭，頁 121。又另有一說謂：許多夫妻到墨西哥法院取得離婚判決，因墨西哥離婚法並無最低居留期間之要求。但後因墨西哥法律修改，須居留 3 個月，以致其吸引力為之減少。參照 YOU AND THE LAW, op. cit., at 407. 當然今日由於各州離婚改採無過失原因之結果，美國此種奇妙與有特色的候鳥式離婚制度基本上已成過去，當事人不再需離鄉背井去尋求快速之合意離婚了。參照 CLARK & ESTIN, op. cit., at 9; CLARK, op. cit., at 409.

[76] LAST, op. cit., at 111; COUGHLIN, op. cit., at 185.

5.離婚制度之革命無過失離婚（No-fault divorce）

(1) 無過失離婚制度誕生之背景

①離婚過於艱難

在 1970 年美國實行無過失離婚（no-fault）之變革前，怨偶只能透過表明另一方之過失，即須證明另一方作了不正行為或引起婚姻破裂之行為才能離婚。換言之，單純彼此不相愛猶嫌不足，尚須由配偶一方向法院起訴，主張他方犯了通姦、遺棄、重罪、身心虐待、妨礙自由、精神病及不能人道，或其他有責行為。但他方可提出各種抗辯。法官如認定對方未犯所指責之行為，或接受被告原告也犯錯之抗辯（recrimination），而認定雙方都對婚姻不諧有過失時，則怨偶之仳離仍無法如願。在一些州離婚要件甚至更為嚴苛。

②規避法定過失證明之要求

在傳統離婚有責主義下，如雙方都有過失，或都未犯法律上有責行為，但都想由協議離婚時，釀成種種問題。於是自 20 世紀起，雙方有的到離婚法律較寬鬆的州，取得離婚裁判，有的（常在法律顧問協助下）設計（偽證）過失理由。在紐約州流行所謂「通謀通姦」（collusive adultery）。即雙方約定妻在特定時間回家，發現夫正在與情婦通姦，夫對妻在法庭之虛偽指控予以承認，致法官判夫通姦，而達到離婚之目的。其他許多州，尤其加州，常見以虐待為離婚理由，通常夫妻也串通演雙簧。由於夫妻往往用通謀方法達成協議離婚結果，因此所聲稱之離婚理由很少是婚姻真正破裂之原因。且過去離婚採當事人對立主義，在有爭執之訴訟程序中核准離婚，由於夫妻易於以通謀方式加以迴避，以致許多案件雙方在訴訟中並無爭議[77]。在1930 年代，一本美國家事法書批評說：「在離婚訴訟，當事人雙方常設法逃避制定法之限制，致有偽證、通謀及詐欺之重大危險。在許多案件被告沒提出抗辯，且案件在對方爭執時，亦常欠缺力道或善意。」

在此種情形下，辦理離婚案件的律師與家事法庭法官認為，離婚過失制度扭曲了家事法院制度之公正性，而須加以變革。此外不少人主張法律應提供直截了當結束婚姻之手續，而不應勉強合不來之怨偶在一起過著地獄般生活，或在公開法庭宣誓下說謊。因此主張法律應改採無過失離婚制度之聲甚囂塵上[78]。

---

[77] FARNSWORTH, AN INTRODUCTION TO THE LEGAL SYSTEM OF THE UNITED STATES 132 (1975).

[78] 其中主張最力的是女性主義者法學教授 Herma Hill Kay 及全國女律師協會（the National

(2) 無過失離婚制度之運作

　　所謂無過失離婚是離婚不需由任何一造表明另一方犯了不法行為，即使對方沒有過錯，也可以提出離婚。法律准許家事法院或其他法院對婚姻任何一方之請求，准許離婚，而不要求原告證明對方已犯了違反婚姻契約。同時規定無過失離婚的法律也常限制不想離婚之被告提出法律上抗辯。無過失制度取消法院認定過失之需要，賦予任何一方只以「無法調和之歧異」（irreconcilable differences）訴請離婚之自由。由於這些法律，產生了單方離婚（unilateral divorce）之觀念：即任何一方覺得欲結束婚姻時，可以結束並自由離開。無過失離婚制度之政策是避免妨礙家庭隱私、減少夫婦間之磨擦，且如雙方欲離婚時，減少產生符合法律規定之新原因[79]。

　　固然有人謂 1953 年奧克拉荷馬州是美國第一個通過法律，取消離婚需要過失的州，但最有名的無過失離婚法律，是加州於 1970 年所實施的加州家事法（the California Family Law Act of 1969）。該法除了捨棄離婚訴訟之名稱，以解消婚姻之程序（proceeding for dissolution of marriage）取代外，規定離婚原因是「無法調和之歧異，導致婚姻無法彌補之破裂」（irreconcilable differences which have caused irremediable breakdown of marriage）。所謂「無法調和之歧異」之原因，可基於當事人一方之主張，而被接受為真實，因此該家事法對婚姻雙方由於彼此同意尋求離婚，及只有一方想要離婚，都取消了取得離婚須證明過失之要件。以後各州紛紛跟進。1970 年統一婚姻與離婚法（Uniform Marriage and Divorce Act）第 302 條由統一州法委員（Uniform Law Commissioners）通過，規定「婚姻破裂無法挽回」（the marriage is irretrievably broken）為離婚之唯一原因。到了 2010 年 10 月，全美五十州與華盛頓特區都承認了無過失離婚制度。

　　在無過失離婚，須注意：①許多制定法規定在下離婚判決前，須有等待期間，對無子女的人通常為 60 天，有子女的人為 6 個月；②有些州須有若干努力解決婚姻問題或調解不成功之證明，才認為婚姻關係真正破裂至無法恢復[80]。

　　　Association of Women Lawyers，簡稱 NAWL）。
[79]　Burnham, op. cit., at 509.
[80]　Ibid.

(3) 無過失離婚之原因

① 別居

在許多州，別居爲離婚之原因。當事人須於提起離婚訴訟前，繼續別居達一定期間（自 6 個月至 3 年），目的在使當事人審慎考慮有無可能重修舊好。有些州尚規定別居須係依法院裁判或別居契約，或基於合意或自願，始可成立[81]。

② 不協調（incompatibility）

在有些州，不協調爲離婚原因。惟小規模吵架與爭論尚嫌不足，而需深刻與強烈之磨擦，致無法在正常婚姻關係下同住一起。在有此原因的州中，過失並非爭點。原告不必證明被告對引起此不協調有過失，被告亦不可抗辯原告犯了婚姻不正行爲。不過有幾州法院關切到雙方的過失。在大多數法院，如原告證明超過小爭吵，即使被告堅持他們問題仍可解決，亦准許原告離婚[82]。

③ 無法調和之歧異或無法彌補之破裂（irreconcilable difference, irremediable breakdown）

在許多州，最新與最流行之無過失離婚原因是：因無法調和之歧異，導致婚姻無法彌補之破裂。即重點在於是否有意義繼續婚姻。如被告否認婚姻破裂是無法彌補，且以爲婚姻諮詢有用時，在大多數州只是法院在判斷是否有彌補可能，應斟酌之一證據而已。如一方堅持拒絕參與任何調解之努力時，即使另一方表示願意和解，法院會認爲婚姻已全面破裂。如法院認爲有和解之合理可能時，其另外選擇只限於延遲離婚程序，即暫停一定日數（如 30 日），予當事人更多時間嘗試而已[83]。

(4) 無過失離婚制度之優點

① 在採無過失離婚法律的各州，家暴率下降。
② 法律協助在婚姻中被虐待之男女，使其易於解脫。

---

[81] KRAUSE, op. cit., at 142; STATSKY, op. cit., at 181.

[82] KRAUSE, op. cit., at 143. STATSKY 氏指出：不協調之原因與虐待似頗接近。惟虐待爲一種過失原因，而不協調則否。兩種原因用相同或類似證據證明。在大多數州虐待不似不協調，原告須證明被告行爲危及原告身體健康。參照 STATSKY, op. cit., at 184.

[83] STATSKY, op. cit., at 185. KRAUSE 氏則謂有些制定法要求，對於一方或雙方單純聲稱婚姻已死亡（dead），尚需若干客觀證明。見 KRAUSE, op. cit., at 142.

③ 夫妻在離婚過程較少衝突，對子女減少情緒上之傷害。

④ 協助減少家事法庭沉重之案件負擔。

⑤ 縮短取得離婚之期間，也縮短當事人鬱悶等待判決之時間。

⑥ 離婚財產清理係基於需要、支付能力與對家產之貢獻，而非基於當事人之過失。

(5) 無過失離婚制度之缺點

① 百分之八十以上無過失離婚是出於當事人單方面的要求，任何一方甚至有責之一方聲稱婚姻已沒救就夠了[84]，而無視另一方反對結束婚姻。無過失離婚之法律剝奪了當事人設法挽救婚姻之權利。有人認為終結婚姻不應由有錯的一方決定，且不應忽略或違反無辜一方之意願[85]。

② 賦予家事法庭法官決定監護、分割婚姻財產及配偶扶養等爭議之更大權力。在無人過失之案件，法官之決定係基於其感覺，而感覺未必盡屬客觀。

③ 剝奪父對小孩之父權，因夫對想離婚之妻無法抗辯。法院左祖母親，在無過失制度下，難於證明母親不適於為人母。

④ 婚姻不只是男女二人之誓約之觀念已經消失，婚姻誓約及在這些誓約對彼此所作之承諾，已失去價值，自美國高離婚率即可了然。

⑤ 婚姻對經濟上較弱之一方，變成經濟與法律上較不安全之身分[86]。離婚降低了妻之生活水準，因妻在抗辯中不再有理由，夫可選擇離開。由於母比父較常得到子女之監護權，也意味著子女之生活程度會降低。

⑥ 過去家事法庭效忠於婚姻制度，而今則效忠於離婚制度。過去家事法庭努力保護婚姻之尊嚴，如今則主要關注於使離婚快速與容易，並使案件自法院紀錄簿消失[87]。

⑦ 離婚之容易甚至危及若干人，諸如婚姻外潛在債權人之經濟利益（指假離婚情形）[88]。

(6) 無過失離婚制度之影響

① 2004 年史丹佛大學商學院所作研究，比較採用無過失離婚主義與未採用

---

[84] KRAUSE & MEYER, op. cit., at 287.

[85] KRAUSE, op. cit., at 141.

[86] KRAUSE & MEYER, op. cit., at 287.

[87] http://divorcesupport.about.com/od/maritalproblems/i/nofault_fault (revised 2013/10).

[88] KRAUSE & MEYER, op. cit., at 287.

之各州之結果，發現在 20 年後女子自殺減少了 20%；對婦女家暴減少了 33%；也減少了家內謀殺婦女案件。據說部分是因為男人被鼓勵收斂些，因為知道他們的配偶現在較易離婚，尋找別的伴侶[89]。

② 但也有人對轉換為無過失離婚不滿，例如家事法院法官 Randall Hekman 就說：「離掉結婚 26 年的妻子，比辭退 1 週前所僱之人員容易。我的受僱人比 26 年的妻子，享有更多法律上權利，這是錯誤的。」

③ 許多人以為婚姻破裂是由於無過失離婚法律所致。他們以為婚姻價值減弱，因此夫妻不願再投入太多精力去挽回[90]。

④ 導致美國離婚率急劇上升，在 1970 年代末和 1980 年代初達到頂峰。有些人以為美國高離婚率是無過失離婚法之直接結果。

(7) 無過失離婚制度之現狀

今日美國每州都有無過失離婚理由，有些州已不用離婚字樣，而以解消（dissolution）取代，以表示新時代的來臨。不過值得注意，即使美國各州現今都已採某種形式之無過失離婚，但並未廢除傳統以過失為基礎之制度[91]。事實上只有大約三分之一州（十五個）完全採無過失離婚，作為唯一之離婚理由，而大多數州（三十二個）仍保留傳統有過失制度，並採無過失離婚作為補充，增加另一選擇。

以紐約州為例，今日離婚有七種法定原因：

① 無法彌補之破裂（Irretrievable Breakdown）。
② 虐待（Cruel and inhuman treatment）。
③ 遺棄（Abandonment）。
④ 徒刑（Imprisonment）。
⑤ 通姦（Adultery）。
⑥ 別居判決（Judgment of Separation）。
⑦ 別居契約（Separation Agreement）。

且在大約三十個州，過失仍舊是制定法決定離婚配偶之扶養與／或婚姻財產分配上的一個因素[92]。

---

[89] http://en.wikipedia.org/wiki/No-fault_divorce (revised 2013/10).

[90] http://divorcesupport.about.com/of/maritalproblems/i/nofault_fault.htlm (revised 2013/10).

[91] STATSKY, op. cit., at 180.

[92] KRAUSE & MEYER, op. cit., at 283; GREGORY, SWISHER & WOLF, op. cit., at 240.

　　換言之，無過失離婚制度雖原則上結束了離婚訴訟當事人之對立性質，但在決定子女監護、財產清理及配偶扶養時，仍可能考慮到過失。尤其當證明婚姻上有過失，使犯錯一方不能自他方接受扶養時，過失之爭點更可能成為雙方激烈戰鬥之重心[93]。而且在處理小孩監護爭議時，婚姻中之過失在認定是否適於作監護人上，仍舊關係重大。

　　取得離婚最常見之途徑：大多數人欲用無法彌補之破裂為理由，有時稱為無過失離婚，但它不是唯一取得離婚之途徑。

　　上述第七種別居契約有時稱為轉換離婚（conversion divorce），如雙方公證別居契約，且已別居 1 年時，則法官可將別居轉換為離婚。即基於已有之別居契約 1 年後，准許離婚。即使當事人欲以其他原因離婚，別居契約可使離婚較為容易與快速。

　　住所規定（Residency requirements）：配偶至少一人是紐約州住民。在大多情況，在想取得離婚前，其中一人須住紐約州至少 1 年。

　　離婚判決包括婚姻財產、債務及監護、探視、配偶與子女之扶養等命令[94]。

(8) 離婚再改革之提議與誓約結婚

　　有一些州，如路易斯安那、阿肯色與亞利桑那，鑑於高離婚率，已通過法律，賦予夫妻於結婚前選擇，如一旦婚姻終結時，離婚要適用何種法律。他們可自所謂「誓約婚姻」（covenant marriage）與無過失離婚中，任選其一。1997 年路易斯安那州採用雙軌結婚制，誓約婚姻不能解消，除非證明婚姻過失，諸如通姦或虐待。在取得結婚許可證前，當事人須接受婚前諮詢以及須允諾在婚姻中必要時尋求諮詢。另一種為傳統或標準婚姻：婚姻不需證明婚姻過失，可以解消；締結婚姻不需經婚前諮詢。惟如當事人選擇誓約婚姻時，則須提出心理師、神父牧師之宣誓書（affidavit），聲明已予當事人有關婚姻之性質、目的及責任之諮詢，當事人另須簽署十分詳盡表示瞭解與遵守（盡力維護

---

[93] BURNHAM, op. cit., at 509.

[94] 參照 www.lawny.org/index.php/family-self-help-140/other-family-law-self-help-75/103-new-york-state-grounds-for-divorce (revised 2013/10).

婚姻）誓約之聲明[95]。許多州亦考慮採用路易斯安那州之誓約婚姻之作法[96]。

6. 調解與仲裁

　　鑑於美國離婚率為世界最高，所有各州為了疏減離婚，都鼓勵使用代替性爭議解決方法（alternative dispute resolution，簡稱 ADR），即調解或仲裁來解決家事爭議，尤其在採用無過失離婚後，調解與仲裁更得到了廣泛的應用，以減輕當事人心理與財政負擔[97]。不但許多別居契約多列入仲裁條款，規定將來關於該契約發生爭議時，由仲裁解決。而且至少有一半州法律規定，在判決離婚前，要進行調解或仲裁。例如在加州一些地方提供調解諮詢計畫（mediation counseling programs），如有可能，法官在當事人經調解後，才審理監護與探視之申請（motion）[98]。其中以洛杉磯所設調解法庭（conciliation court）最為有名。

（二）婚姻之撤銷（annulment）

　　在美國法下，婚姻與我民法相同，有無效（void）與得撤銷（voidable）

---

[95] KRAUSE & MEYER, op. cit., at 291. 該聲明富於感性與教育性，爰將其翻譯並附原文如下：
「我倆鄭重宣布婚姻為男女間約定作為夫妻終身共同生活之誓約。我倆已謹慎選擇了對方，且已將所有可能對結婚決定有不利影響之事，向他方透露無遺。我倆對婚姻之性質、目的及責任，已接受婚前諮詢，且已看過誓約婚姻法，瞭解誓約婚姻是終身。如我倆遇到婚姻上困難，決採所有合理努力，包括婚姻諮詢，以維護婚姻。經充分瞭解此種誓約之意義後，我倆茲宣布我們婚姻要受路易斯安那州誓約婚姻法之約束，且允諾畢生作為夫妻，去愛、敬並照顧對方。」（We do solemnly declare that marriage is a covenant between a man and a woman who agree to live together as husband and wife for so long as they both may live. We have chosen each other carefully and disclosed to one another everything which could adversely affect the decision to enter into this marriage. We have received premarital counseling on the nature, purpose, and responsibilities of marriage. We have read the Covenant Marriage Act, and we understand that a Covenant Marriage is for life. If we experience marital difficulties, we commit ourselves to take all reasonable efforts to preserve our marriage, including marital counseling. With full knowledge of what this commitment means, we do hereby declare that our marriage will be bound by Louisiana Law on Covenant Marriages and we promise to love, honor, and care for one another as husband and wife for the rest of life.）

[96] STATSKY, op. cit., at 121 et seq.

[97] http://epaper.legaldaily.com.cn/fzrb/content/20120825/Articel03002GN.htm (revised 2013/10); GREGORY, SWISHER & WOLF, op. cit., at 297 et seq. 關於美國仲裁或調解利用之近況，又參照楊崇森，美國仲裁制度之新發展與全美仲裁協會之運作，仲裁季刊，第 94 期，2011 年 12 月。

[98] STATSKY, op. cit., at 282 et seq.

之分。前者如重婚、亂倫婚姻，不需正式撤銷訴訟，但當事人可申請法院發給婚姻自始無效之正式司法紀錄；後者包括未達法定年齡、結婚出於詐欺脅迫等則需要訴訟。但美國法二者統稱為撤銷（annulment）[99]。

　　婚姻之撤銷制度有悠久歷史，教會法[100]不准離婚，但准許教會認可之婚姻撤銷，所以自過去至今日，它仍舊是羅馬天主教承認唯一終結婚姻之方法。美國許多州也採納羅馬天主教之哲學，准許婚姻之撤銷。

1. 現今美國法婚姻撤銷原因基本上分為

(1) 有前婚存在：大多數州重婚為犯罪。但在一些州前婚配偶若失蹤達一定年限，可推定為死亡，而可提出 Enoch Arden 抗辯。

(2) 與禁婚親結婚：有些州禁止一定血親或姻親之人結婚，且規定若干關係之人間（主要是血親，但一些州連一定姻親亦在內）性關係構成亂倫罪。統一結婚離婚法（第 207 條）禁止直系尊親屬與卑親屬、兄弟姐妹、養兄弟姐妹之間結婚，准許第一表兄弟姐妹及所有姻親間結婚。各州對同一家二養子女間可否結婚規定不一。生存配偶可否與其翁姑或岳父母結婚？有些州准許，有些禁止[101]。

(3) 未達結婚年齡（nonage）：有些州即使一父母或監護人拒絕同意婚姻，法院有權授權未達年齡之人結婚。在這些州，法院斟酌當事人之成熟度、財政來源、將要出生或已生之小孩是否非婚生。未達年齡之人可起訴撤銷婚姻。在大多數州即使當事人不欲撤銷，一父母或監護人亦可撤銷。

(4) 不能人道：大多數州只有無法治療之不能人道是撤銷原因。起訴有時效限制，如 4 至 5 年。

(5) 假結婚（sham marriage）：指當事人從未意欲作為夫妻共同生活，只是為了例如避免遞解出境，或為了避免一夜情所生小孩成為私生子而結婚。如當事人於結婚後未同居時，大多數法院會宣稱婚姻無效而准許撤銷[102]。

(6) 精神病（mental disability）：防止與不瞭解婚姻關係之性質與責任之人結婚與生育。因許多精神病之人難得成為好父母，且其子女易成為公共負

---

[99] GREGORY, SWISHER & WOLF, op. cit., at 66.

[100] 關於教會法之來龍去脈，可參照楊崇森，教會法之興衰及對現代世界之影響，軍法專刊，第 56 卷第 6 期，2010 年 12 月。

[101] STATSKY, op. cit., at 154 et seq.

[102] Id. at 159.

擔。惟患精神病，於短期回復期中結婚者，如有同居，許多州仍定為有效婚姻。

(7) 脅迫：在大多數州，由脅迫所為婚姻可撤銷而非無效，且只有無辜之一方可提撤銷之訴。但如事後自願與脅迫之他方同居時，則基於已追認婚姻之理論而不能提起[103]。

(8) 詐欺：何種詐欺構成撤銷原因，大多數法院用必要標準法（essential test），即詐欺須涉及婚姻關係之要件，通常與將來性關係及生小孩有關者，皆當之。有些州則採較廣義標準，凡對婚姻關係重要之任何事情之詐欺皆屬之[104]。有些州則採重要性標準法（materiality test），詐欺須攸關重要之事項，即如無詐欺之陳述，則被騙之人將不締結婚姻。詐欺之人之心態攸關重要。在大多數州，須行為人有事實不實表述（misrepresentation）之故意，或有故意隱瞞事實[105]。

2. 婚姻撤銷之效果

如按詐欺性質，有撤銷權人不在婚後合理期間內提起撤銷之訴時，則可能喪失權利，嗣後不能再提。

撤銷與離婚有許多相似：配偶可自由再婚；由法院決定小孩監護，雖然夫通常須扶養他們；雙方取回其特有財產並將共同財產分配。但過去法律原則上婚姻一旦撤銷，無效有回溯既往之效力，因此撤銷較離婚不利：在一些州小孩變為非婚生，且失去繼承權；妻通常不能請求贍養費，對前夫之遺產或財產無權分享[106]。惟此原則如嚴格適用、會產生非常不公平之結果。於是各州設法予以緩和[107]。目前法律大致如下：

---

[103] Id. at 165.
[104] 在主要導致婚姻撤銷之詐欺是：隱瞞前婚或離婚（尤其一方所信宗教禁止與離婚之男女結婚）、拒絕有小孩（期望成家乃婚姻關係所默示）、在民事婚之後，拒絕舉行宗教儀式，財務上虛偽陳述、隱瞞懷孕（當小孩非夫所出）、對貞操作虛偽陳述、隱瞞疾病、對品德虛偽陳述（為了取得結婚同意）、出於外在動機結婚（例如為取得他方財產；為了入境美國或成為美國公民；或為了使未出生之別人小孩取得婚生子女身分）。許多州已將婚姻撤銷之原因擴大，而包括婚後發生之事實。惟一般而言，有嚴格離婚法的州撤銷之原因較寬，而有寬鬆離婚法的州，則撤銷之規定較嚴。參照 THE TIME-LIFE FAMILY LEGAL GUIDE, op. cit., at 50 et seq.
[105] HELM, The Family Legal Adviser 74 (1982); STATSKY, op. cit., at 166 et seq.
[106] YOU AND THE LAW, op. cit., at 404 et seq.
[107] KRAUSE, op. cit., at 96 et seq.; GREGORY, SWISHER & WOLF, op. cit., at 68.

(1) 婚生子女

各州多以制定法將子女視為婚生子女。亦有以一方或雙方父母於結婚時善意以為婚姻有效為限，或不適用於因重婚而撤銷之情形[108]。

(2) 贍養費

犯錯一方即詐欺或脅迫之一方不可請求。有些州另外限制只有被告才可收領。有些州在撤銷訴訟不能下贍養費裁判時，法院根據不同理論賦予女方若干救濟。諸如以準契約（quasi-contract）起訴，請求返還在婚姻關係中提供物品與服務之合理價值，以免對方不當得利；或以合夥、合資契約（joint-venture）及推定（punative）配偶諸說，准許分配在婚姻關係中取得之財產。

(3) 贍養費是否復活

如離婚裁判規定贍養費於妻再婚時終止給付，1 年後妻再婚，夫停止給付贍養費。若兩年後妻之後婚被撤銷，夫之贍養費給付義務是否復活？大多數州認為不必再付，除非該州於撤銷訴訟命夫給付贍養費。有些州則採夫自撤銷之日起，回復贍養費給付義務之理論，亦即給付義務因第二次婚姻之撤銷而復活[109]。

(4) 監護與子女扶養

婚姻撤銷對法院需要下監護與子女之扶養命令，無何影響。

(5) 繼承

婚姻撤銷終止了配偶間相互繼承之權。

(6) 社會安全與勞工補償利益

判例法對此問題意見不一。有的案件判認此等利益回復，有的結論相反。

(7) 刑法上之結果

大多數案件謂嗣後婚姻之撤銷，不能作為重婚罪之抗辯。

(8) 配偶間侵權行為訴訟之免責

在一些州，配偶間不可告對方若干侵權行為。婚姻撤銷不排除配偶間侵權免責。

---

[108] STATSKY, op. cit., at 173; GREGORY, SWISHER & WOLF, op. cit., at 67.
[109] STATSKY, op. cit., at 174; GREGORY, SWISHER & WOLF, op. cit., at 68.

(9) 婚姻中交談之免責

涉及此點之案件很少。在涉及的案件中，有的認為婚姻撤銷不影響此特權，但也有採相反結論者[110]。

（三）別居（separation）

在美國別居甚為流行，有的目的在離婚，有的暫時分居。分述如下：

1. 別居契約

夫妻雙方於別居前或別居後可訂立別居契約（separation agreement），解決與離婚同樣之實際問題，諸如子女監護、扶養、財產分配等，只要不違反公共政策，為法律所鼓勵[111]。別居契約多含有所謂不干擾條款（nonmolestation clause），約定互不干涉另一方之生活方式，或不以任何方式干擾他方[112]。

訂立別居契約之優點：(1) 可適應個別情況，就扶養、子女監護等加以安排，因畢竟法官是局外人；(2) 當事人最清楚子女之需要與自己利益所在。

別居契約可因當事人嗣後與該契約不一致之行為而終結，例如申請法院裁定扶養，或雙方以終結別居之意思恢復同居。別居契約之內容有可能轉換成為司法別居裁定，甚至離婚判決之一部。

2. 司法別居

司法別居（judicial separation）又稱為法律別居（legal separation），乃介於結婚與離婚之中間階段，主要功能係在決定是否離婚前，觀察婚姻之前景及自他方配偶取得生活費。也有為了宗教或家庭原因，不欲用離婚方式終結婚姻，而欲永久別居，但仍維持婚姻。美國有一半的州承認永久別居[113]。

申請司法別居須具備一州法律所定與離婚類似之原因[114]。

---

[110] STATSKY, op. cit., at 173 et seq.

[111] STATSKY, op. cit., at 227.

[112] Id. at 280.

[113] BURNHAM, op. cit., at 511.

[114] 在大多數州，其原因除遺棄、虐待外，可能有通姦、習慣性酗酒、精神病、不能人道、性情暴烈、犯重罪、性格不合、故意忽略供養、不名譽致生活難以忍受、使同居不安全或不適當、習慣性吸毒、企圖危及他方、拒絕同居、失蹤 3 至 7 年無音訊、惡疾。有些州凡離婚原因皆可作為裁判司法別居之原因。參照 COUGHLIN, op. cit., at 180 et seq.，惟今日在無過失離婚制度下，別居原因可能發生變化。

　　司法別居如繼續一定期間，可成爲離婚原因。在許多州其裁定可轉換爲離婚[115]。

3. 別居之效果

　　別居並不完全免除夫妻婚姻之權利義務，例如不能與人通姦、夫仍須扶養妻。自願契約條款難於執行，但如由法院所訂，則法院可處罰違反契約之一方，認爲藐視法庭，而可能導致被監禁之結果。至永久性別居，與離婚近似，唯一不同是當事人不可再婚。在許多州，如夫妻別居達一定期間，通常 1 至 5 年，不能協調重修舊好時，任何一方可申請法院准許離婚[116]。

（四）贍養費與財產清理（property settlement）

1. 贍養費

　　法院在別居與離婚訴訟中及其後，法院可命夫對妻支付贍養費。其根據是傳統上夫法律上負擔扶養妻之義務，而贍養費乃扶養義務之代用品，或婚姻關係消滅之和解金[117]。關於贍養費，統一結婚離婚法第308條規定：法院只有於：(1) 請求之配偶缺乏充分供養其合理需要之財產；及 (2) 無法經由適當受雇，扶養自己，或係小孩之監護人，而小孩之情況使其有不適於出外工作之適當情形，才准給贍養費。至贍養費之數額，各州制定法賦予法院廣大之決定裁量權，而只規定應斟酌之因素。而第 308 條更列舉下列斟酌因素。
(1) 要求給付之當事人財務資源（包括清理所領婚姻財產及監護小孩之扶養費）及其賺錢潛力。
(2) 要求一方爲重新進入職場所需足夠教育或訓練之時間。
(3) 婚姻中之生活水準。
(4) 婚姻期間之長短。
(5) 要求一方之年齡與身心狀況。
(6) 被要求一方之財務狀況[118]。
　　贍養費可一次或分期，分期又分定期與不定期。有些州贍養費定爲夫收入

---

[115] KRAUSE, op. cit., at 143; STATSKY, at 191 et seq; http://www.hg.org/separation-law.html (revised 2013/10).

[116] THE TIME-LIFE FAMILY LEGAL GUIDE, op. cit., at 52.

[117] FARNSWORTH, op. cit., at 122.; CLARK, op. cit., at 620, et seq.

[118] KRAUSE & MEYER, op. cit., at 296 et seq.

的一定百分比。有些法院不超過夫資產的一半，有些是三分之一，有些州不能給妻永久贍養費。義務人或權利人死亡通常終結支付義務。權利人再婚或任何一方財務狀況之重大變化，除贍養費命令另有明白訂定外，可能為贍養費修改之原因[119]。

過去許多州制定法規定只有妻才能請求贍養費。但最高法院判認這些法律乃不合憲法增修第 14 條平等保護之性別差別待遇而違憲[120]。

有些州例如賓州，已經修改婚姻法，規定贍養費可付給任何一方，而消除性別差別待遇。有些州例如伊利諾伊州、加州，夫有時被法院准許向妻請求贍養費[121]。

今日在大多數州，贍養費的裁定基本上是根據離婚雙方當事人的需要與能力，法院尤其斟酌年齡、健康、身體狀況、賺錢能力與現在收入。有些州法院傾向於對沒賺錢的妻，在她資格範圍內，課予她一些賺錢的義務，有些州鼓勵妻再教育，學習工作技能，並在合理期間出外工作，變成自給自足，因此法院可能只准許在暫時過度期間支付贍養費。

由於無過失離婚制度的盛行，也衝擊到贍養費的制度。今日法院比過去較少下贍養費之裁判，且所定給付期間亦較短。財產清理已取代贍養費，成為大多數州調整當事人財務關係之主要方法（德克薩斯州在任何情況皆不准贍養費）[122]。此點值得注意。

關於贍養費命令之執行方法，在大多數州，如夫有能力支付法院所訂的贍養費，而拒絕支付時，通常可以藐視法庭處理而被監禁。

2. 婚姻解消後財產之分配

(1) 婚姻解消後財產之分配，原則由當事人磋商決定[123]，不能協議時，由法院命

---

[119] 有些人離婚二次以上，致兩度負擔贍養費，至為沉重。當然亦不無發生夫因所經營業務不振，收入減少，遲延支付，但法官不信，被認為藐視法庭而被監禁之情事。

[120] Orr v. Orr, 440 U.S. 268 (1979); STATSKY, op. cit., at 253 et seq.

[121] COUGHLIN, op. cit., at 184 et seq. 愈來愈多案例，有錢的妻需扶養貧困之夫，如妻是離婚訴訟有責的一方。參照 YOU AND THE LAW, op. cit., at 418.

[122] BURNHAM, op. cit., at 512; KRAUSE & MEYER, op. cit., at 294 et seq

[123] 在離婚過程中，雙方應向法院報告他們的收入及任何負債。何種債務由何人付清，應在離婚或別居契約明白反映。STATSKY, op. cit., at 277. 當事人常另行約定財務及其他安排，呈法院批准。此種約定不可詐欺脅迫，且稽諸雙方生活及各種情況，須屬公平。法院不准原因主要是約定內容不公平（unconscionable，無良心）。如財產清理約定須由法院批准時，則常列入離婚裁判內（作為附件，或逕抄上約定條款），使該約定能與判決以同一

令處理。

在採共有財產（community property）制度那些州，各配偶分到法院認定爲所有共有財產50%之利益。反之，大多數州之離婚法規定離婚時在婚姻關係中獲得之財產應公平分配（equitable distribution）[124]，此乃基於結婚乃共同企業之觀念，且希望分配能符合各方對財產之取得所作之貢獻。例如上述統一結婚離婚法規定法院應斟酌當事人所有財產，連同：①婚姻期間；②任何一方之前婚；③任何婚前契約；④當事人之年齡、健康、教育、職業、賺錢能力及受僱難易；⑤各方之負債與需要；⑥有無收到贍養費等因素。在所有各州，不問夫妻採何種財產制，法院欲公平分配財產，且對決定配偶哪一方取得什麼財產，有廣泛之裁量權。所謂公平分配（equitable distribution）係按法院認爲公平之方式，且對決定配偶哪一方取得什麼財產，法官有廣泛之裁量權，通常是一人一半，但實務上也可分三分之二財產歸賺錢較多之配偶，其餘三分之一歸另一方。且在法院分配時，未必將財產作有形物理上分割，可能計算婚姻財產之總值，而予每人一個百分比。

在無長期贍養費制度之那些州，通常法院均等分配婚姻財產之傾向更強。在分配財產時，何方引起婚姻破裂，並非斟酌之因素。統一結婚離婚法第307條規定，財產應不問婚姻之不正行爲，加以分配。雖然特有財產不被分配，但有些州法院如認定只分配婚姻財產並不公平時，有權伸手到一方的特有財產[125]。分配財產另一關注之重點是確定如何分配最爲實際。現金易於分配，但房子[126]、車輛與營業則否。有時須將全部財產出賣來分配價金。

方式執行。參照 BURNHAM, op. cit., at 513.

[124] STATSKY, op. cit., at 261. 據說雖然在共有財產制與普通法財產制下，各州分配財產在理論上有差異，但實際結果則甚爲接近。因普通法財產制之州法院法官常傾向命50%對50%之分析，除非此種分配不公平。參照 STATSKY, op. cit., at 261.

[125] 特有財產與婚姻財產之間，界線並非十分清楚；非婚姻財產如與婚姻財產混在一起，或如共同帳戶那樣，可能變成婚姻財產。例如把繼承所得金錢放在共同帳戶時，可能自非婚姻財產轉變爲婚姻財產，而須分配。又結婚前已開辦，而於婚後繼續之營業（通常稱爲混合財產〔commingled property〕）亦然。又以混合資金購買或維持之財產，法院亦可能認爲共有財產。故如欲維持特有財產，須設法完全分開，以免混合變成共有財產。參照 STATSKY, op. cit., at 262.

[126] 房子分歸何人？視情況而定。如有小孩同住，則法律偏向主要負責養育的那一方，通常分歸這一方。如一方用特有資金所買，且無小孩時，則可保住房子，而另一方搬走。如無小孩，且雙方不能協議時，法院分配時考慮因素不同。如決定由一方保有，則他方可

(2) 關於可分配之財產，幾乎任何可評估價值之物，除房屋、汽車、營業財產、現金、股票、債券、帳戶外，亦包括退休金權利、殘廢給付及醫療保險；甚至無形財產，諸如經商或執行職業所生之顧客關係（good will），在大多數州亦認為是婚姻財產。晚近有趨勢將可分配財產擴張至「職業或前程資產」（career assets）或「人力資產」（human capital），以達到雙方在經濟上實質公平之目的。例如一方對他方取得高深學位（例如醫學位或執業證照）所做之貢獻，法院在認定贍養費與財產清理時，亦予以斟酌[127]。過去認為職業之學位與顧客關係過於無形，或只認為屬於其中一方，通常為夫。但近年由於立法與訴訟結果，已使此見解變更，致今日磋商離婚或別居契約時，經常考慮這些項目[128]。

（五）子女之監護

1. 子女監護包括與子女養育有關之所有決定權，諸如教育、健康照顧、宗教、成長與發展，通常也包括子女的身體監護。因此子女與有監護權的一方父母同居而受其監督。監護期間通常到子女成年為止，但身心欠缺的子女，可能到了成年還要監護。在 19 世紀傳統普通法下，子女的監護是由父任之，到了 20 世紀前半，改採「幼年理論」（tender years doctrine），也就是推定母在孩提期間最適合照顧子女，父親只能由於證明母不適合，或比他更欠缺照顧小孩之能力，來推翻此種推定[129]。後來許多法院採「主要照顧人之推定」（primary-caretaker presumption），即小孩歸多年主要照顧小孩之一方，當然大多數情況由母繼續單獨監護。不過今日由於母親在外就業人數急劇增加、父親監護的意願增加，以及合憲性的顧慮，由母優先的原則已經失勢。法院現在是考慮子女的最佳利益（the best interests of the child），即以小孩之需要為優先，而不問監護人之性別，不過事實上往往還是對母作有利的推定。

能領到較大份的其他財產，以彌補其差額；如雙方無力留住房子，則可能將其出賣，而分配所得予二人。

[127] BURNHAM, op. cit., at 513 et seq.; STATSKY, op. cit., at 266 et seq. Woodworth v. Woodworth, 126 Mich. App. 258, 337 N.W. 2d 332 (1983). 也有人稱其為補償贍養費（reimbursement 或 restitutional alimony），認為乃贍養費與財產分配之變種，參照 GREGORY, SWISHER & WOLF, op. cit., at 320.

[128] BURNHAM, op. cit., at 513; STATSKY, op. cit., at 266 et seq., 269 et seq.

[129] BURNHAM, op. cit., at 515; STATSKY, op. cit., at 314 et seq.

　　決定子女最佳利益的因素包括：(1) 親自照顧子女的能力；(2) 由親子過去行為，來看子女與父母之間關係的性質如何；(3) 父母監護的意願；(4) 子女當前環境穩定性之維護，尤其有關家、學校與友人；(5) 子女的意願[130]。

　　關於子女的意願，有些州法律規定子女表達意願的最低年齡，有些州則由法官裁量。較大較成熟小孩之意願，宜有較大分量，而常被問想要跟誰同住。惟因父母可能要對小孩施壓，所以詢問小孩意見需要謹慎[131]。

　　法院最重要之考慮是安定性。法院判歸對小孩生活打擾最少的父母一方。因小孩在生活安排、上學、宗教習慣與親戚朋友等需要方面，宜儘量安定。且優先歸能花時間回應小孩日常生活需要的那一方監護。法院明顯不喜交給有虐待兒童紀錄的父母監護。兄弟姐妹如有可能，最好與同一父母住在一起。

2. 監護之分類。監護可分為：(1) 法律上監護（legal custody）；(2) 身體監護（physical custody）；(3) 單獨監護；(4) 共同監護（joint custody）。

　　所謂法律上監護，係指就有關養育小孩之健康、教育、宗教、紀律及一般福利，作主要決定之權利；而身體監護係指決定小孩住何處及實際住所之權利。法律上監護與身體監護可交給父母之一方（單獨監護）或由父母輪流監護（共同監護），分享作決定與真正監護責任。例如一週內幾天小孩住在父家，另幾天住在母家，輪流由一方監護。

　　在此種方式下，小孩可得到雙方父母之愛，緩和失去無監護權父母之愛之感受，父母雙方又可分享養育小孩之樂趣與責任。但也有人認為共同監護降低子女所需之安定，甚至導致父母雙方之爭執，反而對小孩不利，致其可行性問題仍有爭論。但大多數州立法准許由父母共同監護。有些州甚至以此方式為優先，並推定此種安排符合小孩之最佳利益。也有州認為除特殊情況外，共同監護並非子女之最佳利益。按決定是否符合子女之最佳利益，其關鍵在於父母在日常決定影響子女福祉上之能力與彼此是否願意合作。如小孩不止一個時，各父母單獨監護至少一個小孩，對別的小孩有探視權，稱為分開監護（split

---

[130] BURNHAM, op. cit., at 515.
[131] 有時由於父母雙方敵對，且對小孩訴說對方不是，設法使小孩敵視另一方，致降低小孩對另一方父母之愛，而小孩也成為被害人，而可能患了所謂「父母疏離症候群」（parental alienation syndrome）。參照 http://www.squidoo.com/parent-alienation-syndrome-PAS (revised 2013/10).

custody）[132]。

此外也有人將監護分爲共同法律監護（joint legal custody）與共同身體監護（joint physical custody）。前者乃對影響子女之所有主要決定，父母雙方有平等發言權，而後者則分配時間由父母分別與小孩同住。惟實際上如此劃分頗爲困難。此外亦可定爲雙方共同法律監護，但身體監護只歸一方。在此場合，負責身體監護之一方可能不欲諮詢他方，因認爲他方對小孩日常生活所涉不深，未必能作正確決策[133]。

由於州法院之監護命令於州邊界之外並無直接效力。過去曾有父母之一方將小孩帶去外州，以逃避法院監護命令之情事。1980 年國會通過「父母誘拐防止法」（Parental Kidnapping Prevention Act），明定憲法上「完全信任與信用」（full faith and credit）之條款，適用於兒童監護命令，而要求各州執行別州法院所發之監護命令[134]。

3. 父母等之探視權（visitation right）。我國民法親屬編遲至 1996 年才有探視權之簡略規定。事實上此種探視權對無監護權之父母至爲重要，可見法律與社會生活隔閡。反觀美國法與社會生活實務都對探視權極爲重視，常成爲爭訟焦點，法院通常賦予無監護權之父母探視權，俾能繼續與子女相聚，減少離異對子女生活之衝擊[135]。在大多數案件，法院對探視權採開放式，即只須合理即可。如此在友善離婚情況最爲適合，因富有彈性與減少法院介入。法院也可能定下特定時間與安排，當雙方有敵意，致另一方不便於探視時，可能爲最佳作法，且對年幼小孩可能較佳，因可予他們一種安定的感覺。

如法院認爲無限制探視，不合小孩之最佳利益時，有時探視在監護父母以外第三人在場下行之，稱爲監督探視（supervised visitation）。此方式常由監護一方載小孩去政府機構、非營利設施（如基督教女青年會〔YWCA〕），甚至雙方信賴之親戚家，或專供此種探視之專業機構，由無監護權之父母與小孩相聚數小時後，再來接回家[136]。但於特殊情況，包括父母有毒癮或酒精中毒，

---

[132] STATSKY, op. cit., at 301 et seq.

[133] Id. at 518 et seq.

[134] Id. at 518 et seq.

[135] 筆者早於 40 年前就呼籲在民法親屬編中增訂探視權之規定，參照楊崇森，修正民法之管見，新時代，第 15 卷第 6 期，1975 年 6 月，頁 16、21。

[136] STATSKY, op. cit., at 323.

如探視於小孩有害時，則例外探視權受到否認[137]。

祖父母及其他親戚可否探視？在過去十多年，幾乎所有各州都通過法律，准許祖父母或其他親戚（後父母、曾祖父母）獨立之探視權[138]。法院尤其考慮離婚前祖父母涉及小孩生活，可能產生之心理紐帶以及小孩之喜好[139]。

當監護之一方父母欲離開本州時，困難發生。如純為阻止他方探視，且對本身或小孩無何利益時，法院可能否決該方父母之監護權。但如動機係善意試圖改進其生活時，則更難下決定。不過許多州單純以監護一方繼續住在特定地方，作為監護之條件，或禁止其遷居[140]。當然要帶小孩到外國，則問題當更形複雜。

又值得注意者，由於美國監護裁判日後可修改，以保障子女之利益，美國有許多不滿原來監護裁判之父母，自合法監護一方「誘拐」自己小孩去別州，尋求修改監護裁判，有的拉小孩逐州向法院嘗試，直到找到「友善」的法院為止。最盛時，每年父母誘拐案估計在 30 萬至 60 萬件之間。為了避免子女監護權競合，在多州同時進行訴訟，影響子女福祉起見，各州採用了「統一子女監護管轄權法」（Uniform Child Custody Jurisdiction Act），原則上限於小孩本州（home state）及其他與當事人有重要關係的州才有管轄權。後來國會於 1980 年通過「父母誘拐防止法」（Parental Kidnapping Prevention Act）。1993 年又通過「國際父母誘拐犯罪法」（International Parental Kidnapping Crime Act），將意圖妨礙親權（指共同或單獨身體監護，包含探視權）行使，將小孩自美國帶出或留在國外之行為，定為聯邦犯罪[141]。1985 年美國批准「海牙國際兒童誘拐民事方面公約」（Hague Convention on the Civil Aspects of International Child Abduction），該公約在 2007 年在美國及其他六十多國生效[142]。

---

[137] GREGORY, SWISHER & WOLF, op. cit., at 484.

[138] KRAUSE, op. cit., at 200. 有些法院甚至在無制定法授權下，本於先天（inherent）司法權，准許與小孩關係特別密切之人亦有探視權。KRAUSE & MEYER, op. cit., at 224.

[139] BURNHAM, op. cit., at 517.

[140] 不過限居也引起有人攻擊妨礙其憲法上旅行之權利。此時涉及小孩最佳利益與監護父母福祉如何平衡之問題。KRAUSE & MEYER, op. cit., at 231 et seq.

[141] CLARK & ESTIN, op. cit., at 996, 1002; 又許多州有處罰無監護權之父母妨礙監護之刑罰規定，GREGORY, SWISHER & WOLF, op. cit., at 501 et seq.

[142] KRAUSE & MEYER, op. cit., at 233 et seq.; STATSKY, op. cit., at 340 et seq.

四、父母子女之關係

（一）住所

未成年子女，以父母之住所爲住所[143]。如經父母同意，未成年人亦可取得自己之住所。又雖未成年，但若已被解放時，大多數州亦可取得自己之住所[144]。

（二）姓

子女冠父母之姓，惟法院認爲父母有權爲其取任何姓，甚至混合或合併之姓。當有監護權之母離婚或再婚，欲將小孩改用娘家姓或新婚之姓時，常發生訴訟[145]。

（三）婚生子女

在美國，通常子女之生父母在其出生後結婚者，仍算是婚生子女。離婚或婚姻撤銷不影響小孩之婚生子女身分[146]。非婚生子女對生父財產無繼承權。所有州規定：小孩出生後，須於數日內向當地登記機構登記。如小孩在醫院出生，醫院通常提供父母須填之表格，向登記機構登記。然後父母自醫院領到出生證明，可用於許多目的[147]。

（四）扶養子女之義務

1. 扶養義務之性質與期間

(1) 父母有扶養子女之義務，通常至子女成年爲止，通常爲 18 歲。對有身心殘障之子女，有些法院認爲縱超過 18 歲，仍須扶養。較有爭議的是，父母是否應負擔子女之大學教育費用。傳統看法是大學教育並非必要，不課父母

---

[143] THE TIME-LIFE FAMILY LEGAL GUIDE, op. cit., at 78.

[144] 所謂解放（emancipation）乃英美法之特殊制度，係指未成年人發生若干事實，明白顯示已經父母同意，可自父母獨立生活；包括結婚、服役、被父母放棄、親子間明白約定可由子女獨立生活等。STATSKY, op. cit., at 442. 惟由於近年美國各州改爲 18 歲成年之結果，致未成年子女法律上解放之重要性減損不少，因與解放有關問題大多涉及 18 至 21 歲之年齡層之故。CLARK, op. cit., at 322, et seq; KRAUSE & MEYER, op. cit., at 171.

[145] KRAUSE, op. cit., at 126 et seq.; KRAUSE & MEYER, op. cit., at 105.

[146] LAST, op. cit., at 102.

[147] THE TIME-LIFE FAMILY LEGAL GUIDE, op. cit., at 69 et seq.

此種義務，但今日大多數州以制定法或法院判決規定：當父母有能力，且子女學業正有進步時，准許命父母負擔子女大學教育費用[148]。如子女在成年前結婚或從軍，或當子女能自立時，父母就不再負扶養義務。過去普通法下，父有優先扶養子女之義務，妻只是次要負責人，但今日各州認爲此義務不分性別。此義務制定法或統一法通常訂在離婚或婚姻解消及確認生父標題之下[149]。近年來國會要求領取聯邦補助之各州，須訂定子女扶養基準，致今日各州都已訂定此種基準。

(2) 醫療照顧。父母有義務對子女提供必要之醫療照顧，否則可能構成對小孩之忽略（neglect）[150]。但有時父母對生病孩子，基於宗教理由，會有未提供必要照顧之情事。又父母對於有嚴重天生缺陷之新生兒應否醫療，亦一難題。在紐約州與印第安那州有二案，父母對嚴重殘廢新生兒，基於非宗教原因，認爲寧可讓他們死亡，不同意用救命醫療處理[151]。近年聯邦政府訂頒了「兒童虐待防止處理法」（Child Abuse Prevention and Treatment Act），規定醫療忽略爲一種兒童虐待，除極端與無助情形外，對殘障小孩應施以醫療。對不處理之事件，州機構應予調查矯正[152]。

2. 子女扶養命令

(1) 數額之基準與裁量

法院所下子女扶養命令之數額，不問暫時性（離婚案件繫屬中）或永久性，由審判法院裁量。法院斟酌父母雙方之財力，連同任何財產分配或贍養費，在離婚裁判內加以訂定。聯邦法律要求各州訂定扶養費基準並加以遵守，但各州基準不一。一般標準是斟酌父母財力所及，須屬合理，以及子女之合理需要，包括衣、食、教育、醫療及娛樂。法院亦可能斟酌離婚前子女所習慣之生活水準。

(2) 費用之變動

大多數子女扶養命令是命有監護權之父母作定期給付，如情事變遷，可

---

[148] BURNHAM, op. cit., at 519; STATSKY, op. cit., at 356 et seq.

[149] GREGORY, SWISHER & WOLF, op. cit., at 332.

[150] KRAUSE & MEYER, op. cit., at 167.

[151] BURNHAM, op. cit., at 532.

[152] KRAUSE & MEYER, op. cit., at 169.

調整給付數額。此種情況可能包括任何一方之財務狀況、子女需要或生活費之變化。如父母職業改換或他故，不再有能力支付所命數額時，可減少其數額。如子女需要（諸如教育或醫療費用）增加時，亦可命增加給付。有些州准許上升條款，使給付金額隨聯邦勞工部定期計算之消費價指數（Consumer Price Index）調整。

(3) 貧困家庭之福利計畫

　　為免監護與扶養子女之父母財力不足以扶養子女，美國另有社會福利計畫予以支援。自 1935 年至 1996 年，聯邦政府有所謂「對有子女扶養家庭之協助」（Aid to Families with Dependent Children，簡稱 AFDC）計畫，與各州合作，資助並監督提供現金與實物予由於父母失蹤、殘障或失業之有小孩之貧困家庭。即除現金外，還提供食物券（food-stamps）予低收入家庭，宛如醫療協助（Medicaid）一樣。又完全殘障之人，包括兒童，可接受「補充安全收入方案」（Supplemental Security Income Program）之扶助。但到了 1996年，國會改以「對貧困家庭暫時資助方案」（Temporary Aid to Needy Families Program）取代，規定財力補助以共計 5 年為限，期使接受社會福利之人轉換到出外工作，自食其力[153]。

(4) 子女扶養命令之執行

　　美國許多父母怠於給付子女扶養費，問題嚴重，有監護權之父母須聘律師向另一方催討，而成為美國一大社會問題，最近情況才告好轉。討債方法之一是，將遲延給付之父母認為犯了民事藐視法庭。第二種方法是扣押拍賣債務人的薪俸或財產。惟債務人常遠走高飛，離開法院下命令那一州，以規避扶養義務。為解決此種困擾，所有各州已採行「統一相互執行扶養命令法」（Uniform Reciprocal Enforcement of Support Act），要求各州執行別州法院所定之扶養義務。但由於缺乏資源，該法並未如期待那麼成功。聯邦法律現今設有一個「尋覓父母局」（Parent Locator Service），協助民眾尋找失蹤父母，及設置一個「小孩扶養執行處」（Office of Child Support Enforcement），以確保各州扶養執行計畫符合聯邦所定水準。這些聯邦水準要求各州對兒童扶養執行制度，從事行政改革，以追蹤怠於扶養子女之父母，並提供更有效率之扶養命令管理。此外法律還授權截取聯邦或州所得稅的退稅[154]。

---

[153] BURNHAM, op. cit., at 522.

[154] BURNHAM, op. cit., at 522 et seq.; GREGORY, SWISHER & WOLF, op. cit., at 365.

美國聯邦政府近年在衛生與人事部（Health and Human Services）下新成立了兒童扶養執行署（Office of Child Support Enforcement, OCSE），協助各州主管執行小孩扶養義務之機構（稱爲 IV-D 機構），去幫助生母向扶養義務人（多爲生父）追討扶養費。如女子接受公家補助時，須與 IV-D 機構合作，去收取小孩扶養費或移轉此項請求權[155]。

（五）子女對父母負扶養義務？

許多美國家事法書籍，對此問題未見著墨。按扶養父母爲英國普通法所不知，此義務係來自普通貧困之時代，當時國家不承擔公共福利，而須由家庭照顧自己。今日此義務不受重視之可能原因如下：1. 兩代之間可能有某種非正式安排；2. 父母已自國家得到照顧，領有政府福利金或退休金，無需仰賴子女扶養；3. 法律規定子女扶養貧困之父母，因此如需子女扶養，表示父母經濟失敗，是故老人不欲公開承認；4. 父母顧慮提起強制子女支付之訴訟，可能使親子情誼斷絕[156]。

按我國等東方國家受儒家思想影響，傳統道德倫理觀念重視孝道，但即使西方國家如德國者，其民法第 1601 條亦明文規定：「直系血親互負扶養義務。」即表示父母與子女互負扶養義務，並未如英國法規定須父母貧乏時，子女才對父母負有扶養義務。可見同樣是西方，風俗與倫理觀念仍有不同，而英美個人主義思想特別濃厚，與我國傳統淳風美俗有異，由此更可窺其一端。

（六）其他親屬間（尤其對貧困親戚）負扶養義務？

美國對其他親屬扶養之規定各州不同，有些州只限於配偶與子女；有些州包括祖父母與孫子女，有些包括兄弟姐妹。提起訴訟請求執行此扶養義務之權利歸貧困之人或 / 及提供生活費之州[157]。

---

[155] STATSKY, op. cit., at 353 et seq., 425.

[156] www.duhaime.org/LegalResources/FamilyLaw/LawArticle-353/Parental-Support-The-Obligation-to-Support-a-Parent-in-Canada.aspx. 又 Jan. 25/2007 Editorial: Filial Responsibility Laws: The next iceberg for GLBT people? (revised 2013/10), 對此問題有較詳細深入之探討。

[157] CLARK & ESTIN, op. cit., at 470. 又 YOU AND THE LAW 一書謂：「美國所有州規定夫扶養妻及未成年子女。三分之一州不要求扶養任何其他親屬，即使他們貧困，須由公家扶養亦然。在大多數州，除妻與未成年子女外，也須扶養一些親戚，其中有的只須扶養貧困之成年子女，有些州如無近親之負擔，可能亦須扶持孫子女、母、父、兄弟姐妹、祖父母，或須與其他親戚分擔。如不提供扶養，致該親戚成爲公共負擔時，州或郡可訴請義務人支付生活維持費。」（p. 398）。

（七）未成年子女之財產權

　　子女可以自己名義擁有不動產及大多數動產。父母不能取得或處分子女之財產，唯一例外爲父母對未成年小孩所賺的金錢有權取得，但小孩解放（emancipation）後則不可[158]。未獨立之子女可向不法致其父母死亡之人請求賠償損害。當未成年人因事故傷亡時，父母通常可訴請賠償喪失子女服務之損害，及任何其他損害或精神苦痛[159]。

　　父母對子女因遺贈或繼承所得財產並無處分之權利，此種財產包括其收益完全屬於小孩所有。由於未成年人法律上不能管理自己財產，任何以遺囑留下錢財予未成年人之人，應指定一名受託人，管理該財產。被指定之受託人可能是小孩的雙親或其中一人、友人、律師、銀行或信託公司。如遺囑未指定受託人，或小孩由無遺囑繼承取得財產時，則財產由遺囑驗證法院指派監護人管理[160]。

　　監護人或受託人應按遺囑或法院之指示管理，且應於小孩成年、或成年後特定時期（遺囑所定終止信託時期），將財產移交予小孩。即使小孩之父母常被指定爲受託人，亦不可擅自使用其原本或收益來支應扶養小孩的費用，除非遺囑條款或法庭命令特別准許，因其在法律上只是子女金錢的保管人（custodian）[161]。

（八）父母須對子女之行爲負責？

　　父母對未成年子女所負之債務不負責任，除非曾保證支付，或購買父母怠於提供有關之必需品，但必需品一詞甚有彈性（未成年人除了就必需品所負擔之債務外，不可以他們自己名義起訴或應訴）。

　　又在普通法下，父母對第三人因未成年子女之侵權行爲所受損害，原則不負賠償責任，除非其行爲之發生，父母知情與同意[162]。易言之，其例外是：

---

[158] STATSKY, op. cit., at 442.惟因近年美國改爲18歲成年，致使法律上解放之重要性失去不少，已如上述。KRAUSE & MEYER, op. cit., at 171.

[159] KRAUSE & MEYER, op. cit., at 172.

[160] YOU AND THE LAW, op. cit., at 389.

[161] 唯一例外是當父母無力支付子女生活費，或面臨爲小孩有不尋常花費，但無力支付時，諸如爲了整平小孩牙齒或上大學，可申請法院准許動用子女所繼承之財產。如釋明此需要屬實時，法院可能准許。THE TIME-LIFE FAMILY LEGAL GUIDE, op. cit., at 76. 如父母花掉金錢，而未經法院核准時，小孩可於成年後，訴請父母返還，而父母需證明除用小孩資金外，別無他法而免責。參照 YOU AND THE LAW, op. cit., at 382 et seq.

[162] HELM, op. cit., at 104; YOU AND THE LAW, op. cit., at 374.

1. 怠於合理避免小孩繼續爲父母所知之不法行爲；2. 指揮、參與、同意或批准該行爲；3. 小孩所犯行爲是以父母代理人身分；4. 父母過失交託小孩危險工具[163]。

今日基本上仍舊如此，但許多制定法對父母就子女所作侵權行爲在有限範圍，課以代理（vicarious）責任。另一例外是所謂「家庭目的原則」（family purpose doctrine），即第三人因小孩開父母的汽車受傷時，可向父母請求賠償損害[164]。

（九）親權之終止

1. 終止之原因

親權終止分爲自願與非自願兩種。送養爲自願終止親權之原因，各州最常見非自願終止親權之原因，爲不適合（unfit）爲人父母。包括嚴重或慢性虐待或忽略子女、放棄、長期精神病或弱智、長期酒精或毒癮所致之無能力、怠於扶養小孩或維持連繫，被判對小孩或別的家屬犯重罪之暴力犯罪，或判重罪監禁時間過長而對小孩有負面影響者[165]。而最常見之終止原因爲父母在法院介入後，矯正不夠快[166]。有些州已修改其兒童福利法，承認子女延期留在寄養場所本身是終止親權之原因。不過在作判斷時，仍應以小孩之最佳利益爲依歸[167]。

以亞利桑那州爲例，其非自願親權終止之原因如下：

(1) 放棄（Abandonment）

父母有任何方式之有意識忽略父母義務，包括忽略扶養、愛與照顧達6個月。行爲須係故意，且通常涉及缺少扶養與不溝通[168]。

---

[163] YOU AND THE LAW, op. cit., at 374.

[164] KRAUSE & MEYER, op. cit., at 172. 又參照 GREGORY, SWISHER & WOLF, op. cit., at 212.

[165] www.childwelfare.gov/systemwide/laws_policies/statutes/groundtermin.cfm#1 (revised 2013/10).

[166] KRAUSE & MEYER, op. cit., at 197.

[167] GREGORY, SWISHER & WOLF, op. cit., at 190 et seq.

[168] 在大多數州無監護權之父母一方，如在一定期間（常爲2年）未與小孩連絡或有能力而未扶養子女時，構成放棄。但如貧困，且無能力扶養小孩時，只要定期前往探視，不被認爲放棄小孩。數年未負擔任何父母義務之父母，如日後有放棄訴訟或監護權爭奪時，將面臨苦戰。但在監護權之挑戰，仍須被通知，並舉行審理。參照 Stanley v. Illinois, 405 U.S. 645 (1972).

(2) 忽略（Neglect）

須因忽略，導致並無為人父母之能力，且其情形須長期與在不定期間繼續。忽略情節須嚴重且繼續，並涉及對小孩身心或道德之嚴重損傷。如無此種傷害，貧窮或不名譽之生活方式，尚不足構成親權之終止原因。

(3) 虐待（Abuse）

需有嚴重身心損害或性方面之不正行為，且須證明將來可能虐待，因終止親權並非旨在處罰父母。

(4) 精神病、弱智或慢性實質虐待（Mental Illness, Mental Deficiency, or Chronic Substance Abuse）

須因而導致無能力為人父母，且須長期及在不定期間繼續。

(5) 犯重罪（Felony Conviction）

除了判罪與現在押外，尚須表明因犯罪顯示不適為人父母或刑期過長。在評估判刑長度時，法院會平衡親子過去關係、出獄後照顧子女之可能情況、在獄期中與小孩之接觸等 [169]。

在 Santosky v. Kramer（455 U.S. 745, 1982）一案，最高法院定下在終止親權訴訟，其證據須明白且有說服力。

2. 終止之效果

如親權被終止，則親子永遠且不可撤銷地喪失彼此所有法律關係，小孩以後可由他人收養。因此除非小孩有希望被人收養，否則許多社工人員與法官不欲批准終止親權 [170]。

（十）父母對子女之懲戒權

在英國早期「父不能為非」（The father could do no wrong），父對子女權利之絕對權力在 Re Agar-Ellis 一案（1883）表現無遺。當時毫無子女之福利或意願之觀念，但約1世紀後受到挑戰 [171]。晚近美國極重視兒童福利 [172]，許多

---

[169] www.childwelfare.gov/systemwide/laws_policies/statutes/groundtermin.pdf (revised 2013/10).

[170] KRAUSE & MEYER, op. cit., at 198.

[171] 該判決認為父對子女之權力乃神聖。WELSTEAD & EDWARDS, FAMILY LAW 177 (2006).

[172] 在英國夙有「不打不成器」（Spare the rod and spoil the child.）之諺語，與美國觀念似有所出入。

文化與習俗觀念與我國不同。在美國早期法院對父母矯正其子女，不問如何嚴重或無理由，除非產生永久損害或出於惡意動機，否則拒絕處罰，以免干預家庭內部管理[173]。在30年前父母在法律上固然有懲戒（discipline）子女之權利與義務，且可用合理力量懲戒，但實施不可不合理，忌用不必要之暴力[174]。法律不反對體罰，但如過度，引起瘀青、鞭痕或任何身體上損傷時，可構成嚴重犯罪，可能被認為虐待，而被追訴，可受罰金或徒刑之處罰[175]。

被父母習慣性虐待之小孩可能在法院保護下，自父母處帶走，使小孩成為國家之受監護人（ward of the state）[176]，交由一個機構把他好好帶大，而可強制父母負擔此種照顧之費用[177]。法院也可能將小孩自慢性酒精中毒或心理嚴重受創或耽於性習慣，而會影響未成年人品格之父母處帶走[178]。但現今法律態度改變，對虐待及忽略小孩至為敏感，不可不慎，詳如下段所述。

（十一）兒童之虐待及忽略

今日國際法也保護兒童免於虐待。例如聯合國兒童權利公約（the United Nations Convention on the Rights of the Child）有保護兒童免於虐待之規定[179]。在美國虐待及忽略兒童常成立犯罪。所謂忽略常指疏於扶養、教育、醫療或小孩福利所需之其他照顧。例如拒絕予小孩必要之手術、放任小孩長期在家無人照料。所謂虐待常指對小孩身體之傷害。

近來美國法律對虐待及忽略小孩更加敏感，成立許多公私機構，對可疑虐待及忽略加以反應。最激烈的發展是在每州通過強制報告之法律，規定被指定之專業人員，諸如教師、醫師、護士、社工人員、日間照顧人員及顧問，須向員警與兒童保護機構或其他兒童福利機構報告可疑之兒童虐待及忽略案件。如

---

[173] State v. Jones, 95 N.C. 188, 1886 WL 1152, at 1 (1886).

[174] KLING, op. cit., at 64.

[175] 老師與父母地位相同（in loco parents），按小孩違反校規，小錯之處罰是於放學後留校、或收回學校俱樂部及運動小組會員等特權，大的違反，則一時或永久退學。但退學可能需舉行正式公聽會，及由 school board 決定。學校或教師體罰學生，因各州或學區（school district）而不同。有些州與學區禁止任何方式體罰，有些則賦予教師與父母相同懲罰之權。如有合理正當理由，矯正之程度與小孩之年齡、塊頭、性別及身體狀況成比例時，可准體罰。參照 YOU AND THE LAW, op. cit., at 379; STATSKY, op. cit., at 447. 又 GREGORY, SWISHER & WOLF, op. cit., at 211.

[176] THE TIME-LIFE FAMILY LEGAL GUIDE, op. cit., at 75.

[177] KLING, op. cit., at 371.

[178] 同註 176。

[179] WELSTEAD & EDWARDS, op. cit., at 305.

怠於報告，可能負擔刑事及民事責任，以致近年報告案件之數目大幅增加[180]。其他任何人懷疑小孩被虐待或忽略者，亦可報告，如出於善意，通常豁免民刑責任[181]。案件一經提出報告，員警或相關機構將進行調查，於適當時，將違反之人送去法院究辦。法官如認定小孩被忽略或虐待，有許多作法，包括有權終止父母之親權，或將小孩送交州兒童福利機構安置[182]；當然亦可科以刑罰，惟據說多對父母提起民事訴訟[183]。鑑於兒童虐待及忽略之法律程序，對父母權益影響重大，因此最高法院判認：雖然終止親權程序是民事性質，但正當法律程序要求證據須明白且有說服力（clear and convincing evidence）[184]，通常民事訴訟之「有相當優勢之證據」（preponderance of the evidence）尚屬不足。又有毒癮或酗酒之婦女生下毒癮嬰兒，是否犯了小孩忽略或虐待？此亦爭議問題，

---

[180] 在 1963 年約有 15 萬件忽略或虐待報告，到了 1997 年大幅上升到 270 萬件。STATSKY, op. cit., at 445.

[181] GREGORY, SWISHER & WOLF, op. cit., at 227. 這些制定法規定導致在家庭隱私與民權觀點是否合法之疑義。由於規定報告來源保密，致不無被檢舉人用於為難父母等濫用之虞。且許多州建立兒童虐待嫌疑案件之中央登記簿，有人甚至建議供全國使用。雖然此種措施有助於壓制兒童之虐待，但也受到所蒐集父母之資訊，常涉及機密甚至錯誤之批評。KRAUSE & MEYER, op. cit., at 192 et seq.

[182] STATSKY, op. cit., at 445. 過去曾有中國移民美國之父母替生病之小孩刮痧，身體痕跡被同學無意看到，以為受父母凌虐，告訴老師，輾轉告官，父母在法官前語言不通，解釋不清，致被判徒刑，不但移民夢破滅，且身陷囹圄。又紐約時報報導某案中國移民之 8 歲小孩，因未做功課，被母親用掃帚柄打，以為在合法懲戒範圍內。孰知第二天老師看到小孩紅痕，向兒福部門報告，當晚員警來她家，將 6 歲到 8 歲三個小孩統統帶走，送去寄居處所安置（foster care）。他們不知中國傳統觀念打是愛，愛之深責之切。此悲劇乃中西文化歧異所致。參照 Cultural Divide Over Parental Discipline, www.nytimes.com/2002/05/29/nyregion/cultural-divide-over-parental-discipline.html?pagewanted=all&src=pm (revised 2013/10).

[183] 民事訴訟常在少年或家事法庭對父母提起。法庭與州兒童福利部密切合作，派社工人員提出建議並監督法庭之處置。法庭可在監督與一定條件下，將小孩交回父母、或交給暫時寄養處所（foster home），直到家內情況改善為止；或命父母上諮詢或養育課程，要求小孩受診斷或其他處置，或合併採用上述措施。如上述改進措施尚不足以讓小孩回家時，則州政府可終止父母之親權，使小孩成為法庭之受監護人（ward of the court）。此後如小孩年齡甚小，則尋覓適當人家收養。

[184] 審理虐待、忽略之程序，常對大眾與媒體不公開，法院可指派一個自然人、州機構或私人機構作為暫時或永久監護人，掌管小孩之福祉，但未必即終止本生父母之親權，且未必移轉監護。常見處理是在監護人監督下，將小孩交回父母監護。目的希望父母在社工人員協助下能改善家庭情況，至小孩可安全回歸父母監護。KRAUSE & MEYER, op. cit., at 193 et seq.; STATSKY, op. cit., at 465. 在終止親權訴訟，父母可請律師辯護，但無力請律師時，並無當然由州派律師辯護之權利。

目前尚無一致看法 [185] 。

（十二）少年犯

依美國法，小孩未滿 7 歲不成立犯罪，7 歲與 14 歲之間，如州政府能推翻他未大到形成必須之犯罪意思之推定時，可追究其犯罪。過去少年犯不受正當法律程序之保障，在 1969 年最高法院判決，認為少年犯亦應與成年犯受同一保障。

如證明少年犯罪時，以「處分」名義，對其施以更生措施。在重大重罪，少年犯通常比成年犯之刑度為輕。惟少年法院對年紀較大難於更生之少年犯，可放棄管轄權，移交刑事法庭審理。近年來由於少年犯罪愈來愈嚴重，致移送刑事法庭之數字比前增加 [186] 。

五、確認生父

在婚姻關係存續中出生之子女法律推定為夫妻之子女。美國近年來婚姻外出生率上升約 50%，在一些族群占出生人口之一半 [187] 。

無怪乎近年來美國大多數州與聯邦政府已避免使用婚生與非婚生之字樣來區別父母有無婚姻。

（一）準正與認領

婚姻外之生父通常由自願之準正手續（legitimation，承認為自己所出），使非婚生子女取得婚生子女身分。此手續生父只須簽名提出表格於州機構，通常為郡書記即可。有些州也可用較不正式之方法，諸如立書面，甚至口頭契約，或由生父將小孩帶回家裡扶養 [188] 。

---

[185] BURNHAM, op. cit., at 531.

[186] STATSKY, op. cit., at 446 et seq.

[187] CLARK & ESTIN, op. cit., at 10. 又有人謂今日美國三分之一以上小孩係未婚母親所生。KRAUSE & MEYER, op. cit., at 118.

[188] 在大多數仍用非婚生子女標籤的州，如合於下列情況之一時，可自非婚生標籤改為婚生：1. 父母互相結婚（子女在嗣後被撤銷之婚姻中出生，仍是婚生子女）；2. 父簽署一份生父聲明（paternity statement）或生父宣言（declaration of paternity），在受偽證處罰下，在書面上承認小孩是他所出。如該州有未結婚父母之子女登記簿時，可向該州的 Bureau of Vital Statistics 提出生父聲明；3. 父歡迎小孩到他家生活，或對外表示為其生父；4. 父母到法院申請法官裁定該男為生父，通常由父母在非對立程序共同申請。參照 www.nolo.com/legal-encyclopedia/free-books/living-together-book/chapter7-5.html (revised 2013/10).

（二）生父之推定與認定

在出生證書記載為父，對法院而言，並非生父之充分證據。在採用統一親子關係法（Uniform Parentage Act）之州[189]，在下列任一情況，一男子被推定為小孩之生父。

1. 於小孩出生時與母結婚，或於小孩出生後 300 日內結婚。
2. 於小孩出生前，該男與母欲結婚（取得證書且有儀式），但婚姻因一人仍與他人婚姻中，僧侶不能主持儀式之類，且小孩於企圖結婚中出生，或於婚姻（不問基於法院命令、死亡或別居）終結後 300 日內出生。
3. 於小孩出生後，父與母結婚（或顯然依法舉行過儀式），雖然婚姻後來因某些理由可能被撤銷，而該男有下列之一行為：
   (1) 已以書面承認是生父，例如簽生父聲明（paternity statement）。
   (2) 在小孩出生證書上記載為父，經他同意。
   (3) 依書面自願允諾，支付小孩扶養費，或已被法院命令支付扶養費。
   (4) 在小孩未成年期間，男子（未與母結婚）帶小孩回家，公開表示小孩為其小孩[190]。

（三）生父推定之競合

若有二人都合於推定為生父之情況，例如已婚之母與另一未婚男子同居，如二男子都欲被認為小孩之生父而爭奪小孩時，則由司法程序決定何人是小孩之生父。惟依過去法院判例，此時未必純由生物學觀點予以決定，亦有著眼小孩之最佳利益者[191]。

（四）請求認領訴訟

如父母未結婚，而生父有爭議時，須提起認領之訴（paternity suits）[192]強制其扶養。此種宣告小孩之父之訴訟稱為確認生父（paternity）或扶養訴訟

---

[189] 雖然仍有一些州未採用統一親子關係法，但除了使用非婚生子女一詞外，有關未結婚父母之權利通常與該法之條文相似。因自 Levy v. Louisiana（391 U.S. 68 (1968)）一案以來，聯邦最高法院已廢棄大多數州賦與婚生子女比非婚生子女較多法律上權利之法律。參照 www.nolo.com/legal-encyclopedia/free-books/living-together-book/chapter7-5.html (revised 2013/10).

[190] 參照 www.nolo.com/legal-encyclopedia/free-books/living-together-book/chapter7-5.html (revised 2013/10).

[191] Steven W. v. Matthew S., 33 Cal. App. 4th 1108 (1995); N.A.H. v. S.L.S., 9 P.3d 354 (2000).

[192] 此種訴訟過去又稱為 bastardy suit，參照 KLING, op. cit., at 66.

（support action），可由生母（或生父，但少見）提起。通常多由生母申請法院判決宣告被告為生父，及頒發子女扶養命令。今日大多在州政府鼓動下提起，試圖追回政府付給有監護權父母之福利金或補助款[193]。過去可能用由陪審團看小孩與被告是否相似之類粗糙之證明方法，但今日驗血及驗 DNA 扮演重要角色，尤其常用 DNA[194]。

有些州要求證明超過合理懷疑或明白且有說服力之證據，但有些州只須通常民事訴訟「有相當優勢之證據」[195]。過去時效規定，在小孩出生後數年內須提起確認生父訴訟，但多被聯邦最高法院認為太短。2002 年新統一親子關係法已完全於小孩未成年期間，停止時效之進行[196]。

六、非傳統關係與家事法

（一）未婚夫妻

近年美國男女婚姻外同居數量激增，出於離婚率上升與對婚姻制度之疑慮，加上一般趨勢係在結婚前觀望時間較久。結婚的法律上利益之一是司法保障合夥人財政上利益，而未婚男女則否。但此情況已在改變中。有些法院已將衡平原則適用於未婚伴侶之分手，且判認他們可要求另一方財產分配與扶養。

（二）同性戀夫妻

現今至少有四個州可締結類似婚姻之民事結合。加州、華盛頓特區、緬因、新澤西、奧勒岡、華盛頓等州已制定法律，對同性家內夥伴賦予正式承認與公共利益。而康乃狄克（2005）與新罕布廈（2007）兩州，都仿佛爾蒙州之例，成立了民事結合。此外愈來愈多城市、公司與大學承認同性結合，而提供類似異性結合之特定法律利益[197]。此外，司法上承認同性戀人監護小孩及其他權利之意願。這些變遷使得傳統之結婚與家都須重新定義，而法律上家之定義變得更廣，包括同居之同性與異性未婚伴侶。不過在聯邦方面，國會在 1996年制定了「婚姻防衛法」（Defense of Marriage Act），不承認同性伴侶，因此

---

[193] 詳如下面所述。

[194] 法院曾有因找不到被告之生父，而命近親提供 DNA 之樣本；或至少有一案發掘被訴生父之屍體來作 DNA 試驗。KRAUSE & MEYER, op. cit., at 133.

[195] BURNHAM, op. cit., at 520 et seq.; STATSKY, op. cit., at 431 et seq; KRAUSE, op. cit., at 237.

[196] KRAUSE & MEYER, op. cit., at 130. Unif. Parentage Act §606 (2002). 又 KRAUSE, op. cit., at 238.

[197] KRAUSE & MEYER, op. cit., at 37 et seq.

一些州有效結婚之同性伴侶在聯邦法下係當作單身處理[198]。

七、收養

（一）機構收養（agency adoption）與私人收養並存

1. 兩種收養之差異

　　美國收養制度與我國不同，我國只有私人收養。反之，美國收養分爲私人收養（private adoption，亦稱獨立收養 independent adoption）[199] 與機構收養（agency adoption）兩種。各州有機構收養，或爲唯一方法或與私人收養併存。

　　私人收養許多是由於本生家與收養家認識或有親戚關係，或由仲介人，通常是律師、醫師或專門之私人公司加以撮合。大多數州禁止仲介人牟利，規定可收之費用數額，准許律師只能收相關法律服務費；但由於收養家急於領養小孩，以致此等法令不易執行[200]。

　　機構收養是透過公家機構或領有州證照的私人機構來處理收養。目的在保證收養前養父母經過專業人士小心篩選（有些州認爲篩選重要，而禁止所有私人收養），這是私人收養所難作到的。機構收養於生父母一方或雙方送小孩給州福利機構或有執照之收養機構安置，或當法院因子女受父母虐待或忽略，命令將小孩給人收養時發生。收養機構又有私立與公立之分，私立機構是由州准許私人（雖然大多數州規定不可營利〔not-for-profit〕）從事養父母身家調查及／或安排收養之業務，主要依靠養父母所繳費用維持，著重幼兒收養。反之，公立機構是由國家或州政府設置，通常是當地社會服務或兒童福利機關之分支部門，由稅收維持。近年最重要任務之一是爲「國家或州承擔責任之小孩」找到養家。其中很多小孩被暫時寄養（foster care）[201] 而需要找永久的家，

---

[198] KRAUSE & MEYER, op. cit., at 64 et seq.

[199] 美國約 55% 所有新生兒收養係透過私人或獨立收養。在 2008 年幾乎增至 13 萬 6,000 人。大多數給別人收養的小孩是非婚生子女。生母自願放棄小孩之原因不一，包括不想要、擔心影響將來結婚、還太年輕或貧窮無力照顧、或要爲小孩找到更好的家庭來養育。法院比較喜歡人家收養非婚生子女，原因是已婚的夫妻比未婚媽媽更適合養育小孩，且私生子的烙印也對小孩不公平。但非婚生子女除非被遺棄或被忽視，須經過生母的同意才可收養。參照 YOU AND THE LAW, op. cit., at 392 et esq.

[200] BURNHAM, op. cit., at 527.

[201] 其中很多小孩現在被暫時安置（in foster care），而需要找永久的家，以免成爲國家的負

以免成為國家的負擔。

2. 兩種收養優缺點之比較

(1) 機構收養之優點

① 在典型機構收養，生父母親權被終止，養父母與他們並無接觸。將紀錄封存，以保持家庭與小孩之隱私（詳如後述）。機構之檔案嚴守秘密，法律禁止將養父母之姓名住址透露予生父母，因此大大減少將來受他們干預之機會。

② 機構確定小孩法律上可收養，且取得生父母不可反悔撤回給人收養之同意，減少日後被生父母索回的機率。

③ 小孩背景與身體狀況已由機構查過，減少日後發覺身心缺陷之機率。

④ 機構努力配合雙方特色，使小孩將來能順利融入養父母家庭。在試行收養期間，機構工作人員會定期訪問小孩與養父母，確定彼此適應是否滿意。如基於重要原因，發現不滿意時，機構將另外安置小孩[202]。

⑤ 自公立機構收養，所花費用少，幾乎不需支出生母醫療或生活費，因大多小孩來自法院交出自由收養。因此這種收養大多是封閉式，生父母與養父母之間並無接觸[203]。

(2) 機構收養子女之缺點

① 比私人收養等待較久，可能很久才能領到小孩。在只承認機構收養那些州的居民，感到不耐，常考慮到承認私人收養的州或國家去領養。

② 小孩年紀比希望的大。

③ 機構選給他們的小孩，可能不是他們想要的。

擔。按美國有 foster care 制度，由兒童福利機構將自己家庭不能照顧的小孩，暫時提供住處與代替性家庭照顧。在 2000 年，有 150,703 foster children 在美國被人收養，許多由他們暫時寄養父母（foster parents）或生父母之親戚收養。自 1997 年施行「收養與安全家庭法」（Adoption and Safe Families Act）後，在美國自暫時寄養場所（foster care）被收養之人數加倍。在政府 foster care 制度下之小孩，到了 18 歲，如仍未被人收養，則於 18 歲生日起，不受該制度之照顧。參照 http://en.wikipedia.org/wiki/Foster_children; http://en.wikipedia.org/wiki/Adoption_in_the_United_States (revised 2013/10). 又 STATSKY, op. cit., at 449; YOU AND THE LAW, op. cit., at 393 et seq.

[202] YOU AND THE LAW, op. cit., at 392 et seq.

[203] http://www.adoption101.com/agency_adoption.html; http://pages.uoregon.edu/adoption/topics/adoptionhistbrief.htm (revised 2013/10).

④ 對小孩父母及背景所得資訊可能不多。

(3) 私人收養之優點

① 如無私人收養，則未婚媽媽可能想訴諸非法方法，且也許從事危險的墮胎。

② 將來母親有了預先保證，於分娩時，有需要小孩並視如己出之可靠之人接手養育。

③ 養父母通常比經由福利機構較快領到小孩。

④ 他們也許能調查瞭解小孩生父母之背景。有些人喜歡私人收養，因為對養父母之人選，比較能控制。

(4) 私人收養之缺點

① 在養父母對生母付出醫療等費用後，若對方變掛，要留下嬰兒時，無救濟之門。

② 如生母於收養後要領回小孩時，養父母欠缺保護。

③ 養父母一旦收養，小孩永遠屬於他們，如發現小孩身心有缺陷時，無法退回[204]。

（二）收養之要件

1. 通常制定法只規定養親須為成年人，如夫妻收養，須已婚，且居住一起，共同收養子女。有些州有年齡限制，通常養父母應年長養子女 10 至 15 歲，以保持養父母與養子女間正常年齡差距[205]。
須注意：在私人收養，養父母支付代價若是生母合法的醫療與住院費用，以及合理的律師費，則是合法[206]。此點合情合理，與我國一律禁止，不但不合理，且窒礙難行，徒增困擾，大異其趣[207]。

2. 在美國由繼父母收養配偶的前婚子女之現象非常普遍，由於這些小孩與一個生父母同住，所以這種收養通常沒有法律的難題，而受法院的鼓勵，法

---

[204] You and the Law, op. cit., at 392 et seq.

[205] http://www.nolo.com/legal-encyclopedia/who-can-adopt-child-30291.html (revised 2013/10). 機構收養對養親資格限制往往比各州規定更嚴。參照下述機構收養特別規定說明。You and the Law, op. cit., at 391 敘及有些州對養父母之資格限制。

[206] You and the Law, op. cit., at 393 et seq., 尤其第 396 頁。

[207] 參照楊崇森，從國際販嬰案論收養法制之改進，時報雜誌，第 148 期，1982 年 10 月。該文認為我國有關法制與實務作法過苛，且不切實際，頗有改進空間。

院可能有權用加速程序，免除家庭調查。其優點是給繼子女與自己子女同樣的姓，且與其他子女在法律上享有平等地位[208]。

3. 收養成年人：依許多州法律，成年人收養其他成年人作為子女是完全合法，但養父母至少要大養子女 10 到 15 歲。收養成年人通常目的在繼續一個家的姓氏、使養子女適於繼承，或為了情感上之理由[209]。法律程序與小孩收養相似，但簡便許多。雙方當事人雖須同意，但不需福利機構調查[210]。

（三）收養之手續

1. 美國收養手續頗繁，目的在保護養子女、生父母及養父母。生父母二人除因不適任（unfitness），被法院正式終止親權外，須對收養有同意。同意須以書面為之，可能要確認或公證。為防止背書轉讓式販賣嬰兒，許多州要求此種同意要記明收養人姓名，除非對授權之收養機構為之。今日幾乎所有各州規定此種同意在小孩出生前取得者，無效。須於出生後過一段等待期間，自 12 小時至 15 日不等，所為之同意，才有效力[211]。目的在防生母在高度緊張期間受壓力作出不成熟之決定。在有些州，生母交出小孩後，尚有一段期間（例如 10 日），經法院同意後，可改變主意，取消收養契約[212]。此點立法者之用心值得肯定。

幾乎所有各州如養子女已達一定年齡（大多為 10 至 14 歲），收養須經其同意，如小孩經由機構收養時，則需經機構同意，除非拒絕同意乃不合理時，可免[213]。如養父母已婚，則需與其配偶共同申請[214]。制定法對養父母人選是否適合，授權法官或專門之州或私人收養機構審查，而此種審查頗為嚴格[215]。

2. 家事法院、遺囑驗證法院或少年法院才有受理收養之事務管轄權。且須向生父母、養父母或小孩之住所地法院，以訴訟方式提出申請。通常在司法程序前或其後，小孩住在養家，有考驗期間（probationary 或 trial

---

[208] STATSKY, op. cit., at 458.

[209] GREGORY, SWISHER & WOLF, op. cit., at 201.

[210] YOU AND THE LAW, op. cit., at 398.

[211] KRAUSE & MEYER, op. cit., at 147.

[212] Ibid.; STATSKY, op. cit., at 461.

[213] KRAUSE & MEYER, op. cit., at 146.

[214] Id. at 141.

[215] Id. at 142 et seq. 收養機構之安置決定，常被認為終局。許多案件認為欲收養而被拒絕之人並無法律上權利可以挑戰。

period）[216]。不過即使在收養經法院通過後，如生母之放棄小孩係出於脅迫或錯誤（misrepresentation）時，仍可將小孩索回。大多數州禁止仲介人牟利，規定他們收費及只准律師收相關法律服務費用。

3. 紀錄予以保密：收養手續一旦結束，另發新出生證，永久封起所有有關檔案或紀錄，至少直到小孩成年[217]，將內容予以保密，本生父母將不為養親與小孩所知悉。

對上述保密原則之例外：有些州對此保密原則定有例外。如釋明有正當理由，可看部分收養紀錄。例如養子女可能需要生父母之醫療資訊，以協助治療可能是遺傳性之疾病。又養子女可能需要知道生父母是誰，以免無意中與本生姊妹兄弟結婚[218]。

（四）收養需否經未婚生父同意問題

1. 今日在美國，未婚之生父在許多州並無同意或否決送養之權利，但有接受通知與提意見之機會，除非於小孩出生後，已證明為其生父，此點比我國周到。亦即過去未婚生父如未採保障權利之行動，可能喪失親權，而收養不必取得其同意。但如生母對生父為誰及如何找到他說謊時，如何通知他，如何保護其權利，乃一問題。

2. 有些州例如 1994 年亞利桑那州新法有了改變。凡計畫出養之生母，應向法院提出公證過之宣誓書，列舉小孩所有可能之生父，且應對所有這些人通知，告以計畫送養以及他對送養有同意與否之權利。尤應告知：如他欲保留父親身分，應於受通知起 30 日內提起認領（含對小孩之監護權利與財務扶養責任）[219]。又主張為小孩生父之人，可在小孩出生前，或出生後 30 日內，提出主張生父之通知。換言之，該法原則上課以追蹤通知與生母有性關係之人之義務，但被通知之生父只能在 30 日期間內，提起認領之訴。且此疑似生父之表示，可於懷孕期中任何時間送達。因此在懷孕早期接到通知之人，如怠於採取證明為生父之行動時，可能在小孩出生前就被剝奪父之身分。

此外對生母故意不指出生父或不能確定其人之處理問題，近年來超過一半

---

[216] LAST, op. cit., at 101.

[217] Ibid.

[218] 此種需要之程度須很強。許多法院認為養子女證明，由於不知生父母是誰，情緒低落，尚嫌不足。STATSKY, op. cit., at 517.

[219] A.R.S. Section 8-106.

的州設有疑似生父登記制度（putative father registry）[220]。即生父如在一定期間在生父登記簿登記時，則私生子被收養時要通知他。在登記時他要宣示主張父母之權利與責任，如怠於登記，則喪失被通知收養程序之權利[221]。

（五）機構收養之特殊規定

1. 傳統上收養機構要求之養父母條件如下

(1) 養父母雙方須不比要收養之小孩大 40 歲，即收養新生兒之人須在 40 歲以下。
(2) 結婚 3 年以上，以前並無太多離婚情事。
(3) 醫學上無法生育，或生育對身體不安全。
(4) 住在適合小孩之房子（出租房屋通常可接受）。
(5) 健康尚佳，可照顧小孩。
(6) 至少一配偶工作安定，或有足夠收入扶養一小孩。有經常在家之父母一人，常被機構認為有助於小孩之最佳利益。
(7) 並無犯罪或被訴虐待小孩之紀錄。
(8) 已有小孩不超過一人。

　　不過現今許多機構已對養父母年齡、現有小孩人數、所需結婚年限等作彈性處理。有些已與獨立收養同樣有彈性了。

2. 安置前家庭調查

　　在所有機構收養，需對養父母作家庭調查。分二部分：先是安置前家庭調查，基於對其背景評估，決定是否適合為人父母。滿意後，才可將小孩帶去家內。安置前家庭調查是由機構派個案工作者與要收養人見面數次，其中有些在他們家，因家庭訪問通常須看小孩之未來環境。

---

[220] STATSKY, op. cit., at 473; KRAUSE & MEYER, op. cit., at 137.

[221] STATSKY, op. cit., at 473. 以上述該亞利桑那州新法為例，在衛生部設有疑似生父登記簿，登記簿是為了無法通知之人而設。關係人在收養前，可查閱登記簿，瞭解生父有無登記。如無人在相當期間內提起認領之訴，或未通知主張為生父時，嗣後不可再提起對小孩主張權益之訴訟；除非以明白且有說服力之證據，證明他不可能在適當期間提起生父之主張，且於能提起時起 30 日內，已提起上述之通知。在收養程序如疑似之生父未同意收養，亦未放棄其權利時，收養申請人應向法院提出衛生部之證書，說明已查過登記簿，但未發現生父提出過申請，以免事後生父出面抗爭追討小孩。參照 http://www.researchetcinc.com/ historyofadoption.html (revised 2013/10).

　　此外需由個案工作者確認申請資訊（婚姻、工作、健康等）確實，甚至要指紋，過濾有無虐童登記及聯邦或州刑事紀錄、有關可成為好父母之品德及能力之友人推薦函。通常也要求提出書面自傳，敘述兒童時期、與父母關係、婚姻之長處、婚姻中如何解決衝突、其家庭對收養計畫之感受、如何計畫為小孩父母及如何與小孩討論收養。

3. 安置之後程序

(1) 小孩一旦出生，有些機構要求小孩安置在暫時養護場所（foster care home），直到生父母簽了收養同意書，或因其他原因小孩可自由供人收養為止。其期間可能數天、數週甚至數月，然後才交養父母正式收養。不過近一、二十年來，許多機構也和私人收養一樣，在小孩被生父母同意小孩供人收養前，自醫院直接將小孩交與養父母。

(2) 安置後調查：安置養親家後，通常由機構個案工作者數度造訪，監督小孩在養親家進步情況。通常在安置養親家後六個月，該機構才推薦准予收養，而讓當地法院永久批准收養[222]。

（六）養父母與養子女之權利義務

　　收養完成後，養子女可改用養父母之姓，換發新出生證，不記載小孩收養來源，雖然出生日期地點通常照舊[223]。

　　養父母與養子女雙方之權利義務與親生親子關係相同：

1. 養子女可繼承養父母之財產，在一些州亦可繼續繼承其本生父母之財產[224]。
2. 養父母有權接受養子女之服務與所得。
3. 養父母應扶養養子女。

　　有些州如小孩之殘障或疾病，於收養時未對養父母透露時，可撤銷或解除收養，將小孩交還本生父母或兒童福利機構。現今許多州對於收養機構之工作人員就小孩健康因故意或過失虛偽陳述或怠於透露時，准許養父母控訴收養機構侵權行為[225]。

---

[222] http://www.adoption/01.com/agency-adoption.html (revised 2013/10).

[223] KRAUSE & MEYER, op. cit., at 148.

[224] STATSKY, op. cit., at 474 et seq.

[225] KRAUSE & MEYER, op. cit., at 148 et seq.

（七）近年收養之改革與作業變遷

收養改變人們成立家庭之方式，影響社會對生命基本觀念之看法。美國過去幾十年收養制度發生變遷，包括公開收養、男同性戀人收養、跨國收養[226]及跨種族收養、將小孩自暫時寄養系統（foster care system）移入養父母家，收養對家庭之影響十分深鉅。

近年美國收養之改革，包括本生與收養父母直接接觸（公開收養）、被收養人接觸原始出生證書及兩家接觸所有相關紀錄（公開紀錄）。包括下述：

1. 過去大多機構只安排封閉式收養（closed adoptions），養父母與生母從不見面，且不透露是誰。但今日許多機構在小孩出生前，安排公開收養（open adoptions），由養父母與生母會面，交換個人資訊，以確定收養是否要繼續進行。

2. 近年來有些州，例如亞利桑那州有些機構，讓本生父母參與選擇收養家，雙方有些交流，惟大多仍透過機構。

3. 努力將特別需要照顧（special needs children，包含健康情況需特別照顧、身心有問題或顯示有行為問題，難於安置）之小孩讓人收養，以減少此種小孩在暫時寄養（foster care）場所或養護機構長大之可能。晚近聯邦立法驅使各州制定法律，提供收養補助金（甚至收養費用與醫療補助）予養父母，以鼓勵人收養上述有特別需要之小孩[227]。

4. 今日私人收養比許多機構收養准許生父母與收養家計畫如何進行收養方面，有較大彈性。

5. 許多與生父母分散之被收養人欲與生父母團圓，且多欲看到家庭病歷資料，本生父母亦欲與小孩團圓。在實施秘密收養的州，設立收養團圓登記，並有建立被收養人看到他們已封鎖的紀錄的權利之努力。到 2009 年 2 月止，美國有二十四個州，有了公開收養雙方接觸契約的法律條文。逐漸有些州考慮修改法律，賦予被收養人上述此種權利[228]。

---

[226] 在過去 15 年，美國人收養了外國小孩 20 萬名以上，其中有一半是來自亞洲（含中國、俄羅斯與南韓）。按國際間收養係受國際公約之規範，有關公約是 1993 年「海牙關於國際收養之兒童保護與合作公約」（The Hague Convention on the Protection of Children and Co-Operation in Respect of International Adoption）。公約之中心係以兒童之最佳利益為依歸（WELSTEAD & EDWARDS, op. cit., at 199）。至 2007 年止，共有六十多國加入，美國亦為簽字國。KRAUSE & MEYER, op. cit., at 152.

[227] GREGORY, SWISHER & WOLF, op. cit., at 200 et seq.

[228] http://en.wikipedia.org/wiki/Adoption_in_the_United_States (revised 2013/10). KRAUSE 與

6. 有些州法律有登記辦法，賦予成年之養子女與生父母有機會透過仲介機構，登記與他方接觸之意願。如雙方都挺身而出，則有合致 [229]。

7. 傳統上同性戀人被認爲不適合作養父母。惟近年來各州態度已放寬，公開之同性戀人收養變成較爲平常。有些法院開始准許同性伴侶一起收養小孩。自 2000 年起，限制（但非全禁）同性戀人收養之立法在密蘇里與猶他州制定，但在新罕布廈州廢止 [230]。

8. 收養政策傳統上由州決定，但晚近國會亦介入此領域，例如由於聯邦立法，即「收養與安全家庭法」（Adoption and Safe Families Act of 1997），州法院與兒童福利官員比以前更快速終止虐待與忽略孩子之父母親權，將小孩送去新家收養，致近年安置於兒童福利系統之小孩被收養之人數大增。國會又介入限制收養安置對種族與族群之考慮，且透過賦稅優惠與補貼，爲收養提供財務上誘因 [231]。

八、生殖技術與小孩監護

　　晚近生殖科技飛躍進步，使不能生育之人有小孩，爲家事法提供種種難題。

（一）人工受精

　　最簡單且常見之生殖科技是人工受精。大多數州已通過制定法，處理由人工受精結果出生之小孩，通常規定小孩由已婚婦女經夫書面同意，由醫生所作人工受精出生者，推定爲該夫妻之婚生子女 [232]。即如母以捐精人之精受精時已婚，且經其夫同意者，則夫而非精子捐贈人被認爲父。如夫未同意，則小孩被認爲非婚生。如未婚女子經人工受精生下子女，如能確定捐助人爲誰時，該人被認爲小孩之父。但一些州規定，如由醫師作授精工作，則捐贈人不視爲父，

Meyer 亦謂有一打以上的州（含明尼蘇達、華盛頓、康乃狄克），已准許公開收養，即生父母同意收養，但保留他日以前父母身分探視小孩之權利。參照 KRAUSE & MEYER, op. cit., at 148.

[229] KRAUSE & MEYER, op. cit., at 151.

[230] Id. at 145 et seq.

[231] Id. at 140 et seq. 聯邦又有 1980 年「收養協助與兒童福利法」（Adoption Assistance and Child Welfare Act of 1980）之立法，鼓勵各州於將被虐待或忽略之小孩訴諸收養前，用更積極手法來矯正虐待或忽略小孩之父母。

[232] GREGORY, SWISHER & WOLF, op. cit., at 135, 在第 164 頁以下有詳細分析。

如非由醫師為之，則捐贈人為父。

卵在實驗室受精，然後將受精卵殖入母體，此時與母體內自然或人工受精案件在法律上無殊。但有些受精卵冷凍供將來使用。近時田納西州最高法院遇到於夫妻離婚時，此種冷凍胚胎應由何人保管之問題。由於夫憲法上有決定是否生殖之權利，法院判雙方共同保管，致妻想留住胚胎或送給無子女之夫妻之希望落空[233]。

（二）孕母（Surrogate mother）

所謂孕母乃由無子女之父母僱一女子為他們生小孩。夫提供精子是生物學上父親，而孕母同意由妻收養小孩。孕母約定之合法性與合法支出各州不同，以致有許多國際與州際孕母活動。在此種約定下，關係人尤其孕母與基因父母間，可能發生許多爭議，尤其如孕母拒絕依約定交出小孩時為然。按傳統法律原則是孕母與夫為小孩之法律上父母。

美國孕母問題有名的新澤西州 Matter of Baby 一案，廣為人知，並凸顯問題之複雜。該案 Melissa Stern（"Baby M"），在 1986 年出生，孕母（即生母）拒絕交 M 予與她訂有孕母契約之夫婦監護。新澤西州法院判認孕母 Mary Beth Whitehead 為小孩之法律上母親，並宣示孕母契約違法而無效。但法院為嬰兒之最佳利益，判小孩歸其生物學上父 William Stern 及妻 Elizabeth Stern 監護，而不交孕母 Mary Beth Whitehead 監護[234]。

如孕母基本上用夫與妻產生之胚胎植入子宮內，即所謂「妊娠代孕」（gestation surrogate）之情況[235]，則問題更為複雜。此時孕母雖是小孩之生母，但小孩並無她的任何基因。加州法院認為此時夫妻二人是小孩之父母，而命孕母履行契約。但紐約州法院則下相反之結論。另一案夫妻用無名捐贈人之精子

---

[233] BURNHAM, op. cit., at 527 et seq.

[234] Matter of Baby M, 537 A. 2d 1227 (N.J. 1988). BURNHAM, op. cit., at 528 et seq.

[235] 妊娠代孕（Gestational Surrogacy）的過程與試管嬰兒相似，從委託的夫婦體內取出精子和卵子，體外授精並培養，將囊胚植入孕母的子宮；胎兒在毫無血緣關係的孕母子宮內發育成長，出生後交還給遺傳父母。妊娠代孕與傳統的借腹生子不同。傳統的「借腹生子」是由夫提供精子，孕母提供卵子，孩子是孕母親骨肉；在有人工輔助生殖技術之前，只能讓夫和孕母睡覺獲得孩子，現今則可用人工授精或體外授精的非性交方法。目前妊娠代孕主要適用於卵巢正常而子宮不育的女性。但很多國家禁止商業性代孕，例如英國、日本、加拿大、紐西蘭等，但非營利性的代孕則是合法（即需要代孕志願者，和骨髓捐獻、器官捐獻一樣，不能商業化買賣、簽契約），例如美國一些州與荷蘭等。參照 http://www.95daiyun.com/blog/post/300.html (revised 2013/10).

與卵，將胚胎植入孕母體內。加州法院認為夫妻為小孩之父母。

自 Baby M 案之後，有許多立法處理孕母問題，但各州法律作法不一。大多完全禁止付費孕母之安排，但也有予以准許，惟加以嚴密規範[236]。基本原則是：傳統法律認定是生小孩的女子才是小孩法律上母親，別的女子被認為母親之唯一方法是透過收養。

惟即使在不承認孕母契約的那些州，如基因父母與孕母私下進行，任何政府介入，生下小孩，交予委託夫婦（基因父母）收養（含放棄權），可能達到孕母之目的。

有些州只禁止商業性，而非利他性之孕母。即使在不禁止孕母的州，法院亦可能裁決孕母契約（商業性、利他性或二者）無效。惟如此種契約被禁止或無效，則於一方當事人改變心意時，他方當事人便缺少救濟之道。因如孕母改變主意，決定留下小孩，即使小孩是她基因後代，亦無權要到小孩，且無法索回所付或補償孕母的金錢；反之，如對方改變心意，不想要小孩時，則孕母不能要到支出的補償，或對方允諾的支付，且法律上還須監護這小孩。

准許孕母的州有時將要小孩之母認為法律上母親，尤其如她也是基因母親時，提供解決方法，而不需透過放棄小孩與收養之手續。通常此方法是透過法院對小孩法律上父母作認定，發給出生命令（birth order）。這命令通常需經所有有關當事人之同意，有時甚至包括一個已婚妊娠孕母之夫。大多數州只提供出生後命令，多因孕母在小孩出生後可能改變心意，而法院不欲強制其放棄親權之故。有些州規定可下出生前命令，但通常只在孕母基因上與要生的小孩無關之情形。這些州也較可能提供若干執行孕母契約之方法。

在 1988 年「統一州法委員全國會議」（National Conference of Commissioners on Uniform State Laws）起草通過「孕母小孩身分統一法」（Uniform Status of Children of Assisted Conception Act）予各州議會採用。該統一法提出兩種選擇案，一個是規範孕母契約，另一個則予以禁止。前者准許孕母契約，但法院舉行開庭，雙方須提出證明母不能生育及孕母身心適合生小孩之醫生證明。且准孕母於懷孕前 180 天自契約解脫。後一種是不問商業性與非商業性，一律禁止[237]。

依 2000 年新統一親子關係法（Uniform Parentage Act），孕母契約只在當事人取得法院事先准許，且申請之父母通過與養父母同樣審查程序，包括家庭

---

[236] BURNHAM, op. cit., at 529.
[237] STATSKY, op. cit., at 493 et seq; GREGORY, SWISHER & WOLF, op. cit., at 175.

調查之後，法律上才有效。該模範法也允許支付合理報酬予孕母[238]。隨著生物醫學科技之進展，將來在人工協助生殖方面，可能還不免發生其他法律爭議。如卵子、精子、胚胎有瑕疵，可能引發醫療過失、產品製作人責任之訴訟，甚至瑕疵擔保或無過失賠償責任之訴訟[239]。

九、身心殘障人

（一）監護（guardianship）之種類

除未成年人之子女以父母爲自然監護人外，因身心殘障，不能處理自己財務之成年人，可申請指派監護人，此申請大多向遺囑檢證法院（probate 或 surrogate's court）爲之。有些州對浪費者（spendthrift）亦可予以監護，並不以完全精神欠缺能力之人爲限[240]。按監護在美國法下，制度與我國不同，分爲下列三種。

1. 人身監護（guardianship of the person）：照顧受監護人（ward）之食、住、教育，維護免於危害，但監護人對受監護人之財產並無控制權。其目的並非處理受監護人之財務，通常爲針對非財務之事務作決定，諸如醫療。通常財務與人身同時設置監護。

2. 財產監護（guardianship of the estate, conservator）：監護人有權管理、投資並保護受監護人之財產，無論動產與不動產、有形及無形，但受監護人保有財產之所有權，監護人所作一切使用須清楚，並經法院通過。此種監護人其活動與義務頗似受託人[241]。

3. 訴訟監護（guardianship ad litem）：這是一種特殊監護，目的在可能發生之任何訴訟，代理受監護人並保護受監護人之最佳利益。監護人非經法院許可，不可與他人作任何最後和解[242]。

監護人通常爲受監護人之近親，負高度忠實與注意義務。爲防止監護人不當行爲或怠忽職務，監護人通常須向法院提出報告，並買擔保金（bond）以包

---

[238] KRAUSE & MEYER, op. cit., at 160 et seq.

[239] GREGORY, SWISHER & WOLF, op. cit., at 181.

[240] BURNHAM, op. cit., at 533.

[241] CLARK & ESTIN, op. cit., at 509.

[242] YOU AND THE LAW, op. cit., at 388 et seq., at 398 et seq; THE TIME-LIFE FAMILY LEGAL GUIDE, op. cit., at 87; BURNHAM, op. cit., at 533.

含任何由此所致之損失。一般監護人可收領由法庭所定之報酬，而自受監護人之財產中扣除[243]。

（二）監護關係之終止

監護關係通常因受監護人之成年、受監護人或監護人之死亡、女受監護人之結婚、監護人之辭職或被法院解任等原因而終止[244]。

（三）精神病人之送院

所有州都有一些強制送精神病人入治療場所之程序。通常由當事人之親屬、公家機構或社工人員申請，但須證明比精神病嚴重。憲法原則准許對病人自己或他人有危險或不能照顧自己基本需要之人，才可強制送進此種場所。此外雖然此種送院之程序是民事程序，但須有明白有說服力之證據（clear and convincing evidence），而非通常民事訴訟之「有相當優勢之證據」（preponderance of the evidence）之標準[245]。

肆、結論

美國家事法異常複雜細緻，但特色頗多，可供我國參採之處不少，茲舉其犖犖大者如下。

（一）法律兼顧當事人意願與生活現實，因應社會與觀念變遷，頗為實際。例如承認稱為普通法婚姻之非正式婚姻、若干州未達結婚年齡之已懷孕人可由法官准許結婚，又承認代理婚姻，兼顧海外軍人權益。

（二）國家重視家庭與身分關係，公權力介入深，設有家事法院（family court）、遺產檢證法院（probate 或 surrogate's court）等特別法院，處理家事案件，且常有調解與諮詢更生方案。

---

[243] KLING, op. cit., at 72; http://en.wikipedia.org/wiki/Legal_guardian (revised 2013/10).

[244] KLING, op. cit., at 72.

[245] BURNHAM, op. cit., at 533. 又另一作者謂：將精神耗弱之老人送進醫療場所（commitment）之程序各州不同，基本上程序有固定模式。在大多數州，一個人被送進精神病院有二種途徑。第一為自願，其二為由其親戚、監護人或醫生申請遺產驗證法院，此時如非自願，通常須由律師代理，並由法院舉行審理（hearing）。其親戚、監護人或醫生須證明該人不但無行為能力，且心神不健全，須關在一個機構內。舉證責任由要求送入之人負擔。目的在避免無正當原因，侵害個人自由，俾作為不當送入之部分保障。參照 THE TIME- LIFE FAMILY LEGAL GUIDE, op. cit., at 89. 又參照 YOU AND THE LAW, op. cit., at 400 et seq.

（三）過去普通法男女甚不平等，經制定法與判例法不斷修正補充，現已漸趨平等。

（四）處處以兒童之最佳利益爲基調，在子女監護、收養、婚生子女身分之取得、親權之終止等處處可見。社會福利機構與社工人員權力大，介入深。

（五）國家大力介入身分關係，如離婚、收養、扶養子女，尤其對特別需要之兒童加以安置，避免成爲社會負擔。常對不適任之父母，另外安排小孩之監護或收養，國家資源花費不少，在另一方面又努力避免個人成爲社會負擔。

（六）父母對子女懲戒權甚爲有限。稍一不愼，小孩有被強制帶走暫時安置（foster care），甚至身陷法網被科刑罰之危險，而不無父母難爲之感。爲了保護兒童福利，國家強力介入，尤其強制報告虐童制度，似不無矯枉過正之感。

（七）結婚須經政府發給許可證，有不少手續，使當事人有冷靜考慮機會，且儀式簡單隆重。而路易斯安那州近年所採之誓約婚姻制，事先須經諮詢與立誓手續，使當事人愼始敬終，維護婚姻安定，用心良苦。反觀我國民法修正反而廢除結婚儀式，只需登記，過於草率簡單，矯枉過正，更有省思餘地。

（八）對離婚自由限制嚴，現各州雖改採無過失主義或破綻主義，但多非唯一離婚事由，且仍須經法院准許。不似我國有協議離婚，放任當事人自由，致實務上青年配偶不免因細故，一時衝動宣告離異，然對財產分配及子女監護等未及深思，未加約定，事後後悔莫及，尤於女子不利。又美國之別居制度，作爲離婚前之緩衝過渡，扮演重要功能，可供我國參探。

（九）收養要經法院核准，且有機構收養制度，保障養子女與養父母權益。我國過去國家對收養似放任不聞不問，近年修法已有加強。尤其彼邦之機構收養及將紀錄保密，對我國更有省思參考之價值。

（十）美國法律與大陸法不同，邏輯分類不是太清晰，但非常務實，規定嚴密，配套措施多且有效，例如在防止虐待兒童、執行扶養命令等可見。不似我國法律或實務作法往往不夠務實或周密，或陳義過高（例如重罰販嬰，一律禁止補償），或爲理論或邏輯所囿，窒礙難行，一般配套規定或措施不足，致常窒礙難行，或打了折扣，問題仍難解決。

（十一）法官權力大，但處理問題之法令多定有基準或斟酌因素。以離婚案件

為例，凡子女監護、夫妻贍養費及財產分配均定有細密之斟酌因素。又有社工人員扮演協助角色。不似我國法官權力過大，細節基準或指引常有不足，致民眾不易遵循，且常感缺乏可預測性。

（十二）統一結婚離婚法（UMDA）幾乎廢除婚生與非婚生子女之區別，此乃出於現實社會非婚生子女過多之考慮。

（十三）監護制度亦與大陸法不同，頗為細緻。

（十四）多州法律已承認孕母契約，法律不致比科技進步落後過多。

（十五）將精神病人送入機構，涉及人權問題，且如有財產，亦有被人設計陷害奪產之可能，在此方面，美國法比我國較有程序保障。

（十六）Consortium 之制度甚有特色，然亦頗實際。

（十七）身分法或家事法倫理思想淡薄，禁婚親範圍較我國為狹。尤其無東方孝道觀念，致對卑親屬之保護遠優於尊親屬，尤以扶養義務之範圍為然。父母對子女義務重重，無甚權利可言，且受種種限制；反之，子女對貧困父母幾無明確扶養義務（不如德國民法），法律對父母照顧甚差。俗云美國是老人的墳墓與兒童的天堂，誠非虛語。所幸有社會福利制度，否則更為可悲。我國法修正時，宜選擇參採，慎勿一味全盤追隨英美個人主義，捨己耘人，放棄固有倫理思想。

第五章

美國繼承法之理論與運作

　　美國與我國不同，財產所有人以遺囑處分財產之自由，及決定何人於其身後取得之權利，被認為個人自由之要素[1]。實務上法定繼承似不受歡迎，被繼承人基於種種理由，往往採用遺囑繼承方式，所占繼承案件不在少數，而扮演重要角色。同時美國繼承法書籍比起法定繼承，用較多篇幅探討相關遺囑繼承問題與案例，而與我國迥然不同。

一、美國繼承法之特色

（一）美國法與大陸法有統一繼承原則不同[2]，死者之不動產傳予獨立法人，稱為「Estate of 死者名字」，由管理人管理直到分配予繼承人。死者之動產理論上直接傳予繼承人，但大多制定法條文也賦予管理人對該財產之權力[3]。

（二）美國繼承法不似大陸法有單一之原則，不動產繼承依所在地法，動產則依死者死亡時住所地法。由此區分結果，遺囑處分常須遵守數個州之形

---

[1] The Editors of Encyclopedia Britannica, Law in America：How and Why it Works (Bantam Books, 1979), 以後簡稱 Law in America, p. 208. 按基於家族或宗族關係之法定繼承，其歷史可能早於遺囑繼承，但埃及人早在西元前 2548 年，即以書面指定受益人。聖經舊約創世紀（Book of Genesis）內含有遺囑分配產之記載，且猶太與伊斯蘭宗教法典都包含有關繼承之規則。希臘人在其文明顛峰時期，已有有限遺囑權，至完全發展此觀念的則是羅馬人。東羅馬的優帝在所制定優帝法典內定有世界最早遺囑之形式要件。羅馬傳統經由主宰繼承事務的教會法廷（直到 19 世紀中）融入英國法。參照 Calvi & Coleman, American Law And Legal System (Prentice Hall, 2000), p. 296; Zabel, The Rich Die Richer and You Can Too (Wile, 1995), p. 3.

[2] 關於大陸法系之繼承，尤其德國法，可參考楊崇森，德國繼承法若干特殊制度之探討，法令月刊，第 59 卷第 7 期，2008 年；台大法研所編譯，德國民法，1965 年。

[3] Hay, An Introduction to U.S. Law (North-Holland Publishing Co., 1976), p. 84.

式規定，且在有財產之數個州，須委派數個管理人[4]。

（三）繼承財產之人，因動產與不動產而名稱不同，繼承不動產之人稱爲 devisee，而繼承動產之人稱爲 legatee[5]。前者大多數州稱爲 heirs at law 或 heirs，而後者則稱爲 next of kin[6]。

（四）遺囑繼承沿襲英國法之傳統，受國家即遺囑驗證法院（probate court 或 surrogate's court）之嚴密監督，以保護繼承人與被繼承人之債權人。此點與我民法下法院原則上不介入遺產之分配與遺囑之認定，除非有人提起訴訟之機制有重大差異。

（五）尊重被繼承人以遺囑處分遺產自由之結果，遺囑繼承與無遺囑繼承（即法定繼承）並駕齊驅，亦成爲美國遺產繼承之主流[7]。

（六）遺囑法特別發達與複雜，與大陸法或我國法不可同日而語。

（七）與我國等大陸法系國家民法[8]對子女、父母、兄弟姐妹與祖父母等親屬普遍有特留分保護制度，且繼承人喪失繼承權須有法定原因不同。美國除了路易斯安那州外，被繼承人除其配偶外，可任意排除子女與其他親屬之繼承權，排除繼承權之自由比大陸法國家寬廣。尤其排除子女繼承權一點，在世界上甚爲獨特。

（八）爲便於身後控制遺產之運用，並節省遺產稅等支出，美國民間廣泛利用信託制度，作爲處分遺產之手段，致繼承常與信託結合，使有關繼承問題更形繁複。

（九）美國社會流行遺產規劃（estate planning）。

---

[4] Id. at 84.

[5] Weinerman, Practical Law (Prentice-Hall, 1978), p. 100.

[6] Bernham, Introduction to the Law and Legal System of the United States (Thomson West, 2006), p. 482.

[7] 美國社會遺囑，幾乎完全沒有統計數字，雖然大多數人似未立遺囑死亡，但留下大宗遺產之相當較小群人中大多數可能立有遺囑（Law in America, p. 213）。依據某一估計，約每三個美國人中有一個有遺囑，即 70% 人並未立遺囑，但此比例與大陸法系國家比較已屬頗高。參照 Beyer, Wills, Trusts, and Estate (Aspen Law and Business, 2002), p. 14; American Bar Association, You And the Law (Publications International, 1990), pp. 550, 553. 又依據 Barnardo 最近所作調查，英國約 60% 成年人未立遺囑。參照 http://lawcommission. justice.gov.uk/docs/lc331_intestacy_report.pdf – subject to Crown Copyright。美國人不立遺囑之原因據分析是：無財產、不知其重要、冷漠、怕花費用、怕花時間精神、起草太複雜、忌諱死亡、不欲透露私人事體等，Beyer, op. cit., p. 14 et seq.

[8] 關於德國民法繼承編相關規定，參照台大法律研究所編譯，德國民法，1965 年；楊崇森，德國繼承法若干特殊制度之探討，法令月刊，第 59 卷第 7 期，2008 年。

（十）民間流行在銀行利用共同帳戶（joint account）之方法，靈活財產或遺產之運用與處分。

（十一）普遍利用人壽保險，保險金不計入遺產。

（十二）遺產稅制複雜，有關繼承法書本大致都會提及，與我國繼承法書籍不提遺產稅務問題，顯著不同。

二、繼承之方式

（一）無遺囑繼承（intestate succession）即法定繼承

在美國未留遺囑死亡之人，稱爲無遺囑死亡（died intestate），此時遺產以法定繼承（intestate succession）方式移轉。遺囑驗證法院（probate court 或 surrogate's court）會指派一名遺產管理人（administrator），監督管理人清理債務與分配遺產。管理人之責任通常與有遺囑繼承場合之遺囑執行人相同，然後將死者遺產移交予其法定繼承人（heirs at law）。

1. 法定繼承人

何人可爲繼承人，取決於各州州法之決定。這些法律雖有若干出入，但皆強烈保護生存配偶，要求遺產歸其生存配偶，子女，如二者俱無時，歸其父母。各州法定繼承之制定法一般將遺產三分之一歸生存配偶，三分之二歸（夫婦之）子女，但通常生存配偶取得比制定法所定成數爲多。因死者大多重要財產，諸如房子、銀行存款、股票債券早已由夫妻共同（jointly）所有，且各人享有生存配偶權（rights of survivorship），因此生存配偶於他方配偶死亡時，自動成爲這些財產之單獨所有人，這些財產不列入死者之遺產內。如被繼承人遺有子女與父母，但無配偶時，由子女排除父母繼承。如無配偶或子女時，則遺產可能由父母與兄弟姐妹共同繼承[9]。此點與我國父母繼承順序優先於兄弟姐妹不同。

如死者有子女或孫子女時，除生存配偶外，其他親屬不可繼承。如留下配偶，但無子女時，其父母、兄弟姐妹，看州法，可能或不能與其配偶朋分財

---

[9]　Reader's Digest, You and the Law (1973), p. 667. 依紐約州法律，遺腹親屬，即在被繼承人過世前懷孕，但在過世後出生之親屬，正如在生前已出生一樣繼承。又移民身分對繼承權無影響，有權得到無遺囑繼承應繼分之親屬，不問是否美國公民或是否合法居留，皆有權繼承。

產。在一些州生存父母，有時兄弟姐妹，按州法所定比例可能最多分到一半。

　　如死者無配偶與子女時，所有財產歸生存父母；如無父母時，歸其兄弟姐妹；或由生存父母、兄弟姐妹按州法所定比例分配。如父母與兄弟姐妹均亡故時，則可能由其男女姪甥繼承。姻親包括媳與婿都不能繼承。伯叔舅姑姨與表兄弟姐妹，只有無更親生存親屬時才可繼承。更遠親屬只有死者無生存伯叔舅姑姨或表兄弟姐妹時，才有可能繼承。他們繼承權與應繼分大都按與死者血緣關係親等遠近而定[10]。

2. 無遺囑死亡時遺產之處理

　　如被繼承人未留遺囑，或尋覓無著，或遺囑基於某種原因，被宣示無效時，則被宣稱無遺囑死亡。驗證法院於收到死亡證明書後，通常基於死者之配偶或一繼承人之申請，指定一遺產管理人（administrator），該人須嚴格依繼承制定法之規定，在法院密切監督下進行所有工作[11]。

(1) 共有財產（joint property 與 community property）之繼承

　　法律可能因州與財產種類而有異。在大多數州無遺囑死亡時，與妻或夫共有之不動產之應有部分，於死亡時自動歸屬於另一方，與他人共有之不動產之應有部分則歸屬於其他共有人。共有之動產與家具並不自動歸屬於生存配偶，而可能由其子女或其他繼承人取得。在大多數州，共有之銀行帳戶，如儲蓄戶頭（saving account）之部分歸生存共有人，但支票或商業戶頭（checking or commercial account）則未必。保險箱之共有，並不當然產生存放內容共有之效果。

　　在採共有財產制（community property）[12] 之少數州（西南部之亞利桑那、加州、愛達荷、路易斯安那、內華達、新墨西哥、德州與華盛頓等八州）一方配偶之所有遺產，不問有無遺囑，至少一半自動歸屬於生存配偶。在這些州唯一不認為共有財產的是死者在結婚前已取得，或婚後因繼承而取得之財產[13]。

---

[10]　Reader's Digest, op. cit., p. 669.

[11]　Reader's Digest, op. cit., p. 679.

[12]　楊崇森，遨遊美國法第一冊（華藝，2014 年），頁 186。

[13]　Reader's Digest, op. cit., p. 669; 楊崇森，遨遊美國法第一冊（華藝，2014 年），頁 186 以下。

(2) 同時死亡情況之繼承

如一對配偶無子女，在單一事故喪生，而無人留下遺囑時，整個遺產歸屬於在後死亡之人之繼承人，即使其間只有數秒間隔。他方配偶之繼承人得不到任何財產。如不知二人中何人先亡故時，則夫妻之遺產分別歸屬於各人之繼承人。其他家屬同時死亡時，亦適用同一規則[14]。

(3) 歸國家所有

如被繼承人無遺囑，且尋覓不到法定繼承之人時，遺產歸（稱爲 escheat to）國家（變爲公有財產），不過因可由遠親繼承，致此種情況很少發生。法律准許尋找繼承人或對遺產提出請求之時間爲 3 年至 7 年，視不同州法律之規定[15]。

(4) 未成年繼承人之監護

無遺囑繼承會使情況複雜，未成年子女繼承財產後，因太年輕，不能自己掌管，須任命他人代管。美國法院會指派一名監護人（guardian），如他是陌生人，可能使家庭發生困擾，而且支付監護人之報酬會減少子女繼承之數額。驗證法院通常須監督其職務之執行，此種情況比有遺囑，且規定子女之資金須由監護人依「統一贈與（或移轉）予未成年人法」（Uniform Gift〔或 Transfers〕Act），或由一受託人管理之情況更爲複雜[16]。

（二）有遺囑繼承（testamentary succession）

如被繼承人立有遺囑[17]時，則於其死亡時，財產歸遺囑所載之人，如係不動產，受益人稱爲 devisee，動產稱爲 legatee。遺囑人通常可指定他所要之人取得財產，執行以遺囑繼承之程序係由各州法加以規範。此等法律規定遺囑人須有遺囑能力（competent，即瞭解其行爲之意義），遺囑應作成書面，由遺囑人簽名，且其簽名至少有二名見證人見證。遺囑人於生前可隨時更改或撤銷遺囑。其更改常由起草人在其他文件（稱爲 codicil）加以更改。一個 codicil 或遺囑之任何更改，須以與原來遺囑相同之方式作成。

---

[14] Reader's Digest, op. cit., p. 670.

[15] Reader's Digest, op. cit., p. 670.

[16] American Bar Association, op. cit., p. 569.

[17] 有人說：遺囑可能是一個人一生所簽最重要之文件。如符合法律規定要件，它是唯一可控制身後財產之方法。

1. 生存妻或夫分配遺產之權利

　　在英美傳統普通法下，妻對夫之遺產有所謂「寡婦分」（dower）之權利，於夫死亡時，取得夫不動產三分之一至二分之一。生存之妻受保護，夫不能由於生前移轉或遺囑轉讓土地而剝奪妻之此種權利，受讓人或繼承人取得土地，仍受到妻寡婦分之限制，除非經妻明示棄權[18]。妻死亡時，生存之夫對妻之遺產亦有相對應之權利，稱為「鰥夫分」（curtesy）。此等權利旨在配偶無遺囑死亡時，保障生存配偶之生活。在雙方生存時是不完全（inchoate）權利，等到一方死亡時他方才能享有[19]。但到了 20 世紀，由於財富多以投資方式累積，而非限於不動產，dower 與 curtesy 已不能有效保護生存配偶，加以由於避免性別差別待遇，在美國幾乎為所有州所廢除[20]，而以制定法賦予夫妻對他方遺產之法定應繼分（稱為 statutory share 或 elective share 或 statutory elective share 或 forced share，其實與我國特留分相當，包括動產與不動產之三分之一至二分之一，其數字各州可能有異）取代[21]，通常夫妻相同。且往往增加生存配偶應分額，尤以已死配偶並無也是生存配偶之生存子女時為然。[22]

　　而且值得注意的是：愈來愈多州已承認寡婦與鰥夫有選擇不按遺囑受領（elect to take against the will）之權，目的在使結婚之人不能將其配偶尤其妻交國家扶養。例如夫遺產於死亡時為 12 萬元，如他只留妻 2 萬 5,000 元，則妻依許多州法可選擇拒絕 2 萬 5,000 元，而選擇要三分之一法定繼承部分，即 4 萬元[23]。換言之，生存配偶有選擇權（right of election），可在這法定應繼分與死亡配偶遺囑留給該人的部分，二者之中任擇對其有利的一種。因此可選擇要這法定應繼分，以取代遺囑留給的部分。

---

[18] Beyer, op. cit., p. 18.

[19] Ibid.

[20] 紐約州與其他州，沿襲英國例子，廢除了寡婦分與鰥夫分，理由是其存在使得每次土地買賣，須調查所有權 title 是否不可有 dower 與 curtesy 之負擔，因其存在不能自契據 deeds 簡單發現。Law in America, p. 209.

[21] 楊崇森，遨遊美國法第一冊（華藝，2014 年），頁 187 以下。在一些情況，生存配偶不可出售或移轉他方配偶在 dower 與 curtesy 或法定應繼分（稱為 statutory share）權利下之財產。Law in America, p. 209.

[22] Beyer, op. cit., p. 19.

[23] Reader's Digest, op. cit., p. 649.

2. 子女等親屬之繼承權可以遺囑排除

　　遺囑人剝奪其生存配偶、子女或其他繼承人繼承權之自由，在古羅馬已相當寬廣。在近代英美法，也比大陸法國家廣。美國與我國等大陸法系國家民法[24]子女等親屬有特留分保護制度，且剝奪繼承人繼承權須有法定原因不同。除了路易斯安那州（受法國民法影響）外，被繼承人除配偶外，可任意排除子女與其他親屬之繼承權（disinheritance）。惟如排除任何子女繼承權，最好在遺囑寫出其名字並附上理由[25]，法院以爲是出於疏忽。大多數州規定死者應在遺囑提到各子女，因此死者可提一子女，然後明白排除他繼承；或功能性地不留他任何物品或只給小禮物，來排除繼承[26]。在一些州被繼承人須留給被排除繼承之子女一個象徵性數字，通常爲 1 美元，以確保他們不致違反被繼承人之意思而分到一份遺產。這是通例，例外是路易斯安那州，法律給子女遺產之最低百分比保障（特留分 forced heirship law），違反之遺囑條文歸於無效[27]。至於其他親屬，則可任意排除繼承權。但大多數州不可排除配偶之繼承權。原則上寡婦可取得夫遺產三分之一或更多，如遺囑留給她少於此數額時，則法院可給她此數額，甚至可能更多。鰥夫也有相同權利，但大多數州對夫之待遇，不如寡婦。

　　如死者立遺囑後，有了另一子女，在能修改遺囑包括該子女前亡故，此時大多數州規定死者財產一部歸非故意省略（所謂 pretermitted）之子女，除非遺囑明白指出死者故意不在遺囑特別供養以後出生或收養之任何後代[28]。

（三）法定喪失（剝奪）繼承權

1. 父母子女之間

　　美國有十一州法律追隨統一遺囑驗證法典（UPC sec. 2-114(c)），排除本生父母繼承子女，除非公開待子女如己出，且未拒絕扶養子女。有些州因對子女犯若干嚴重罪或一般罪而排除繼承權。有六州因針對另一配偶之犯罪與行爲，諸如遺棄、性犯罪或甚至通姦，但非針對子女，而剝奪父母繼承子女之

---

[24] 德民第 2303 條（臺灣大學法律研究所編譯，德國民法，頁 1030）。

[25] Reader's Digest, op. cit., p. 644.

[26] Clifford & Jordan, Plan Your Estate (Nolo, 2000), pp. 6-15.

[27] American Bar Association, op. cit., pp. 553, 562.

[28] American Bar Association, op. cit., p. 559.

權。更奇怪者，此剝奪繼承不相反運作，亦即雖年老父母常由成年子女照顧，但法律不對怠於照顧父母之子女剝奪繼承權，只有加州有一制定法規定對死者犯「虐待、忽略或背信之人剝奪繼承權」[29]。

2. 謀殺或誤殺（manslaughter）之情況

謀殺人不可繼承被害人，不問死者有無遺囑。但須受有罪定讞才喪失。有些州誤殺之行為人仍可繼承被害人。

（四）拋棄繼承權

美國亦如我國拋棄繼承制度，受益人或繼承人可拋棄（disclaim, disclaimer 或稱 renunciation）自死者取得任何利益。拋棄原因可能包括避免收入只流入債權人之手或增加所得稅負擔，甚至基於道德或宗教原因。惟程序須：

1. 書面拋棄。
2. 簽名。
3. 敘述拋棄之利益。
4. 須在知悉其利益後合理期間提報法院。原則上如於死者死亡後 9 個月內提報者，被認為合理期間。如在接受財產或任何利益後則不能拋棄。

拋棄可用於抗拒債權人債權[30]。拋棄不可撤回或附條件，且不可用間接方法將資產傳給自己。

二、立遺囑之重要

（一）無遺囑繼承之缺點

1. 引起家庭許多困擾與不正義結果：法律硬性訂定繼承人之應繼分，一視同仁，不考慮個別繼承人之情況或需要。例如死者有一富有兒子，自偷竊其

---

[29] Scalise, Intestate Succession in the United States, in Comparative Succession Law (vol. 2) --Intestate Succession, ed. by Reid, DeWahl & Zimmermann (Oxford University Press, 2015), p. 417-418. 但德國民法則是父母子女權利義務彼此相對，與我民法相同，而與美國偏於子女一方之保護有所不同，又美國父母管教子女受嚴格限制，不慎甚易被認為虐待，參照楊崇森，遨遊美國法第一冊（華藝，2014 年），頁 234 以下。可見美國為人父母尤其老年處境似較淒涼。

[30] Beyer, op. cit., p.58 et seq.; Clifford & Jordan, op. cit., p. 22/2 et seq.; Barbri, The Conviser Mini Review, California (A Thomson Co., 2003), p. 3.

父汽車後不與他說話，卻與貧窮殘障剛念大學之另一兒子分同樣多錢財。

2. 分配資產不符被繼承人之意願：有時法定繼承將遺產移交予一些被遺忘或從未見面的親屬，而不能給眞正值得資助的家屬所需之資金。又無遺囑繼承法律不承認未婚同居夥伴或繼子（stepson）繼承權，其結果如無遺囑，即使與被繼承人同居多年，其同居人或繼子可能分不到分文。

3. 法院很難實施裁量權，而須受法律之限制運作，不能因應非常情況之需要：例如不能將比其他小孩爲大的份額給身體殘障之小孩，或給死者一直支助之寡居女兒。也不能爲甫成年無經驗之小孩指派受託人。

4. 可能增加不必要之遺產管理工作與重大支出。

5. 增加遺產稅支出：如未立遺囑，遺產稅可能吃掉許多養家之金錢。夫妻雙方未立遺囑會使生存者被剝奪婚姻扣除（marital deduction）之遺產稅利益[31]。

6. 提升快速吃掉資產之訴訟可能：可能使家屬在纏訟期中幾月或數年無法自遺產拿到所需要之收入[32]。

（二）遺囑繼承之優點

此優點大致亦係遺囑之用途：

1. 簡化遺產之管理：避免無遺囑繼承之耗費時間金錢與煩累，提早分享遺產，不必等待數月或數年，使靠被繼承人生活之親人負債[33]。

2. 便於分配遺產：除須留予配偶之部分或特留分（forced heirship）外，可以被繼承人選擇之方式分配遺產，包括增減法定繼承人，排除若干親屬繼承。將金錢或特定物品贈予所選之個人或慈善事業。如欲將任何財產歸近親以外之人，或給近親異於無遺囑繼承之遺產成數時，更須以遺囑表明。[34]

3. 選定遺囑執行人：在大多數州可依遺囑選定信賴之人爲遺囑執行人，執行遺產之管理。

4. 避免被繼承人所愛之親人間不必要之反目。

5. 減少遺產稅：遺囑可有計畫地分配遺產，減少遺產稅負擔。

6. 爲未成年子女指定監護人：在遺囑可遴選信賴之人，當被繼承人不在身邊

---

[31] Reader's Digest, op. cit., p.639.

[32] Zabel, op. cit., p.5 et seq.; Reader's Digest, op. cit., p. 665.

[33] American Bar Association, op. cit., p. 553. 亦可從大多數遺囑人之例，將遺產分爲數部分，分別歸指定之人。例如房子給妻，汽車予長女，郵票冊予幼子及 50 萬元予長子，然後再分配其餘遺產（稱爲剩餘遺產〔residuary estate〕）。Reader's Digest, op. cit., p. 647.

[34] Reader's Digest, op. cit., p. 666.

時，爲子女作最佳照顧[35]。

7. 設立信託：照顧妻與子女或需保護之人之生活，例如可給予妻（信託之受益人〔beneficiary〕）房屋之 beneficial use（住在該處），或在生存期間或若干年，收取自該房產所生之收益（income）。且可賦予受託人花用收益之權限，以因應情況變動之需要。當信託終了時，財產歸子女或他人或成爲剩餘遺產之一部[36]。

8. 留下指示：遺囑可指示身後如何處理其遺體[37]。

9. 遺囑繼承可避免法定繼承法律未考慮到繼承人之財政困境[38]。

10. 可避免爲了分配遺產，拍賣或變賣一些珍貴財產，例如祖厝。

（三）成立信託之目的與作用

信託可協助：

1. 管理資產較有效率。

2. 在死亡、變成無能力、生病或發生事故期間，可照顧家庭（尤其未成年子女）與他人。

3. 確保隱私。

4. 避免遺囑驗證與驗證之支出與延擱：在驗證手續結束前，因不能動用遺產之任何資金，可能使家屬生活陷於無著，尤其於賺錢養家之人死亡時爲然，而信託則可免除此弊[39]。

5. 對債權人可保護遺產與受益人。

6. 節省家庭繼承之稅捐[40]。

7. 在某程度信託可取代遺囑，即可管理死後之財產，遺贈財產等。但被繼承人仍可能須立遺囑，處分在生前未移轉予信託之財產，與信託協調分配資產，並使遺產不受無遺囑繼承法之規範[41]。

---

[35] American Bar Association, op. cit., p. 554.

[36] Reader's Digest, op. cit., p. 648.

[37] http://findlaw.co.uk/law/estate_planning/wills/500302.html.

[38] American Bar Association, op. cit., p. 567.

[39] The Time-Life Family Legal Guide (Time Inc., 1971), p. 362.

[40] Clifford & Jordan, op. cit., p. 1/8; The American Bar Association, Guide to Wills & Estates (1995), p. 67 et seq.

[41] American Bar Association, op. cit., p. 571. 信託安排之優點極多，詳情可參照楊崇森，信託法原理與實用（三民，2010 年），頁 9 以下；The Complete Book of Trusts (Wiley, 1997).

（四）遺囑不能處分之財產

有些財產不受遺囑影響，不列入遺產管理分配：

1. 予指名受益人之人壽保險利益。
2. 支付予遺產以外受益人之年金（annuities）與其他退休利益（retirement benefits）。
3. 移轉到生前信託（living trust）之財產：此三者不能處分，因已指定受益人，資產會移轉到死者指定之受益人，而不問是否有遺囑。例外是死者指定遺產為受益人，此時其實收額（proceeds）按遺囑條款分配。當然死者可於生前申請發行保單或退休金之機構變更受益人。
4. 與他人共有附有生存者權（survivorship）之任何一種共有財產[42]：財產自動於死亡時歸屬於生存之所有人。
5. 免除財產（exempt property，即不受債權人強制執行之財產）：依法歸寡婦與生存子女[43]。

三、遺囑（Wills）

遺囑（will 或 "last will and testament"）是死者訂定分配遺產意思之文件。男遺囑人稱為 testator，女遺囑人稱為 testatrix。美國人習慣似喜以遺囑處分財產，與我國人諱言身後事，罕立遺囑之情況，大異其趣。

（一）遺囑之作成

美國遺囑須符合州法所定要件，才能生效。即：1. 遺囑人（testator 或 testatrix）通常須達法定年齡，通常為18歲以上；2. 須有遺囑能力（testamentary capacity），即心智健全；3. 須依一定形式（各州不一）；4. 以書面作成；5. 須簽名[44]。

遺囑不需錄音錄影或向政府機構提報，亦不需公證[45]，不需照特定格式。

---

[42] 關於美國物權法上共有之型態，詳見楊崇森，遨遊美國法第一冊（華藝，2014年），頁 280-281。

[43] Reader's Digest, op. cit., p. 645; American Bar Association, op. cit., p. 552, 555.

[44] American Bar Association, op. cit., p. 553. 遺囑最好找律師起草，其支出視製作之複雜性與功夫及所用律師而有出入。Weinerman, op. cit., p. 117.

[45] 但遺囑簽名及見證時，可能想用公證人，參照後述遺囑證明部分之說明。

但須表明它是有關財產最終的吩咐，即意欲它成為遺囑，如以前有遺囑，並取消以前之遺囑[46]。遺囑可打字或印刷或手寫[47]。遺囑人應於遺囑最下邊簽名，如有數頁，並應於每頁底部簽名。遺囑可以一事件之發生為條件[48]。不可用模糊或矛盾文字，且內容不可違反所謂公共政策（public policy，相當我大陸法之公序良俗）。

於作成遺囑時，通常須由遺囑人在至少兩個見證人前簽名。許多州規定見證人不可自遺囑取得任何財產利益。如一受益人為見證人時，遺囑原則不歸於無效，但對見證人所作之遺贈可能取消[49]。對見證人，遺囑人不必透露其內容[50]，但須口頭說明或加上文字說明這文件是遺囑，是他所立，且他在見證人前簽名，然後再由各見證人在彼此面前簽名。此外記載簽名之日期與地點（常寫在遺囑後面）。又只應有一份完全作成（executed）之遺囑。

（二）遺囑之種類

遺囑可以是簡易，也可以是複雜。各州使用之種類有所出入，且與我民法不盡相同。

1. 簡易遺囑（simple will）：如對不複雜之遺產，規定直接分配資產之遺囑，通常稱為簡易遺囑。可用文具店出售容易填寫之格式或抄自書本。
2. 見證遺囑（witnessed will）：不問手書或打字，須由遺囑人簽名，且經二個成年見證人在遺囑上簽名。
3. 手書遺囑（holographic will）：手書遺囑是由遺囑人手寫製作之遺囑，在一些州不需見證人。在約二十個州承認此種遺囑。但有時難於證明作者意欲此文件成為遺囑，及於特定時間書寫（例如在荒野凍壞或海上漂流等緊迫情

---

[46] American Bar Association, op. cit., p. 553 & 558.

[47] 參照 Law in America, p. 210; Siegel, How to Avoid Lawyers (Fawcett Crest, 1971), p. 116; Last, Everyday Law Made Easy (Doubleday & Co., 1978), p. 80. 均謂可打字。又 Arbetman, McMahon & O'Brian, Street Law, A Course in Practical Law (West, 1983), p. 215. 且謂最好打字。但我民法第 1190 條上自書遺囑全文須手寫，不得打字，對老邁之人尤其財產繁雜之案件，複寫長文，不無困難，似過於拘泥。

[48] Barbri, The Conviser Mini Review, California (A Thomson Co., 2003), p. 6.

[49] The Time-Life Family Legal Guide (Time Inc. 1971), p. 360; Bernham, op. cit., p. 482. 我民法第 1198 條亦規定繼承人與受遺贈人及其配偶或其直系血親不得為遺囑見證人，但對違反之人，似無對他所作之遺贈取消之規定。可見美國法比我國法更細密且嚴格。德國民法第 2234 條與第 2235 條亦分別規定遺囑人與受益人之一定親屬不得為遺囑之見證人。

[50] Ross, op. cit., p. 230.

況），故不推薦以此遺囑取代正式作成之遺囑。

4. 口頭遺囑（oral 或 numcupative will）：在緊急情況，在一個或更多見證人前，以口頭聲明如何處理遺產之遺囑。有些州承認，但只能在有限情況下爲之。一例是臨死之人在最終生病時作口頭遺囑，常只在處分動產時才有效[51]。由於此種遺囑最常在恐懼或瀕臨死亡時作成，飽受情緒壓力與痛苦，法院審查會特別愼重且存疑。

5. 影音遺囑（video will）：是由遺囑人在影音照相機前宣讀之遺囑。通常以此遺囑補充書面遺囑，作爲有用證據。

6. 床邊遺囑（deathbed will）：臨終常書寫床邊遺囑，雖然匆匆起草，但法律上與預先製作同樣有效。但此種遺囑常被爭執，故依賴其分配資產有風險。

7. 自己證明遺囑（self-proving will）：或稱爲附於遺囑之自己證明宣誓書（a self-proving affidavit attached to a will），應經公證，證明見證人與遺囑人正當簽署遺囑。此種遺囑易爲法院接受作爲死者眞實遺囑之證據，避免於驗證時找見證人證明之稽延與支出[52]。

8. 制定法遺囑（statutory will）：在格式上「塡空」與「勾選」，易於塡寫，制作便宜，但用途有限，只有幾個州承認。

9. 共同遺囑（joint will）：遺囑由兩人一起作成，各將所有財產給予對方。即涵蓋夫妻（或任何二人）遺產之單一文件，作爲雙方之遺囑，也規定當第二個人死亡時，資產如何分配。缺點是有時不能區分各遺囑人之個別財產，且難於修改，以因應環境之變遷。例如雙方同意以共同資產予若干繼承人，於一方死亡後，生存之一方可能難於自由修改約定。如他日後立一分開遺囑，使共同遺囑受益人以外之人受益時，生存者有訴訟之風險。且由於可能失去婚姻扣除（marital deduction），會產生不利遺產稅之效果，致今日較少利用[53]。

10. 相互遺囑（mutual or reciprocal or interlocking will）：是二人分別起草之不同文件，各自獨立製作簽名與見證，但有互補性，信賴彼此條款，各遺囑將留一方財產留給他方。這種遺囑較有彈性，也可包含規定生存者推定之條款。

11. 併入遺囑（pour-over will）：規定將一些遺產併入一個生前所設立之信託

---

[51] American Bar Association, op. cit., p. 559.

[52] Beyer, op. cit., p. 91 et seq.

[53] Id. at 559.

之遺囑，稱爲併入遺囑。以遺囑所留之財產於歸併到信託前，應先經驗證手續。

12. 遺囑信託遺囑（testamentary trust will）：以遺囑將遺產之全部或一部成立一個或多個信託加以分配時，則是遺囑信託遺囑。

13. 附條件之遺囑（conditional or contingent will）：特別表明死者只在一定方式或一定情況下死亡，才生效之遺囑。除非條件成就，否則遺囑不作爲死者之遺囑生效。[54]

（三）遺贈

1. 以遺囑爲之：遺贈稱爲 bequest，如留給親戚或友人一些動產，如一幅畫，一件傢俱，或某公司一百股股票時，則是作了特定遺贈（specific legacy）。但如留給 1,000 元，而未指明該款來自何處時，則是一種概括遺贈（general legacy）。

2. 慈善與教育遺贈：

州與聯邦法律控制慈善遺贈：

被繼承人雖不可剝奪家屬全體之繼承權，但法律上可將大部遺產留給教會、慈善機構或大學。惟有一些州制定法規定於死亡前以遺囑贈與慈善機構無效，例如奧亥俄州規定包含在死亡前 1 年內所立遺囑之慈善贈與無效[55]。或限制有生存近親時，遺產給慈善機構之比例，例如加州限三分之一，紐約州限一半[56]。又聯邦與州繼承稅對免於遺產或繼承稅之財產課以愈來愈嚴之限制，此外指定使用金錢之目的也須合理[57]。

（四）遺囑之驗證

1. 遺囑驗證法院之角色

在遺囑人死亡後，其財產分配，通常由一個通常稱爲遺囑驗證法院（probate court 或 surrogate's court）之特別法院加以監督。該法院負責監督財產之分配，付清所有遺囑人之負債，監督與證明分配之程序，稱爲 probate。

---

[54] Ross, op. cit., p. 223.

[55] Barbri, The Conviser Mini Review, California (A Thomson Co., 2003), Will, p. 22.

[56] Ross, Handbook of Everyday Law, p. 229-230.

[57] Reader's Digest, op. cit., p. 649.

當被繼承人留有遺囑時，法院會指派遺囑執行人（executor），監督分配之程序，遺囑執行人是遺囑人所信賴之人，在遺囑內指定。他個人負責償還被繼承人之債務，並分配遺產予正確之人。

2. 遺囑之證明

　　遺囑驗證（probate）在葬禮後不自動發生，而須有人（權利人）發動。易言之，執行人取得死亡證明後，須向遺囑驗證法院提報死者遺囑去驗證（probate the will 或 admit the will to probate），即確定遺囑真正與有效，證明是死者最後遺言，也確認死者指定管理遺產之人或銀行之任命。須簽申請書（petition）請求法院指定審查遺囑之開庭（hearing）日期，由法院通知所有對遺產有利害關係之人（通常根據執行人起草之名單），定期開庭。日期通常定得很遠，使利害關係人可請求一份遺囑加以研究，以決定是否對其條款爭執（contest），並準備異議（opposition）。未成年人在許多州須由監護人（guardian）代理，以便開庭時利益受到保護。執行人或其律師然後安排讓遺囑之見證人在法官或書記官長（clerk）前出席，確認他們見證死者在遺囑簽名及見證人彼此之簽名。注意見證人並非見證遺囑之內容，甚至不必看遺囑，他們只見證遺囑人之簽名及簽名時之心態[58]。通常見證人可簽宣誓書（affidavit）證明遺囑之真實，而不必出庭，除非發生宣誓書無法答覆之問題，例如攻擊遺囑之人主張死者於簽名時心神不健全[59]。許多州准許所謂自己證明遺囑（self-proved wills），即須正式作成遺囑，簽名被公證及附有見證人「自己證明之宣誓書」（self-proved affidavit，由見證人在宣誓書上簽名，然後公證）。如合乎這些要件，則遺囑可被驗證（admitted to probate），而不需證人出庭作證或其他證明[60]。

3. 遺囑之異議

　　想爭執（contest）或否認（contradict）遺囑之人，有舉證證明遺囑特定條款或整個遺囑無效之責任[61]。爭執（contest）遺囑係根據制定法上的理由，例如死者未簽名，見證人未真正看到死者簽名，簽名非死者而是別人，或死者因疾

---

[58]　Weinerman, op. cit., p. 99.
[59]　Reader's Digest, op. cit., p. 362.
[60]　American Bar Association, op. cit., p. 556; Clifford & Jordan, op. cit., p. 7-5.
[61]　Weinerman, op. cit., p. 101.

病或脅迫，於簽名時不知做什麼或遺囑出於偽造。

　　如見證人中有人已死亡或找不到時，法院可能在無強大證據對遺囑之技術上效力起疑下，仍承認其真正，但最好遴選需要時會出庭之見證人。如爭執成功，則遺囑全部或部分作廢，其結果財產依以前遺囑或按該州無遺囑繼承法律處理。如遺囑證明真正，則正式由法院通過（admitted），然後發給證書（certificate），授權遺囑執行人開始執行職務[62]。

　　驗證遺囑與攻擊整個文件或主要條款之效力不可混淆。如妻不滿死者留給她少於法定繼承之應繼分，可選擇不按遺囑，亦即使法院不理對她之遺贈，而命執行人移交給她無遺囑繼承之部分。受遺贈人中有人在死者死亡前死亡時，則遺贈已過期，而須另行分配予他人。這些攻擊未必是驗證程序之一部，不是對遺囑本身之挑戰，並不拖延遺囑之驗證。

4. 不爭執條款

　　死者可採若干步驟減少爭執遺囑機會。其一是遺囑內定有包括一個不爭執條款（no-contest clause）。有一些州此條款准許死者剝奪爭執遺囑之受益人之繼承權[63]。這是阻止受益人提告，主張他有權取得比死者所給為多之方法，受益人挑戰遺囑失敗，會喪失所有他在遺囑下之繼承權。如有受益人挑戰遺囑，主張死者欠缺心智或受到不當影響之風險，則這條款有意義。但喪失所有留給他財產之風險本身，會嚇阻一個潛在挑戰人之提告。又在大多數情況，此條款並非必要，因無受益人提出訴訟之合理風險，且死者分配遺產不必公平，除配偶或子女外，可留給任何人死者欲分之財產[64]。

---

[62] Reader's Digest, op. cit., p. 676-678; The Time-Life Family Legal Guide, p. 362.

[63] 此條款又稱為警戒條款（in terrorem clause）：原指用以威脅某人為或不為一定行為的條款。尤指在遺囑中列有對遺囑條款有異議之受益人將剝奪其繼承權利之條款。如死者用連同併入（pour over）遺囑之生前信託，則可使家人較難爭執信託之有效性。如信託在死前擁有死者之財產（如一個附資金之可撤銷信託〔funded revocable trust〕）時，則可防止死者遺囑受到不留給財產之人之攻擊。參照 American Bar Association, op. cit., p. 561.

[64] Clifford & Jordan, Plan Your Estate (Nolo, 2000), p. 5-10.

5. 不正影響（undue influence）與遺囑

(1) 不正影響 [65]

遺囑須出於自由意思，受詐欺脅迫都可影響其效力。值得注意的是受到不正影響，也可能使遺囑無效。不正影響比脅迫情節輕，可能是濫用個人信賴與照顧關係，對表意人施以壓力。

(2) 推定不正影響（undue influence）存在之情形如下：

① 受益人與遺囑人有信任關係（confidential relationship）。包括律師與當事人、或醫生與病人之關係等。

② 受益人參與遺囑之作成。

③ 遺囑條款牽強不自然。

④ 當不正影響之推定發生時，受益人有舉證之責任。

⑤ 美國法院現擴大承認一個人可影響遺囑人作有利與該影響人關係密切之另一人。例如妻與遺囑人有信任關時，可主張夫施以不正影響 [66]。

⑥ 遺囑驗證（probate）之優缺點
  遺囑驗證之缺點：
  A.遺囑驗證可能耗很久時間，有時數年。
  B.遺囑驗證程序包括將遺囑變成公家的紀錄，法律常要求將若干通知刊登報紙。
  C.遺囑驗證可能昂貴：遺產要付法院費用，多付律師費用與遺產鑑價費用。又在驗證期中，遺產會被凍結 [67]。
  因此過去如何避免驗證，成為一般美國人熱衷研究之課題。
  驗證之優點是可使債權人之債權比通常訴訟提前清理了結 [68]。

⑦ 如何避免驗證
  最常見處理遺產避免驗證方法有下列四種：
  A.信託：尤其生前信託（living trust）。
  B.贈與。

---

[65] 不正影響之詳細介紹，可參照楊崇森，美國契約法之理論與運用（上），軍法專刊，第60卷第5期，2014年10月，頁76以下。

[66] Beyer, op. cit., p. 192 et seq.

[67] American Bar Association, op. cit., p. 566.

[68] Clifford & Jordan, op. cit., p. 8/8.

C.共有（Joint tenancy），亦稱爲生存者權（survivorship）。

D.契約上安排，諸如人壽保險與退休金[69]。

⑧ 遺囑驗證之改進

過去有關如何避免驗證之書籍行銷很好，不是沒有原因。過去驗證耗時長久與費用昂貴，許多州有了新驗證法律或已採用統一驗證法典（Uniform Probate Code）或以其他方法，改良驗證制度。該法典或新法律企圖增加家庭事務之隱私性，減少或消除保證人（surety）與忠實擔保金（fidelity bond）及財產鑑價（appraisal）之支出，也透過執行人與受益人合作，較迅速地管理遺產。此外也限制法院的介入[70]，以致遺囑驗證並不全如它的壞名聲那樣不堪。許多州除非有人爭執遺囑，對所有遺產簡化其遺囑驗證程序，例如獨立執行人之規定、減少或消除許多不便與費用。許多州對於小遺產（例如 5 萬美元以下）也已採代替遺囑驗證程序之方法。這些程序可能有助於節省法院費用、律師費用及執行人費用[71]。

（五）遺囑之修改或撤回

遺囑於生前可由遺囑人隨時修改或撤回。如撕掉、燒燬或另立新遺囑，特別聲稱撤回舊遺囑時，遺囑自動撤回。如欲毀掉舊遺囑，注意要毀掉所有拷貝，因如後來立的遺囑被挑戰，在前立的遺囑可能被作爲認定遺囑人意思之證據。遺囑人可隨時書寫一新遺囑以變更舊遺囑[72]。或增加一補充條款（稱爲 codicil）——一個分開文件，來改變現行遺囑條款或增加新條款。可增加 codicil 到遺囑，而不限次數（但如太多太亂時，可能須重新起草新遺囑）。惟不能口頭改變書面遺囑，亦不可直接在遺囑上更改，如挖補重寫在原始文件上，不生效力。codicil 須以原始遺囑作成之法定方式作成[73]，須簽名、加日

---

[69] American Bar Association, op. cit., p. 566.

[70] American Bar Association, op. cit., p. 566.

[71] Id. at 563. 但注意當所有資產（尤其無形財產）合計起來時，往往比想像高，而可能沒資格利用這些代替作法。

[72] 當立新遺囑時，宜增一句說：新遺囑取消所有以前遺囑，或加一條款指出：茲「取消舊遺囑，使其無效（null and void）」。因如無此說明，則新遺囑可能不取代舊的遺囑（The Time-Life Family Legal Guide, p. 361.）。法院也可能裁定新遺囑只在二遺囑牴觸之處，取消舊遺囑，如此會產生問題。又當立新遺囑時，最好將舊的留在檔案內或留律師處，註明「取消，以某日期之遺囑取代之」。如此當日後發生問題時，可提供紀錄（American Bar Association, op. cit., p. 557）。

[73] Reader's Digest, op. cit., p. 661.

期及見證，其效力標準一如遺囑。但未必須同樣見證人[74]。如二遺囑部分矛盾時，不符之處，以後遺囑或以 codicil 為準。如前遺囑僅部分被取代，則二遺囑可驗證，不過就有疑義或模糊之處，以後遺囑為準。因此最好以新遺囑撤回所有前遺囑[75]。

（六）遺囑全部或一部無效

如遺囑全部（未簽名、未見證或遺囑人簽名時心智不健全或受到強暴脅迫）或一部無效，此時以前正確起草之遺囑可被接受驗證。但如以前遺囑不被接受時，法院會宣布遺囑人無遺囑死亡，與從未立遺囑相同，遺產由法院指派之管理人，而非遺囑人指定之執行人，按無遺囑法律分配。如遺囑准許驗證，但其中一條款不合州法，例如留妻少於州法所定數額時，則該條款可被廢棄，法院會指示執行人遵照州法之條款執行，其他方面則遵照遺囑之規定[76]。

（七）婚姻對遺囑之影響

1. 結婚：通常結婚，取消任何以前存在之遺囑。但如在遺囑表明為預期即將來臨之結婚而起草時，則遺囑於婚後可受到維持[77]。
2. 離婚：離婚通常不影響遺囑，但在許多州離婚或婚姻解消具有取消遺囑中有利或涉及前配偶之條款[78]。

（八）遺囑之代用品——TPPM（tangible personal property memorandum 有形動產備忘錄）

美國為彌補遺囑修改之困難，設有新穎之途徑，此即所謂有形動產備忘錄。它是美國遺囑法近年新發展的機制，目的在使遺囑較易修改。只須遺囑人手寫或打字，作一清單，列出他想贈與之動產項目與想贈與之人，然後簽名與填日期，同時在遺囑提到它，諸如：「本遺囑加入一分開有形動產備忘錄之條款。」[79] 而不必像遺囑一樣，諮詢律師，在見證人前簽名。手續簡便，值得

---

[74] The Time-Life Family Legal Guide, p. 361.
[75] Weinerman, op. cit., p. 105.
[76] Reader's Digest, op. cit., p. 661.
[77] Weinerman, op. cit., p. 105 et seq.
[78] American Bar Association, op. cit., p. 556.
[79] 典型之備忘錄開頭文字可能如下：
動產備忘錄
本人遺贈下列有形動產予下列受益人：

注意。

　　因遺囑人如有許多小禮物要留給親友，一一在遺囑記載，會使遺囑過長[80]。又經常想增加或改變心意時，又須重立遺囑。爲了小東西殊爲煩擾。如用分開文件則可解決問題。另一優點是避免家屬間不快感覺。因如簡單將所有物品均分給子女，將使他們爲如何分配傷神，因往往分割困難，且後輩對應繼物品可能有不同看法與意見。如將可能爭議之物品明確指定應得之人，則他們因有明確方向可循，當無理由起爭執。此備忘錄適用於動產，包括傢俱（含瓷器銀器）、藝術品、珠寶、車子（有些州），但不適用於不動產、金錢、銀行存款、借據、股票、債券、著作權。宜明確描寫，勿與類似項目混淆。尤其勿包括已特別留在遺囑之項目，以免備忘錄與遺囑牴觸。應與遺囑放一起。如欲變更時，勿在其上作任何刪除，作一新備忘錄，並丟棄舊的[81]。大多數州承認有形動產備忘錄之效力，在不承認之州，執行人通常會盡力符合由此備忘錄所顯示之遺囑人之意願[82]。

四、遺產減免稅捐與其他支出

　　英美遺產稅捐頗重[83]，美國有些節省稅捐與支出方法：

（一）婚姻減免（marital deduction）：可直接或以信託免稅方式，留給配偶遺產至一半。於死亡時所有留給配偶之財產，不問價值多少，不科聯邦贈與或遺產稅[84]。

（二）信託：許多種不同信託視情況與意願，可用以節省遺產稅。且利用遺囑或生前信託可延遲財產之最後分配至一個世代，致實際上跳過第二代遺產稅來分配所有人死亡時所留之財產。

　　自我外祖母繼承之紫色紫羅蘭型中國瓷器一套給侄女 Tiffany L. Jones
　　櫻桃木飯桌與相配瓷碗櫥給 Stephen M. Steinhausen

[80]　例如給甥女她一直想要的油畫，給兒子老家庭聖經，給一友人一套小孩不甚愛的瓷器。

[81]　參照 http://www.nolo.com/legal-encyclopedia/using-personal-property-memorandum-with-your-will.html。許多制定法要求把物品寫得夠確定，俾便執行人找到物品，交予正確之受領人。最好寫上對方地址及與遺囑人之關係。

[82]　American Bar Association, op. cit., p. 557.

[83]　例如英國戴安娜王妃遺產約 34.1 百萬美元（包含 2,800 萬離婚和解金）卻背負 13.6 百萬稅捐。如當初買人壽保險則可免此龐大稅負。Calvi & Coleman, op. cit., p. 297.

[84]　Clifford & Jordan, Plan Your Estate (Nolo, 2000), p. 15/6.

（三）人壽保險：人壽保險一直是遺產計畫之一環，賠償金不計入被保險人應稅遺產內，如此可大大減少遺產之死亡稅責任[85]。

（四）共有財產（joint ownership of property）：在夫妻或父母子女間共有財產，可大大減少管理之支出[86]。

（五）生前贈與或移轉財產：在生前每年可贈與一定數額財產，而免遺產／贈與稅[87]。

五、遺產管理期間被繼承人家屬之照顧

遺產管理需一些時間，在執行人分配資產前，遺產被凍結，因此幾乎每州為供養寡婦與未成年子女，至少在遺產管理之部分期間內，提供暫時家庭津貼（family allowance）以維持其生計。其數額與期間每州不一。若干州還賦予一個獨立豁免財產（exempt property）之權利，不在遺產管理之列。此外，無數州還提供家宅權（homestead right），或作為上述二津貼之代用品。即寡婦與未成年子女有權繼續占有或受領死者住宅，而免於債權人之執行，且保有占有使用附隨房屋之傢俱裝修（furnishings）之權。換言之，與我國法不同，如生存配偶過去與被繼承人同住於一家宅（homestead）時，於夫亡故後，可繼續居住下去，不必付租金，直到家屋被轉讓為止。該房屋如應付租金時，由遺產負擔。這幾種權利通常對遺產任何其他債權居於優先權之地位[88]。

當然在此期間如遺產其餘財產可支付所有遺產債務時，執行人亦可自遺產分配收益及若干資產予繼承人[89]。

---

[85] Id. at 12/2.

[86] Reader's Digest, op. cit., p. 675.

[87] Id. at 15/13.

[88] Stephenson & Wiggins, Estates & Trusts, p. 21 et seq.; American Bar Association, op. cit., p. 148-149. http://law.uark.edu/faculty/buehler/2012Spring/Arkansas-Guide-to-Inheritance.pdf; http://www.sklslaw.com/blog/hawaii-probate-homestead-allowance-exempt-property-family-allowance; https://books.google.com.tw/books?id=zktPurWpQyYC&pg=SA13-PA3&lpg=SA13-; 按德國民法亦有……之規定（第 1969 條）。

[89] American Bar Association, op. cit., p. 564.

六、遺囑執行與遺產管理

（一）死亡之證明

分配遺產第一步要向州管轄法院（通常為 probate court）證明死亡之事實。典型作法是向該院書記官長（clerk）提出一份由公家機關發給的死亡證明書（death certificate）。如在軍隊服役中死亡時，則只須官方通知。如遭遇災難死亡，例如地震、船舶或飛機失事、被害人屍體未發現，或無屍體可辨認時，法院可在職務上認知（take notice）該災難，而發布死亡宣告（declaration of death）。如失蹤人尋找無著，在相當期間屆滿後，法律上可宣告其死亡。這些規定英美法稱為恩諾亞登法（Enoch Arden laws），此名稱是自昔日英國詩人但尼森（Tennyson）所撰一水手離家 7 年後歸來，發現其「寡婦」已再嫁之詩歌而來[90]。

（二）遺囑執行人與管理人之遴選

遺囑執行人與遺產管理人須 21 歲以上，身心健全，無刑事前科，須宣誓允諾忠實履行職務，且對違反宣誓可被要求賠償損失（稱為 surcharged）。如何遴選執行人？有一方法是選一個沒有潛在利益衝突之人或銀行，即不因遺囑得到利益之人。因此許多人避免選家屬或與家屬有業務來往之人，以免執行人與遺產受益人間爭鬥與訴訟。此方法缺點是非家屬執行人通常對服務要收費，通常占遺產 2% 與 5% 之間，看遺產大小。致僱外人可能太貴，所以許多人選親友出任，不必付執行人費用[91]。通常法院優先委派死者之近親，但不尋常情況可能影響法院之選擇。如遺產包括一特定種類商業，例如汽車旅館時，法院可能遴選對此業務有經驗之人，有時委派共同執行人（coexecutors），諸如一個友人與另一熟悉商業之人，或以所有子女為共同執行人[92]。

如遺囑指名之執行人已死亡，或生病不能任職，但死者未指名別人取代時，並不影響驗證，此時法院接受遺囑驗證，且在諮詢死者繼承人後，委派一管理人，稱為 administrator with the will annexed。此管理人不似死者在無遺囑死亡時，法院委派之遺產管理人，其分配遺產係依照遺囑條款而非繼承法，但

---

[90] Reader's Digest, op. cit., p. 676. 又楊崇森，遨遊美國法第一冊（華藝，2014 年），頁 194。

[91] American Bar Association, op. cit., p. 565.

[92] American Bar Association, op. cit., p. 563.

他是法院而非遺囑人委派之人 [93]。

（三）遺囑執行人或遺產管理人之工作與義務

執行人之權力來自法院所謂遺囑文（letters testamentary），即遺囑之條文，管理人之權力來自驗證法院發給之管理文（letters of administration）。執行人與管理人除由遺囑人預先免除責任外，應提供保證金（bond）[94]。首先執行人或管理人接管被繼承人所有財產，不問在何地（執行人取得動產所有權 title，但不動產則傳予繼承人或 devises）。但執行人取得法院特別許可後，可出售不動產 [95]。死者亡故後生前所欠債務繼續存在。信用卡債務、醫療帳單、已到期贍養費、小孩扶養費都構成遺產之債權，而與埋葬費用，稅捐都是遺產第一負擔，須在受益人取得財產前付清 [96]。執行人除關切死者家屬在遺產最後清理前，有無足夠金錢生活外，由於未必知悉有什麼有效債權，因此須在當地報紙刊登死亡公告，要求死者所有債權人在特定期間（約 6 個月至 1 年內）提報債權。因債務通常比繼承權（除妻 dower right 外）優先。因此在所有債務清償前，法院不准分配遺產之資金予繼承人。大多數州債權按優先順序分類，喪葬費常最優先，聯邦與州之稅捐也優先 [97]。

執行人或管理人應提送遺囑去法院驗證（probate），且將驗證開庭（probate hearing）日期通知所有可能受遺囑影響之人。將所有遺產之資產登入財產目錄，且加以評價。列舉對遺產任何債權，如發現借據指出死者欠人錢時，可列在財產目錄內 [98]。支付喪葬費，清理遺產之債務與債權，包括付清未付之所得稅，收齊所有欠死者之債權，必要時透過法律訴訟。駁回對遺產明顯不正或不能執行之請求權，防衛任何對遺產之訴訟，向聯邦與州政府申報並繳納遺產稅。不時須經法院准許他認為適當之行為，諸如出售死者進行中不賺錢之營業，或清理所欠遺產少於債務面額之債務。在這些情況，法院常會頒發期中裁定（rulings），准許或不准執行人想做之事，合理請求可能被准許。然後向被繼承人指定之人，交付特定遺贈與一般遺贈，將被繼承人指定之任何留在信託之財產移交予受託人，最後按被繼承人遺囑之指示或制定法之規定，分配

---

[93] Reader's Digest, op. cit., p. 678.
[94] Weinerman, op. cit., p. 106.
[95] Weinerman, op. cit., p. 108.
[96] 致不問有無遺囑，可能沒留什麼財產予繼承人。Reader's Digest, op. cit., p. 657.
[97] The Time-Life Family Legal Guide, p. 362.
[98] American Bar Association, op. cit., p. 562.

剩餘遺產。當踐履所有這些義務後，向法院提出解任申請（motion）與所作各事之帳目與結算。通知所有對他就遺產所作管理行為之利害關係人。法院在最後程序會對任何受益人或代表他們之監護人所提對執行人行動之異議，加以聽取並審核。如法院滿意，則將其解任並免除其責任。惟受託人之責任當然按遺囑人所定，向將來繼續 [99]。

如遺產很小，在管理過程未發生問題，又不涉及未成年人時，則可不要求執行人正式結算，執行人或管理人可只讓利害關係人簽一合約，通常稱為非正式免責結算（informal release & account），免除其責任，及放棄對他管理中所作行為之任何請求權 [100]。

如遺產因其執行人管理不當或不誠實管理而受損害時，法院將其所提保證金沒收。如執行人在完成職務與被法院正式解任前死亡時，則法院會派一繼任人；如遺囑人有指定時，法院會依其指定 [101]。

（四）遺囑執行人與管理人之權利

執行人管理遺產有報酬，稱為 commission，其數字幾乎由各州之制定法加以訂定，往往為遺產一定百分比，常包括自法院指派時起，至最後解任止，此期間遺產之本金與所生收益 [102]。且他如經法院許可，亦可由遺產負擔費用，取得法律與其他專業人員之協助。有些執行人可能放棄報酬，尤以也是遺囑受益人時為然。

七、遺產規劃（estate planning）之重要

美國近百年來流行遺產規劃，因死亡之支出浩大，稅捐可能分掉人一生努力之積蓄。如未立遺囑死亡，或未預先作正確安排時，則財產要花費遠超過必要的稅捐，或在移轉予被繼承人之妻，自妻再移轉予子女最後至孫子女時，被課稅數次 [103]。為了減少此種風險，美國流行諮詢律師、保險人、會計師或財務顧問，儘早安排財務與財產事務。包含立遺囑與相關信託適當之規劃，可

---

[99] Reader's Digest, op. cit., pp. 682-683.
[100] American Bar Association, op. cit., p. 679.
[101] 參照 Reader's Digest, op. cit., pp. 681-682.
[102] Reader's Digest, op. cit., p. 682; American Bar Association, op. cit., p. 565.
[103] Reader's Digest, op. cit., p. 674.

爲死者遺產及嗣後生存繼承人節省龐大之稅捐[104]。良好的財務規劃，更宜稱爲家庭規劃（family plan），不但可防衛財產所有人身後家屬之安全，且可供養他現在與退休期間之生活。這計畫還可包含一個持續性醫療代理權（"durable" healthcare power of attorney），讓財產所有人預先授權他人當他來日不再能管理他自己事務時代他行爲[105]。如無此種規劃，可能使家庭陷於眞正之困境[106]。

八、將遺產存放信託之優點

美國許多遺囑含有信託條款。信託是所有人（委託人）爲了第三人（受益人，常爲數個第三人）之利益，將財產之法律上權利與控制交予另一人或機構（受託人）之機制。受託人可以是個人或有權擔任受託人之銀行，委託人可能提名所信任且瞭解其家務之人及一銀行（或信託公司）。

受託人被託付按信託文件或遺囑，爲第三人之利益管理財產。有些受託人按委託人所定條件，被賦予較大裁量權，包括有權出售信託不動產，動用信託原本直到受益人達到一定年紀。尤其在受益人於死者死亡時尚未成年，不能直接受領遺產之情形，在遺囑利用到信託。因直接留予小孩父母時，父母可能爲自己利益花用，如留予父母爲小孩利益成立信託，則父母須依信託約定負責控制原本，收益亦須在合理情況下斟酌（實施裁量權）使用，信託終結時，尚須爲受益人之利益加以結算[107]。

倘受託人怠於謹愼管理而違反其義務（fiduciary duty）時，受益人可向法院請求回復原狀，及命其賠償信託財產所受之損失（稱爲 surcharge），即支付損失之數額。如受託人將信託資金移供自己使用時，可由當地地方或州檢察長辦公處追訴竊盜罪，或由受益人控告侵占（conversion）之民事侵權行爲，或二者一併追究[108]。

---

[104] Weinerman, op. cit., p. 98; The American Bar Association, Guide to Wills & Estates (1995), pp. 84-95.

[105] American Bar Association, op. cit., p. 551.

[106] Reader's Digest, op. cit., p. 674.

[107] 關於信託制度之各種功能及其他問題之詳細介述，參照楊崇森，信託法原理與實用、信託業務與應用兩書（三民，2010 年）；Weinerman, op. cit., pp. 114-115.

[108] Reader's Digest, op. cit., p. 656.

九、美國繼承法之新發展

（一）配偶定義之放寬

其作法有下列兩種：

1. 佛蒙州法律：用民事結合（civil union）觀念，辦理登記，可取得所有配偶之權利責任，包括繼承。2005 年康乃提克州亦同。
2. 第二種方式是創設家內夥伴登記（domestic partners registration），夏威夷州採之。最近加州與緬因州制定家內夥伴登記制度，准許當事人登記，且接受繼承權。亞利桑那州考慮在 2005 年採類似法案 [109]。

（二）子女定義之放寬

由於新科技之生殖技術，有許多案件，尤其新澤西州與麻州，認為使用冷凍精子，不但在父死後出生，甚至在父死後懷孕之小孩，亦可作為該州法定繼承之繼承人，而大大擴大了傳統小孩須於父死亡時存在才能繼承之原則。

（三）生存配偶權之新發展

特留分（elective share）雖不是新觀念，但有若干新發展：

1. 有些州已訂通常最低額為 5 萬美元，即使死者遺產不足生存配偶之 elective share。以紐約州法律為例，生存配偶繼承死者遺產頭 5 萬美元，加上遺產餘額的二分之一 [110]。而且現今 elective share 由結婚第 1 年為 3%，依次遞增

---

[109] Scalise, New Developments in United States Succession Law (June 1, 2006). American Journal of Comparative Law, Vol. 54, No. Fall, 2006, pp. 104-106.
在此有應注意者，由於同性戀者之爭取，2015 年 6 月 26 日美國聯邦最高法院在 Obergefell v. Hodges 一案，以五對四票，下了歷史性判決，宣示同性婚姻之權利受到聯邦憲法保障，各州不得立法禁止同性婚姻，全美同性婚姻合法化。此判決對該國婚姻與家庭制度起了革命性變化，輿論贊成與反對均有。該判決雖未提及同性伴侶之繼承權問題，但此種婚姻既受該判決承認，則今後同性伴侶彼此享有繼承權，定可預卜。

[110] 例 1：B 嫁給 A，有二成年子女，夫妻兩人在銀行有共有（joint tenancy）戶頭，B 買了一個以 K 為受益人之人壽保險。當 B 死亡時，A 領了人壽保險金，繼承銀行戶頭。這些並非無遺囑繼承。B 也擁有值 35 萬元之其他財產，已以遺囑傳下來。A 繼承該財產之 20 萬元，即頭 5 萬元加上值 15 萬元之剩餘財產。兩子女均分其餘 15 萬元。
例 2：B 嫁給 A，前婚有一個 12 歲女孩。B 與 A 有一共有（joint tenancy）戶頭，加上價值 20 萬元之其他財產，如 B 有遺囑，則財產會以遺囑傳下來。當 B 死亡時，A 立即繼承房子與 B 價值 12 萬 5,000 元財產——即頭 5 萬元加上遺產餘額 7 萬 5,000 元，而 B 之女

至結婚 15 年以上為 50%，乘以遺產，使生存配偶取得之遺產數額之多寡與其與死者結婚期間之長短成正比[111]，而非一律固定，對其他共同繼承人言，更為合理。

2. 特留分（elective share）之計算與前不同，遺產包括許多過去不經驗證（所謂非 probate）之資產：過去保險金、年金與退休金不列入遺產，不經遺囑驗證，難免減損生存配偶之權益。但自 1990 年代中葉起，不少州將保險金、年金與退休金亦包括在所謂「增加遺產」（augmented estate）內，以防死者詐欺或虛假移轉財產，進一步保障生存配偶之生活。

3. 當死者有子女而非生存配偶之子女時，給生存配偶之份額大減：此變遷乃因認為生存配偶可能不能與自己子女同樣照顧，因此給配偶之份額大減至大約一半遺產加上第一個 10 萬美元，其餘約一半直接與子女。

（四）子女特留分之放寬

在 1996 年，路易斯安那州為美國唯一承認（子女）特留分之州，今日也自傳統立場移向美國式遺囑自由。

（五）放寬遺囑之方式

在遺囑形式要件方面已大幅放寬。趨勢是不符標準形式要件之遺囑，如遺囑人之意思，可安全確定，且無可疑詐欺活動時，包括用無害錯誤（harmless error）觀念、賦予法院用「實質符合」（substantial compliance）之原則[112]，可認為遺囑有效。不過大多數州認為書面與遺囑人之簽名要求至為重要，不能放寬。

（六）遺囑文字解釋之放寬

有些法院准許斟酌起草錯誤之證據，來證明與明白文字所表示相反之遺囑意思。而且有些法院將明白之遺囑用同樣寬鬆解釋，以達到遺囑人意欲達到之結果。

兒繼承 B 財產價值 7 萬 5,000 元之部分。

[111] 例如過去司法部長呂有文高齡再婚不久過世，子女不甘與繼母平等分配遺產涉訟。此例甚多，尤以老年富翁再婚為然，可見斟酌結婚年限分配甚為有理。美國有兩種學說，一是需要說（need-based theory），認為死者有供養生存配偶之義務，而合夥說（partnership theory）則主張婚姻是經濟合夥，雙方須作建設性努力。

[112] 所謂「實質符合」乃衡平法上一原則，原指債務人如已作了善意努力，雖未一一符合契約所定細節，亦認為已經完成履行。

（七）遺贈作廢（ademption）認定之放寬

遺贈作廢原則（doctrine of ademption）主張遺贈所留財產，在遺囑人死亡時，如不在遺產內時，遺贈作廢。近來美國法院與立法機構已逐漸自同一性原則（identity theory），即如財產不在遺產內時，則不理遺贈人意思，遺贈作廢，移向意思說（intent theory），即如財產不在遺產內，除非證明違反遺囑人意思，遺贈不作廢，而准許以他物取代或更換死者原來之財產，以形成遺贈之標的。

十、美國繼承法對我國法之啟示──代結語

（一）我國因無遺囑驗證制度，遺囑繼承優點雖不如美國之多，但仍優於法定無遺囑繼承。鑑於我國社會與家庭結構急劇變化，倫理觀念變遷，加以老人化社會來臨，子女奉養父母之可能降低，而有賴醫護與其他親友甚至社區人員照顧。在此情況下，以遺囑處分財產之必要比以往加深，繼承法法定繼承之制度與習慣已不能因應社會需要。因此國人允宜修正過去避談身後之觀念，宜妥善運用遺囑安排財產處分，而法律更應順應時代與社會變遷，將遺囑處分自由之範圍擴大，同時適度縮減享有特留分親屬之範圍與在遺產所占之比例。

（二）於擴大遺囑處分自由之同時，對於妨礙遺囑人意思決定自由之因素，例如詐欺脅迫，亦宜加強規範；尤其不正影響（undue influence）之機制，可考慮導入法制內，以免遺囑人意思表示瑕疵無由救濟，損害利害關係人權益，影響遺囑制度健全發展。

（三）由於科技進步結果，傳統子女須於父死亡時存在才能繼承之原則亟須修正，並應擴大繼承權子女之範圍。

（四）我民法有關遺囑之規定似失諸簡略，反觀美國遺囑法異常細緻，諸如遺囑驗證、不抗議條款（no-contest clause）等，其作法與解釋可供我國立法與司法解釋之參考。尤其允宜引進美國動產備忘錄（TPPM）制度，以便遺囑人隨時修改遺囑。同時遺囑之解釋亦宜斟酌放寬。又鑑於老人化社會來臨，老人自書遺囑如一律按現行繼承編規定，限於親自書寫，似有窒礙，可否參照美國作法，可以打字取代，惟嚴格限制簽名與見證，值得研酌。

（五）美國信託制度往往與遺囑結合，而發揮資產管理運用之莫大效益，值得

　　注意，我國亦宜加強引進信託制度與遺囑相結合，以便遺產處分與管理
　　更具彈性與效能。

（六）英美傳統國家透過法院介入私人財產繼承，以保護眾繼承人與債權人之
　　　傳統值得重視。

（七）美國法制特別保護已婚婦女之生存配偶權益，尤其近年有些州生存配偶
　　　先分一定金額（例如 5 萬美元），再分配遺產一半之作法，值得稱道。

（八）又美國一些州近年來按生存婦女結婚期間之長短，計算其特留分數額
　　　之作法，不但具有創意，且與已故配偶之子女所得份額相較，亦較為公
　　　平，可供我人借鑑。

（九）美國社會近幾十年來重視遺產計畫之趨勢，不容輕忽。

（十）美國各州為解決遺產在分配予繼承人前凍結，遺屬不能運用支應生活之
　　　需問題，特提供生存配偶與未成年子女各種津貼（allowance），此種
　　　作法值得注意。

第六章

美國刑法之原理與運用

壹、前言

　　英美刑法自成一個體系，與大陸法系之結構、法理、原則有不少差異，富有不少特色。尤其在晚近美國制度與文化不斷擴大影響力之下，我國法制擷取或模仿美國制度或措施不斷增加，國人對美國刑法如無某程度認識，小則無法理解英美有關刑事案件之新聞、小說或影片，大則無法促進學術研究或司法改革。惜國人對美國刑法全盤扼要介紹之著作，似尚付闕如。當然美國刑法繁複異常，爬梳不易，且名詞與概念與我國法多有歧異，事倍功半，或係其主因。筆者有鑑及此，爰將美國刑法之基本原則、特色與實際運用，作扼要通盤動態之探討，並舉例加以說明。

貳、法源與特色

　　美國現行刑法有數種法源：一、大多為制定法；二、常有主管當局依立法程序，授權行政機構制定之行政規章；三、憲法（叛亂罪）；四、有時為普通法犯罪[1]。大多數刑法可於州議會制定之州刑法典及市鎮議會制定之市法典、國會制定之聯邦刑法典（U.S. Criminal Code）見到。有時這些民選團體還邀請行政機關參與制定刑法[2]。

一、州法與聯邦法混合併存

　　在美國傳統上刑法是州法。因依美國憲法，基本上科刑事責任之權力保留予各州。各州有主權決定哪些行為是犯罪及科何種刑罰，只要不違反聯邦憲法

---

[1]　LaFave, Criminal Law 74 (2003).
[2]　Samaha, Criminal Law 28 et seq. (2008).

（尤其有關人民自由與權利之 Bill of Rights 之規定）及本州憲法。因此基本上所有街坊犯罪（street crimes）或大多數通常犯罪，如殺人、強姦、強盜、傷害、竊盜都是各州管轄，完全由州法加以規範[3]。而聯邦犯罪歷史上限於對聯邦財產、立法計畫或觸犯州際方面有直接關係之行為，亦即限於那些特別涉及聯邦利益之不尋常犯罪。例如在專屬聯邦管理之財產（如軍事基地）上所犯之罪、對若干聯邦官員所犯之罪、涉及超過一個州，難於由單一州有效追訴之犯罪，諸如毒品、武器、組織犯罪、國內與國際恐怖主義[4]等。

但因近 70 年來，聯邦依國會[5]廣泛商業管轄權（憲法州際通商條款）成立許多新聯邦犯罪，聯邦刑事立法活動大幅增加，致刑法有增加聯邦化之趨勢。不少聯邦犯罪對同一對象，並不排除（preempt）各州法律之適用，其結果在美國個人或企業之同一行為，時常可能同時受到州刑法與聯邦刑法之雙重規範，以致州法與聯邦法律常一起適用。例如搶銀行之行為係違反州刑法之強盜與竊盜（larceny），州法規範搶劫與在搶劫過程中傷害警察或當地居民及偷竊任何逃走之汽車。但聯邦政府（自 1930 年代經濟恐慌時起）對銀行存款之損失予以保險，且將搶劫聯邦保險之銀行行為定為聯邦犯罪。如銀行搶犯用所偷逃逸之汽車，在州際走動，則可能違反聯邦法律。此外在州與州之間逃逸，即使是州犯罪，也構成聯邦犯罪。任何攻擊參與逮捕搶犯之聯邦執法人員之行為，又是違反聯邦刑法。如劫犯逃走，開汽車超速，或在市管轄區內開槍，則可能也適用市法規。如搶犯在州法院追訴，則刑事訴訟由州法規範，但也適用一大堆十分特定的聯邦法與聯邦憲法規定。如在聯邦法院追訴，則程序受聯邦制定法與憲法之規範。

現今除了依國會廣泛州際商業管轄權成立新的聯邦犯罪外，由於若干犯罪涉及整個國家，非各州單獨所能處理，因此現今對追訴所謂「老舊」的聯邦犯

---

[3] 各州實際上對特定犯罪所下定義可能不同。例如在一些州犯竊盜罪，須真正闖入建物內；有些州只要不法進入建物，如開未鎖之門即可。有的州只要留在合法進入之建物，例如在營業時間躲在廁所直到關門時，亦可成立。參照 SAMAHA, op. cit., at 35.
有些州犯罪之罪名不是沒有爭議，例如一個尼布拉斯加州制定法禁止在教會晚餐玩賓果遊戲；北卡羅來納州禁止獸姦（sodomy）的法律指示夫婦身體那些部位可接觸及如何接觸；更有一些顯然愚蠢的刑事制定法，例如威斯康辛州禁止在酒吧唱歌；路易斯安那州禁止酒醉出席文藝團體會議（參照 Carp and Stidham, Judicial Process in America 148 (1993)）。

[4] SAMAHA, op. cit., at 35.

[5] 國會為了達到保障政府與社會之目的，在有必要與正當理由採取行動時，依憲法上必要與適當條款（necessary and proper clause (art.1, 8, cl. 18)），對犯罪下定義，並加以處罰。

罪意願更高。此以雷根及其後數任總統宣布聯邦政府對毒品宣戰爲著例[6]。

二、制定法爲主，普通法爲輔

在英國早期由法官創設罪名，並對其下定義，稱爲普通法犯罪（common law crimes）。

今日美國聯邦犯罪完全是制定法。在各州方面，大多數州已制定包羅廣泛之新刑法典[7]，因此原則上已廢除了普通法犯罪。但法官在辦案時，常須參考普通法之定義與解釋[8]。

三、其他法源

（一）行政機構規則

聯邦與州議會常授權行政機構制定規則，違反這些聯邦與州行政規則的行爲稱爲行政犯罪（administrative crimes），近年迅速增加[9]。

（二）市法規（municipal ordinances）

市與鎮（town）政府有創設刑法之廣泛權力，在今日注重生活品質氣氛下，更熱衷運用此種權力。目前市法規取締之事例，包括扒手、妨害安寧、店內偷竊、在公開場所便溺、非法集會、電話騷擾、猥褻、過度暴露、娼妓、拉皮條、開妓院、賭博、塗鴉（graffiti）、流浪、過度行乞、在街上討錢、毀壞公物、放任動物妨害他人、過度喧嘩、販賣或持有毒品、持有槍枝以外武器、

---

[6]　BURNHAM, op. cit., at 535.

[7]　FARNSWORTH 教授指出：大多數州刑法常被忽略，刑罰之制定法不夠系統化，甚至在同一州缺乏一致性，以致即使提到所有犯罪，仍常須參考判例法有關犯罪之定義及一般原則。此外雖然主要犯罪在大骨架上與其他法系相同，但特殊犯罪常有重疊與非常特定之現象，且是判例法與立法零星發展出來之產物。例如竊盜（theft）法就以技術性與區別不合理出名。參照 FARNSWORTH, AN INTRODUCTION TO THE LEGAL SYSTEM OF THE UNITED STATES 164-65 (1983).

[8]　有些州即使亦可處罰傳統由判例法所定義之普通法犯罪（common law crimes），但實務上差別不大。FARNSWORTH, op. cit., at 164-65.

[9]　立法機關可否授權行政機構訂定對違反行政章之處罰，行政機構可否設置法庭審判這些違規行爲？不免引發是否合憲問題。參照 SAMAHA, op. cit., at 34 et seq.; LAFAVE, op. cit., at 127 et seq.

在公共場所睡覺或暴露、酒醉駕車、帶空酒瓶、未成年飲酒、公共場所酒醉、遊蕩、打人。市法規常抄襲州刑事法規，以致偶有重疊情形。不過市法規不得牴觸憲法與州獨占（preempt）規範之權力。此外市政府不能創設重罪（1 年以上徒刑）[10]。

四、模範刑法典之影響

在 1962 年美國法律學會（American Law Institute）[11] 經多年努力，數易其稿，通過「模範刑法典」（Model Penal Code，簡稱 MPC），進一步將各州刑法典加以統一與合理化。受該模範法典之刺激，超過四十個州在過去 30 年已掀起法典化的改革浪潮，紛紛制定了新刑法典。若干州除了修改一些條文外，幾乎完全將模範刑法典加以採用。對各州刑法之簡明化、合理化與現代化及司法行政革新，貢獻良多。

參、美國刑法基本原則

一、罪刑法定主義：美國刑法之目的在懲罰犯人及嚇阻他人將來犯罪，也奉行罪刑法定主義。所謂「無法律，無犯罪」（nullum crimen sine lege-no crime without law），即如無法律對違法行為下定義，且規定刑罰，則不成立犯罪。最高法院謂規定犯罪之制定法須足夠明確，使受規範之人瞭解哪些行為要科刑罰（sufficiently explicit to inform those who are subject to it what conduct on their part will render them liable to penalties）。刑事制定法須嚴格解釋，如含糊不明，須作有利於被告之解釋[12]。

---

[10]　SAMAHA, op. cit., at 33 et seq. 可見美國一般城市市容整潔不是沒有原因或代價。

[11]　該學會為美國傑出法官、律師、教授所組成，出版了許多法律整編（Restatement），對美國各種統一法之制定貢獻尤多。

[12]　參照 Whitney v. California, 274 U.S.357 (1927); CARP & STIDHAM, JUDICIAL PROCESS IN AMERICA 153 (1993); ROSS, HANDBOOK OF EVERYDAY LAW 261 et seq. (1967); EDITORS OF ENCYCLOPAEDIA BRITANICA, LAW IN AMERICA, HOW AND WHY IT WORKS 93 (1979)（以後引本書時，均用 LAW IN AMERICA 表示，以資醒目，敬請讀者注意）。由於美國犯罪只採國家訴追主義，不似我國兼採被害人訴追主義（自訴），因此其刑事訴訟之名稱是國家控告某人或某州之人民控告某人（The State against John Jones，或 the People of the State of...against John Jones.），有一些州稱為某某州控告某某人（The Commonwealth of...against John Jones）。犯罪被害人

二、不溯既往：美國憲法禁止刑法追溯既往（ex post facto）。國會與各州不可通過法律，將在行為時合法之行為定為犯罪，包括法律不可提高在施行前所為犯罪之刑罰（憲法第 1 條第 9、10 項）。

三、國會與各州不可通過剝奪公權之法律（bills of attainder）（單挑特定人或 group，宣布一些行為是犯罪，但對其他人則是合法），即有差別待遇性之刑法（憲法第 1 條第 9、10 項）。

四、不可通過法律違反不合理搜索與扣押之禁止、不可對同一犯罪兩度訴追、不可在刑事訴追迫人作對自己不利之證人（憲法增修第 5 條）、不可未經正當法律程序，剝奪生命、自由或財產（憲法增修第 14 條）。

五、禁止殘酷與異常之刑罰（憲法增修第 8 條）。

肆、犯罪之分類

一、叛亂罪（treason）、重罪與輕罪及違規

在普通法之下，犯罪分為三大類，即叛亂罪（treason）、重罪與輕罪。

各種罪之刑罰與刑事程序不同，但美國各州通常只區別犯罪為重罪與輕罪。雖然重罪之定義各州並不一致，但典型之定義為初犯在州感化場所服 1 年以上徒刑之罪；而輕罪則常定義為罰金或在郡（county）或地方監獄服徒刑之罪。在公開場所醉酒、短時間賭博及流浪（vagrancy）是輕罪之著例。

在現代法之下，重罪與輕罪之區分已不如過去重要，而且許多學者對其是否有用，加以質疑。不過此種分類仍有不少實益。例如判了重罪之犯人可能喪失許多公權。例如可能褫奪終身服公職之權（但可由州長恢復）、不能擔任律師與陪審員。又在許多州永遠不能投票選舉。在一些州，重罪須由大陪審團起訴，而輕罪則否。逮捕重罪犯可用致命力量，而輕罪則否。重罪被告通常須在開審理庭時在場，而輕罪則否。在一些州，證人（包括被告作證時）得以過去犯重罪來質疑（impeach）其證據能力，而輕罪則否。被告有重罪前科常加重其刑，而輕罪則否。觀護與假釋規定可因犯重罪或輕罪而不同。又被判重罪常

雖非刑事訴訟之一造當事人，但卻是重要證人，稱為 complainant 或 complaining witness。當被傳訊時，須在該案審理庭出庭作證。

成爲法定離婚之原因，而輕罪通常則否[13]。

　　除了重罪與輕罪外，美國各州還訂有一系列輕微之犯罪，稱爲違規（infractions），又可稱爲微罪（petty offenses）或準犯罪。此等犯罪係由市法規或郡政府所產生，其刑罰較爲輕微。通常此種準刑事程序之被告不受陪審審判，而檢方無須證明犯罪超過合理疑慮。例如輕微交通違規（如停車違規[14]）。在一些地方，建築或修理房子違反當地建築法規，或怠於在大雪後清除人行道，或停車靠消防栓過近，可能犯微罪。在許多州超商出售已壞掉的牛乳或酒舖賣酒予未成年人，亦同。此外，不同地方有特殊的微罪規定，例如在洛杉磯不在紅綠燈處越過馬路、在芝加哥公車內抽煙、在紐約市公寓（apartment）窗台放花盆，也都成立微罪[15]。

二、自然犯（mala in se）與法定犯（mala prohibita）

　　前者如謀殺、強姦、縱火、竊盜、僞造文書之類，即本質上或道德上值得譴責之犯罪；後者並非本質上或道德上值得譴責，只因違反制定法之規定而成立之犯罪，多屬違反公共福利、安全或衛生之類法規。諸如違反需要取得執照之規定、公司董監事怠於遵守公司登記之規定，或怠於遵守商品標示規定之類。又自然犯之成立，須行爲人有犯意[16]。

三、既遂犯與未完成犯罪（inchoate/preliminary crime）

　　既遂犯無庸說明，此處僅就未完成犯罪行爲加以說明。按英美法將一些犯罪有時稱爲未完成犯罪（inchoate 或 preliminary crimes），行爲人即使未達到犯罪目的，仍可被認爲有罪。分爲教唆（solicitation）、未遂（attempt）及通謀（conspiracy）三種。

（一）教唆犯

　　教唆犯係鼓勵或使（engage）他人犯罪，因鼓勵或唆使別人犯某罪而成

---

[13] Hay, An Introduction to United States Law 90 (1976); LaFave, op. cit., at 34 et seq.

[14] Carp & Stidham, op. cit., at 148.

[15] The Time-Life Family Legal Guide 253 (1971).

[16] Coughlin, Your Introduction to Law 232 (1979); Ross, op. cit., at 263.

立，行為人須有某種犯罪之引誘行為。教唆犯在普通法為輕罪，而且即使在今日，美國各州制定法並不都處罰教唆犯。即使在處罰教唆犯的那些州，通常教唆犯為比被教唆之罪輕一級之犯罪[17]；而且處罰範圍出入不少：有些州被教唆之罪不限於任何犯罪；有些州須係重罪；有些州限於特定種類之重罪（有時為暴力性重罪或賄賂、教唆不道德目的或煽動軍人叛變）。不過模範刑法典將被教唆之罪泛指任何犯罪[18]。

　　教唆犯之犯罪行為，由於使他人犯罪之努力而成立[19]，亦即於教唆後即告成立。教唆人之責任不繫於他人犯了被教唆或要求之罪，換言之，其成立不需被教唆之人有積極反應，且不問其行為是否達到犯罪完成之階段。且教唆人之言詞不必對精確特定之人為之，對聽眾教唆亦可成立，例如一名講演人因呼籲聽眾犯殺人與強盜，被判了罪。甚至教唆犯之引誘表示未到達其對象，亦可能成立教唆罪，例如有人寫信給希望合作之人，請他殺人，並許以報酬，即使信在郵寄途中遺失，亦成立教唆殺人[20]。又教唆犯不能以被教唆之人未被判罪，或被教唆之犯罪事實上不可能成功，作為抗辯理由。在大多數州，教唆人放棄或撤回教唆，亦不能作為免責之理由[21]。

（二）未遂犯（attempts）

　　這是第二種與較重要之未完成（inchoate）犯罪。未遂犯是意圖完成一犯罪結果而未完成，但超過預備行為，致發生危險，而近於完成之地步。單純準備行為與未遂間界線在許多場合不易劃分。未遂犯需要有犯特定犯罪之特別意思（specific intent），而非單純概括（general）犯罪意思[22]。例如殺人罪在若干情形，即使無殺人意思，亦可成立，但殺人未遂（attempted murder）非證明有此特定意思，不能成立[23]。法律上不能可作為未遂犯之抗辯，但事實不能則不可。完全與自願放棄未遂，在大約一半的州，可作為抗辯。行為人一旦從事

---

[17] LAFAVE, op. cit., at 570; 但 Low 教授謂大多數州教唆罪比未遂或通謀為低（輕）一級之犯罪，參照 Low, CRIMINAL LAW 298 (1990).

[18] LAFAVE, op. cit., at 570.

[19] 制定法與判例典型表現教唆行為之用語是：advices、commands、counsels、encourages、entices、importunes、incites、induces、instigates、procures、requests、solicits 或 urges。

[20] State v. Schleifer, 1923; SAMAHA, op. cit., at 264.

[21] BARBRI, THE CONVISER MINI REVIEW CALIFONIA 10 (2003).

[22] SAMAHA, op. cit., at 267; LAW IN AMERICA, op. cit., at 100.

[23] LAW IN AMERICA, at 100.

犯罪之若干步驟，則低度行為為未遂犯所吸收；如一旦犯罪完成，則未遂犯併入犯罪本身[24]。未遂犯之刑罰通常為既遂犯刑度之一半[25]。

（三）通謀（conspiracy）

1. 定義與法律效果

美國法定有通謀罪，這是非常獨特的罪名，為大陸法所無。它在普通法被定義為二人或二人以上為實施一不法目標，或使用不法手段，而達到某合法目的所成立之合意（agreement）。美國各州通常又增加一項要件，即合意之當事人之一，須犯了一種欲達到通謀目的之明顯的（overt）行為[26]。

通謀與實現通謀目的之行為，乃各自獨立之不同犯罪。亦即通謀不問所計畫之犯罪是否實施，本身即是一個獨立犯罪。

一個人可同時被判犯通謀罪及他真正所犯之罪。例如可判與他人「通謀違反反托拉斯法」及「違反反托拉斯法」二罪。又在有名「芝加哥七人幫」（Chicago Seven）一案，被告罪名是通謀及越過州界在 1968 年民主黨大會煽惑騷亂二罪，即被控違法結果及合意以違法手段達到違法結果二罪[27]。

通謀是非常有爭議之犯罪，因英美法律並未將通謀罪所有構成要件，下過明確定義。而且通謀本身就成立犯罪而受處罰，而不問是否實現通謀之目的。即使通謀人合意去犯之罪永遠未發生，亦成立通謀罪；而且不需任何人真正因通謀受到損害，亦不需任何人為實現預想之計畫，作出任何進展之行為。此

---

[24] SAMAHA, op. cit., at 268.

[25] Low, op. cit., at 283.

[26] 幾乎任何客觀上可證明之行為，即使分開觀察是完全無辜，也可被認為行為人有通謀。例如寫一封信、打一通電話、出席一個合法會議及請一名律師，都是可滿足制定法上「明顯的」（overt）通謀罪行為之例子。參照 LaFave, op. cit., at 627. 由於通謀人很少將通謀作成書面，檢方通常是依賴間接證據，來證明行為人之犯意或明知。正如人會從冒煙推斷起火一樣，檢察官會請求法官與陪審團自通謀人之行為，推斷他們有作成該行為之不法協議。參照 BERGMAN & BERGMAN, THE CRIMINAL LAW HANDBOOK 269 (2009). 又合意是通謀罪的核心，即使通謀人並無言詞表達，若可從事實與周圍環境推斷：雙方就某事已達成共識（understanding）時，亦足以作為有合意之證明（SAMAHA, op. cit., at 269; LaFave, op. cit., at 622）。

[27] READER'S DIGEST, YOU AND THE LAW 139 (1973).（為醒目計，以後引用本書時，用 YOU AND THE LAW 表示，尚請讀者注意）。

外，計畫去做之事本身亦不需違反刑法[28]。通謀對被告而言，也是非常難以辯解之犯罪，不少人因爲通謀違反反托拉斯法被法院判罪，包括不久前臺灣數家面板業高層在美被判入獄執行[29]。

所以通謀人可單純因他們違法計畫，而非眞正所作之行爲受到處罰。在大多數州，任何一個別的通謀人所犯之罪，只要屬於通謀範圍之內，每個通謀人法律上都要負責。換言之，只要其中有一名通謀人犯了罪，每個通謀人都須對其他通謀人所犯「在合意範圍內，推進合意，且可合理預見爲通謀所必要或自然之結果」之所有罪負責[30]。

由於行爲人通謀的精確目的很少以書面寫下來，所以一個通謀人的刑事責任很可能遠比他實際參與的要廣泛得多。一個通謀人可能只意圖參與單一犯罪，卻須對其他通謀人的其他犯罪負責。例如甲乙丙丁四人協議，在同一天去搶銀行，然後平均分配所得。如丁在協議後又找了戊幫助丁搶銀行，在這種情況下，即使戊只同意幫助丁，但還要受到更大範圍通謀（甲乙丙丁四人協議）的拘束[31]。

通謀與後述accomplice不同，在於後者是共犯，而各個通謀人都是主犯。

2. 處罰通謀之作用

通謀比起未遂犯，離犯罪之完成更爲遙遠，何以要處罰？其理由不外下列數點：

(1) 通謀涉及一群人行動之犯罪活動，是國家預防性措施（防範於未然，nip in

---

[28] KLING, THE COMPLETE GUIDE TO EVERYDAY LAW 494 (1973). 制定法如無相反規定時，通謀罪之不法目的，即使在由一個人獨自達到時，不成立犯罪，亦屬無妨。例如單純達到不道德或壓迫性之非犯罪目的的合意，也曾被法院處罰過。參照 LAW IN AMERICA, op. cit., at 100.

[29] 截至目前爲止，臺灣面板產業已經有華映、彩晶、奇美電、友達等四家公司，被美國司法部以反托拉斯罪名起訴，其中華映已有三名高階主管，赴美服刑完畢返國，奇美電也有前副董等四名主管被起訴，其中兩人已赴美服刑。友達有總經理等數名主管被起訴，於赴美出席審理前開庭時，遭美國法院命在審理前留在當地，交出護照，不能回臺。

[30] BURNHAM, op. cit., at 556.

[31] BERGMAN & BERGMAN, op. cit., at 269-70. 如同最高法院所說：「合意不必明示，可從案件之事實與四週加以推斷。不同之人可能爲單一合意（即一個通謀）之當事人，即使他們彼此並無直接打交道，或彼此不知是誰，而且即使不完全知道行動計畫的細節，或所有之人並非自始參與該陰謀。」（United States v. Burihinal, 657 F. 2d 985 (8th Cir. 1981); LAFAVE, op. cit., at 622 et Seq.）。

the bud），介入有犯罪傾向之人之方法。

(2) 一群人犯罪比個別犯罪危險性較高，一旦形成犯某罪之合意，則可能也計畫去觸犯其他罪[32]。

(3) 打擊由於群體活動附帶所生之危險。因即使通謀人中，有人因改變主意而退出，不再進行犯罪，惟此人雖已不再控制犯罪計畫，其他通謀人仍可完成他最初籌劃之目標。

(4) 通謀也增加對社會之危險，由於多人分工，較易實現犯罪之結果。尤其在野心勃勃或精心籌劃通謀之目標時爲然[33]。

(5) 檢方在追訴通謀案件之優勢。Learned Hand 法官曾稱通謀爲「現代檢察官育幼院的寵兒」（the darling of the modern prosecutor's nursery），對被告有失公平。理由如次：

① 含糊：通謀罪本質含糊，犯罪構成要件含糊得幾乎無法下定義，如變色龍似的，呈現出它可能被許多獨立犯罪之一覆蓋之特殊色彩。包括如何才夠構成合意、須表現何種伴隨之心態等，都極含糊。

② 審判地（venue）：追訴通謀之審判地，理論上應係被告成立合意之地，但檢方亦可選在通謀人中任何人之任何明顯的行爲（overt act）發生地，以致可選擇對被告不便或陪審團傾向判被告有罪之地區進行審判[34]。

③ 傳聞（hearsay）證據之例外：一個通謀人在進行通謀之任何行爲或陳述，可採爲不利各個通謀人之用，此爲刑事追訴不能採用傳聞證據之例外[35]。

④ 情況證據：大多數通謀係根據情況證據判罪，而此種證據常在較爲寬鬆之證據關連性（relevancy）標準下採用[36]。

⑤ 每種犯罪要素須係作爲或不作爲，但通謀罪似係此原則之例外[37]。

⑥ 在追訴通謀，辯方居於嚴重不利地位。

(6) 改進通謀罪之努力。模範刑法典已對通謀採用明顯的行爲（overt act）之要件（推進合意行爲之行爲），除非通謀人中至少有一人犯了一個公然行爲（overt act），否則通謀人不成立通謀之罪。大約有一半的州已跟進。

---

[32] BURNHAM, op. cit., at 556; United State v. Rabinowich, 238 U.S. 78, 88 (1915); Pinkerton v. United States, 328 U.S. 640, 644 (1946).

[33] LAFAVE, op. cit., at 621.

[34] LAFAVE, op. cit., at 617.

[35] Ibid.

[36] Id. at 619

[37] Id. at 622.

伍、犯罪之主體

美國法上犯罪之主體可分爲主犯、共犯及從犯（accessories & accomplices）。一個人可能協助別人之行爲（他人犯罪之幫助犯；accessory）而對他人之行爲負法律責任。普通法基於其協助之存在、協助是否直接，及協助之時間（在犯罪之前或之後），對犯罪參與人作了詳盡之區別，將重罪[38]之參與人分爲下列數種。

一、第一級主犯（principal of the first degree）：這是眞正完成犯罪之人，不過他不必在損害發生時在場（例如下毒藥給被害人，在被告不在場時服用）。如利用別人作爲犯罪工具，則仍係犯罪主犯。

二、第二級主犯（principal of the second degree）：這是幫助與煽動犯罪之人。亦即勸導、鼓勵或協助眞正完成犯罪之人，或雖在犯罪現場，但角色較爲消極之人，例如把風[39]。

三、事前從犯（accessory before the fact）：事前從犯是預先協助主犯，但在犯罪進行時，並未在場。

四、共犯（accomplice）[40]：是協助主犯從事犯罪之人，如：（一）協助或鼓勵犯罪；（二）意欲促進或便利犯罪之遂行。因此帶搶劫犯至銀行之汽車司機，可能與眞正搶銀行並槍殺行員之搶犯，負同一刑事責任。除非司機未企圖該犯罪（在模範刑法典之下），或司機非可預見或促進通謀（在普通法之下）。換言之，共犯應對他協助之犯罪行爲負責，如這些犯罪是他們共同

---

[38] 普通法對叛亂（treason）不分主從，一律視爲主犯。對輕罪所有參與人都視爲主犯，但不處罰事後從犯。Low, op. cit., at 237 et seq.

[39] COUGHLIN, op. cit., at 233, BB, at 267。例如 1953 年芭芭拉古拉罕（Barbara Graham）在加州被判協助三個人謀殺及搶劫一個寡婦。古拉罕角色主要是協助主犯大夥兒進入寡婦家。雖然她可能未參與眞正殺人，但仍被判死刑。1955 年在兩度最後停止行刑被解除後，成爲加州有史以來被執行死刑四名女性之一。該案在 1958 年被拍成極爲轟動的電影「我要活下去」（*I Want to Live!*），女主角蘇珊海華（Susan Hayward）獲得奧斯卡最佳女主角金像獎。參照 BERGMAN & BERGMAN, op. cit., 266.

[40] accomplice 似可譯爲共犯。但美國書籍對 accomplice 似少見清晰的敘述，例如某書將其解釋爲：係作爲主犯或作爲從犯，參與犯罪之人（YOU AND THE LAW, op. cit., at 743）。但 Low 教授將 accomplice 解釋爲協助他人犯罪之人。參照 Low, op. cit., at 419. 又 accomplice 與 co-conspirator（通謀人）不可混同，因爲 accomplice 是共犯，而各個通謀人都是主犯。參照 SAMAHA, op. cit., at 209.

體行動的自然與可能之結果[41]。

五、事後從犯（accessory after the fact）：事後從犯乃於犯罪後協助主犯之人，由於所協助之人已經完成犯罪，因此通常與主犯不負同等責任，一般另受別的罪名之處罰。例如依妨礙司法（obstruction of justice）或協助教唆脫逃（aiding and abetting an escape）之罪處罰[42]。不過在大多數州，比起主犯刑罰輕得多，而且往往只有在被協助之主犯所犯之罪是重罪時，才成立犯罪[43]。

不過現代美國法明顯趨勢是消除犯罪幫助犯與主犯在普通法上的區別，而將犯罪所有參與人視為主犯（principals）。不過事後幫助犯（accessories after the fact）仍然只因為隱匿或妨害司法逮捕已知之逃犯，而被處別的罪名[44]。由於所有各州規定：從犯及共犯（accessories & accomplices）與主犯負同一刑事責任，因此上述這些名詞不過是用來區分特定參與人之角色而已[45]。

由於從犯顯然想將責任推到別人身上，以減輕自己責任與刑罰，法官對從犯證言多持懷疑態度，因此大多數州定有不能只因從犯的證言就將被告判罪之規則。如檢方證人是從犯，則檢方須另有其他不利被告之證據[46]。

在普通法之下，在主犯被判罪前，原則上不能追訴從犯。但現今大多數州遵從聯邦 Standefer v. United States（447 U.S. 10, 1980）一案，准許將任何幫助犯或教唆犯判罪，而不問主犯是否無罪釋放或被追訴[47]。

又聯邦法院對死刑定了較高標準，只有主要參與重罪，連同不在意無視人類生命之犯人，始要執行死刑[48]。

---

[41] BURNHAM, op. cit., at 555 et seq.

[42] BURNHAM, op. cit., at 556.

[43] BERGMAN & BERGMAN, op. cit., at 267 et seq. 但陪審團可能從參與事後犯罪來證明被告在犯罪前或犯罪中參與犯罪。參照 SAMAHA, op. cit., at 211.

[44] LAW IN AMERICA, op. cit., at 97.

[45] SAMAHA, op. cit., at 228; BURNHAM, op. cit., at 555; MPC2.06 (3).

[46] BERGMAN & BERGMAN, op. cit., at 268.

[47] CALVI & COLEMAN, AMERICAN LAW AND LEGAL SYSTEM 173 (2000).

[48] Enmund v. Florida, 458 U.S. 782 (1982); Tison v. Arizona, 481 U.S. 137 (1987); CALVI & COLEMAN, op. cit., at 172.

陸、犯罪之成立

一、犯罪成立之要素

通常成立犯罪行為須有：

（一）犯罪行為：通說以為任何犯罪之要素，須行為人有自願之行為（actus reus），包括作為與不作為。刑事責任亦可能在被告法律上負有作為義務，且有合理作為之能力，而怠於作為時發生。不過作為義務在英美法所下之定義比較狹窄，因此並無保護他人免於損害之一般作為義務。此點雖常受人攻擊，但急劇擴大法律上作為義務之建議，則遭到反對[49]。

（二）犯罪心態：詳後。

（三）因果關係：詳後。

1. 違法行為

(1) 違法行為之性質

不作為成立犯罪行為，須被告有作為義務。任何人通常並無義務協助在危險中之他人，即使此協助不致造成不便。通常只有由契約或制定法、被告與被害人間之關係、被告自願承擔照顧被害人，或被告之行為導致被害人產生危險之情形，才有作為義務[50]。

(2) 被告之行為須出於自願（voluntary）

模範刑法典並未對自願下定義，但列舉非自願之行為如次：反射動作（reflex）或痙攣（convulsion）、睡眠中之身體動作、催眠狀態中之行為，及非行為人努力或決定所產生（有意識或習慣性）之身體動作。

2. 犯意（Mens Rea）

英美法犯罪之成立需行為人有所謂犯意（Mens Rea）。Mens Rea 是既古老又複雜的原理[51]。一般而論，犯罪不但包括作為或不作為及其結果，且亦包

---

[49] LAW IN AMERICA, at 94.

[50] CONVISER MINI REVIEW, at 2.

[51] 過去法學家對 Mens Rea 曾有名言：No problem of criminal law... has proved more baffling

括行爲人附隨之心態。

　　換言之，犯罪需行爲出於故意（purposeful）、不在意（reckless）或過失（negligent）。通常只有犯罪行爲伴隨某種有罪心態時，才成立犯罪。但在一些例外情形，不問有無過咎（fault），亦科以刑事責任。即現代刑法常不須證明犯罪行爲人之心態，對被告科以刑事責任。

(1) 過咎（fault）之等級

　　現代觀念將過咎分爲三個等級：即故意（intent）、不在意（recklessness）及過失（negligence）。

① 故意：它是最大過咎（fault），即行爲人意圖發生一定損害。如被告預見其行爲可能使他人蒙受損害之危險時，應及時作選擇。如仍決定繼續進行，則眞正意欲他人蒙受傷害而成立故意。如行爲人有：A. 故意行爲（即意欲或策劃）引起損害；B. 自願行爲，即明知該行爲之結果，大概會發生損害，而仍作該行爲，例如開槍瞄準某甲，而射中另一人時，均成立故意。

② 不在意（recklessness）：是明顯涉及主觀證據，被告雖可預見特定結果，且不欲其發生，但怠於停止其行爲。亦即知其行爲會發生重大不應當之損害風險，而仍作該行爲。例如隨意向街上聚集之人群開槍。不在意之人有若干程度故意。

③ 過失：與被告同樣理性與謹愼（reasonable and prudent）之人會預見到該風險，且會採防範措施防止其發生，而不防止時，則有過失。例如自窗戶向外開槍，而不留意去看街上是否有人[52]。

(2) 一般與特定故意

　　過咎（fault）之要件，幾乎在所有犯罪要求犯人至少具有一般故意（general intent），即知悉該行爲之可能結果，而仍自願爲之。而特定故意（specific intent）係指有完成特定有害結果之意思或目的，往往在法律對特定種類之犯罪行爲，要作比較嚴厲處理之情形時，規定行爲人須具有此種故意，多適用於結果犯罪。

　　美國法有所謂「移轉犯意之原則」（doctrine of transferred intent），例如

---

through the centuries than the determination of the precise mental element necessary to convict of any crime (Sayre 1932, 974). 參照 SAMAHA, op. cit., at 107.

[52] BURNHAM, op. cit., at 538.

當行為人欲損害甲，但卻令乙受傷時，發生此種移轉意思，即行為人應對其行為之結果負責。又如行為人欲焚毀乙之房屋，但卻燒了丙之房屋時，亦同。移轉犯意之原則，適用於殺人、傷害及縱火[53]。

　　模範刑法典廢除普通法上一般與特定故意之區別，而對犯意採下列分類——故意、知悉、不在意及過失。

① 故意（purposely）：當行為人有意識之目標是從事一定行為或產生一定結果。

② 知悉（knowingly）：知悉其行為乃特別性質，或知悉其行為必定或很可能引起特定結果。

③ 不在意（recklessly）：知悉重大與不合理風險（substantial and unjustifiable risk）而有意予以忽視。
行為人只知悉風險尚屬不足，它包括客觀（不合理風險）與主觀（知悉）兩要素。除制定法另定不同過咎程度，或無過失責任犯罪外，被告須有不在意之行為，才須負刑事責任。

④ 過失（negligence）：當行為人怠於注意重大與不合理風險時，為了認定行為是否出於過失，用客觀標準，即高於侵權行為上之理性之人（reasonable man）之標準[54]。

(3) 絕對責任或無過失責任

　　如上所述，普通法傳統上犯罪行為人需具有某種程度或等級之過咎（fault），但自 18 世紀開始，發展出相當多刑事立法，立法機關捨棄此種要件，若干犯罪行為人不需具有犯意（mens rea）或有害之心態，即須負刑事責任（絕對責任〔absolute liability〕或無過失責任〔liability without fault〕），檢方不須證明行為人之故意（intent）或其他心態（mental state）。茲將其情形分述於次。

① 公共福利犯罪（public welfare offenses）：所謂公共福利犯罪，通常係指違反有關經濟管制或保護公共衛生或安全法規之犯罪，往往對行為人科以絕對責任。大多是涉及不易證明故意或其他過咎之輕微犯罪，以違反交通事件最為常見。在外國認為行政罰，在美國卻認為犯罪，甚為奇特。因

---

[53] Ibid.

[54] SAMAHA, op. cit., at 112 et seq.; CONVISER MINI REVIEW, op. cit., at 5.

有些犯罪通常並非道德上可非難之行為，即非真正犯罪，且這些行為通常只科罰金。故一些州已將其中一些除罪化，改稱為「民事違規」（civil infractions）[55]。

② 一人對他人之過咎負代理責任（vicarious liability）：通常一個人只有當他某程度參與或加工別人之犯罪行為時，才對別人之犯罪行為負刑事責任。不過 19、20 世紀立法機關通過許多制定法上犯罪（statutory crime），其責任基礎是被告與從事犯罪之人之間有僱傭關係存在，此種責任稱為代理責任（vicarious liability），例如店員出售烈酒給未成年人時，雇主要負責任。此外，公司高層如對相關行為有「負責關係」（responsible relation）時，可能需對公司所犯之罪負責。例如公司出售污染食物，高層可能需負責。此外，汽車車主須對駕駛人之行為負責。有時為防制少年犯，若干州制定法規定父母對子女之行為負代理責任，不過此點在憲法上發生是否違反正當程序之爭議[56]。

3. 因果關係

在若干犯罪，被告行為需引起被害人之損害。例如在殺人罪，被告之行為須係被害人死亡之法律上或相當（proximate）原因。決定因果關係有二步驟。第一是被告行為須係損害結果之事實上原因（cause-in-fact），即是使結果發生之原因。第二是該事實上原因須係損害之相當原因。所謂相當原因通常係指行為人之行為與損害之間有未中斷之原因與結果關係（uninterrupted causal chain）。如其間有外在介入的原因（intervening cause），則因果關係中斷。至於是否中斷，一般視其是否與被告行為無關之「巧合」（coincidence），還是對被告行為之「回應」（response）而定。法律對回應比巧合准許較長之因果關係[57]。

在被告產生之介入反應，在一些情況，即使被告不能預見，亦認為有因果關係。只有反應完全不正常時，才可認為終局結果非被告所引起。例如被害人受傷，醫療人員醫療有過失，一般「通常」過失之醫療處理，被認為正常，並不中斷因果關係。只有重大過失或故意業務不當，才認為介入之原因[58]。

---

[55] BURNHAM, op. cit., at 539 et seq.

[56] SAMAHA, op. cit., at 229.

[57] BURNHAM, op. cit., at 541.

[58] Ibid.

被害人自己之反應行為也有可能算是正常因果關係。例如被告打被害人後，拖到河邊，威脅要繼續打，被害人跳入河中淹死時，有時被告對被害人自殺結果要負責。如被告雖嚴重傷害被害人，但被害人因與受傷無關之原因自殺，則被告對其死亡才不負責。但被害人由於受傷極度苦痛，或因此心靈不正常自殺時，不認為不正常因果關係[59]。其他原因，除了介入行為外，欠缺預見特殊引起之損害，並不都中斷因果關係。例如引起被害人蒙受比被告於犯罪時所預見更大傷害，並不阻卻犯罪行為，認為是損害之相當原因。

例如印第安納州最高法院曾說「如有人對蛋殼頭顱（按即異常脆弱之意）之被害人丟粉筆，粉筆打中被害人，將他頭顱擊碎。即使行為人未意圖發生這麼多身體傷害，也負加重毆打（傷害）罪」，此點可能與我國法上之法律效果不同[60]。

要使被告對殺人結果負責，須被害人在加傷害之日起一年又零一天內死亡，稱為「一年零一天原則」（year and a day rule）[61]。

柒、責任與犯罪能力

一、精神錯亂（insanity）

此種抗辯是所有刑事抗辯中最有爭議，也是最少使用的抗辯。精神錯亂是法律用語，而非醫學用語。

世界公認被告因嚴重精神錯亂（mental disorder）犯罪時，在適當案件，應免除其犯罪責任。此原則一直是英國普通法之一部，至少達七個世紀之久。但對於應否負責及法律上如何鑑別，則有不同意見。古典之鑑別法稱為麥克那登鑑別法（McKnaghten test）[62]，又稱為「是與非之鑑別法」（right-wrong

---

[59] Id. at 541-42.

[60] Burnham, op. cit., at 542; Defries v. State, 342 N.E. 2d 622, 629-630 (Ind. 1976); Conviser Mini review, op. cit., at 29; Burnham, op. cit., at 542.

[61] Burnham, op. cit., at 542; 此點似與我固有法上之保辜規定之旨趣如出一轍。

[62] 此種抗辯英國自 12 世紀即已存在，起初只是赦免或減輕刑罰之方法。到了 19 世紀在有影響力學者著作及英國 1843 年 Daniel McNaghten 案件判決（10 Clark & F. 200, 8 Engl.718 (1843)）後，成為抗辯事由。按麥克那登（McNaghten）是明顯偏執狂的英國人，他在被迫害的妄想下，妄想英國首相 Peel 之秘書 Edward Drummond 是 Peel，將他開槍殺死。由

test），視被告精神上有無分辨對與錯之能力，與瞭解其行為之性質而定。

第二種鑑別法稱為「不能抗拒之衝動鑑別法」（irresistible impulse test），又稱為「欠缺意志力鑑別法」，主張即使被告瞭解其行為之意義，且瞭解其行為不對，如因患精神疾病，損害其意志力（volition）。在 John Hinckley 刺殺雷根總統未遂一案後，聯邦政府與數州廢除此鑑別法，因陪審團無法鑑別被告是否有不能抗拒之衝動，致超過其控制能力。

第三種鑑別法稱為 Durham test，以為被告之違法行為如係精神病或心理缺陷之產物（products）時，可免除刑事責任。該鑑別法受到心理與精神病界的讚揚，因為心理學家與精神病醫生可以協助法院瞭解精神錯亂，但被批評為過分信賴此等專業之意見，且被認為有不確定性之缺點。在 1981 年 John Hinckley 刺殺雷根總統，提出精神錯亂抗辯成功無罪後，此種鑑別法為立法者所放棄。批評家以為此種鑑別法未能抓住精神病在精神錯亂抗辯之重點。

第四種鑑別法為美國法律協會（American Law Institute）模範刑法典所採之實質能力鑑別法（substantial capacity test），規定認知與意志兩種要素，而且只要求欠缺實質能力，而非完全能力損傷；而規定行為人於行為時，由於精神錯亂或缺陷，致欠缺「瞭解其行為犯罪性質之實質能力，或不能使其行為符合法律規定時」，成為犯罪之免責事由。

但在 John Hinckley 被判無罪後，舉國大譁，引起對精神錯亂抗辯戲劇性的限制。國會通過「精神錯亂抗辯改革法」（Insanity Defense Reform Act of 1984），廢止了聯邦法院不可抗拒之衝動鑑別法，改採「有罪但精神有病」（guilty but mentally ill）之抗辯，並將舉證責任自檢方移到辯方，而較傾向於 McKnaghten 鑑別法[63]。各州也加入國會行動，以各種不同方式重新評估此種抗辯，有些州甚至完全廢除此種抗辯。

聯邦之「全面犯罪防制法」（Comprehensive Crime Control Act）亦將證明犯人精神正常有合理懷疑之舉證責任自政府移到被告，被告對精神錯亂，須提出明顯且有說服力之證據（clear and convincing evidence）。在各州方

於行為時精神錯亂，被判無罪後，舉國大譁，英國貴族院於是以該鑑別法作為精神錯亂抗辯之標準。結果稱為 McNaghten 規則。

[63] http://en.wikipedia.org/WiKi/insanity defense; http://www.enotes.con/everyday-law-encyclopedia/insanity-defense (revised 2012/12).

面，關於哪一造對精神錯亂負舉證責任，及須提出多強之證據，標準不一[64]。不過需注意，在美國實務上很少被告提出精神錯亂之抗辯，即使提出，也很少成功[65]。

在美國大多數州，當被告精神錯亂之抗辯（insanity defense）成功時，雖取得「因心神喪失不為罪」（not guilty by reason of insanity）之裁決，但被告通常在此種裁決後不能釋放，而須送到精神病醫院，接受長期可能終身之治療[66]。

精神病或精神缺陷雖然是犯罪之抗辯，但因 insanity 缺少大眾共同接受之定義，使用此抗辯有不少問題。近年來大家相信精神病有許多等級，如罹有迫害情結（complex）、誇張（exaggerated）或急性精神分裂症（acute schizophrenia）之人，可能可辯稱精神錯亂（insanity）。但單純神經衰弱症（neurosis），很難成立精神錯亂之抗辯。例如在其他方面正常，但有竊盜狂之人，如被控殺人時，不能成功辯稱精神錯亂。換言之，行為人精神病之程度須與他被控犯罪之嚴重性一併斟酌。當然最嚴重精神病之人，欠缺犯罪必需之犯意，此時美國之傾向是不判他入監，而送去精神病院治療，直到該院認為治癒，可重返社會為止[67]。如行為人犯罪時心智正常，於等待審理時變成精神錯亂時，則須留在精神病院，等恢復正常後才可接受審判[68]。

二、能力衰退

責任能力衰退或減弱（diminished responsibility or capability）是精神錯亂抗辯之另一變種，即主張被告心態雖未達到精神錯亂（insanity）之地步，但有一些缺陷，諸如極度低智及「創傷後壓力失調」（post-traumatic stress disorder），被人誘惑、犯錯或他故，減損了精神功用，致無法形成犯罪之犯

---

[64] SAMAHA, op. cit., at 202. 參照 http://www.answers.com/topic/insanity-defense (revised 2012/12).

[65] Id. at 175. 據說因精神錯亂被判無罪之人中，有 95% 關進精神病院，時間甚至為有罪入監的兩倍。而且在所有重罪案件，被告引用此種抗辯的只有 1%，結果無罪的只有四分之一。參照 http://www.answers.com/topic/insanity-defense (revised 2012/12).

[66] SAMAHA, op. cit., at 175.

[67] YOU AND THE LAW, op. cit., at 167.

[68] ROSS, op. cit., at 265.

意（mens rea）。模範刑法典與十多個州對所有犯罪，承認能力衰退之抗辯[69]（事實上此種抗辯似只適用於殺人）。換言之，即使被告心神喪失未達到不需負責任之地步，也可能影響到刑事責任之程度。一些法院也准許被告釋明此種精神狀態，而減輕所犯之罪之嚴重性。因此被告如能證明其犯罪不可能出於預謀時，由於缺少特定故意，可從第一級謀殺（first-degree murder）降至第二級謀殺[70]。只有很少案件，可自謀殺降爲普通殺人[71]。

三、未成年人（infancy）

另一種欠缺刑事責任能力是未成年人。依照普通法，未達 7 歲之未成年人無刑事責任能力。7 歲到 14 歲之未成年人，推定欠缺刑事責任能力，但控方可證明他瞭解其行爲之性質與結果，而推翻此種推定[72]。

此點與我國刑法按年齡硬性規定責任能力不同（普通法上未成年之抗辯乃基於年齡是心智表現之論調，但此種論調現今認爲有瑕疵），深值吾人注意。由於少年法與少年法院系統之發達，提供少年免受刑事司法系統管轄之更多保障，使未成年之抗辯變成無必要了。在美國現今大多數州已經將最低責任能力之年齡調高，由於廣泛制定少年法院法[73]，實質上已經進一步修改了未成年人之刑事責任能力[74]。又對少年犯不得科以死刑[75]。

---

[69] BURNHAM, op. cit., at 547.

[70] BURNHAM, op. cit., at 547 et seq.

[71] SAMAHA, op. cit., at 188, 202.

[72] YOU AND THE LAW, op. cit., at 96.

[73] 少年法院除管轄少年犯罪（常稱爲 juvenile delinquency）案件外，在大多數州也管轄下列案件：
    1. 被父母或監護人虐待或忽略之案件（常稱爲 juvenile dependency）。情節輕的可能命父母接受諮商，也可能讓他離開父母家，交親戚或寄養家庭（foster parents）或宣告父母永遠不適合監護，而准許他人收養。
    2. 少年犯身分犯罪（status offences）：即只有少年才能觸犯之行爲，如逃學。最後有可能監禁在少年監獄，大多不能享有憲法上請律師之權。
    在上述各種類型適用不同程序。BERGMAN & BERGMAN, op. cit., at 566. 在聯邦方面，有關少年之制定法，有少年犯罪防制法（the Juvenile Deliquency Prevention and Control Act, 1968）、少年司法與預防犯罪法（the Juvenile Justice and Deliquency Prevention Act, 1974）等。

[74] LAW IN AMERICA, op. cit., at 96.

[75] 聯邦最高法院在 2005 年裁決，判處青少年死刑乃違憲。去年又裁決，把未犯殺人罪的青

　　在美國法之下，未滿18歲犯罪之少年被認爲少年犯（juvenile delinquent），通常不能在刑事法庭追訴，而由少年法院審理（美國所有各州皆有少年法院與刑事法院分開），目的是更生，而非處罰[76]。被控犯罪之少年在這些法院，當作不良少年（女），而非刑事被告審判，此時不能援用未成年人之抗辯。在少年法院刑事追訴結果稱爲判斷（adjudication），而非起訴（prosecution）。例外是當少年是累犯，或犯了最嚴重之罪，此時將他移送到刑事法庭[77]。由於近年美國少年暴力犯大幅增加，少年犯罪愈來愈殘忍與複雜，常包括強姦、強盜及殺人，像傳染病般蔓延全國[78]。在1990年代，一些州議會通過法律，使政府較易在成人法院追訴少年，尤其在涉及暴力犯罪案件。例如殺人罪之控告，幾乎都會使少年被告當作成年人犯送去刑事法庭審理[79]。此時刑罰可能更重（少年法院不能科無期徒刑），且通常關在成人監所，但成人刑事法庭賦予若干少

少年判處不得保釋的終身監禁也違憲。最高法院在2005年在Roper v. Simmons（2005, 543 U.S, 551）一案，以五對四票，認爲憲法增修第8條與第14條禁止處決犯罪時未滿18歲之犯人。

[76] 由少年法院取代成人法院審理之好處，包括：
1. 犯罪紀錄較易塗銷。
2. 程序類似民事，認定犯罪時，在社會上較少烙印。
3. 處理常比成人法院爲輕，且較能適合個別情況。
4. 較不可能科長期徒刑（不可科最重刑，諸如無期徒刑）。
5. 在少年犯服刑場所服刑。
少年法院不能科無期徒刑。近年來，少年犯已可由律師協助（In re Gault (U.S. Sup. Ct. 1967)）。無資力請律師時，可由國家聘請。

[77] 少年法院認爲少年不適合作爲少年更生，尤其如犯了嚴重之罪，且/或有較長少年法院紀錄時（通常斟酌其年齡、身心能力），可當作成人來審判。當作成人來審判之年齡，各州不同，大多數州如達最低年齡，通常爲16歲，有些州爲13歲，又有些州不問年齡，視犯罪性質而定。鑑於少年犯犯罪年齡下降現象上升，目前趨勢是降低此種當作成人審判之年齡。一些州法律規定少年在某些種案件，要當作成人犯審理。此時如在少年法庭處理時，應移送普通法院審理。BERGMAN & BERGMAN, op. cit., at 575.

[78] 在2003年，全美大約有1,600萬少年犯罪案件送達法院，而57%案件經正式處理，而在正式追訴案件中，64%被認爲有犯法，在此犯法案件中，有63%交付觀護。在正式追訴案件中，有36%是財產犯罪，12%是毒品犯罪。雖然大多數州法律規定少年犯關在另外少年監所，但事實上常與成人犯關在一起。因無設施、設施過於擁擠、或所在過遠等（BERGMAN & BERGMAN, op. cit., at 570, 572）。

[79] http://www.lawyershop.com/practice-areas/criminal-law/juvenile-law/history (revised 2012/12). 當作成人審理之可能利益是：1. 可請求陪審審判，比起法官，較易得到陪審團之同情；2. 在城市法院案件多，且監所過擠地區，可能處理較爲迅速，且受到較輕刑罰。BERGMAN & BERGMAN, op. cit., at 578.

年法庭所無之權利，如陪審審判[80]。

少年移送刑事法庭（此時稱為棄權〔waiver〕）之原因包括：

（一）犯罪之嚴重性。

（二）是否以侵略性、暴力性、預謀、故意方式為之。

（三）是否對人犯罪。

（四）不利於少年證據之分量。

（五）少年處心積慮與成熟度。

（六）少年以前之紀錄。

（七）少年對公共安全威脅之程度[81]。

典型自動移審法律規定當少年達到一定年齡（通常為 16 歲），且被控犯了嚴重與暴力之犯罪，如搶劫、強姦或殺人（murder）時，要移審[82]。

四、酒醉（intoxication）

英美法對酒醉之刑事責任甚為模糊，且不令人滿意，通常酒醉並非刑事責任之免責事由，但此非謂酒醉在決定刑事責任存在或程度上沒有意義，因為酒醉可以影響被告形成犯罪所需要之犯意（mens rea）的能力。當適用此原則時，可免除被告刑事責任，或認為犯了較不嚴重之罪。因此，如有人因酒醉以致欠缺形成竊盜之意思能力時，即使他取走別人的財物，並不構成竊盜罪。

酒醉本身涉及是否有犯意之問題。習慣性酒醉可能精神有病，不可能觸犯嚴重之罪。通常以遊民（流浪漢）（vagrancy）罪名逮捕，關在監獄或矯正中心。但如犯其他罪名時，在刑法發生較複雜之問題。至於酒醉開車本身就是犯罪，而非抗辯問題[83]。

---

[80] BERGMAN & BERGMAN, op. cit., at 575. 少年犯通常在少年法庭不能享有陪審審判權利。Id. at 573.

[81] SAMAHA, op. cit., at 189.

[82] BERGMAN & BERGMAN, op. cit., at 576.

[83] YOU AND THE LAW, op. cit., at 167.

捌、刑事責任之抗辯 [84]

一、自衛或正當防衛（self defense）

英美法准許不少使用暴力之特定狀況，換言之，即使可能使人致命，但可作為免責或認為有正當事由。在這方面最重要的事由是自衛或正當防衛。在大多數州，當一個人合理的以為因他人之行為而處於死亡或嚴重傷害之立即（imminent）威脅，而須用暴力防止此種危害時，可用暴力防禦他人之攻擊。如以為殺害對方是拯救自己生命所必需時，可用致命的暴力。某法官謂：「面對高舉的刀子，不能要求冷靜反應」（detached reflection cannot be demanded in the presence of an uplifted knife）。任何人不必等到被攻擊，才實施自衛，而要保護自己或他人，其理由是應准許人保護自己，免於他人攻擊其身體之危險，自衛之抗辯最常在殺人與傷害案件提出 [85]。

例如當殺人事實上雖非必要，只要行為人合理以為它是必要時，可認為有正當事由。在另一方面，如依其情況，認為此種信念並非合理時，則非免責之充足理由。美國有些州認為即使行為人之信念並不合理，也可使其犯罪行為免除責任。而美國法律協會之模範刑法典也主張這是比較妥當之見解 [86]。聯邦法院與大多數州法院在被告行為符合自衛之要件時，可准許被告基於這個立場去殺人。惟自衛須合理，所用暴力之程度須與面臨之威脅相當或成比例。如神經過敏，在擁擠人群中被人推擠，誤以為後面之人以槍抵住他的背，轉身用刀刺死，則是濫用自衛權，而受一般殺人（manslaughter）之追訴 [87]。

自衛之爭點如下：

（一）何人是侵略者。

（二）以為對方對被告所施身體之侵害是否合理。

（三）被告所用力量是否合理 [88]。

---

[84] 英美法除抗辯外，有時尚用其他名稱，諸如正當理由（justification）與可饒恕事由（excuse）。

[85] BURNHAM, op. cit., at 549.

[86] LAW IN AMERICA, op. cit., at 98.

[87] YOU AND THE LAW, op. cit., at 170.

[88] 有些州承認「不完全自衛」（imperfect self-defense），即殺人罪可減為普通殺人，即使：1. 行為人有過失引起磨擦，或 2. 被告雖不合理，但誠實地以為須用致命力量來因應時。

歷史上，為了保護親近的家屬可主張自衛。有許多州擴大此種保護至任何需要立即免於攻擊之人。又自衛權擴張至被告的家，但在許多現代制定法，使用致命力量，須合理以為侵入者欲對家人犯暴力犯罪（強姦、謀殺）為限。如被告合理以為，為避免侵入者侵入住宅而有急迫防護必要時，可對入侵者以合理、非致命力量攻擊之[89]。

換言之，美國法有關正當化（justification）之法則，對其他情形也准許使用暴力，惟要件不同。包括使用暴力保護第三人免於損害、防止重罪之發生、逮捕逃逸之重罪犯人、保護財產或住宅免於他人之侵入等。

二、症候群（syndrome）

自 1970 年代起，一大串描述影響心態之症候群成為刑法上犯罪新穎之抗辯。有些症候群被認為可原諒之事由，例如有些婦女聲稱患了「被虐婦女症候群」（battered woman syndrome）來辯護因自衛而殺死配偶之行為，即使她們並非處於立即危險之狀態。換言之，當婦女長期忍受配偶或同居人嚴重家暴凌虐，致身心挫折，覺得唯一逃避方法是對施暴者行兇時，有時可用「被虐婦女抗辯」。此種濫用之抗辯亦可由在性方面受虐待之被害人（被告或兒童）援用[90]。

偶爾婦女也用月經前症候群企求原諒其犯罪。越戰導致另一症候群，稱為「創傷後壓力症候群」（post-traumatic stress syndrome）。許多退伍軍人患有情緒與精神上的疾病，常比身體受傷持續更久，且更嚴重。在 State v. Phipps（1994）一案，一名波斯灣退伍軍人殺死其妻之男友。田納西州刑事上訴法院裁決，此種創傷後壓力症候群可作為其非預謀與故意殺人之辯解[91]。

參照 CONVISER MINI REVIEW, op. cit., at 27.

[89] SAMAHA, op. cit., at 169; BURNHAM, op. cit., at 549.

[90] http://www.legalzoom.com/crime-criminals/mae-crimes-trials/criminal-defenses-excuse-and-exculpation (revised 2012/12).

[91] SAMAHA, op. cit., at 198 et seq.

三、緊急避難（necessity）[92]

與我國刑法上緊急避難比較相近的機制，有所謂 "necessity"。緊急避難之理論涉及一個人由於自然因素，受到壓力過大，須在不同惡行之間做選擇，而選擇從事在其他方面構成犯罪之行為，作為比較輕微的惡行。亦即環境之壓力有時可導致可饒恕之犯罪。例如為阻止火勢蔓延，可毀壞財產；為追捕嫌疑犯，可違反車速限制；救護車可闖紅燈；暴風雨迷路之登山客可進入他人房舍避難；為維護船舶，可將貨物委棄或違反禁運；外國人為了抵達空襲避難所，可違反戒嚴；藥房為減輕病人緊急事件之嚴重精神壓力，可無處方賣藥等。

緊急避難之成立需要四要素：（一）被告面臨對他或他人立即損害之壓力；（二）被告從事犯罪行為乃唯一防止該損害發生之方法；（三）被告未將自己置於危險狀態；（四）犯罪行為所致之損害，小於面臨威脅之損害。例如暴風雪中迷路之登山客，飢寒交迫，面臨死亡之威脅，如闖入他人木屋尋求遮蔽與食物，不成立犯罪[93]。

經濟上的緊急避難，例如因飢寒偷竊食物，不能成為犯罪之正當原因。對於此種抗辯，另外有一個重要限制，係不可饒恕故意殺人。換言之，此種抗辯在被告為了拯救自己生命而殺害無辜之人時，不能適用[94]。美國法的案例是沉船的水手把 14 個男乘客丟到水裡，使救生艇能浮而不沉，仍被法院判普通殺人（manslaughter）[95]。

模範刑法典另外創設「選擇害惡」之抗辯（Choice of Evils Defense），即對緊急避難抗辯之版本是「選擇害惡」之抗辯。如果能表明在犯某罪時：（一）被告以為其行為乃避免對他本人或他人發生損害或害惡所必要；（二）此行為想避免之損害或害惡比起法律要防止的損害或害惡來得重大。不過與普通法一樣，即使被告受到死亡的威脅，亦不能用「選擇害惡」來原諒其故意殺人之行為[96]。

---

[92] necessity 一詞中文直譯，固係必要或不得已，但自英美法制度之精神觀之，似以譯為緊急避難較為接近。

[93] BURNHAM, op. cit., at 552.

[94] LAW IN AMERICA, op. cit., at 98.

[95] BURNHAM, op. cit., at 553.

[96] Ibid.

四、脅迫（duress）或強制（coercion）

　　脅迫或強制之抗辯是行為人在面臨第三人急迫殺人或嚴重傷害威脅下之情況，所作之犯罪行為，幾乎都可饒恕。例如銀行搶劫犯甲當乙駕車等紅燈變綠時，跳進乙車內，用槍命乙駕車去機場。此時乙不負協助甲脫逃之事後從犯之罪責[97]。脅迫（duress）是涉及他人心理之壓力，而不得已則涉及物理環境對行為人意志之影響。惟此種抗辯在被告為了拯救自己生命而殺害無辜之人時，不能適用[98]。

　　脅迫之抗辯有四種因素：

（一）相當於脅迫之威脅：在一些州須有死亡之威脅，有數個州須有身體嚴重傷害之威脅，有的州未明定[99]。

（二）須有立即之威脅：在一些州須有立即（immediate）或急迫（imminent）之傷害，在路易斯安那州，行為人以為如不犯罪，則威脅之人會立即實施該威脅。

（三）適用抗辯之罪：多數州，殺人不能以脅迫作為抗辯，有些州無此限制，或對此點沒有規定。

（四）主觀感受威脅之程度：大多數州須合理以為有真實的威脅，有的州對此點並無規定[100]。

---

[97] YOU AND THE LAW, op. cit., at 165.

[98] LAW IN AMERICA, op. cit., at 98.

[99] 脅迫之抗辯在 1976 年審判報業大亨赫思特 Randolph A. Hearst 之年青女兒 Patricia 時被提出。Patricia 被「共棲解放軍」（Symbionese Liberation Army）綁走。他們要的贖金是分配食物給窮人。後來 Patricia 送一卷錄音予她父母，宣稱她已成為一名社會革命者。在 4 月 15 日她參加該解放軍份子的銀行搶案。在 1975 年 9 月被政府逮捕，以武裝搶銀行罪受審判。在審理庭她的律師辯稱當她在銀行內時，害怕被其他劫犯處死。在交互詰問時，她引用憲法增修第 5 條不使自己受刑事牽累之特權 42 次。推絕答覆這麼多檢察官所提問題，可能損害她證言的可信度。結果陪審團不接受她被脅迫之辯解，判她 7 年徒刑。後經卡特總統在 1979 年 2 月准她換刑，並命將她自監獄釋放。參照 http://www.answers.com/topic/criminal-law (revised 2012/12).

[100] SAMAHA, op. cit., at 192.

五、無知與錯誤（ignorance & mistake）

　　當被告以為之事實雖然錯誤，但與需要證明之犯意（mens rea）不符合時，不成立犯罪。亦即對事實之誠實錯誤常可作為刑事追訴之抗辯。因此如有人誤以為他人物品是自己物品而取走時，不成立竊盜罪（larceny），因為欠缺竊盜之意圖。又重婚之罪也可能涉及事實錯誤。但在無過失責任之犯罪，則對犯罪因素之重要事實，即使認知錯誤，也不能免除行為人之責任。在法律之錯誤方面，英美法遵從「不知法律，不能免罪」（ignorance of the law excuses no one 或 ignorance is no defense in the eyes of law）之法諺，因此通常行為人不知其行為觸犯刑法，並非免責之事由[101]。關於法律錯誤之問題，尚可注意下列數點。

（一）法之制定未合理地使人知悉：當制定法或其他對該犯罪下定義之法規，為行為人所不知，且在其行為前未公布，或未以其他方法合理使人知悉時，學者認為可成立抗辯[102]。

（二）合理信賴制定法或司法判決：行為人合理信賴不成立犯罪之某制定法規定，而不需擔心被判罪。如在行為後，該制定法被宣告無效，宜成立抗辯。

六、被害人之同意（consent）與宥恕（condon）

　　有時「被害人同意被告之犯罪行為，不成立抗辯」（the consent of the victim to the criminal conduct of the accused is no defense）之命題需要加以限制。在殺人（homicide）、決鬥及其他嚴重傷害之情形，被害人之同意不能免除行為人之犯罪責任。在另一方面，在許多嚴重犯罪，欠缺被害人之同意，乃犯罪成立所必需之因素。例如在強姦，性交須違反被害人之意願，竊盜（larceny）須未經所有人之同意，取去他人之物。除了若干制定法上之犯罪外，被告不因為被害人事後之宥恕，而免除既遂犯罪之責任[103]。當然如因詐術

---

[101] LAW IN AMERICA, op. cit., at 95.

[102] LAFAVE, op. cit., at 295.

[103] LAW IN AMERICA, op. cit., at 97-98.

取得被害人之同意時，則不可作爲抗辯[104]。又基於恐懼（脅迫）或被迫取得同意時，亦同[105]。

七、陷阱（Entrapment）

被告由於執法人員在其腦海裡種下犯罪意圖，並直接教唆之結果，致犯了在其他方面成立犯罪時，不負刑事責任。不過檢方常常由於顯示被告早有犯罪意識，而使陷阱之抗辯無法成立。陷阱應與官員教唆行爲人犯罪，但只提供犯罪之機會或場合（occasion）之情形加以區別。在許多情況，二者很難區分，在違反酒類、賭博及毒品犯罪最常援用此種抗辯[106]。但對於殺人及涉及重大身體傷害案件如何應用，則尚不清楚。又陷阱原則之精確理論基礎仍有不少爭議。目前陷阱之認定有主觀與客觀兩種標準。主觀標準是：辯方須證明被告如無官方壓力，本來不會犯罪，因官方壓力才犯罪。客觀標準不注重被告之性格傾向（predisposition），而重在官方調查人員所採引誘被告犯罪之行動。大多數州與聯邦法院採主觀標準[107]。至今大多數法院認爲被告由執法人員之「創造性活動」（creative activity），導致他犯罪時，應不爲罪。有些權威認爲在此情形下，行爲人雖犯了罪，但因此種措施與倫理不合，國家不應處罰犯人[108]。政府可能用陷阱在查察毒品、色情出版品、賄賂公務員、仿冒、控制價格及娼妓等案件。不過此種抗辯很少成功，尤其如被告曾經被判過犯同一罪，或陪審團相信被告早已想犯此罪時爲然。

八、不在場證明（alibi）

Alibi 被稱爲完全抗辯（perfect defense），它是證明犯罪當時被告不在

---

[104] 同意也不能作爲詐欺罪之抗辯。被告可能不知中計而同意一個詐欺交易。但騙他之人不能用此同意抗辯來逃避訴追。亦即由詐欺方法失財之人在法律上應有救濟。www.answers.com/ topic/criminal-law (revised 2012/12).

[105] YOU AND THE LAW, op. cit., at 166.

[106] 在 1980 年代，有一個有名陷阱抗辯案件，汽車大亨 John Delorean 被調查局人員設局引誘說，如他投資 180 萬美元，輸入高根至美國，可賺到 2,400 萬美元。此人上了鉤而被捕。聯邦法官判他無罪。認爲政府調查員對他提出之要約，令人無法抗拒，應成立陷阱。

[107] SAMAHA, op. cit., at 195 et seq.

[108] LAW IN AMERICA, op. cit., at 93 et seq.

場，不可能參與犯罪。爲了成立完全的不在場證明，須證明犯罪當時被告不可能在場[109]。

九、宗教信仰

通常宗教信仰不能作爲犯罪免責之事由，例如上兩世紀猶他州法院強制該州摩門教居民停止實行重婚[110]。

十、變成國家的證據（States-Evidence）

當某犯罪之從犯（accomplice）變成檢方追訴犯罪之證人，供出他與同伴的犯罪時，美國法認爲有默示不追訴他的承諾，而會赦免他。這種免於追訴或給他赦免的權利是基於「公平交易」（fair dealing）之法理，且被認爲對公衆信賴的保證。決定是否利用從犯作爲國家證據，是檢察官的裁量權。一旦從犯替檢方作證，則法庭基於威信應該赦免他。此原則在不同州有很多細緻的作法。聯邦法院認爲雖然地方檢察官無權保證從犯不會被追訴，但提出爲判罪所需證言之從犯，不應加以追訴[111]。

玖、各種犯罪[112]之扼要分析

一、對於司法機關及公共福祉之犯罪

（一）叛亂（treason）

叛亂是美國唯一在憲法內下定義之罪，「因對美國宣戰或歸附敵人，對敵人提供協助與便利」（Art. 3, Sec. 3）而成立。非有二人之證言或在公開法庭

---

[109] COUGHLIN, INTRODUCTION TO LAW 235 (1963).

[110] Ibid.

[111] COUGHLIN, op. cit., at 235-36.

[112] 美國學者與實務家對於犯罪分類之標準不一，有的分爲對人身之犯罪、對性之犯罪、對財產之犯罪、對住宅之犯罪、對司法程序之犯罪者。有的分爲對人身之犯罪、對財產之犯罪及對政府之犯罪者。

自認，否則不能判罪，以致以此罪被追訴的人不多 [113]。

（二）煽動騷亂（sedition）

煽動騷亂乃以演講、文字或合意宣揚以暴力推翻政府之行為（U.S. Criminal Code, 2006）。1940 年之 Smith Act 規定：通謀去教導或宣揚以武力推翻政府，或成為宣揚暴力推翻政府之團體成員為犯罪 [114]。

（三）破壞（sabotage）

破壞乃在國家非常時期，為了干擾或妨礙備戰或防衛，損壞或毀滅材料、建物與設施之行為。包括生產有瑕疵之戰爭或國防物料、房舍與設施及損毀國防之物料、房舍與設施（U.S. Criminal Code; 2006, Title 18, Part 1, Chapter 105, §2153）。

（四）間諜（espionage）

分為平時間諜與戰時間諜兩種。平時間諜為交付任何國防資訊予外國，處有期徒刑至無期徒刑，若致人於死者，處死刑。戰時間諜為蒐集、記錄、出版或通報有關軍隊移動、船舶、飛機或戰爭物資及任何其他有利於敵人之資訊，處死刑、無期徒刑或有期徒刑（U. S. Criminal Code; 2006, Title 18, Chapter 37, §794）。

（五）暴動（riot）

是聚眾妨礙治安的行為，乃三人或更多不法集會之人，真正實施引起公眾恐慌之共同目的之行為。煽動暴動（inciting to riot）是用言詞或手勢或他法挑起暴動 [115]。在普通法有三種罪，即違法集會（三人以上為了作不法行為而參加）、聚眾（rout，是三人以上為想達其目的，採取行動）與暴動（聚眾真正犯不法暴力行為，或以暴力或騷鬧方式作合法行為）。1714 年暴動防制法（the Riot Act）將普通法上暴動（riot）自輕罪改為重罪，在現代法仍為重罪。

---

[113] YOU AND THE LAW, op. cit., at 138.

[114] Id. at 442 et seq. 據云此罪之目的與叛亂相同，但欠缺公然（overt）行為之要素。此罪是積極提倡推翻國家，而非僅以哲學方法討論革命。它與言論自由之界線頗為接近，致今日很少追訴此種犯罪。例如在美國可寫文章或演說宣揚君主政體是最佳政制，且欲美國採用。但不可聲稱發動政治運動，實現君主政體；亦不可聲稱為了建立君主政體，呼籲大家加入實現此種憲政體制。參照 YOU AND THE LAW, op. cit., at 139.

[115] YOU AND THE LAW, op. cit., at 147.

現今每州都有若干型態之取締暴動法規。許多州已採用模範刑法典之相關條文（$250.1(1)(1)）[116]。換言之，如與二人以上，在參與有礙治安行爲過程中，有下列行爲之一者，則構成暴動：

1. 目的在犯或使人易於犯重罪或輕罪；
2. 目的在阻止或強制官方行動；或
3. 行爲人或任何其他參與人知悉行爲人使用或計畫使用武器或其他致命武器[117]。

（六）藐視罪（contempt）

藐視罪原有民事藐視與刑事藐視之分。刑事藐視罪在近時有許多案件被控告。民事藐視罪是影響個人人格利益，例如侵權行爲，如被告不遵法院判決支付損害賠償，可能成立民事藐視，但可支付賠償以免受罰；而刑事藐視是挑戰法院或立法機關之尊嚴與權威。因法院程序之進行須有秩序與禮節，忽視有效法院命令，是對司法制度本身之犯罪，不可輕易原諒；而藐視立法機關亦係犯罪，係因議會就授權處理之議題，須有獲得有關資訊與有權傳喚證人出席聽證會，提供與揭露事實與文件之方法，因此對拒絕回應傳喚之人，可科以藐視罪；立法機關之委員會在職掌範圍內亦有相同權力。當然被傳之人對於認爲可能使他受刑事訴追（憲法增修第 5 條）之問題或文件，可拒絕答覆或提供。藐視只是輕罪，包括直接藐視（在法院及立法委員會前之藐視）與間接藐視（在法庭外違反法院之命令或不當與陪審員交談等）[118]。

（七）偽證（perjury）

偽證罪是在司法程序，故意對爭點關係重要之事項，提出虛偽之證言或資訊，在許多情形是重罪。成立偽證須有宣誓的行爲，且虛偽之陳述須出於故意，且對所陳述之性質須在有意識之下所作。如對問題之內容由於不愼、驚訝、或錯誤所爲，則沒有不正之動機。而且其宣誓須對特定案件，在有權之人主持之下所作。另一構成要件是須對爭點有重要關係[119]。雖然此罪常與司法程序結合，但對重要宣誓書（affidavit）與文件，諸如報稅單、關稅申報單等，亦不可明知而作重要之虛偽陳述。如甲故意勸乙偽證，而乙作了偽證，則甲可

---

[116] SAMAHA, op. cit., at 441 et seq.

[117] Id. at 411 et seq.

[118] YOU AND THE LAW, op. cit., at 140.

[119] KLING ,op. cit., at 498 et seq.

被追訴犯了「教唆偽證」（subornation of perjury）之罪（也是重罪）[120]。

（八）脫逃（escape）與相關犯罪

脫逃是不用暴力，自合法監禁中逃走，而「越獄」（breach of prison）是使用暴力，自監獄或合法監禁中逃走[121]。

（九）勒索（extortion）及恐嚇取財（blackmail）

勒索敲詐原本常是輕罪，只能由官員觸犯。即官員利用職權斂財，包括收取不該收之費用或未到期收取或超收。但今日許多州法律，已擴大該罪之內涵，包括通常所謂恐嚇取財，即以刑事追訴或毀人名譽相恐嚇來取財[122]。換言之，現今勒索罪是威脅將來要加害，使得他人交付財物。與強盜不同，強盜是現在傷害或威脅傷害他人，而勒索是如不交出財物，則威脅日後加害某人。本罪不必詳細說出威脅細節，可以間接方式表達。又威脅不必將害惡指向被害人，只須針對任何人即足（模範刑法典 §223.4）[123]。

（十）刑事誹謗（criminal libel）

刑事誹謗是以印刷品或文字抹黑他人之名譽或抹黑對已故之人之記憶，使他受公眾仇恨、輕視或嘲笑。但在宣誓書與類似法律程序所作之陳述，即使有損他人之名譽，不成立本罪[124]。

大多數誹謗案件是民事侵權行為，可對出版不實損害名譽之陳述行為，請求損害賠償或請求停止出版。留下刑事誹謗輕罪之問題，雖與民事誹謗頗為近似，但仍有重大差異。例如對已故之人惡意侮辱，可能成立刑事誹謗，但不成立民事誹謗。又民事誹謗須以陳述方式，對第三人為之，才能成立，而刑事誹謗即使內容只有被害人看到，亦可能成立[125]。所述屬實（真實）乃誹謗罪最有力之抗辯，尤以有損他人名譽之陳述係出於良好動機及為了合理之目的時為然[126]。

---

[120] Id. at 141.

[121] KLING, op. cit., at 501.

[122] YOU AND THE LAW, op. cit., at 143; SAMAHA, op. cit., at 381.

[123] SAMAHA, op. cit., at 381.

[124] KLING, op. cit., at 497 et seq.; SAMAHA, op. cit., at 55.

[125] Id. at 143-44.

[126] Id. at 143.

（十一）偽造文書（forgery）

偽造乃以詐欺他人之意思，以詐術製作或改變有法律意義之不實文件，而損害他人之權益，但不以他人受騙爲必要[127]。

（十二）偽造貨幣（counterfeiting）

此罪雖與偽造文書罪近似，但係不同犯罪。此罪是製作、複製或仿製任何貨幣，或偽造美國或外國政府債務或其他擔保之證劵或文書來詐騙他人。屬於重罪，在聯邦法及許多州法下都是犯罪。聯邦法規定不但製作偽鈔，而且使用行爲，甚至持有或製造偽鈔（不問紙幣或硬幣）器械之行爲都成立犯罪[128]。

（十三）賄賂（bribery）

賄賂是要約、給付、要求或收受金錢或其他有價值物品，來影響他人違背職務或酬謝如此違背職務之行爲。最初本罪只適用於法官，後來內容擴大，涵蓋對所有公職人員之賄賂行爲。近年來更擴大而包括一般爲了不法目的，給付與收受之行爲，如給選民金錢，使他作一定方式之投票；或爲了賭博，給運動選手賄賂等，且已成爲重罪。賄賂未遂也是犯罪[129]。

（十四）瀆職

瀆職乃職務上的不正行爲，在普通法上已將其認爲犯罪。此種行爲可分爲三種。

1. 本身不對的行爲，稱爲 malfeasance。
2. 在其他方面合法，但方式不法之行爲，稱爲 misfeasance。
3. 不爲職務所應爲之行爲，稱爲 nonfeasance[130]。

（十五）干擾陪審員（interference with a juror）

用違法與不正方法影響陪審員下裁決，稱爲 embracery，它是輕罪。當然更常見的是串證（tamper with a witness），或意圖影響證言或誘導證人不出庭作證之行爲[131]。

---

[127] KLING, op. cit., at 493.

[128] Id. at 144; KLING, at 493.

[129] YOU AND THE LAW, op. cit., at 145-46; KLING, op. cit., at 501.

[130] YOU AND THE LAW, op. cit., at 145-46; 2009 La Code Title 14 Criminal Law §134.

[131] YOU AND THE LAW, op. cit., at 146.

（十六）妨礙司法（obstruction of justice）

妨礙司法罪是有意干擾法院或警察正當運作或執行職務，這是美國特殊的罪名，聯邦（18 U.S.C.A. §1501-1517）與各州皆定為犯罪，值得注意。常見是妨礙警察逮捕人犯。抵抗逮捕（resist arrest）是輕罪。又湮滅或藏匿證據（destroy or suppress evidence）亦同 [132]。今日許多制定法可能改用妨礙訴追（hindering prosecution）的新罪名 [133]。妨礙司法有名的案例包括：1. 柯林頓總統在 1998 年在 Paula Jones 一案，對其與實習生李文斯基之關係上作（宣誓）證時撒謊，以妨害司法罪被眾院彈劾，後來被參院判決無罪；2. 尼克森總統在 1972 年因掩飾水門案，被認為是妨害司法 [134]。

（十七）妨害治安（disturbing the peace）

社會有維護社區治安之明顯利益，任何不當妨礙公共治安或極易產生或鼓勵此種妨礙之行為，如無合法理由，可能成立故意妨礙治安（breach the peace）。在一些州此種罪稱為 disorderly conduct（似可譯為搗亂行為或妨害治安）。Disorderly conduct 分為個人妨害治安與聚眾妨害治安兩種。個人妨礙治安自古代普通法妨礙治安行為（breach the peace）而來。包括真正妨礙治安行為（在公眾場所打架、大聲喧囂）與擬制妨礙治安行為（指易於引起他人破壞治安之行為）等。模範刑法典（Section 250.2(1)）除上述兩種外，另增一項造成危險或令人厭惡之情況。諸如亂撒拉圾、丟臭彈、在擁擠公共場所將燈熄滅。

對於妨礙治安（disorderly）之行為，大多數州已採用模範刑法典相關條文 [135]。此外特別妨礙治安之行為，包括：在公共場所酒醉、遊蕩（loiter）或徘徊（prowl）、妨害公路或其他公眾道路、妨害開會與隊伍行進 [136]。

（十八）侵入住宅（forcible entry and detainer）

民事非法侵入住宅（civil trespass）是蓄意在他人土地上走動，是一種侵

---

[132] LaFave, op. cit., at 718; Samaha, op. cit., at 217, 229. 關於妨礙司法罪之說明，可參照楊崇森，美國法制的實務與運作，第四章〈美國刑事訴訟制度之探討〉。

[133] Low, op. cit., at 251.

[134] http://www.federalcriminallawyer.us/2011/1/12/federal-law-on-obstructing-justice-a- summary (revised 2012/12).

[135] Samaha, op. cit., at 409 et seq.

[136] Id. at 410 et seq.

權行爲。而刑事侵入住宅（criminal trespass）有時稱爲刑事非法侵入住宅，例如弄壞鄰居籬笆，進入他人土地，如拒絕離開之請求時，可能構成本罪（輕罪）[137]。此罪之核心是行爲人在他人房地作不受歡迎的出現，除擅自闖入他人有形的不動產外，亦包括擅自進入他人電子資訊系統[138]。

（十九）違反武器法

憲法增修第 2 條是最早有關武器之規定，其次是 1934 年之全國槍枝法（National Firearms Act），對槍枝之買賣課稅，並規定若干種槍械需要登記。在羅伯甘迺迪及金恩博士被暗殺後，訂頒槍枝管制法（Gun Control Act of 1968），對槍枝業加以規範，禁止重罪犯人及精神病人擁有槍枝。1993 年手槍暴力防制法（Brady Handgun Violence Prevention Act）規定，買手槍前須有等待期間，作背景調查。1994 年頒行暴力犯罪防制暨執行法（Violent Crime Control and Law Enforcement Act），禁止製造及進口若干半自動槍枝。在 1990 年代，因槍枝暴力殺人案大增，結果准許人民公開帶槍，許多州且訂有兒童接觸槍枝防制法（Child Access Preventions Laws）[139]。

（二十）遊民（流浪漢）（vagrancy）

在美國許多州有稱爲遊民（流浪漢）之法律（vagrancy laws），對自己有謀生能力而流浪，定爲犯罪。這種立法宗旨以紐約州爲例，法院說是「驅使個人從事一些合法與有所得之職業，俾能供養自己，而免於被誘惑去過犯罪生活，或變成公共負擔」。在此定義下，遊民是一個人「無明顯維生方法」，能過合法生活而不過，或不努力去過[140]。在 1960 年代，取締遊民之法律被認爲過於廣泛與含糊，違反憲法增修第 14 條正當程序之要求，但美國不少新地方法律通過刑罰，取締遊民之糾纏行乞（panhandling）行爲[141]。

---

[137] YOU AND THE LAW, op. cit., at 147.

[138] SAMAHA, op. cit., at 403.

[139] http://en.wikipedia.org/wiki/Gun_violence_in_the_United_States (revised 2012/12).

[140] 在社會福利法律修正，確保各人有絕對最低財政支援之今日，此種人有避免成爲公共負擔義務之觀念，可能再度使法院對此問題產生興趣。參照 YOU AND THE LAW, op. cit., at 147-48. 關於妨害治安等行爲之取締，我國過去「違警罰法」亦有與美國上述內容含糊相似之情況（參照楊崇森，對從速立法取締流氓的意見，聯合報，1983 年 1 月 2 日），惟早已廢止，已另頒行「社會秩序維護法」。

[141] http://www.answers.com/topic/vagrancy (revised 2012/12).

（二十一）重婚（bigamy）

重婚在美國是重罪，唯一例外是被他方配偶遺棄，且對方失蹤已達州制定法所定期間（自5年至30年，通常爲7年）之情形[142]。以爲夫或妻已經死亡或法律上婚姻關係已經消滅，不能作爲抗辯[143]。

（二十二）通姦（adultery）

通姦乃已婚之人與其配偶以外之人性交。在美國婚姻外同居（illicit cohabitation）稱爲fornication，是無婚姻關係之二人性交。此種犯罪各州規定出入很大，但幾乎從不追訴[144]。

（二十三）近親相姦（incest）

它是與有近親關係之人性交或同居。通常是在同一血統父母與子女，及兄弟與姐妹之間產生。有一些州，在伯叔與姪，或姑與甥之間[145]亦然。它是重罪，不問雙方是否出於自願[146]。

（二十四）其他性犯罪

1. 獸姦（sodomy）：是人類彼此違反自然規則之性交或與野獸性交，包括歷史上認爲違反自然法則之同性或異性間性活動。同性戀不久前是重罪，且受重罰。
2. 誘拐（abduction）：是以詐術說服（persuasion）或暴力方法，爲了不道德之目的或強迫被害人結婚，而拐走小孩或婦女[147]，不過今日已很少追訴這種犯罪[148]。
3. 娼妓爲非暴力犯罪：在美國幾乎各地皆認娼妓爲犯罪。過去法律只罰婦女賣春，但今日賣春之男性亦認爲係娼妓。且亦罰嫖妓之顧客。又教唆犯亦在處罰之列。在大多數州爲輕罪，但涉及未成年人、暴力與武器之情形，則

---

[142] YOU AND THE LAW, op. cit., at 149.

[143] KLING, op. cit., at 489 et seq.

[144] YOU AND THE LAW, op. cit., at 147-48; KLING, op. cit., at 489.

[145] KLING, op. cit., at 489.

[146] YOU AND THE LAW, op. cit., at 149.

[147] KLING, op. cit., at 489.

[148] YOU AND THE LAW, op. cit., at 150.

係嚴重重罪[149]。

4. 此外可能處罰在公共場所展示暴露私處（indecent exposure）及猥褻（indecent assault），後者乃違反他人意願下所作之騷擾行為。

5. 關於對兒童之性虐待（child sexual abuse）亦有一提之必要。美國有許多特別針對兒童性虐待案件[150]的法律。例如當被告犯了對未成年人性虐待罪時，常比對大人性虐待處罰更重。如能證明他繼續威脅小孩安全時，則施虐人可比通常刑罰關更久。性虐待人一旦自監獄釋放時，可能須向警察機關登記，且可限制其住居。例如亞當沃斯兒童保護安全法（Adam Walsh Child Protection and Safety Act of 2006）（42 U.S.C. §16901）定下全國登記之規定，如怠於登記，成立一重罪[151]。

二、對人身之犯罪

（一）殺人（homicide）

殺人分為謀殺（murder）、普通殺人（manslaughter）[152] 及過失殺人（negligent homicide）。

殺人之抗辯，包括兵士戰場殺敵、執行公務（public duty、例如執行死刑之官員行刑）等。也許最常見情形是：警察或受其指示之公民殺了他以為犯了嚴重犯罪而抗拒逮捕之人（警察有良好理由相信有人犯了較嚴重犯罪——殺人、過失殺人、縱火、強姦、強盜、夜盜、傷害、擄人勒贖、重傷害時，可用必要力量去逮捕犯人，但不可過當）。

（二）謀殺

謀殺通常分級，目的是把最嚴重情形列為第一級，處以死刑，但模範刑法

---

[149] SAMAHA, op. cit., at 430 et seq.

[150] 據估計，在美國有三分之一的女子，五分之一的男子在 18 歲之前有受到某種性虐待（child sexual abuse），惟因種種原因，數字並不精確。參照 BERGMAN & BERGMAN, op. cit., at 279.

[151] BERGMAN & BERGMAN, op. cit., at 280.

[152] 一般將 manslaughter 譯為過失殺人或誤殺，但因與 negligent homicide 難以區別，且因 manslaughter 包括義憤殺人在內，而義憤殺人在我刑法不能認為是過失殺人，故筆者只得將其譯為一般殺人。

典並不作此分級[153]。第一級謀殺須有惡意（malice），是預謀（aforethought）且蓄意（deliberate）。所謂惡意與預謀，並非指殺人犯行為須出於懷恨或憎恨，只要他意圖殺人即可。法律認為若干種殺人犯危險性與道德上譴責性較高，這群人可判第一級謀殺。不符合第一級殺人的違法與故意殺人，則列為第二級謀殺。第二級謀殺也是由惡意發動，但直到殺人前才臨時起意。

　　各州對何種情形成立故意殺人之第一級謀殺，規則有一些出入，共同之處如下。

1. 殺人是出於蓄意（deliberate）、惡意（malice）與預謀（premeditated），換言之，行為人在事前有計畫犯罪。例外是雖無直接殺人故意，但行為邪惡（depraved act），顯示犯人對他人生命極端不在乎時，也認為是有預謀殺人。例如在公共場所啓動炸彈，導致他人死亡之結果[154]。

2. 殺人是發生在一種危險重罪過程中，此種情形常適用所謂「重罪謀殺之原則」（felony murder rule）。所謂重罪謀殺（felony-murder）是在遂行重罪或嚴重之罪，如縱火、強姦、擄人勒贖、重傷害（mayhem）、強盜或夜間竊盜過程中，致人死亡。例如甲乙二人武裝搶劫銀行，當他們帶所搶錢鈔要逃走時，甲被警察用槍擊斃，此時乙可處以第一級殺人罪。因甲在一個危險重罪過程中死亡，即使殺人之人是警察，而死者只是乙之通謀人[155]。若干法院認為重罪謀殺之原則太嚴苛，而加以若干限制，包括：(1) 被告須犯該重罪；(2) 該重罪須與殺人本身明顯區分（如在犯加重傷害時，導致被害人死亡，則不適用）；(3) 死亡需係可預見之結果。

3. 殺人犯用爆裂物，諸如炸彈[156]。許多州對第一級謀殺有強制最低刑罰之規定，且此刑罰比第二級謀殺為重。目前在 37 個州及若干聯邦法之下，第一級謀殺最終刑罰（ultimate penalty）是死刑，別的州則為無期徒刑，不能假釋；判第二級謀殺則常判若干年有期徒刑，且幾乎都可假釋[157]。

---

[153] BURNHAM, op. cit., at 543.

[154] BERGMAN & BERGMAN, op. cit., at 271.

[155] Ibid. 此種邏輯自我國法觀之，甚為特殊，且與我國法結論不同。按大多數州被告對其他共犯因被害人或警察抗拒所致之死亡結果不負責任，但可能對所致第三人之類似死亡結果負責。參照 CONVISER MINI REVIEW, op. cit., at 29.

[156] BERGMAN & BERGMAN, op. cit., at 271.

[157] Id. at 272; SAMAHA, op. cit., at 277 et seq.; YOU AND THE LAW, op. cit., at 151; BURNHAM, op. cit., at 543.

（三）普通殺人（manslaughter）

普通殺人亦分二級：有意殺人與無意殺人。

1. 有意殺人（voluntary manslaughter）：係原無殺人意思，直到行為時才臨時發生犯意。包括在行為人突然受挑釁（provocation）[158]（可能引起許多理性之人失去自制之情況），在突然與強烈衝動之下，失去自制而殺人。例如夫回家，意外看到其妻與人通姦。如他被挑釁，致在當時當場（即在被刺激與殺人之間無足夠時間冷靜下來）殺死姦夫時，可能被認為有意殺人[159]。
決定是否構成充分的挑釁，有三步驟：(1) 被告的確被挑釁；(2) 挑釁需法律上充分；(3) 被告反應需合理[160]。

2. 無意殺人（involuntary manslaughter）：所謂無意殺人係指行為人對重大危險怠於注意，或在實施不法行為時，導致他人死亡之情形，又可分為下列兩種：(1) 過失殺人（criminal-negligence manslaughter）或稱為過失無意殺人（negligent involuntary manslaughter），係指行為人無殺人意思，只是對重大危險怠於注意，導致他人死亡之情形[161]；(2) 不法行為殺人（unlawful act manslaughter）或稱為輕罪殺人（misdemeanor manslaughter），係指在實施不法行為時，導致他人死亡之情形，但模範刑法典放棄此原則，有些州亦同[162]。
由於無意殺人涉及不小心，而非故意殺人，因此比謀殺（murder）或有意殺人處罰來得輕微[163]。模範刑法典與若干州對 manslaughter 不作此有意無意之區別，有些州則將 manslaughter 加以分級[164]。

---

[158] 普通法上殺人「被挑釁」（provocation）之抗辯，在模範刑法典仍繼續承認，但已改為更一般性之文字，即「極度精神或情緒上擾亂」（extreme mental or emotional disturbance）。

[159] LaFave, op. cit., at 775 et Seq.

[160] Low, op. cit., at 241 et seq.

[161] 與上述重罪謀殺之原則相同，有些法院認為過苛，而限制為輕罪必須是道德上可譴責之犯罪（malum inse），如非此種犯罪，則死亡之結果必須是可預見。參照 Burnham, op. cit., at 543.

[162] Burnham, op. cit., at 543.

[163] LaFave, op. cit., at 775 et seq.; Bergman & Bergman, op. cit., at 272; Samaha, op. cit., at 310 et seq.; You and the Law, op. cit., at 151 et seq.

[164] Burnham, op. cit., at 543.

（四）自殺

歷史上自殺被認為犯罪。自殺未遂在許多州定為輕罪，但法院愈來愈不欲處罰，因它是極度心理疾病之表現，需要的是心理治療[165]。幫助他人自殺可能構成犯罪，尤其安樂死（mercy killing case）[166] 之合法性頗有爭議。

（五）強姦

強姦是利用暴力或暴力之威脅致被害人恐懼之方法，而非法（未經同意）性交。依處罰強姦之法律，性交是在性器官插入（不問如何輕微）時成立。在大多數州，強姦亦可以其他許多方法成立，包括：1. 不斷以酒或藥物使被害人服用；2. 利用公務員身分威脅，如不就範，即加以逮捕或遞解出境；3. 利用被害人身心失調或無能力，不能為合法之同意[167] 等。

1. 近來美國修改證據法，便於強姦之訴追

按傳統上強姦被害人過去在性方面之生活史可由辯方提出來，以顯示被害人同意性交，藉以減損被害人證言之可信度。但近來各州與聯邦法院系統之證據法則，有重大變革，即有所謂「強姦盾牌法」（"rape shield" laws），限制辯方提出此種證據。其旨趣在鼓勵被害人勇於向當局報告強姦，使被害人過去在性方面之生活史與判決結果不生關連[168]。在許多州，強姦致發生嚴重身體傷害或與其他犯罪相關連、被害人為未成年人、持械強姦、夥同從犯之強姦，為第一級或加重強姦罪，否則為單純或第二級強姦罪。第一級比第二級刑罰重得多。又學理尚有人分強姦為約會強姦（date rape）與陌生人強姦（stranger rape），前者因二人有現存社交關係，在此關係中比陌生人更常發生性侵，且比較難於證明[169]。

2. 夫強姦之免責

美國一些州仍遵從普通法上夫妻之間非出於同意之性交，不成立強姦之原

---

[165] YOU AND THE LAW, op. cit., at 152.

[166] CONVISER MINI REVIEW, op. cit., at 25.

[167] BERGMAN & BERGMAN, op. cit., at 275.

[168] BURNHAM, op. cit., at 546-47.

[169] SAMAHA, op. cit., at 346 et seq.; BERGMAN & BERGMAN, op. cit., at 277; BURNHAM, op. cit., at 546 et seq.; YOU AND THE LAW, op. cit., at 152 et seq.

則。即使模範刑法典也認為，強姦罪之被害人不包括被告之妻在內。按夫之免責之起源來自普通法上婦女不啻是夫之財產，連同婦女婚後也對夫性交作了概括同意之見解。在現代，夫免責之理由則包括夫妻間難於證明有強姦；在離婚案件妻可能偽稱強姦；為維持婚姻之隱私，符合社會之利益；以及配偶強姦不如其他形式之強姦嚴重等。但今日大多數州已放棄夫免責之理論，而一些法院甚至認為此原則違憲[170]。

3. 法定強姦

大多數州也有所謂法定強姦（statutory rape）罪，甚至禁止與低於一定年齡之女姓（通常為 16 或 18 歲）發生有同意之性關係。此乃無過失責任，因不需被告知悉其性交對象為未成年人（至少是少年）[171]。許多州未成年人（如 16 歲）之間性交，均可成立此罪。有的州只處罰男性，但因現今社會未成年人對性觀念淡薄，這種案很少被追訴，即使有被追訴，司法也會讓步。只要有一人沒有比另一個人大 3 歲，常是輕罪而非重罪[172]。

（六）誘姦（seduction）

誘姦由允諾結婚，引誘一個未婚女性從事性交而成立。模範刑法典已不需被害人貞潔或未婚[173]。

（七）墮胎（abortion）

墮胎是孕婦故意過早將胚胎排掉，或在人類胚胎能維持生命之前排掉。直到晚近，墮胎在州法只在有限情形，例如為保護孕婦之生命才被准許。在過去如無此種法律上正當理由之墮胎，則係重罪。但近年來愈來愈多法律思想家、醫師及社會學家主張婦女有權決定是否要生小孩。如其非故意懷孕，則有權實施墮胎。結果各州有關法律都放寬墮胎之禁止。在 1973 年最高法院在一個歷史性的判決，推翻了所有州法禁止或限制婦女在懷孕後頭 3 個月墮胎之權。不過仍有不少地區強烈反對墮胎，且州法與該法院裁判一致之速度，亦不無存疑[174]。

---

[170] BURNHAM, op. cit., at 547.

[171] Ibid.

[172] BERGMAN & BERGMAN, op. cit., at 277; SAMAHA, op. cit., at 346 et Seq.

[173] CONVISER MINI REVIEW, op. cit., at 31.

[174] YOU AND THE LAW, at 153; KLING, op. cit., at 490.

（八）傷害（毆打）（assault & battery）

assault 是公然恐嚇以身體接觸他人，而 battery 是真正接觸。battery 必然包括 assault。二者是侵權行為，也是犯罪。被害人有權控告侵害人，且各州也可追訴犯人。這是重罪抑輕罪，視各州法律而定。加重傷害（aggravated assault）是意圖殺人、強盜、強姦或重傷之 assault。例如甲與乙爭執何人是最佳籃球選手時，甲將乙打倒，則甲犯了單純毆打罪（assault & battery），但如甲在要搶乙皮包時打倒乙，則是意圖偷竊或強盜之毆打（assault），那是加重毆打（aggravated assault）[175]。

（九）傷害肢體或重傷罪（mayhem）

mayhem 是英美法特殊之罪名，淵源於普通法，它是一種古老的獨立罪名。其實是一種加重毆擊（aggravated battery），通常是重罪。它是惡意使他人殘廢（手足眼牙）或外形損傷[176]，昔日需要被害人受傷至無法作戰。現今各州只有現代刑法典有此罪名，也有一些別的制定法，以非常類似的用語，為加重傷害下定義，而且所有制定法都廢除了被害人受傷在軍事上的意義。在一些州，當損傷外形出於故意時，才成立犯罪。在這些州，在街上鬥毆打斷鼻子，只是毆擊（assault），如打傷人意在復仇或侮辱時，則成立本罪[177]。

（十）家暴（domestic violence）

許多州將家暴作為獨立犯罪，發生在有社交關係（結婚、同居或只是約會）之人之間。可能是異性戀或同性戀。由於行為人利用被害人信賴關係，因此比毆打陌生人刑罰更重[178]。

（十一）綁票或誘拐（kidnapping）

1. 綁票或誘拐是用暴力或詐欺方法誘拐或偷走大人或小孩，並違反其意思加以拘禁，這是最嚴重犯罪之一。在數個州是死罪，可處死刑。在 1930 年代，美國發生有名綁票與殺害林白（駕機橫渡大西洋之英雄）的小孩後，被定為聯邦犯罪，聯邦調查員可在 7 天後介入偵辦此案件，即使不能證明犯罪

---

[175] KLING, op. cit., at 487; YOU AND THE LAW, op. cit., at 153 et seq.; SAMAHA, op. cit., at 348 et seq.

[176] LaFAVE, op. cit., at 841 et seq.

[177] YOU AND THE LAW, op. cit., at 156.

[178] BERGMAN & BERGMAN, op. cit., at 277.

跨越一個州的疆界。又即使於釋放前未要求贖金，仍可視為擄人勒贖 [179]。

2. 綁票在普通法上並非重要犯罪，在 1920 與 1930 年代，發生好多綁票案，常由犯罪幫派所幹，而以林白小孩綁票案達到高峰，從而促使立法注意，而制定了聯邦綁票制定法，許多州也對有關法律加以大幅度修改 [180]。

3. 在此不能不提兒童國際誘拐。按在 1990 年代另一種誘拐一再發生，帶動了制定稱為「聯邦防止有父母之兒童國際誘拐（international parental kidnapping）法」。自 1976 年起兩年期中，美國有 6,774 件有父母的子女被人誘拐的案件。其結果促成了簽訂重要國際條約，即「國際兒童誘拐民事部分海牙公約」（Hague Convention on the Civil Aspects of International Child Abduction），提供將被拐小孩交回美國父母之主要機制。被害人之父母可向小孩違法被拐國家之司法或行政當局，請求迅速交回被拐小孩。該公約雖成功交回美國被拐小孩，但不能加速在非簽字國扣留之被拐子女返還。於是在 1993 年，美國國會通過此新重罪，將國際小孩誘拐定為聯邦犯罪。同時為美國要求與美國有引渡條約之國家，將誘拐之人引渡，取得直接法源。犯人可由美國政府追捕（pursued），並增進美國外交代表尋求外國政府對返還被拐兒童之協助 [181]。

（十二）非法拘禁（false imprisonment）

此種罪有似我國之妨害自由罪，由未經被害人有效同意，將其違法拘禁，限制行動自由而成立。如因受強制、威脅、欺騙或因精神病、弱智或年幼無判斷能力人，所為之同意，無效 [182]。此種罪是重罪及侵權行為 [183]。此種無正當理由或同意拘禁，包括私人行為或政府行為。無論用有形圍牆或對被拘束之人施以不合理之脅迫均可。當此種拘禁由警察所造成時，可申請人身保護令。

美國許多州承認普通法上之「店主特權」（shopkeeper's previledge）。依該特權，店主如有合理原因以為某顧客事實上已犯了偷竊店內物品或未遂時，

---

[179] YOU AND THE LAW, op. cit., at 156.

[180] LAFAVE, op. cit., at 888 et seq.

[181] Id. at 904 et seq.

[182] CONVISER MINI REVIEW, op. cit., at 30.

[183] La Fave 教授指出此種犯罪由於普通法犯罪在美國幾乎絕跡，致此種犯罪也不多見。但因模範刑法典定有此種犯罪，致全美三分之二州亦予明文禁止。現今許多州可能用其他名稱，如 unlawful restraint、unlawful imprisonment、unlawful detention 等。參照 LAFAVE, op. cit., at 909 et seq.

可將有嫌疑之人在合理時間內留在店內。惟如拘禁不合理時，有責之偷竊人仍可控告店主妨礙自由[184]。

（十三）跟蹤（stalking）

跟蹤在古代即已多有，在現代也是犯罪。涉及由於跟蹤或騷擾，使人產生恐懼。跟蹤可使被害人產生不良影響，包括消沉、暴食、焦慮等。按將跟蹤行為列為犯罪，係始於加州。在女影星 Rebecca Schaeffer 在洛杉磯寓所被一名迷住的影迷跟蹤 2 年後殺死。在五個星期內四名婦女在 Orange County 在對跟蹤人發出禁制命令後，也被跟蹤之人殺死。於是加州在 1990 年首先訂頒反跟蹤制定法。別州也迅速跟進，現每個州與聯邦政府都有制定法予以處罰。雖然許多被害人是名人，但大多是通常人，且大多為女性[185]。

三、對不動產之犯罪

（一）縱火（arson）

最初縱火是指惡意焚燒他人之住宅或其附著物（fixture），但許多州制定法擴大該罪之內涵，而包括住宅以外之建物。縱火通常成立重罪，普通法處死刑。不問建物全部或一部焚毀，一旦著火，犯罪即行完成，而不問真正焚燒程度如何輕微[186]，但有一說主張因熱或煙燻變色，尚屬不足[187]。燒自己房子住宅，不成立本罪[188]，但亦有謂包括在縱火罪之內者，後說為現代之趨勢[189]。

模範刑法典將縱火分為兩級。第一級是燒住宅或其他有人占有之建物，如學校、辦公廳及教堂。第二級包括無人居住之建物、車輛及船舶。模範刑法典還依據被告之可歸責性，分為兩級。第一級是整個焚毀。第二級是為其他目的縱火，例如為了偷竊價值高的附著物。

制定法不按行為人的犯罪動機分級，但有學者以為應視動機來分級，因縱

---

[184] http://en.wikipedia.org/wiki/shopkeeper's_priviledge.「店內偷竊」（shoplifting）現象，在美國極為嚴重。參照 YOU AND THE LAW, op. cit., at 101; http://www.answers.com/topic/shoplifting-1 (revised 2012/12).

[185] SAMAHA, op. cit., at 350 et seq.; LAFAVE, op. cit., at 828 et seq.

[186] SAMAHA, op. cit., at 383; LAFAVE, op. cit., at 1040.

[187] CONVISER MINI REVIEW, op. cit., at 37.

[188] YOU AND THE LAW, op. cit., at 156.

[189] LAW IN AMERICA, at 104; KLING, op. cit., at 491; LAFAVE. op. cit., at 1042 et seq.

火犯動機不一。有的是出於憤怒要燒仇人的房子，有的是心理衝動，爲了求刺激，有的是爲了取得保險金，但最可怕與最難抓的是受人雇用的職業犯人[190]。

（二）刑事惡作劇

刑事惡作劇（criminal mischief）源自普通法犯罪，稱爲「惡意惡作劇」（malicious mischief），爲輕罪。該罪由毀損他人之有形財產（有價值之物）而成立。現代刑事惡作劇有三種型態。

1. 以火、爆裂物或其他危險行爲加以毀損。
2. 對有形財產加以竄改，致生財產之損失。
3. 引起他人蒙受金錢損失之欺騙或威脅。

刑事惡作劇通常認爲重罪，但比縱火爲輕[191]。

（三）毀損（vandalism）

故意毀損他人之財產構成犯罪，它有好幾種名稱。惡意惡作劇也可能成立這種罪。它是輕罪，視損害程度處以罰金或徒刑[192]。

（四）夜間竊盜（burglary）

英美法將竊盜分爲夜間竊盜與普通竊盜。夜間竊盜稱爲 burglary，普通竊盜稱爲 larceny，夜間竊盜比普通竊盜罪刑罰還重，因爲認爲夜間侵入住宅所造成的危險比日間還重。早期此種罪只是在夜間對他人之住宅或鄰接建物所犯。它被定義爲意圖犯重罪，在夜間侵入他人住宅。除了真正的侵入行爲之外，還包括所謂擬制的（constructive）侵入，即透過詐欺、通謀或威脅的方法進入他人住宅，也認爲有侵入行爲。現代制定法大大改變此種嚴格定義，在各州通常是重罪。但有些州分爲不同程度，將程度較輕之夜盜，認爲是輕罪[193]。

在許多州將竊盜分爲數個等級，侵入有人居住之建物，因認爲對身體損害危險最大，故爲第一級夜盜。另一些制定法，凡夜間侵入建物都是第一級夜盜，不問該建築是否有人住[194]。在早期普通法，竊盜法（burglary laws）只

---

[190] SAMAHA, op. cit., at 382 et seq.
[191] Id. at 384 et seq.
[192] YOU AND THE LAW, op. cit., at 157.
[193] Ibid.
[194] BERGMAN & BERGMAN, op. cit., at 282.

適用於家屋，且只有夜間發生才適用。現在這些法律已擴充到幾乎所有種類之地上物（structure），即使可移動之結構體，如汽車、移動房子、店舖、倉庫、穀倉、馬廄及主屋外之外屋亦包括在內；且無論夜間或日間發生，都包括在內[195]。

四、對動產之犯罪

（一）竊盜（larceny）

竊盜是意圖永久剝奪他人使用或占有（possession），未經同意，取走他人之動產。該罪只針對日間的偷竊行為，且偷竊的標的只限於動產。它是重罪抑或輕罪，視被偷財產之價值而定。重大竊盜（grand larceny）相當於第一級竊盜，是重罪，許多州如被竊財物價值超過最低額，也許是 200 至 400 美元，各州不一。也有偷特定種類財產，例如汽車與若干種動物，常常是重大竊盜，而不問真正市價如何。不符重大竊盜的則為輕微竊盜（petit 或 petty larceny）或第二級竊盜，是輕罪。對於有輕微竊盜前科的被告，可將第二級竊盜的追訴提升為重大竊盜（輕罪變重罪）[196]。又發現遺失物、放錯地方或送錯地方而不歸還，在美國法可構成竊盜，但對別人所放棄之財物則否[197]。應注意的是現代廣義之盜竊（theft）罪，包括恐嚇取財（blackmail）、賄賂與洗錢。恐嚇取財係以公開私密，或告訴犯罪相威脅，意圖勒索他人錢財或迫使他人為一定行為。賄賂是對政府官員給付金錢或其他有價值之約因，冀求影響官員踐履其職務。涉及企業交易之國際性賄賂，近來變成政府與企業重大關切之課題[198]。

（二）強盜

強盜是以暴力或威脅，違反他人之意願，而取走他人之財物。其與單純竊盜（larceny）區別之處，乃是使用暴力[199]。如以武器威脅，則成立武裝強盜（armed robbery）。強盜都是重罪。

強盜罪亦分等級，在一些州視強盜犯是否武裝及對被害人所施之損害程

---

[195] Id. at 281; KLING, op. cit., at 491 et seq.

[196] BERGMAN & BERGMAN, op. cit., at 286

[197] YOU AND THE LAW, op. cit., at 158-59; KLING, op. cit., at 495.

[198] BURNHAM, op. cit., at 545 et seq.

[199] KLING, op. cit., at 499.

度，將強盜分級。此可以紐約州刑法典（§160.00, 2003）為代表，第一級是帶致命武器，並嚴重傷害被害人。第二級是有共犯或展示玩具武器，對被害人有些傷害。第三級是無武裝，且未對被害人施以傷害[200]。但在一些州第一級強盜是指在住宅或對若干種人，例如計程車司機或乘客所犯，其他強盜則是第二級強盜[201]。

（三）收受贓物（receiving stolen property）

收受由竊盜或強盜所得財物，現今是制定法上之獨立犯罪。通常是重罪，在一些州視被偷財物價值而定。大多數制定法要求該罪有數個條件：1. 被告真正收受該財產；2. 財產須被偷，且於收受時亦然；3. 收受人是否須知悉財產是偷來的；4. 他須以犯罪意思（防止所有人取回）收受該財產。收受人是否知悉財物是偷來，可由法院自案件情況來推斷。如疑心，但未進一步查核，因擔心會發現它是偷來時，則收受人被認為是「明知」（with knowledge）而收受[202]。

（四）侵占（embezzlement）

侵占是比較現代之犯罪，它是不法使用或取走他人付託保管或用於其他目的之動產。今日趨勢是加強這些法律，尤其對公務員與律師等專業人士。一些法院甚至對律師將當事人的資金與自己混合，或公務員怠於將公款存在銀行之獨立帳戶，而推斷為侵占[203]。

（五）詐欺（obtaining property by false pretenses）

財產須係動產而非不動產。行為人須意圖欺騙，且其虛偽陳述須涉及事實而非意見。它是制定法上犯罪，視詐欺所得財物價值，可能是重罪或輕罪。詐術（false pretense）之方式繁多，自顯然不實陳述（misrepresentation）或詐欺以至單純開空頭支票都可能包括在內。按普通法傳統上將竊盜、侵占及詐欺合併在盜竊（theft）之標題下，近年來美國有一些州也將竊盜、侵占及詐欺合併

---

[200] SAMAHA, op. cit., at 381.

[201] BERGMAN & BERGMAN, op. cit., at 284.

[202] KLING, op. cit., at 499; YOU AND THE LAW, op. cit., at 160; BERGMAN & BERGMAN, op. cit., at 287 et seq.; SAMAHA, op. cit., at 373.

[203] KLING, op. cit., at 502; SAMAHA, op. cit., at 371 et seq.; LAFAVE, op. cit., at 947 et seq.

在盜竊（theft）之標題下，模範刑法典亦然 [204]。

模範刑法典的報告人提到所謂「濫用信任之犯罪」（abuse-of-trust crimes），例如受託人作法令所禁止的投資、官員把公款存在未經授權的存款處所、財務顧問背叛當事人，讓當事人付出高過公正市價之款項，都可認為是侵占云云 [205]，可能是因為美國刑法沒有背信罪之故，當然這些犯罪在現今也可能變成白領犯罪。

拾、若干新犯罪型態

一、洗錢

最近新出現的犯罪是洗錢（money laundering）[206]。洗錢是為了自不法商業運作（諸如毒品交易）所得之金錢（即所謂髒錢），變成表面合法、乾淨的投資與資產之過程。洗錢往往是從犯罪行為包括毒品交易、貪污、帳戶及其他方式之詐欺、漏稅、竊用他人身分、侵占、銀行與信用卡大量詐欺等循環之最後階段。美國政府首先領導遏阻、追訴此種犯罪，1986 年實施「洗錢防制法」（Money Laundering Control Act, U.S. Code, Title 18, Sec. 1956）。其他國家受美國影響，紛紛跟進。我國亦頒行「洗錢防制法」。為了洗錢，一個人與經營商業（尤其是現金交易，諸如餐廳）之合法商人有關係，將犯罪所得（髒錢）轉到商業合法利潤內，由表面成功合法商業宣布利潤及付稅，致難於分辨哪些是經商合法所得，哪些是髒錢。洗錢常與賄賂、侵占及逃稅等被稱為白領犯罪 [207]。

二、白領犯罪

通常指犯人利用商業上各種設備（paraphernalia），諸如電腦與財務報表

---

[204] Burnham, op. cit., at 545; You and the Law, op. cit., at 161; LaFave, op. cit., at 957 et seq.; Kling, op. cit., at 492; Samaha, op. cit., at 372.

[205] Samaha, op. cit., at 371.

[206] 關於洗錢罪之來龍去脈與精彩案例，可參照 Gough, Going Offshore: How to Boost Your Capital and Protect Your Wealth 136 et seq. (1998).

[207] Burnham, op. cit., at 545-46.

代替武器，犯人常係銀行家、商人、醫師、律師及其他專門職業人員，許多近時電腦犯罪甚至由少年觸犯。

通常白領犯罪包括下列：

（一）證券詐欺：例如隱匿賠錢消息，誘導別人以高價購買股份。

（二）內線交易（insider trading）：例如公司高級職員發現第二天政府要對公司提起巨額訴訟，在大眾知悉訴訟導致股價下跌前，出售公司之股份。

（三）信用卡詐欺：例如明知無法付錢，用信用卡大量舉債。

（四）破產詐欺：例如舉龐大債務，目的在破產後不必還債權人。

（五）電話銷售詐欺（telemarketing fraud）：例如打電話與人要求作慈善捐獻，但將大部分金錢飽入私囊。

（六）侵占：例如公司之會計低報公司賺錢，將差額存入自己銀行帳戶。

（七）洗錢：例如以販賣違法之毒品所賺之錢作其營業之融資。

（八）房屋修繕詐欺[208]。

三、電腦與網路犯罪（cyber and computer crimes）

（一）竊取智慧財產權（intellectual property theft）（U. S. Code 2006, Title 18, Part 1, Chapter 47 B1030）

由於電腦與網路之發達，電腦內所含珍貴的資訊，更容易被人透過網路侵入資料庫從事不法行為，因此智慧財產權更加受到電腦與網路犯罪的侵襲。每年智慧財產權竊盜損失估計至少 2,500 億元。電腦網路犯人是屬智慧型，有高度技巧與高度積極性，案件不容易偵破[209]。

（二）竊用他人身分（identity theft）

該罪係竊取他人身分之資訊，例如社會安全號碼、信用卡號碼或銀行帳戶號碼，利用此資訊來取錢或購物[210]。此種新犯罪型態，在美國最為嚴重，所導致的財產損失極為龐大，且很難估計。因該國企業、非營利組織與政府電子資料庫都蒐集了龐大的個人資訊。身分竊用之動機不一，包括報復所愛之人、少

---

[208] BERGMAN & BERGMAN, op. cit., at 293 et seq.

[209] SAMAHA, op. cit., at 398 et seq., 404.

[210] BERGMAN & BERGMAN, op. cit., at 299-300.

年無聊、員工對雇主不滿、產業間諜或組織犯罪網路。被害人除金錢損失外，可能失去工作、不能貸款、受教育、購買住宅或汽車，可能因沒有犯的罪名被逮捕。在極端情形被恐嚇取財、被跟蹤或被謀殺。此種犯罪很難追緝，將犯人繩之以法，因此有的被害人只好控告提供被害人身分資訊之提供者[211]。

（三）組織犯罪（取締勒索與貪腐組織法）

組織犯罪（organized crimes）之方式頗多，但多集中在數種有賺頭的領域，如違法毒品交易、賭博、娼妓與高利貸[212]。由於傳統法律逮捕與監禁組織犯罪之成員，不足嚇阻組織犯罪，爲補偏救弊，美國國會在 1970 年通過「取締勒索與貪腐組織法」（The Racketeer-Influenced and Corrupt Organization Act，簡稱 RICO），旨在掃蕩整個犯罪組織、其資產及運營之幕後首腦，尤其雇用殺人犯與縱火犯去勒索之高利貸主、毒梟、妓院老闆及賭場主人。即主要旨趣在針對組織犯罪之滲透與利用合法企業作爲犯罪活動或洗錢之工具予以打擊。該法對各種有關企業之行爲，科以民事與刑事責任，並將下列行爲定爲違法：

1. 將來自勒索活動模式（pattern of racketeering activities）之收益投資在任何企業。
2. 取得或維持經由勒索活動模式之企業之任何利益。
3. 參與經營經由勒索活動模式之企業。
4. 通謀爲上述任何行爲。

勒索活動一詞，該法廣泛地解爲觸犯或威脅去犯該法所定一般性質清單上之任何州犯罪（包括許多嚴重犯罪行爲，如謀殺、擄人勒贖、縱火、強盜、賄賂、勒索及毒品交易），或各種聯邦刑法條文所定任何可起訴之行爲，如郵電詐欺、破產犯罪、證券詐欺或毒品有關犯罪。所謂「模式」須至少在 10 年內有二種此種行爲。RICO 有它自己通謀條文。該法對犯人可科徒刑 20 年及高額罰金，且可科以很重之沒收制裁。該法規定沒收被判罪被告在相關企業之任何利益及該人構成或來自直接間接自勒索活動所得之任何財產。該法顯示繼續借重通謀罪之威力[213]。美國政府曾有效運用該法掃蕩黑手黨（mafia）及其他犯

---

[211] SAMAHA, op. cit., at 393 et seq.

[212] CARP & STIDHAM, op. cit., at 151.

[213] 不過好大喜功的檢察官現今也利用該法對付白領犯罪。例如朱利安尼（Rudolf Giuliani）擔任聯邦地方檢察長時，迫使 Drexel BURNHAM Lambert 對數個違反證券法之指控認罪，以

罪組織 [214] 。

（四）反恐怖主義之犯罪

1. 美國法典有不少條文，可用以追訴有關恐怖主義與恐怖組織。恐怖主義在非法律意義上，係指使用暴力與威脅以追求政治上之目的。包括縱火、煽動騷動、破壞活動及間諜行為。雖然檢察官也援用殺人、殺人未遂、通謀殺人等條款，但有一些特定反恐怖主義犯罪，主要是美國法典第 113B 章「恐怖主義」（Title 18, Part 1）、反恐怖及死刑法（AEDPA, 1996）及2001 年美國愛國法（USA Patriot Act, 2001）。這些法律取締下列犯罪：
   (1) 使用大量毀滅性之武器。
   (2) 超越國家疆界之恐怖主義行為 [215] 。
   (3) 窩藏或隱匿恐怖主義者 [216] 。
   (4) 對恐怖主義者提供物質支援。
   (5) 對特定外國恐怖主義者組織提供物質支援 [217] 或資源。
2. 愛國法：在 2001 年 9 月 11 日恐怖分子攻擊世界貿易中心與五角大廈後，布希總統簽署「愛國法」（Patriot Act）（Public Law 107-56, 115 Statutes §272, 2001）。該法創設數個新的聯邦犯罪，包括：
   (1) 國內恐怖行為（意圖在美國國內脅迫或強制政府或民間犯危險與違法行為）。

避免受 RICO 之追訴。否則不但比白領犯罪刑罰較重，且被貼上勒索分子（racketeer）的標籤。參照 SAMAHA, op. cit., at 263.

[214] BURNHAM, op. cit., at 557 et seq.; LAFAVE, op. cit., at 643 et seq.

[215] 聯邦法典（U.S. Code §2332b）將超越國家疆界之恐怖主義行為，即部分發生在國外，部分在美國之恐怖主義之行為，定為重罪。SAMAHA, op. cit., at 446 et seq.

[216] U.S. Code §2339 處罰窩藏或隱匿與一大堆恐怖主義者有關犯罪清單（包括劫機、謀殺政府官員等）所列之行為。SAMAHA, op. cit., at 447.

[217] 提供物質支援之重罪，首先出現在 1996 年「反恐怖主義與有效死刑法」（Anti-Terrorism and Effective Death Penalty ACT (§323)），目標是針對國內恐怖主義者之行為。它是在 Timothy McVeigh 對奧克拉荷馬州奧克拉荷馬市聯邦大廈丟炸彈後通過。該法定下較重刑罰，成為 2001 年美國愛國法第 2339A 與 B 條。愛國法是內容龐大的法律，長三百多頁。在 911 攻擊後 6 週火速通過。該法內容大多是針對刑事程序監視與諜報情報、執法資訊共享、搜索扣押、訊問與羈押，處罰對個人或組織提供物質支援之行為。為了防止恐怖主義者殺人與破壞行為，禁止與其他犯罪——個人恐怖主義者或恐怖主義者組織可能觸犯之 44 種其他聯邦犯罪接近之行為。又美國聯邦法典（U.S. Code）§2331 將恐怖主義分為國際恐怖主義與國內恐怖主義。

(2) 持有可用作非和平用途之生物或化學武器之物質。

(3) 犯電腦恐怖主義（cyber terrorism），例如駭客進入政府電腦系統或闖入並損害任何與網際網路連結之電腦。

(4) 為恐怖組織提供財務支援或為其物色成員。

該法提供聯邦政府廣泛程序上方法來鎮壓恐怖主義與調查違法活動，包括：

(1) 移民可因嫌疑涉及恐怖主義被拘留 7 天，並遞解出境。

(2) 潛入住家或機構內搜查。

(3) 監聽對從事恐怖活動嫌疑人秘密之電話談話。

(4) 電腦追蹤（cyber sleuthing）：可蒐集恐怖活動嫌疑人所使用電腦之資訊，包括用電腦追蹤技術發現他所看過之網際網路網址，及其透過 E-mail 聯繫之人與機構名稱。

該法並設特別「情報法庭」（Intelligent Court），實施賦予聯邦調查人員之許多權力[218]。

（五）憎恨罪（hate crimes）法律

憎恨罪法律是美國近年所推出的一種新穎特殊的法律，目的在保護由憎恨或憎惡動機，對應受保護群體之人所加之犯罪，也稱為「偏見犯罪」（bias crimes）。該罪處罰針對立法者以為值得與需要特別保護之社會組群（social groups）之人所犯之罪。各州憎恨法律雖不一致，但處罰之對象是一般由於對被害人之種族、膚色、宗教、祖先、出身國、殘疾、性別或性傾向（sexual orientation）有偏見所引起。不過對屬於憎恨法律所定組群之人所犯各種罪並非都是憎恨罪，只有在因被害人屬於這種法律所定 group 之一，而對他們犯了不法行為才成立。這些法律的目的在保護由於被害人身分（例如同性戀或回教徒），屬於常常成為違法行為對象之群體之人，同時彰顯由於被害人身分，針對這些被害人加害，與美國維持自由與多元社會的理念不合，因此特加處罰。

這些法律有兩種型態：第一是規定要處罰的不法行為的本身。例如以憎恨的意思干涉別人民權的本身，可以成立一個罪，而不問行為人是否違反任何其他刑法。例如如同殺人罪和竊盜罪不同，同樣憎恨罪可能是不同的罪。第二是加重以憎恨罪之目的犯其他罪之人之刑罰。例如如果行為人以憎恨罪的意思（intent）來犯罪，則通常輕罪可以變重罪。同理，重罪通常最多處徒刑

---

[218] Bergman & Bergman, op. cit., at 291 et seq.

5 年以下，此時可加重到 8 年以下[219]。在審理庭檢察官證明被告以憎恨罪意思犯罪，須超過合理的懷疑，並由陪審團來決定。證明被告以憎恨罪爲目的的犯罪，事實上頗爲困難，實務上可能由被告自己所說的話來證明[220]。

在 1964 年聯邦民權法（Federal Civil Rights Law 18 U.S.C. §245(b)(2)）之下，聯邦可追訴由於他人之種族、膚色、宗教或出身國，任何用暴力，傷害、威脅或妨礙被害人，企圖從事六種聯邦保護活動之一，諸如上學、公共設施、求職、擔任陪審員或投票。違反 1969 年聯邦憎恨罪法律（Federal Hate Crimes Law）之人，科罰金或 1 年以下徒刑或二者。如發生身體傷害或此行爲涉及使用武器、爆裂物、或放火時，可科 10 年以下徒刑。如涉及擄人勒贖、性侵或殺人者，可處無期徒刑或死刑。

1994 年「對婦女暴力防制法」（The Violence Against Women Act of 1994）（尤其 42 U.S.C. §1361）准許性別憎恨罪之被害人，請求賠償損害及懲罰性賠償來救濟。「暴力防制與執行法」（The Violent Crime Control and Law Enforcement Act, 1994）（28 U.S.C. §994）要求聯邦量刑委員會（The U.S. Sentencing Commission）將基於種族、膚色、宗教、出身國、族裔、性別，對他人所犯憎恨罪之刑罰提高。在州方面，已有四十五州與華盛頓特區的制定法處罰相關憎恨罪。

2009 年 10 月歐巴馬總統簽署「夏伯與拜耳憎恨罪防制法」（Matthew Shepard and James Byrd Jr. Hate Crimes Prevention Act），擴大現行聯邦憎恨罪法律，包括出於被害人之性別、性向（sexual orientation）、性別同一性或無精神能力所引起之犯罪，並取銷被害人須從事聯邦保護活動之要件。

依據聯邦調查局之統計，自 1991 年起，有 11 萬 3,000 起以上憎恨罪，其中 55% 由種族偏見引起，17% 由宗教偏見，14% 由族群偏見，14% 由性的傾向偏見，1% 由無精神能力偏見所引起。

出於憎恨之犯罪較能惹起報復性犯罪，使被害人蒙受明顯情緒上傷害及挑起社區不安（最高法院院長 Rehnquest 的話）。當然也有人反對提高刑罰及由聯邦追訴。他們以爲這些罪名違反憲法所保障之言論自由，將犯罪定義爲某群人對另一群人，而非個人對社會。標籤一貼上，會進一步分化社會，導致犯罪眞正增加。且不同被告待遇不平等，因所有暴力犯都是藐視被害人之結果，何

---

[219] BERGMAN & BERGMAN, op. cit., at 289.

[220] Id. at 290.

以同種罪由於被害人不同，致被告待遇歧異[221]。

　　按憎恨罪除美國外，歐盟、法國、意大利、英國、希臘、奧國、西班牙、保加利亞、愛爾蘭、比利時、亞美尼亞、波士尼亞等國亦有類似條文[222]。

拾壹、美國刑法之其他運用問題

一、刑法之變遷與除罪化

　　「200 年前單單英國有 200 種以上罪可處死刑。判罪之犯人通常被吊死，雖然有時是砍頭、肢解或由馬拖走而死[223]」。過去使用大麻煙被認為嚴重犯罪，科以重刑。今日則大多數州刑罰已減輕，對娼妓、持有小量大麻煙，只處以小量罰金。又今日許多州已將彩票作為紓減財政問題之方法。可見法律不得不隨社會需要與民眾態度而變遷[224]。娼妓、賭博、不法使用毒品、在成人間同意之不法性交乃是無被害人之犯罪（又稱為 consensual crimes），許多人懷疑處罰之必要，致司法機關處理這些犯罪態度可能不一[225]。

二、美國法若干特殊措施

（一）鼓勵與保護告密人

　　在私人企業或政府機構工作之員工，檢舉同事不法行為（美俗稱 whistle-blower），唯恐會失去工作及將來求職被列入黑名單。因此近年美國通過聯邦「反欺騙政府法」（The False Claims Act），鼓勵告密人揭發白領犯罪，可獲得犯罪人應付政府罰金之一定部分，並保護其不致因告密而被解雇[226]。

（二）無辜計畫（innocent project）

　　美國在 1992 年成立無辜計畫，目的在透過判罪後 DNA 測試，為無辜之

---

[221] http://en.wikipedia.org/wiki/Hate_Crime_laws_in_the_United_States (revised 2012/12).

[222] http://en.wikipedia.org/wiki/Hate_Crime (revised 2012/12).

[223] GARDEN & ANDERSON, CRIMINAL LAW: PRINCIPLES AND CASES 174 (1996).

[224] CALVI & COLEMAN, op. cit., at 166.

[225] CARP & STIDHAM, op. cit., at 152.

[226] BERGMAN & BERGMAN, op. cit., at 296.

犯人平反。自開辦後，有 190 名以上無辜之人，包括 14 名一度被判死刑之人，由於此種判罪後 DNA 證據，得到平反。也使不少州執法機關對於由目擊證人認定犯人之程序所作之改革，邁開了大步，減少誤判冤獄之數目。有些州已通過法律，准許若干種案件之被告請求作 DNA 檢查 [227]。

（三）美國刑法之其他問題

1. 引渡

美國憲法第 4 條第 2 項規定各州間犯人的引渡（extradition）：在任何州被控叛亂、重罪或其他罪而逃亡他州，被發現時，應依其原來之州的行政機構（州長）之要求，交還予對犯罪有管轄權之州 [228]。

2. 追訴時效

各州對刑事訴訟追訴的時效限制，各有不同。很多州輕罪必須在 2 年內追訴，比較重的罪追訴時效爲 5 年。但與我國不同，對謀殺追訴並無時效的限制。很多州對擄人勒索罪亦同，值得注意。在一些州如被告不在有管轄權的州內，則只能等他回到該州時起算時效。如犯罪後離開有管轄權之州或以假名留在該州時，則這段期間不計算在時效之內 [229]。

3. 死刑問題

關於美國刑罰，本文作者已在《美國法制的實務與運作》第六章〈美國刑事訴訟制度之探討〉詳加敘述，茲不贅述。美國刑法有許多無人被殺，但法定刑是死刑之犯罪。包括縱火、間諜、擄人勒贖、劫機、大規模販毒、破壞火車、及導致有人被判死刑之僞證罪。自 1976 年起，最高法院對死刑有一連

---

[227] Id. at 609; BURNHAM, op. cit., at 563.

[228] COUGHLIN, op. cit., at 241. 許多州採用「統一引渡法」（Uniform Extradition Act），LAW IN AMERICA, op. cit., at 108.

[229] 美國聯邦罪對法定刑爲死刑之犯罪無消滅時效。據說英國與加拿大除小罪外，亦無消滅時效。可確定的是，日本爲了因應近年強力遏止嚴重犯罪上升之呼聲，已於 2011 年修正刑事訴訟法與刑法，取消殺人與強盜殺人罪之消滅時效（以前已於 2005 年，自 15 年延長爲 25 年），且對若干可處無期徒刑之嚴重犯罪，如強姦致死之時效增加一倍，即自 15 年延長爲 30 年。參照 Statute of Limitatation on Murder in Virginia, http://www.ehow.com/ facts_7281451_statute-limitations-murder-virginia.html; http://www.breitbar.com/article.php?id=D9FBAKBoo&show_article=1.

串判決完全修改了科處死刑之程序，該院對死刑基本之見解是：只要有足夠標準，讓法官或陪審團決定是否科以此種刑罰，死刑並非違憲，今日仍有三十六州與聯邦政府有死刑[230]。這些判決對程序要求並未說明白，惟大體要點如下：

(1) 禁止強制性死刑。各州不可要求在所有第一級謀殺案一律處死刑。
(2) 裁量性死刑判決須有標準可循。
(3) 須有減輕因素。各州不可將可能適於下無期徒刑而非死刑之減輕因素之範圍加以限制。
(4) 可斟酌其他加重因素。陪審員與／或法官可考慮制定法特別規定以外其他較適於下死刑之加重因素[231]。

拾貳、結論

　　一國之刑法反映出該國之歷史文化傳統、民族特質、社會結構、習俗、國民之法律感情、對善惡與道德之價值觀念，甚至社會眾生相。美國刑法亦不例外。其與大陸法系之我國法之結構、法理、原則、觀念雖有不少差異，但相近之處亦甚多。而美國刑法原理雖未必盡合邏輯，但重經驗、尚實用，判例眾多，極為細緻深入，制定法因應社會變遷，不斷推陳出新，規定周延徹底，加上政府[232]及有關機構、法學者、社會學者及精神病學專家等，常對犯罪或各種因應措施（例如精神錯亂抗辯），作實證調查研究，有很多研究報告對法學之進步及立法與司法改革，助益不少。且其法律理論與實務有甚多精彩進步之處，例如各種犯罪之抗辯、對家暴、洗錢、對兒童犯罪、電腦犯罪、網路犯罪、憎恨罪、愛國法、煙毒犯罪、恐怖犯罪、組織犯罪之規定，甚為周密，且執法徹底。一方固然重視人權，但也充分顯示重視法治與維護司法及公權力尊嚴之決心與魄力，而且甚富創意與科學，並符合正義之要求，可供我國改進立法與司法參考之處極多，茲例示如下：

一、少年責任能力不是一成不變，如涉及兇殘或工於心計之暴力犯罪，如殺

---

[230] BURNHAM, op. cit., at 562. 在一些州，當訴追之刑罰是死刑時，被告不可表示服罪（plead guilty）。參照 ROSS, op. cit., at 274.
[231] Low, op. cit., at 363; SAMAHA, op. cit., at 47, 282 et seq.
[232] 例如美國聯邦司法部對防止犯罪及刑事政策作了很多研發之努力，參照楊崇森，美國聯邦司法部之組織與實際運作，軍法專刊，第 56 卷第 4 期，2010 年 8 月。

　　人、強姦、強盜之類，則由成人法庭審判，並與成人犯一樣處罰。此種制
　　度富有彈性、切合實際，自嚇阻犯罪與公平立場，值得我國參考。
二、刑事藐視法庭及議會罪為我國所無，對維護司法及立法尊嚴有其價值。
三、許多州第一級殺人至少科無期徒刑，且規定不能假釋，不似我國刑法假釋
　　不受限制，此點值得我國參考。
四、對為國家充當證人之從犯，有不追訴或赦免之作法，站在刑事政策立場值
　　得參考。
五、另立妨礙司法（obstruction of justice）罪，表示重視司法，亦為其一特色。
六、鼓勵與保護告密人（whistle blower）之措施值得稱道與參探。
七、例如普通法，公民有防止重罪發生之義務，與我唐律若干規定相近，有傾
　　向團體防衛主義之感[233]。
八、由於一些罪分級，法官與陪審團定罪科刑之權限或自由裁量之空間，似較
　　我國法官為小，可能在定罪量刑上，較少歧異，較為公平。
九、量刑方面，美國近年來為免歧異，定有量刑基準，目的在求公平，值得
　　參考。
十、處罰洗錢、社區服務（community service）、禁止酒駕[234]、認罪協商、秘
　　密證人保護等，已被我國法制採納。
十一、若干市法規注重生活品質，對許多有礙市容與秩序之犯罪，熱心運用其
　　　取締之權力。
十二、謀殺罪之追訴並無時效限制，很多州對擄人勒贖罪亦同。立意良好且合
　　　理，使邪惡之徒難逃法網。
十三、處罰通謀（conspiracy）罪，對犯罪之嚇阻及防衛社會有幫助。
十四、無辜計畫、性犯罪犯人強制登記之類，對防衛社會及人權保障，甚為
　　　周密。
十五、美國一般制定法文字雖嫌冗長，但考慮周密，規定周詳，立法技術不能
　　　低估。
　　　不過，美國刑法亦有若干有待商榷之處，例如：
一、有些罪源於普通法，例如 misprison（隱匿重罪犯）及 compounding felony

---

[233] 關於唐律之詳細情形，可參考徐道鄰著的「唐律通論」與「中國法制史論略」等書。
[234] 楊崇森，醉客累東主—由美國限制酒醉駕車，談法令之推行，生活雜誌，第 12 期，1985
　　年 6 月。

（與犯人私了）等罪，不無過時與過苛之感。但制定法已不斷修改，與時俱進。

二、若干州將道德上不可譴責之行為，例如交通違規，亦認為犯罪，不無落後與離奇之感。

三、竊盜罪（larceny）包含範圍甚廣，包括詐欺、強盜等罪在內，此乃因普通法先有竊盜，後來發展出詐欺罪，後來又發展出侵占罪，逐步演進之故。

四、通謀罪（conspiracy）之定義、犯罪構成要件，過於廣泛含糊，雖云有利於檢方之追訴，對犯罪之嚇阻大有幫助，但從人權保護觀點，委實有欠周密。

五、遊民（流浪漢）（vagrancy）與妨害治安（disturbing the peace）罪，觀念不無古老之感，雖云歷史淵源久遠，但似不合現代刑法罪刑法定主義及人權保障之精神。

六、處罰犯罪之單行法（制定法）過多，未集中合併，對外國研究者，尤屬複雜困難。

七、例如竊盜、強盜罪、詐欺罪、侵占罪，過去按財物標的數額，劃分為第一級、第二級或重罪與輕罪之點[235]，有傾向古老客觀主義之感。美國一些州已將竊盜、強盜罪、詐欺罪、侵占罪整合，制定「合併竊盜法」（consolidated theft laws），而規定為單一制定法上之犯罪。這些法律准許如能證明犯人行為屬於這些種類中任何一種時，予以判罪。雖云出自普通法之歷史淵源，但從大陸法思維觀之，似不免有奇特之感。

八、教唆犯似未完全獨立，處罰似失之過輕。

九、似無背信罪之規定。

十、義憤殺人在我國仍係殺人，但在英美法，義憤殺人列入 manslaughter，與一般過失殺人同等待遇，不無奇特之感。

十一、一般刑罰似較大陸法系國家為重。

十二、對老耄之人及瘖啞人犯罪並無特別規定，不似我刑法第 18 條第 3 項滿 80 歲人之行為得減輕其刑，及第 20 條瘖啞人之行為得減輕其刑，及第 18 條第 2 項 14 歲以上未滿 18 歲人之行為得減輕其刑[236]。

---

[235] LaFave, op. cit., at 957, 970.

[236] 我國固有法夙有對老耄、廢疾予以輕典之規定，不但唐律早定有專條，明清律更進一步規定：「年七十以上，十五以下及廢疾，犯流罪以下收贖。」「八十以上，十歲以下及篤疾，犯殺人應死者，議擬奏聞，取自上裁。盜及傷人者亦收贖，餘皆勿論。九十以上，

十三、關於犯罪阻卻之原因，依法令之行爲、依所屬上級公務員命令之職務上行爲（我刑法第 21 條）與業務上之正當行爲（我刑法第 22 條），在我國刑法均明定爲犯罪阻卻之原因，但在美國刑法固偶有減免判例，但似未立爲一般原則。

十四、不似我國刑法繼承固有法，有優待自首制度。

十五、不似我國現行法保留固有法家族主義色彩，對殺害直系尊親屬及親屬間相盜等犯罪並無特別規定。

十六、美國只有公訴，沒有自訴，且無附帶民事訴訟制度，對犯罪被害人權益之保障有欠周密，我國此點宜保持法制優點，不宜舍己耘人。

七歲以下，雖有死罪不加刑。其有人教令，坐其教令者，若有贓應償，受贓者償之。」參照李甲孚，中國法制史（1980 年），頁 422。

第七章

美國消費者保護法之理論與運作

壹、緒言

　　美國消費者保護法異常發達，多年來經立法與行政不斷增頒或增修制定法或規章，法院亦不斷針對業界作法與實際問題一再推出新判例，極其繁多複雜，至今大體已相當完備。我國消費者保護法之內容與實施受美國相關法制影響甚大，為了窮本溯源，原有探討美國相關法制之必要，況我國消保法在許多方面仍嫌不夠完備或未確實執行，行政與司法方面態度亦嫌保守，有待進一步向彼邦借鏡之處尚多。惜國內相關著作，尤其通盤評論性文章頗為欠缺，致國人對彼邦法制難窺全貌。爰特將美國相關消保法之內容，尤其實際運作情形，作綜合性之探討，俾供我有關當局與關心人士之參考。

貳、美國消費者保護法制之發展與保護機構

一、消費者有待保護之原因

（一）大量契約。
（二）交易標準化，附合契約化。
（三）契約條款以出賣人為中心（oriented），偏袒廠商。
（四）交易小額，消費者不適找律師協助。
（五）消費者對買賣標的相關資訊不如出賣人[1]。
（六）消費者交涉能力不足。
（七）消費者有些欠缺合理性，易被交易對手利用[2]。

---

[1]　例如電腦契約與保險契約，詳如後述。
[2]　Greenfield, Consumer Transactions (Foundation Press, 2009), p. 1. 關於美國契約法之運作，尤其不道德與附合契約，可參照楊崇森，美國契約法之理論與運用（上）（下），軍法專刊，第 60 卷第 5、6 期，2014 年 10 月、2015 年 1 月。

二、消費者之權利

　　為防衛消費者利益，西方消費者權利運動人士（activists）主張消費者應享有下列六種權利：

（一）安全之權利（Right to Safety）

　　消費者有安全之權利，產品不能對其健康或財產造成危險。

（二）知之權利（Right to Information）

　　對貨品之價格、品質、數量等有知之權利。不受欺罔或誤導之廣告或資訊之影響。

（三）選擇之權利（Right to Choice）

　　消費者應有自廣泛產品中選擇之權利，故禁止獨占。如產品無競爭與選擇，則消費者須有合理之價格與品質。

（四）被受理之權利（Right to be Heard）

　　消費者之陳訴有被聽取之權利。

（五）救濟之權利（Right to Redress）

　　消費者之陳訴有向主管機構尋求取得救濟之權利（向法庭等處提出告訴或審理、可對不法、不公平及詐欺行為提訴）。

（六）受教育之權利（Right to Consumer education）

　　關於其權利有受教育之權利。

三、美國消費者保護法之性質與範圍

　　所謂消費者，係指取得產品或服務供其直接使用或所有，而非轉售或用在生產製造之人。消費者保護法是一群法律，規範消費者與出賣產品與服務廠商之間關係，防止廠商從事詐欺或不正當作法以取得利益，確保消費者權益與公平交易，亦可能對社會上弱者提供更多保護。消費者保護法涵蓋範圍非常廣泛，包括但不限於商品製作人責任（product liability）、隱私權（privacy rights）、不正商業作法、詐欺、不正表述（misrepresentation）等。事實上消費者保護法並非真正獨立之法律領域，而可能包括侵權行為法、契約、統一商

法典（UCC）、高利貸與破產及其他法律領域之總體。

四、美國消費者保護法之演進

美國在聯邦與州層次有許多法律規範消費者事務。早期消費者保護重在保護企業免於受其他企業反競爭行動之害，例如修曼法（Sherman Act, 1890）、克萊頓法（Clayton Act, 1914）、聯邦貿易委員會法（Federal Trade Commission Act, 1914）[3]。由於促進市場上自由競爭，也間接保護消費者利益，但此問題歸競爭法探討。

自 1960 年代起，由於公民權利意識之提高及拉夫‧納德（Ralph Nader）[4]等人之倡導，導致法制對消費者態度之重大改變。聯邦與各州立法機構為了予消費者更強保護，紛紛以制定法修改傳統契約法，對契約自由原則加以修正[5]。物品及服務之買受人不再如過去那樣須自求多福，而因單獨消費者與大公司交涉能力先天不對等，法院也介入以判例擴大消費者之保護[6]，提高市場之公平。法院願意受理大規模集體訴訟，諸如石綿與矽胸部填充物案件，為消費者針對公司與商品出賣人提供更多之救濟與保障。

在 1960 年代後期前，美國消費者事務大多數法規係由各州訂頒，主要由規範買賣與商品融資之制定法（現由統一商法典 UCC 規範）、高利貸制定法等所組成。在 1950 年代，大多數州制定了零售分期付款買賣法（RISAs），對賒欠買賣加以規範。到了 1960 年代後期，由於統一州法全國委員會議（NCCUSC）制定了統一消費者信用法典（UCCC，管理貸款與信用買賣）而

---

[3]　Greenfield, op. cit., p. 1. 聯邦貿易委員會為最重要聯邦保護消費者機構，詳如後述。

[4]　拉夫‧納德是美國消費者運動之父，早期提倡設立公益法律事務所之新組織，後來由於他的構想，發展出公益研究群（PIRGs）。此團體散播年輕人可改變政府與企業之觀念，也關注再生利用、污染、公共衛生與安全等社會問題，今日設在美國二十四州及加拿大十七個城市，每個目的類似，但都獨立運作，http://www.pollutionissues.com/Pl-Re/Public-Interest-Research-Groups-PIRGs.html#ixzz3ZcSLFl15（最後造訪日期：2015/10/15）。

[5]　統一商法典 UCC 由於區分商人與消費者，並使商事交易受到「不道德原則」（unconscionability doctrine）之規範，作了若干努力去保護購買物品之消費者，但別的制定法更進一步保護消費者，詳如下述。

[6]　古典不道德契約（unconscionable contract）之案件，可推 Williams v. Walker-Thomas Furnitures Co., 350 F. 2d 445 (D.C.Cir.1965) 一案。楊崇森，遨遊美國法第一冊（華藝，2014年），頁462以下有深入評述。又 Epstein & Nickles, Consumer Law in a Nutshell (West, 1981), p. 267.

開始了另一波立法。自 1960 年代後期起，聯邦政府規範消費者交易之角色大
為增加。在 1968 年國會制定了消費者信用保護法（Consumer Credit Protection
Act, CCPA），主要由誠實放款法（the Truth-in-Lending Act）所構成。嗣後
國會一再修改消費者信用保護法，增加了公正信用報告法（the Fair Credit
Reporting Act, 1970）、公正信用登帳法（the Fair Credit Billing Act, 1974）、
平等信用機會法（the Equal Credit Opportunity Act, 1974）、消費者融資租賃
法（the Consumer Leasing Act, 1976）、公正討債法（the Fair Debt Collection
Practices Act, 1977）、電子資金移轉法（the Electronic Funds Transfer Act,
1978）、信用卡付款卡公正透露法（the Fair Credit and Charge Card Disclosure
Act, 1988）、家庭貸款消費者保護法（the Home Equity Loan Consumer
Protection Act, 1988）、家屋所有權保護法（the Home Ownership and Equity
Protection Act, 1994）、信用彌補機構法（the Credit Repair Organizations Act,
1996），及公正準確信用交易法（the Fair and Accurate Credit Transactions
Act, 2003）。此外國會還制定了消費者產品安全法（the Consumer Product
Safety Act, 1972）、馬格魯遜莫斯聯邦交易委員會改革法—消費者擔保責任
法（the Magnuson-Moss FTC Improvement-Consumer Warranty Act, 1975）、
新的破產法典（Bankrutcy Code, 1978）、加速資金利用法（the Expedited
Funds Availability Act, 1987）、電話消費者保護法（the Telephone Consumer
Protection Act, 1991）、電話透露與爭議解決法（the Telephone Disclosure
and Dispute Resolution Act, 1992）、電子銷售與消費者詐欺濫用防止法（the
Telemarketing and Consumer Fraud and Abuse Prevention Act, 1994）、格雷姆
—里奇—比利雷法（the Gramm-Leach-Bliley Act, 1999），及多德—弗蘭克
華爾街改革與消費者保護法（Dodd-Frank Wall Street Reform and Consumer
Protection Act, 2010）[7]。由於這些立法浪潮之結果，目前消費者交易法之主要部
分已成為聯邦管轄之事務。[8]

---

[7]　該法目標在強化金融機構之責任與透明度，結束「太大不能倒」之風險，終結紓困
　　（bailout）以保護美國納稅人，保護消費者免於金融服務作法之濫用等，並設立了新機
　　構——消費者金融保護局。該法對金融機構之營運規模、業務範圍，予以更嚴格之限
　　制，並由更多監理機關予以更強之監督，此外也強化監理金融衍生商品與避險基金。
　　參照 http://www.gpo.gov/fdsys/pkg/PLAW-111publ203/pdf/PLAW-111publ203.pdf；又陳
　　相儒，美國金融改革法案簡析，http://www.pwc.tw/zh/challenges/industry-trends/industry-
　　trends-20100728.jhtml（最後造訪日期：2015/10/15）。
[8]　Greenfield, op. cit., pp. 2-3.

在州的層次，許多州已採用統一欺罔交易行為法（the Uniform Deceptive Trade Practices Act）。該統一法禁止之欺罔性交易行為，大致分為不公平或欺罔之商業行為與不實或誤導之廣告[9]。許多州也有類似上述聯邦法律之法規，諸如所謂「小 FTC 法（little FTC acts，即小聯邦貿易委員會法律），許多州依據這些法律，產生了他們自己版本的 FTC（聯邦貿易委員會）。這些法律通常稱為「消費者詐欺法」（consumer fraud acts）。小 FTC 法或消費者詐欺法中一個顯著特色，是准許消費者作為「私人的檢察長」（private attorney general）（按即自行告訴，不必透過檢察長之意）。如能證明廠商某種欺罔作法導致他受到損害時，常可請求廠商給付更多之損害賠償（即超過他所受損害）及律師費；同時州機構可對違反之廠商，像聯邦對應機構一樣，採取行動。消費者詐欺法適用於幾乎所有消費者交易，非常彈性與有力。當發現違法時，常可請求賠償三倍之損害，比傳統詐欺行為之救濟法律門檻低，例如不需證明被告有欺罔故意，這些法律通常賦與政府機構行動與私人訴訟之賠償，是對傳統英美契約法上「消費者自己注意」（caveat emptor）原則之重大修正[10]。例如葬儀規則（Funeral Rule）要求葬儀社透露價錢與其他有關產品與服務之資訊。冷卻期間規則（Cooling-off Rule）賦予消費者 3 天取消在出賣人營業所以外 25 美元以上之買賣。二手車規則（Used Car Rule）要求汽車零售商在每部二手車上貼上「買主須知」（Buyers Guide）、擔保責任及其他重要資訊。FTC 有權訴諸法院行動，停止廠商欺罔性作法，也可用各種行政救濟方法，矯正某個問題。[11]

雖然聯邦法可訂頒廠商運作之標準，但常由執行州與地方法令之州與地方官署對消費者提供救濟。由於這些機構規模較小，可望更能回應小人物之需要，而且州與地方法規提供之救濟方法，常比聯邦之法規強而有力，且切合商人更多之實務作法[12]。廠商對州消費者保護制定法之憲法挑戰通常贏不了。他們最廣泛使用之憲法抗辯，是出賣人宣傳應受到聯邦憲法增修第 1 條言論自由之保障，惟經最高法院指出雖然商業言論可受保護，但虛罔詐欺或誤導之廣告

---

[9]　consumer protection, http://en.wikipedia.org/wiki/Consumer_protection（最後造訪日期：2015/10/15）。

[10]　American Bar Association (ABA), Guide to Consumer Law (Times Books, 1997), p. 233.

[11]　Id. at 6.

[12]　ABA, op. cit., p. 6.

並不受憲法保障[13]。

五、消費者保護機構

美國消費者保護機構有聯邦、州與地方三級，涉及政府行政立法司法三個部門。例如在聯邦層次，消費者保護法主要由聯邦貿易委員會（Federal Trade Commission, FTC）、聯邦準備委員會（Federal Reserve Board, FRB）、食品藥物管理局（The Food & Drug Administration, FDA）、近年新設之消費者金融保護局（the Consumer Financial Protection Bureau）、消費者產品安全委員會（US Consumer Product Safety Commission）、聯邦司法部（the U.S. Department of Justice）等執行。茲擇要說明如次：

（一）聯邦貿易委員會

聯邦貿易委員會（Federal Trade Commission, FTC）為聯邦獨立機構，依聯邦貿易委員會法（Federal Trade Commission Act）設立。最初目的在執行聯邦反托拉斯法，防止不正競爭；但自聯邦貿易委員會法第 5 條（sec. 5）修改後，廣泛規範各種消費者交易，管理廣告、行銷及消費者信用之作法，尤集中在欺罔作法（deceptive practices）及其他不正作法（unfair practices），諸如虛偽廣告、虛假的投資計畫及醫療請求，以期不妨礙合法商業活動，並與各州檢察長（司法部長）及其他州與地方消保官員合作。它也規範許多產業的作法，雖然這些規章大多涉及廠商與廠商之關係[14]。該機構雖無權處罰違反之人，但可監視是否遵守，從事法律調查、發停止命令（cease and desist orders）[15]，向聯邦法院提起民事訴訟。詳言之，執法工作包含促進自動遵守法律，與進行正式行政或聯邦法院訴訟，進而對違犯之人發強制命令，對違反所執行之制定法之個人、合夥或公司提起行政告發（administrative complain），或授權向聯邦地院提出告訴（complain）。如廠商對所控不爭執時，由當事人合意解決。如在行政審理或一聯邦法院審理後，認為所控屬實時，由一個行政法法官

---

[13] 參照 Jasper, Consumer Rights Law (Oceanna, 1997), p. 27.

[14] ABA, op. cit., p. 5. 該委員會也透過勸告、諮詢意見、指南（guide）及政策說明等方法，教育業者主動遵守法律，值得注意。

[15] 所謂 cease and desist orders，係指行政機關或法院禁止個人或企業繼續某一特定行為的命令，如聯邦貿易委員會可以命令某一企業停止為其產品作虛假廣告或虛假商標等不正競爭行為。

（administrative law judge）[16] 或聯邦法院法官發出命他停止不法作法之命令。
該委員會亦可在事件完全審判前，先要求一個聯邦地院頒發初步救濟，命停止
被訴之不正或欺罔之作法，以防止發生反競爭性之合併或不正競爭方法，或防
止違反該委員會執行之任何制定法之行為。在聯邦法院，該委員會可為被害人
取得其他救濟，包括金錢賠償。在行政或聯邦法院程序，被告對於要求其停止
或採其他矯正行動後所發之命令，可以上訴。[17]

（二）美國食品與藥物管理局

　　該局是美國最早消費者保護機構之一，歸美國衛生人事部（U.S.
Department of Health and Human Services）管轄，透過執行聯邦食品藥物與化
妝品法（the Federal Food, Drug and Cosmetic Act）及相關公共衛生法律，保護
消費者。該局管理食品（肉類與家禽則歸農業部管轄）、化妝品、藥品與醫療
用具、寵物與農畜之食物，藥物及會輻射之產品，如微波爐。該局確保這些產
品之安全，包括正確使用之準確標籤資訊。該局雇用 1,100 名調查員與視察員
監視各廠商。在各實驗室雇用 2,100 名科學家，負責測試產品與審查許多產品
製造商所提供之檢驗結果。它在全國 157 個城市，設有區及地方辦公處。消費
者如對某產品有問題，可向該局報告請求進一步調查。

（三）美國消費者產品安全委員會

　　該委員會係由國會於 1972 年依消費者產品安全法所創設，對大約 1 萬
5,000 種消費者產品有管轄權，主要任務在訂定產品安全標準與下令將不良產
品下架，以免公眾遭受傷害與死亡之風險[18]。

（四）美國消費者金融保護局

　　美國消費者金融保護局（United States Consumer Financial Protection
Bureau, CFPB）為 2008 年金融海嘯後，歐巴馬政府為了因應金融業弊端，依
據「多德—弗蘭克華爾街改革和消費者權益保護法」（Dodd-Frank Wall Street
Reform and Consumer Protection Act）所成立的新聯邦機構，隸屬美國財政
部。在 1980 年代雷根總統放寬金融管制後至 2008 年金融海嘯，金融業產生

---

[16] 關於行政法法官之詳情，參照楊崇森，遨遊美國法第三冊（華藝，2015 年），頁 182。

[17] http://www.usgovernmentmanual.gov/%28S%28not3ypyg5joag1potssqty3t%29%29/Agency.as
px?EntityId=COjTKcMuGi4=&ParentEId=+klubNxgV0o=&EType=jY3M4CTKVHY（最後造
訪日期：2015/10/15）。

[18] Jasper, op. cit., pp. 31-32.

「責任與報酬脫鉤」亂象，金融人員可利用客戶資產高槓桿操作；或推出高風險投資案，獲取巨額管理費紅利獎金，助長社會投機行為，甚至出現純粹詐騙的金融公司，而於多年後問題總爆發時，無法追究責任，後果則由政府與社會承擔。該局自 2011 年 7 月營運，負責監理資產 100 億美元以上的美國金融機構，確保消費者消費性金融產品有透明、正確的資訊，防止金融詐欺情事的發生[19]。可派駐暱稱「金融員警」的人員進駐私人金融機構，進行永久性查帳與內部營運督導，並約談高階公司主管。該局與聯邦準備系統（the Federal Reserve）、聯邦貿易委員會、聯邦存款保險公司（the Federal Deposit Insurance Corporation）、聯邦信用合作社管理局（the National Credit Union Administration）甚至住宅城市發展部（the Department of Housing and Urban Development）都有合作[20]。

（五）聯邦準備委員會

聯邦準備委員會（Federal Reserve Board，全稱為 the Board of Governors of the Federal Reserve System，即聯邦準備系統管理委員會，也可稱為聯邦準備系統理事會），為聯邦準備系統的核心機構，中文簡稱聯準會，是美國的中央銀行，由位於華盛頓特區的中央管理委員會，及全美國 12 家主要城市的地區性聯邦儲備銀行所組成。該理事會由 7 名成員組成（主席副主席各 1 名，委員 5 名），由美國總統提名，經參議院同意任命之，任期 14 年（主席與副主席任期為 4 年，可連任）。聯準會除實現相關貨幣政策、監督、指導各個聯邦準備銀行活動、監管美國本土的銀行，及成員銀行海外活動與外國銀行在美國活動外，也負責保護消費信貸的相關法律的實施[21]。

（六）聯邦司法部

該部尤其所屬之反托拉斯司，與聯邦貿易委員會都管轄反托拉斯案件。該司也保護消費者追訴因欺罔或損害公眾來自聯邦貿易委員會或食品藥物管理局之案件[22]。

---

[19] http://zh.wikipedia.org/wiki/ 消費者金融保護局（最後造訪日期：2015/10/15）。

[20] Consumer Financial Protection Bureau, http://en.wikipedia.org/wiki/Consumer_Financial_Protection_Bureau（最後造訪日期：2015/10/15）。

[21] Federal Reserve Board, http://wiki.mbalib.com/zh-tw/ 美國聯邦儲備委員會（最後造訪日期：2015/10/15）。

[22] United States Government Manual, 2009/2010, p. 260 (2009); 楊崇森，遨遊美國法第三冊（華藝，2015 年），頁 222。

（七）the U.S. Office of Consumer Affairs

該機構出版一本 Consumer Resource Handbook，爲消費者提供有用資訊與機構名錄。

在州與地方層次，行政機構對消費者之協助由州檢察長（attorney general）及市或郡消費者事務行政官（administrator）負責[23]。事實上大多數州設有消費事務部（Department of Consumer Affairs）規範若干產業，並保護這些產業的產品與服務的消費者。例如加州消費者事務廳（Department of Consumer Affairs）透過它 40 個機構，規範 230 種以上職業之大約 230 萬名專門職業人士。此外該州鼓勵消費者依據其消費者法律救濟法（Consumers Legal Remedies Act）之寬鬆規定，對廠商提起私人追訴（to act as private attorneys general）[24]。

六、其他主要消費者保護機構

在美國除政府機構外，無數非政府組織也致力於保護消費者工作，包括工會、廣告媒體、合作社、購買俱樂部（buying clubs）、公益研究群（public interest groups, PIRGs）[25]、一般目的之全國性消費組織，諸如美國消費者聯盟（Consumer Federation of America）、任務較窄之地方 group，諸如全州性公用事業消費者組織、雇主支持之消費者行動 panel、商務改革協會等[26]。茲擇要分述如下：

（一）商務改革協會（商業改進局，Better Business Bureau, BBB）

商業改革協會爲 1912 年成立之民間龐大非營利性組織，著重消費者保護與產業自律，由美國與加拿大許多地方 BBB 組織而成，總部在維吉尼亞洲的阿靈頓。BBB 調查並出版 BBB Business Reviews 予消費者。它還作爲消費者與廠商之中間人，處理無數消費者對廠商之爭議。於收到消費者陳訴後，找該廠商提議調解（對雙方均免費）；爭議通常可由調解解決，如適當，亦可由該會提供之低廉或免費之仲裁予以解決。BBB 保持中立角色。如廠商符合 BBB

---

[23] Greenfield, op. cit., p. 2
[24] 同註 9。
[25] 同註 4。
[26] Greenfield, op. cit., pp. 1-2.

之自律與信賴標準時，可提供評等（rating system, accreditation）[27]。

（二）美國消費者聯盟（Consumer Federation of America, CFA）

為宣揚消費者權益之團體，出版消費者陳訴書刊，在國會作證及出版對聯邦立法草案之評論。

（三）全國消費者法律中心（National Consumer Law Center, NCLC）

為宣揚消費者權利之非營利性消費者保護團體，1969 年創立。協助消費者，並呼籲消費者正義與公平待遇，尤其替貧窮無力之人發聲。對許多消費者問題，在聯邦與州決策者前表達意見，出版消保書刊。

（四）汽車製造商

大多數汽車製造商有全國性或區域性辦公處，處理由地方汽車零售商解決不了之消費者陳訴事件。

（五）同業公會

許多企業公會（trade association），諸如掌管保險與銀行業之協會，有program 協助消費者解決陳訴事宜。

（六）職業公會與發執照之委員會（licensing boards）

幾乎所有專門職業公會，例如律師、醫師與會計師公會，都調查公眾陳訴與委曲事件。

（七）公司消費者關係部

許多公司內部設有消費者關係部（consumer relations departments），處理消費者關心事宜，並協助解決消費者陳訴事件 [28]。

---

[27] Better Business Bureau, http://en.m.wikipedia.org/wiki/Better_Business_Bureau（最後造訪日期：2015/10/15）。

[28] Jasper, op. cit., p. 47 et seq.

參、美國保護消費者法制之內容重點與實際運作

一、有關契約成立過程之問題

（一）契約文字艱深問題

債權人所用契約，往往使用消費者難於瞭解之文字，事實上許多契約的文字只有法律人而非大多消費者所能瞭解，尤以保險與不動產契約艱深冗長難懂為然[29]。有數個州已制定所謂「平易文字法律」（plain language laws）。例如一個紐約州法要求消費契約要「以明白一貫方式，用普通與日常意義之文字書寫」（Mckinney's N.Y. Gen. On. Law §5-702(a)）[30]。佛羅里達、德拉瓦與明尼蘇達等州立法規定契約要以合理易懂方式書寫，因大多數消費者根本不瞭解所簽大部分契約，即使簽名，難說對契約已有合意。

（二）特殊電腦授權契約

定型化契約或附合契約常見於消費者契約。對從事大量交易活動之商人與消費者提供便利，但對制定人即商人可能過於偏袒。在 1990 年代，特別在買賣電腦、軟體及資訊或通訊服務上見到下列情況。過去法院常囿於消費者在簽名前至少有機會看到契約，因此已有同意之說。但在今日電腦時代，能否認為消費者已經同意出賣人預先印好的契約條款，頗有問題：

1.「shrinkwrap」合約，指消費者直到打開軟體產品包裝，或電話訂購的貨品包裝後，才能看到契約條款，加以承諾。由於條款訂定消費者一打開包裝使用軟體，或未退還產品予出賣人，就視為契約已成立，且消費者已同意出賣人片面限制擔保責任或規定所有爭議由仲裁解決之合約條款。

2.「click wrap」合約，出現在出賣人 website 或軟體安裝 CD 上。在電腦螢幕跳出一個框（box），指示使用人為了能用該產品，須對某些條款按「I agree」。消費者為節省時力，大都懶得看而不知內容。可是這一按，就被認為同意契約條款。

---

[29] 保險契約尤其保險單條款，是保險公司之律師根據保險判決與法令要求，小心草擬。有時過於技術性，甚至連大多數非保險法專家之律師都苦於閱讀，與難以瞭解保險單之保障內容與請求要件。由於許多州現已命令保險單用平易英文之格式，因此不問契約是否充滿專門名詞或平易英文，如與要保人意見衝突時，保險單條款將作有利要保人之解釋。參照 ABA, op. cit., p. 1.

[30] Greenfield, op. cit., pp. 223-224.

3. 「browsewrap」合約，指條款出現在出賣人 website 的連結上，消費者根本連按都不必[31]。事實上 Web-wrap、click-wrap 與 browse-wrap 都是軟體授權契約，通稱最後使用人授權契約（end user license agreement）。

　　以上契約之效力，美國法院態度尚未盡明朗。有一說認為由於打開包裝，消費者放棄了充分瞭解授權之權利[32]。但基本上使用人法律上無義務去看裝在產品內之檔或信袋，遑論同意。否則這些交易會對不知所買產品契約條款之使用人或盲人，或不瞭解條款文字之人，課以不當之負擔。至少美國大多州會賦予在買賣時無法知悉密封契約條款之產品買受人，撤銷該買賣之權[33]。

二、消費者信用交易方面

（一）信用交易之重要

　　美國與我國不同，社會較少儲蓄習慣，消費者經濟靠信用運作，不但儲蓄率在工業國家中是最低之一，且超過個人立即收入，以使用貸款（信用）過活，被視為當然。消費者熱切想取得信用，通常不會太計較貸款條件，而貸予消費者信用之債權人常不讓他人對信用條款討價還價。以致消費者信用交易這領域特別易受放款人之濫用[34]。

　　信用交易有二種基本型態。一是消費者向銀行或其他財務機構貸款買商品或服務，例如買汽車、房屋、渡假等；另一例子是使用銀行信用卡（Visa, MasterCard, American Express, Diners Club, Discover），於購買時向銀行貸款。

　　信用交易另一種模式是由出賣人提供信用，而非貸款人，即由出賣人發行信用卡。通例出賣人包括汽油公司、全國連鎖百貨公司、地方性百貨店與服裝店。但許多經銷商不能或不願等好幾個月收到貨品與服務的價金，而用分期付款買賣契約（可能包含本票）。契約當然包含利息或融資費用。出賣人移轉（即出售）契約或連同本票予一個金融機構，消費者以後向融資人付款。融資人付出賣人少於消費者債務之數額，經一段時間後自消費者收取債務數額。消

[31] Spanogle, Rohner, Pridgen & Sovern, Consumer Law, Cases & Materials (Thomson/West, 2007), p. 260.

[32] ABA, Guide to Consumer Law (Times Books, 1997), p. 219.

[33] Shrink wrap contract, http://en.m.wikipedia.org/wiki/Shrink_wrap_contract.

[34] Burnham, Introduction to the Law and Legal System of the United States (Thomson, 2010), p. 416.

費者付融資人之差額乃融資人之報酬。在如此安排下出賣人不必等典型分期付款買賣契約經過 12 至 60 個月，就可收到貨品或服務之價金，此第三種信用交易方式常在購買汽車、電視、主要器材及翻修家屋等見到[35]。

（二）強制透露資訊（真實放款法）

消費者於作最後決定前有權取得有關特定交易完全與準確之資訊。出賣人與債權人應按州法與聯邦法提供消費者此種資訊。

美國合憲所定利率 10%，適用於各種債權人與信用交易，多數州制定法都對一般高利貸利率訂有不適用或例外之規定，及對財務費用設有特別之上限。這些例外或特別費率視放款人之身分或提供何種信用而不同，通常大多數是依據信用數字之大小與種類而定。[36] 幾乎每個州都對小額，尤其消費者貸款，加以規範。有數個州現今以有制定法規範不同費率之貸款，或至少它們在若干種交易，例如分期付款貸款與零售分期付款買賣之適用。不過最高利率與財務費用各州有很大不同[37]。因此認定債權人是否課借用人高於法定利率，在美國乃極複雜問題。

鑑於金融機關對與戶頭有關之費用（fee）大量滋生，或課以似乎恣意、膨脹或其他不合理之費用。因此美國自 1968 年起消費者信用交易，要受真實放款法（The Truth in Lending Act, TILA）為消費者信用保護法（Consumer Credit Protection Act，簡稱 CCPA[38]）之一部之規範[39]。

該法要求將放款安排之主要條款及所有費用明白透露，並不過問真正融資條款內容，諸如放款人可收多少利息，因這些讓州法予以規範。該法要求不問授信條款如何，應以書面，明白而且統一方式透露，使消費者能加以比較，進而找到費用最低之借款。此外透露應及時為之，俾消費者在締結交易前有機會完全加以考慮。

該法最重要是要求透露有關財務費用（finance charge）之規定，按歷史上在放款（信用交易）可否准許收取不同費用（fee），與此高利貸問題密切相

---

[35] Greenfield, op. cit., pp. 3-4.

[36] Epstein & Nickles, Consumer Law in a Nutshell (West, 1981), pp. 227-228.

[37] Id. at 247.

[38] 消費者信用保護法含六節（subchapter），分別為真實放款法、扣押限制、公正信用報告法、平等信用報告法、公正討債法及電子資金移轉。

[39] 又由聯邦準備委員會依據該真實放款法制定之規則 Z（Regulation Z）在實務上亦頗關重要。Burnham, op. cit., p. 416, note 141.

關，因放款人可能巧立不同名目之費用，以逃避高利貸之限制。因此如費用獨立觀察非合理時，應視爲貸款費用之一部[40]。況近年來美國金融機構一直在分散財務產品與服務之收費，在信用卡、支票戶頭及其他支付與存款服務，客戶須繳費用種類愈來愈廣，數額似亦愈來愈大。有些費用單獨觀察，似微不足道，但總體加算或長期收取時，則屬不合理，且與數額往往甚爲可觀，不容忽視[41]。

　　該法所謂財務費用，是指被授信人直接或間接應付，以及由債權人所課作爲提供信用所附帶之一切直接間接費用。包括：1. 利息；2. 服務費；3. 貸款費用；4. 保險費；5. 其他類似費用。該法也對有關透過廣告招徠業務，課透露之要求。例如除眞正可提供予消費者外，債權人不可廣告任何特定條款。如債權人違反該法，例如低報財務費用，可以所述財務費用與所課之財務費用之差額作爲損害賠償。如違反該法即使無眞正損害，仍可按該法之規定賠償。又勝訴之消費者通常可請求支付執行法規所花費之法律費用[42]。

　　該法又規定任何涉及消費者家用房屋之擔保利益（價金抵押以外）之交易，消費者有權於 3 日內取消。如債權人於交易時，不好好透露 3 日解約權時，則 3 日變爲 3 年。目的在使借錢人謹愼考慮訂定不能還債時，會失去房子之交易條款。依該法，不問州籍是否不同，或系爭金額多少，可由消費者在聯邦法院控告違法之相對人，請求賠償眞正損害或借款費用兩倍之罰款（但不得少於 100 美元，多於 1,000 美元），加上眞正律師費[43]。

（三）信用保險問題

　　在我國信用保險（credit insurance）似很陌生，但在美國信用保險愈來愈成爲消費者信用交易之流行附加物，而釀成消費者保護問題。原來信用保險是與特定信用交易連結，以債務人之生命與／或健康作爲債權人擔保之保險。其目的在保護債權人，以免於消費者死亡或殘廢時，不能或難於收取消費者信用交易到期未付之差額。此保險也附帶免除了消費者死亡或殘廢，可能無法繼續還債，致所買物品被廠商取回或提起訴訟之憂慮。典型作法是當一個消費者想要依分期付款買賣借錢或購物時，放款人或商人提議將信用保險直接賣給他，

[40] Spanogle, Rohner, Pridgen & Sovern, op. cit., p. 479.
[41] 法律對消費者保護至何程度，學者以爲答案是尙屬不足。參照 Spanogle, Rohner, Pridgen & Sovern, op. cit., p. 479.
[42] Jasper, op. cit., pp. 13-14.
[43] Burnham, op. cit., p. 416 et seq.

作爲信用交易之一部[44]。

信用保險條款被濫用已有很久歷史，保險比它所擔保之提供信用數字大得多或期間長得多。當債務人買信用保險時，債權人得到許多好處：第一，他們變成消費者所付保險單之受益人。第二，他們賣保險單可收取佣金。此種作法之結果使債權人尋覓對同一保險範圍定最高費率之保險公司，因爲此時它所收佣金也更高，使市場力量顚倒過來。依照古典經濟學理論，競爭會使價格下降，但此處競爭卻使價格上升，以致被稱爲反向競爭（reverse competition）。此情況似產生信任關係（fiduciary relationship）與利益衝突之問題。學者亦懷疑放款人同時集債務人之債權人、保險居間人與信用保險受益人於一身是否合法。

目前所有各州用制定法與行政規章來規範信用保險，在大多數州相關之制定法，是全國保險委員會委員協會（National Association of Insurance Commissioners, NAIC）所制定之模範法之一種版本。行政規章通常訂有最高費率之類[45]。又依 1999 年 Gramm -Leach-Billy Act，聯邦機構應公布規章，要銀行以明顯易於瞭解之文字，透露放款人不可以消費者購買信用保險作爲貸款之條件（65 Fed. Reg. 75, 822, Dec. 4, 2000）[46]。

三、消費者帳戶：信用卡之發行、責任與算帳

（一）信用卡

美國商人或信用卡公司流行寄送信用卡予潛在使用人。消費者信用保護法禁止除了基於消費者申請外，不可主動發給任何信用卡。也限制如消費者報告遺失卡片或其他被人擅自使用之證據時，消費者被詐欺使用之責任以此種支出之頭 50 美元爲限。在信用卡記帳方面，該法規定卡片持有人對其帳單錯誤，可於出現起 60 日內，提出異議之程序。發卡機構應作必要之更正，包括扣除手續費，或對持有人發函解釋帳目係屬正確。如帳目錯誤是未發送貨物之結果時，發卡人除確認貨物已經送出外，不可認爲該數字爲正確。如爭議尙在調查中時，不可提起訴訟來收取有爭議之數額，亦不可將該帳戶予以限制或

---

[44] Alperin & Chase, op. cit., p. 283.

[45] Spanogle, Rohner, Pridgen & Sovern, op. cit., p. 758.

[46] Ibid.

取消[47]。又眞實放款法要求卡片發行人於改變契約條款時，應預先通知持有人（Reg. Z §226.4(c)）[48]。

（二）電子資金移轉

晚近美國電子資金移轉（electronic fund transfer, EFT）與自銀行帳戶以電子資金移轉方式扣款，作爲付帳之方法，愈來愈普遍。消費者信用保護法有電子資金移轉扣款錯誤之規定，與上述信用卡記帳錯誤近似，也定下消費者責任爲 50 美元之限制[49]。

四、保障消費者進入市場（消費者信用報告）

（一）提高信用報告之公正

在商人、銀行或其他債權人要放款給不熟悉之消費者前，需瞭解消費者還債之意願與能力，由於債權人例皆委託信用調查機構（credit bureau，今日稱爲消費者報告機構）提供報告，包含消費者之銀行帳戶、其他欠債、收入、付款習慣、有無訴訟、逮捕、破產等公家機構資訊，甚至個人生活方式、習慣等。美國最大機構是 Associated Credit Bureau of America，其次爲 Equfac, Inc. 這些產業機構組織龐大，蒐集、保持與散布好幾百萬人之資料，所以難免發生錯誤與濫用[50]。

不正確報告對信用歷史良好，致無法取得信用之消費者損害非常大。市場與普通法均未設計出可靠機制來更正不正確信用報告。消費者告報告機構妨礙名譽（defamation）很少成功，因幾乎所有州對報告機構適用「有限特權之原則」（doctrine of qualified privilege），原告請求賠償須證明被告有惡意（malice），此在實際上乃幾乎不可能，而提錯誤資訊致報告錯誤之債權人，亦可利用此特權而免責。

因此國會在 1970 年制定公正信用報告法（Fair Credit Reporting Act, FCRA），管理消費者報告業，規範消費者信用資訊之蒐集、散布與利用，並

---

[47] 該法准許信用卡持有人對發卡人主張他們對出賣人就所買貨物品質之任何請求。但該權利只限於超過 50 美元之交易，同時出賣人須在持有人同一州或 100 哩內。參照 15 U.S.C.A. §1666i. Burnham, op. cit., p. 417; 15 U.S.C.A. §1666 et seq.

[48] Spanogle, Rohner, Pridgen & Sovern, op. cit., p. 477.

[49] Burnham, op. cit., p. 417 et seq.

[50] Alperin & Chase, Consumer Law, Sales Practices, Credit Regulation (West, 1986), p. 219 et seq.

訂有業者行為準則，避免消費者在申請放款、保險或雇用時，被不正確或古老之資訊所害[51]，處理因資訊出入信用報導機構所生之爭議，並對受到違反這些規定之被害人予以救濟。有幾州也制定了類似之制定法[52]。

　　為了防止業者濫用，消費者信用保障法規定：

1. 限制可包括在消費者檔案內之資訊種類，尤其老資訊，諸如破產已超過 10 年，與對債務人之不利判決、待催收之帳目或逮捕或判罪已超過 7 年以上者。
2. 限制報告之用途，通常只能供信用交易、保險申請與雇用之用。
3. 當有人要求報告或可能請求時，需通知消費者。
4. 消費者有權檢視他們的檔案，可對檔案內資訊之正確性予以挑戰、要求刪除未證實之資訊，及加上對要列入將來報告內任何資訊，爭執其正確性或完整性之說明。
5. 要求透露資訊之來源及上一年何人曾請求信用報告。
6. 應證實特別敏感之資訊，諸如判罪之公家紀錄及潛在可疑資訊之來源，諸如與消費者之鄰人、友人或部下之私人訪談。

　　如申請人申請提供信用被拒絕時，放款人應予申請人書面說明不准之理由，及所依據信用報告機構之名稱與地址。消費者基本上如同真實放款法所定，可向聯邦法院提起民事訴訟[53]。

（二）平等信用機會

　　消費者信用保障法規定平等貸款機會。禁止：1. 因種族、膚色、宗教、國籍、來源、性別或婚姻狀況或年齡；2. 因申請人全部或一部薪水來自公共補助；3. 因申請人行使該法所定權利，而予以差別待遇。

　　平等信用機會法（ECOA）禁止因性別或婚姻狀態在准許信用時有差別待遇。在 1976 年國會修改該法，也禁止基於人種、膚色、宗教、國別、年齡、自公共協助（public assistance）計畫領到補助，作差別待遇。該法第 701 條（sec.）禁止在信用交易作差別待遇，且當債權人對申請採不利行動時，應告知申請人其理由（§701(a), (d)）。

---

[51]　Ibid.
[52]　1996 年國會對該法作了重要修正，但仍不足處理 1990 年代以後冒用身分（identity theft）行為之猖獗。Spanogle, Rohner, Pridgen & Sovern, op. cit., p. 281.
[53]　Burnham, op. cit., p. 418.

五、收取債款訴訟程序方面之保護

（一）陰溝送達

在美國訴訟稽延嚴重，債權人取得勝訴判決需等待甚久，希望快速省錢取得判決，因此缺席判決比漫長訴訟之判決更受到歡迎。大多消費者討債訴訟以債權人勝訴之缺席判決收場，因大多數消費者，尤其大都市低收入人，即使有合法抗辯，而不去防禦債權人訴訟，致缺席判決使債權人訴諸快速廉價的執行程序[54]。

美國訴訟文書送達制度與我國不同。有許多州准許由個人送達法院傳票（service of process），送達人通常只在完成送達後才有報酬，以致產生廣泛的陰溝送達（sewer service）的奇特現象。即有些債權人由於從未交付法院傳票與起訴狀予被告，而作成虛假已送達的具結書（宣誓書 affidavit）。這種有名無實的送達，通常稱為陰溝送達，以諷刺文件之歸宿地[55]。取締陰溝送達，固然可提偽證與違反民權之刑事告訴，但其嚇阻力量有限，較有力的是由聯邦政府為被剝奪正當法律程序（due process）的債務人之利益，提起民事訴訟[56]。

（二）認諾判決

比缺席判決更便宜，更快速的是所謂認諾判決（cognovit judgment 或 judgment by confession）。這是由債權人的律師依據一個認諾文件（cognovit note）所取得之判決。認諾文件是文件上有一個條款，由債務人預先授權債權人於他被控告時，代債務人出庭，並認諾對債務人不利之判決。在這種安排下，對債務人沒有送達訴訟文書，也沒經法院審理，債務人通常不知何時下了這種敗訴判決。在知道後只有兩條補救途徑：一是申請取消（strike）該判決，但此種申請只有在此違規構成之致命瑕疵，在訴訟紀錄表面已臻明顯之場合。另一是申請重新（open）判決，其主要不利是債務人須負擔舉證責任[57]。

有一些州已制定法律禁止認諾判決，或嚴格限制其使用，這也是統一消費者信用法 sec. 3.306 之立場。但由於憲法上有各州對別州法院之判決，應予承

---

[54] 缺席判決眾多原因為債務人：1. 缺乏有效抗辯；2. 誤以為與債權人律師和解安排下，訴訟會停止；3. 不知傳喚之重要；4. 債務人對法律疏離與敵意；5. 欠缺通知，致不知訴訟存在。參照 Alperin & Chase, op. cit., op. cit., p. 412.

[55] Epstein & Nickles, op. cit., p. 393 et seq.

[56] Id. at 394.

[57] Epstein & Nickles, op. cit., p. 395. 又參照註 6。

認之完全信賴（full faith and credit）條款之故，以致此種判決之機制仍影響所有各州。例如債務人居住 A 州，而 A 州禁止認諾判決時，債權人仍可在 B 州取得此種判決，然後在 A 州對債務人執行對其不利之判決。不過紐約州拒絕承認在賓州取得之認諾判決[58]。

（三）法庭地之限制

債權人在遙遠法庭地對消費者提起討債訴訟，也會大大增加缺席判決之機會，因此 1977 年之公正討債法第 811 條爲了保護消費者，禁止討債人在不方便之法庭地（inconvenient forums）控告消費者；實行不動產質權（lien），只能在不動產所在地，其他討債訴訟只能在債務人居住地或契約簽署地爲之[59]。

（四）對扣押財產（garnishment）之限制

1. 過廣之擔保利益

過去美國小規模貸款公司（loan companies）的標準作法，是對消費者貸款，在消費者傢俱上取得所謂「綜合性或地毯性擔保利益」（"blanket" security interests），作爲債權之擔保。在此種安排下，債權人可扣押遲延付款之消費者之傢俱，即使交易之擔保與貸款目的完全無關。在 1985 年由聯邦貿易委員會通過之信用作業貿易規則（Trade Regulation Rule on Credit Practices）（16 CFR Part 444），認爲此種安排乃不正契約條款，而實質上廢止了此種綜合性或地毯性擔保利益[60]。

民事判決執行方法之一是扣押，即債權人自法院取得一造命令，命債務人之雇主直接支付債務人薪水之一部予債權人。由於扣押薪資會打亂債務人之家庭預算，對債務人家計影響重大，消費者信用保護法限制扣押只可處分薪水（扣除稅捐與其他強制扣除後）之 25%，且規定雇主由於第三人任何一個負債扣押，而解僱受僱人之舉動乃違法行爲[61]。

---

[58] Id. at 397-398.

[59] Epstein & Nickles, op. cit., p. 395.

[60] Spanogle, Rohner, Pridgen & Severn, op. cit., p. 729.

[61] 15 U.S.C.A. §1674.

六、對討債濫用之控制

美國規範討債之法律散見於各處，在 1977 年國會制定了公正討債作業法（The Fair Debt Collection Practices Act, FDCPA），作爲消費者信用保障法（Consumer Credit Protection Act, CCPA）第八章（Title）（15 U.S.C. §1692 et seq.）。公正討債作業法之宗旨在消除對消費者討債作業之濫用以保公平，因此定有許多對討債人討債之限制，包括禁止爲難性（harassing），壓迫性與濫用性之討債行爲。該法規定討債人尤其不可：

（一）對債務人、其財產、名譽以暴力威脅。

（二）使用猥褻或褻瀆言辭。

（三）一再打電話騷擾。

（四）使債務人收到付費電話或電報。

（五）在公共名單（賴債不還名單「deadbeat list」）上公布姓名。

（六）對負債數額作不正表述。

（七）虛僞暗示討債人是律師。

（八）以討債人不想採或不存在之訴訟相威脅（§1692d, §1692e, §1692f）[62]。

換言之，該法禁止討債人在任何不尋常或不方便時間（通常爲上午 8 時至下午 9 時以外時間）或地點（包括工作場所），或在債務人書面告知不還債或不欲再接觸後，接觸債務人。除了債務已作成法院判決，且需要此種接觸外，禁止就該債權接觸其他任何人，或損害債務人之名譽，或一再使用電話搔擾或爲難任何人。又討債人不可作任何行爲，使人產生：他們是執法單位官員或律師、不還會被逮捕或監禁，或用來討債之文件，是法院訴訟文件之虛假印象。如有爭議，討債公司應告知債務人有權請債權人就債務作確認（validation）。

該法雖然對消費者（債務人）作廣泛之保障，但仍有重要限制。因通常只適用於第三人討債人，很少對原始債權人之討債加以規定。換言之，原來債權人之討債作法大體不受此法之限制或影響。即該法可能只影響一部分（約10%）討債活動，但該法仍值得重視，理由有二：（一）即使是少部分討債活動，但卻代表巨大金額；（二）聯邦貿易委員會接到對第三人討債人之陳訴案件多於對任何其他產業之陳訴。且應注意討債作法即使不在公正討債作業法規範之列，但可能違反其他法令，聯邦貿易委員會可運用其在 FTC Act 下之權

---

[62] ABA, op. cit., p. 138.

力，對付討債人。但大多討債活動係由各州規範，許多州已制定自己的討債
制定法，此外普通法可能協助受困擾之債務人，賦予其對討債人之侵權行為請
求權[63]。

　　各州很久以來已規範討債公司，包括應自州政府取得執照。因此消費者另
一可能之救濟，是針對違規討債公司之執照來陳訴。公正討債作業法並不禁止
各州另訂討債之法律[64]。

七、消費者產品瑕疵擔保責任與第三人融資（聯邦交易委員會「在正當過程之持有人」規章）

　　凡消費者以融資購買物品時，融資契約或本票（note）可以流通，即可賣
予第三人，通常是銀行或其他金融機構，然後該機構可向消費者收取債款。對
出賣人言，此乃取得金錢，購買更多貨品，拓展市場之方法。在商品有問題，
消費者欲停止支付契約價款，如出賣人仍舊是契約當事人而不處理時，消費者
固然可中止支付價金，向出賣人施壓。但如出賣人已將契約出售，而該第三
買受人（新持有人）不知貨品有任何問題時，這時這契約買受人是統一商法典
UCC 下之「正當過程之持有人」（holder in due course，簡稱 HDC）[65]，即使原
來買賣之物品有瑕疵，或原出賣人於出賣時對原買受人有不正表述，該第三人
仍可要求原買受人付款，原買受人不能以出賣人商品有瑕疵予以對抗[66]。

　　此 HDC 原則係基於促進流通證券之自由貿易政策而來。當只涉及商人與
銀行時，沒有問題，但當買受人是一般消費者時，則產生嚴酷不公平結果，因
他須付款予此第三人，至於向出賣人追回付予該第三人之金錢，就須另提訴
訟。為了保護消費者，在消費者信用方面，挑戰此原則之第一個里程碑，是聯
邦貿易委員會在 1975 年通過其持有人規則（Holder Rule, 16 C.F.R. §433）要
求出賣人在消費信用契約上加入一個備註（notice 或注意），准許消費者對契
約持有人主張其請求權與抗辯。1999 年統一商法典第 9 條（Article）修正，

---

[63] Spanogle, Rohner, Pridgen & Sovern, op. cit., pp. 630-631.

[64] Burnham, op. cit., p. 418 et seq.

[65] 我國類似規定，參照票據法第 13 條規定：「票據債務人不得以自己與發票人或執票人之前手間所存抗辯之事由對抗執票人。但執票人取得票據出於惡意者，不在此限。」

[66] UCC §9-305(b). 按在 20 世紀中葉，基於長久對流通證券責任問題，流行為了保護第三人或所謂「holders in due course」而切斷票據債務人之抗辯。此古老原則在統一商法典 3-302 條（Article 3-302）仍被留下，但因將此原則應用到消費者交易，致成為眾人批判之中心。

對上述 FTC 原則有了重要之連結。9-403(d) 與 9-404(d)（sec.）基本上規定消費者放棄主張此抗辯之條款，在消費者交易方面歸於無效（新修正之 3-302(g) 條規定，亦同此旨趣）。因此 FTC 原則可謂為消費保護之一個重要成就[67]。今日為了保護消費者，有些州通過法律，或州法院基於不同理由，認為消費者對以後持有人可主張任何對出賣人之抗辯，但更多州法律由於聯邦貿易委員會之法規變成無何實益。因該委員會宣布使用「在正當過程之持有人」原則，去防衛持有人抗拒消費者（即原買受人）之抗辯，乃不正貿易作法（unfair trade practice）。該委員會之原則禁止出賣人取得或接受不包括「契約持有人要受債務人對所取得貨品或服務之出賣人之請求與抗辯之限制」之備註（notice）之消費者信用（賒欠）契約。此種文字今日已成為普通契約條款之一部，且成為各州契約法可執行之一部分[68]。

八、隱私權與蒐求消費者資訊

消費者信用交易之隱私，很久以來受到公正信用報告法與各州相應法律之規範，但其他財務交易則否，致許多商人編消費者名單，買賣消費者資訊。直到 1999 年，美國銀行存戶幾乎沒受到隱私法規之保護。到了 1990 年代後期，有些州主管機構控告數家銀行，透露顧客資訊予第三人。這些流弊引起不少制定法立法加以保護，國會也制定了格雷姆—里奇—比利雷法（Gramm-Leach-Bliley Act, GLB Act），也就是聯邦 1999 年的金融現代化法，規定金融機構處理個人隱私資訊的方式，准許它們透露顧客資訊，但應通知顧客有權將這些資訊保密，且規定對顧客之通知文字須明白顯著（§6802(b)(1)(A), §313.3(b) (1)）。惟該法未賦予消費者控告未遵守規定之人之私人訴因。加州法律則規定除消費者積極同意銀行透露外，在大多數情況，不准銀行透露消費者資訊（Cal. Fin. Code §§4050-59）[69]。

---

[67] Spanogle, Rohner, Pridgen & Sovern, op. cit., pp. 584-585.

[68] 16 CFR §433.2; Burnham, op. cit., p. 419.

[69] Spanogle, Rohner, Pridgen & Sovern, Consumer Law, Cases & Materials (Thomson West, 1991), p. 435 et seq. 格雷姆—里奇—比利雷法內容包括三部分：金融秘密規則（Financial Privacy Rule），管理私密金融資訊之蒐集與公開；安全維護規則（Safeguards Rule），規定金融機構必須實行安全計畫來保護這些資訊；藉口防備規定（Pretexting provisions），禁止使用虛假的藉口來查訪私密資訊。該法還要求金融機構給顧客書面保密契約，說明他們的資訊共用機制。另參照 http://en.m.wikipedia.org/wiki/Gramm-Leach-Bliley_Act（最後造訪

九、取締欺罔與不正交易作法（deceptive and unfair trade practices）

（一）聯邦貿易委員會法與規章

聯邦貿易委員會（Federal Trade Commission, FTC）跨入規範消費者信用交易之各層面。其權威（聯邦貿易委員會法與規章 FTC Act and regulations）甚至更廣泛擴大到監視所有「不公正與欺罔性交易作法」（deceptive and unfair trade practices）[70]。包括 bait & switch（釣到再換），即廠商在廣告上宣稱某貨品賣很低價格，引誘消費者上門，等到消費者來店，卻勸說去買其他較貴的貨品。FTC 須知（Guide）認為下列作法為釣到再換廣告之證據：1. 不展示廣告貨品；2. 說廣告貨品壞話；3. 廣告貨品數量不足；4. 不肯在合理時間交付廣告貨品；5. 不在合理時間交付廣告貨品；6. 使店員不欲賣廣告貨品[71]。

聯邦貿易委員會除了制定規則（rules）外，不問某行為是否為某一 rule 所涵蓋，可追蹤不正與欺罔作法，裁判它們是否成立不正或欺罔，如果成立，則可命適當之救濟[72]。此外必要時，國會已制定各種制定法，處理與信用無關之消費者保護問題[73]。

（二）家庭兜售買賣

家庭兜售買賣或訪問買賣（home solicitation sales 或 door-to-door sales）雖帶給消費者便利，但可能引起詐騙與濫用。消費者對上門的推銷很難抗拒，因此種買賣，不像店舖買賣，消費者沒機會篩選，又無法與別人比價，人清醒時不易走開，出賣人不似固定場所商人，不需維持消費者好感，易用高壓力策略，誘致消費者以不公平價格買下不需要之物，或締結很快後悔（soon-to-be-regretted）之交易[74]。

解決之道，有的要求售貨員在進入住宅時，自我介紹及告知訪問目的。聯邦貿易委員會曾用此方法，但仍難解決過度買賣壓力之問題。另一方法為

日期：2015/10/15）。
[70] 15 U.S.C.A. §45.
[71] Epstein & Nickles, op. cit., pp. 26-27.
[72] Burnham, op. cit., p. 420, note 166.
[73] Burnham, op. cit., p. 420.
[74] Epstein & Nickles, op. cit., p. 35.

要求出賣人事先登記或取得執照（須提擔保金，且品格與支付能力須達最低標準），但此法難於執行，且有賴政府官員之努力。最常見方策是予消費者在該人離開後，有機會擺脫該交易，有四十多個州已採某種方式之解除權（例如 UCCC §§3.501-3.505），不過各州規定有不少出入。在 1972 年聯邦貿易委員會採用全國通用原則，賦予消費者買賣之解除權（right of rescission）（16 CFR. Part 429）[75]。換言之，聯邦貿易委員會規章與許多州法定有強制冷卻期間（cooling-off period），讓消費者重新考慮其決定，可取消買賣而不受處罰。聯邦法將冷卻期間定為 3 天，但規定州法可提供更多之保護[76]。

（三）用郵政、電話、傳眞與電腦購買

聯邦貿易委員會規範所有由買受人主動之郵購（mail order）及使用電話買賣，包括電腦買賣。按近幾十年來郵購與按目錄購買大幅成長，電視購買亦然。大多郵購之原則亦適用於電話訂購，而由郵政或 United Parcel Service 或 Federal Express 方法送達。以電話等訂貨可節省消費者在店舖瀏覽之時間，但缺點是收到貨品遲延、服務不均、修補或更換不便，又有詐欺風險，因無展示場或店員，不易評估對方公司之故。電腦商人比電視商人性質更是短暫，因電腦商人之網址可能只是 cyberspace，根本沒有店舖。因此在這些交易，法律除了契約之原則外，另有特別保護消費者之特殊原則[77]。

聯邦貿易委員會之郵購或電話訂貨規則，適用於用郵政、電話、傳眞與電腦訂貨之交易，而要求廠商遵守下列規則：
1. 除廣告另訂外，消費者郵購商品應於收到訂單 30 日內發送。
2. 如不能準時運到，應通知消費者，予消費者取消訂貨而退款或同意更改運送日期之權。
3. 如消費者取消未及時運送之訂單，應於 7 日內收到退款。

為了取得聯邦之保護，郵購買賣之消費者應保持郵購之正確紀錄，包括公司名稱、地址及電話號碼、訂貨日期、貨物描述、購買數量、購買方法（如支票或信用卡等）及答應交貨日。州法可能予郵購消費者更多保護[78]。

---

[75] Greenfield, op. cit., pp. 539-540.
[76] Burnham, op. cit., p. 420; Epstein & Nickles, op. cit., p. 36 et seq.
[77] ABA, op. cit., p. 62 et seq.
[78] Jasper, op. cit., p. 10; ABA, op. cit., p. 62 et seq.

（四）商品標示法

聯邦標示法自皮毛、呢絨與易燃纖維起，到無煙香煙與牛油都有適用。聯邦政府對香煙盒強制登上外科醫生對健康之警告，尤為大眾所熟悉。同樣在雜貨店內食物盒子上營養內容之標準化資訊亦然。但標示法最重要作用是適用於藥品，因不正確標籤對人會有致命影響。不過許多聯邦標示法之缺陷，是未賦予消費者請求廠商損害賠償之權利。被害人只能根據州法訴請賠償過失（negligence）侵權行為之損害，主張標示不當違反聯邦標準，被認為當然有過失（per se negligence）[79]。

（五）不請自來的商品

上述郵電購買問題，是消費者未收到所訂之商品，而此處問題則相反，消費者收到未訂購的商品。有些沒道德之出賣人用郵寄策略，將未訂購貨物寄送予消費者，然後於未寄還時發帳單。一個聯邦法自 1970 年起規定消費者可留下這種商品，或丟棄而不負任何付款義務[80]。

（六）不請自來的商業電子郵件

不請自來的商業電子郵件，稱為 spam，大量 spam 可阻斷電腦系統，減慢網路之服務。對網際網路提供業者、消費者與廠商課以重大經濟負擔，如任其以目前增加速率不管，很快會破壞電子郵件作為交通工具之效率[81]。美國許多州對 spam 也予以取締，例如德拉瓦州規定發大量不請自來的商業電子郵件，除受信人同意，或早先與發信人有商業關係外，否則成立犯罪（11 Del. Code §937），歐盟亦採類似方式（Art 13 of Directive 2002/58/EC）[82]。

（七）電子推銷

電話推銷稱為 telemarketing，許多廠商包含合法廠商，有時用電話推銷其產品與服務。用電子推銷可直接接觸到現有與潛在之顧客，但因過於積極銷售策略與欺罔性作法而聲名不良，為防止濫用，電話推銷人受到若干規範。近年業者更面臨不少法律限制。例如聯邦與州法律訂有禁止（curfews），不接電

---

[79] Burnham, op. cit., p. 421 et seq.
[80] ABA, op. cit., p. 63 et seq.
[81] Spanogle, Rohner, Pridgen & Sovern, op. cit., p. 424.
[82] Spanogle, Rohner, Pridgen & Sovern, op. cit., pp. 434-435.

話名單（do-not-call lists）及取得執照才可營業（license）[83] 等要求，以保護消費者之隱私。聯邦貿易委員會應消費者要求，有一個「不接電話」的名單或登記簿（"Do-Not-Call" list 或 registry），限制接收推銷電話[84]，現所列已超過1億個電話號碼。這些廠商可打電話給此名單以外之人，或打給雖在該名單內，但符合除外規定之人時，仍須遵守一套規則。有數州有他們自己的登記簿。打給州或全國不接電話名單上之電話號碼乃違法行為。此外聯邦禁止發送不請自來的廣告傳真與使用紀錄電話招徠生意[85]。

電話推銷在 1991 年，受到聯邦「電話消費者保護法」（the Telephone Consumer Protection Act of 1991, TCPA）與電話推銷買賣規則（the Telemarketing Sales Rule, TSR）之規範。電話消費者保護法由聯邦通訊委員會（The Federal Communications Commission, FCC）執行，而聯邦交易委員會則負責執行電話推銷買賣規則。今日禁止使用自動打電話系統及放預先錄音留言。與一些聯邦法不同，它賦予消費者在州或聯邦法院提起訴訟，請求出賣人賠償 500 美元以上真正損害之權，且如出賣人故意或明知違反時，消費者可請求三倍賠償[86]。信用卡、保險與其他產品還另受買賣該特殊服務之法律規範[87]。

（八）轉介買賣（referral sale）

此與多層次行銷（pyramid schemes，老鼠會）有關，係指以允諾給佣金、回扣或其他記點（credit）之方法，勸誘顧客去買貨物或服務，並提供其他潛在顧客姓名。在此種交易，大多數顧客同意支付之買價非常膨脹，且允諾介紹之佣金也是虛空。統一顧客信用法（Uniform Consumer Credit Code）有條文禁止此種轉介買賣[88]。

---

[83] 各州執照要收費，一些州要提擔保。

[84] Spanogle, Rohner, Pridgen & Sovern, op. cit., p. 408. 不接電話登記簿之合憲性問題曾被人向法院挑戰過，但為法院所肯定，認為此作法乃有效對商業言論之規範，因可增進政府防衛個人隱私，減少電子市場弊害之危險。參照 Mainstream Marketing Services v. F.T.C. 358 F.3d 1228. 543 U.S. 812, (2004). Spanogle, Rohner, Pridgen & Sovern, op. cit., p. 408 et seq.

[85] Spanogle, Rohner, Pridgen & Sovern, op. cit., p. 422.

[86] 47 U.S.C.A. §3009.B, p. 422. 消費者有權阻止這種推銷電話。如消費者以書面告知某廠商不要用電話及／或信件聯繫，該廠商依法應不再繼續聯繫。參照 Jasper, op. cit., p. 12.

[87] https://www.sba.gov/content/telemarketing-laws.

[88] Spanogle, Rohner, Pridgen & Sovern, op. cit., p. 247.

十、強化瑕疵擔保責任

（一）馬格魯遜莫斯擔保責任法

出賣人對消費者產品之擔保責任，基本上受州法、主要是統一商法典（UCC）之規範。國會認為現今這些規定仍不足以保護消費者[89]，而須另訂立法改進州法有關消費者產品之明示書面擔保責任。此即馬格魯遜莫斯擔保責任法（Magnuson-Moss Warranty Act, MMWA）。該法並未創設新擔保責任，但有似真實借款法（TILA），它基本規範擔保責任條款如何使用，並規定出賣人須透露資訊，以便消費者在購物時作比較。該法明定如有書面擔保責任，其條款應以簡明易懂，充分與明顯之方式透露，且應在買賣前供人檢閱。該法界定擔保責任應有如何條款，始成為「完全擔保」（full warranty），並規定不達明白指定之擔保為「有限擔保」（limited warranty）。完全擔保：1. 應訂定對任何瑕疵或其他不符免費之瑕疵負擔保責任之快速救濟方法；2. 不可限制默示擔保之期限，且應明白透露對救濟方法之任何限制；3. 如報修達合理次數，仍未修好時，應提供退款或更換之擔保；4. 擔保責任應擴張至包含所有使用產品之消費者，而不限於買受人本身；5. 除消費者通知出賣人使條款生效外，不應要求消費者其他舉動[90]。

該法創設違反該法及任何違反消費者擔保責任之救濟，包括違反統一商法典（UCC）所生之明示與默示擔保責任。但與統一商法典不同，該法規定法院可判給勝訴一方之律師費[91]。且在抗辯消費者不當使用時，舉證責任移歸負擔保責任之人負擔。換言之，消費者一旦證明產品不符合擔保責任時，主張產品之損壞係因消費者使用不當所致之舉證責任，即移歸擔保責任人負擔[92]。

該法鼓勵擔保責任人與第三人，諸如消費者團體，締結契約設立該法所

---

[89] 美國法上出賣人擔保責任之詳細討論，參照楊崇森，美國契約法之理論與運用（上）（下），軍法專刊，第 60 卷第 5、6 期，2014 年 10 月、2015 年 1 月。

[90] 15 U.S.C.A. §2304(a)-(b). Burnham, op. cit., pp. 420-421. 該法不要求製造商或出賣人提供書面擔保責任，但要求願負擔保責任者，應明白透露擔保責任之條款，俾消費者瞭解擔保責任下，其權利如何。如製造商不願提供如此擔保責任時，則須表明只提供有限擔保責任。該法導致有些製造商不再在商品上用擔保責任字樣作為行銷工具。http://www.allbusiness.com/barrons_dictionary/dictionary-magnusson-moss-warranty-act-4963044-1.html（最後造訪日期：2015/10/15）。

[91] 15 U.S.C.A. §2310(d).

[92] Burnham, op. cit., p. 420 et seq.; Spanogle, Rohner, Pridgen & Sovern, op. cit., p. 770.

定之非正式爭議解決機制。作爲此策略之一誘因，該法規定如出賣人在擔保責任提到該要求時，出賣人可要求消費者於向法院控告前，應先透過該機制解決爭議[93]。

十一、州法對消費者保護之重要

（一）課執照與透露之要件

在消費者信用方面，1969 年國會以眞實放款法介入消費信用前，各州對此領域已有規範，課執照與透露之要件。

（二）統一消費者信用法典

1968 年制定統一消費者信用法典（the Uniform Consumer Credit Code, UCCC 或 U3C），1974 年大修。它在九個州以某種型態生效。該法典在各州不流行，基本係因它提供之許多消費者保護，或已由各州制定爲單一州法律，或已由 FTC 規則（rules）在全國予以施行，諸如對 HDC 原則、討債作法之限制及對消費者信用與租賃交易各種透露之要求，及下述對訪問買賣之扣押及冷卻期間之限制。雖然該法典對消費者信用利率最上限定爲 24%，但許多州老早已訂有甚至更低之上限。

又該法典禁止契約條款要消費者付債權人之律師費，拿過多擔保品作爲付款之擔保，課過多遲延費用與過高信用人壽產物及責任保險費等規定，但未爲各州普遍採行。又該法典規定不道德（unconscienability，無良心）爲撤銷消費者信用交易之一種根據。又類似聯邦眞實放款法之規定，定有罰則與勝訴可請求廠商償付消費者支出之民事訴訟律師費等[94]。自眞實放款法訂頒後，州執照與規章仍繼續實施，不受聯邦法之影響，而且州法常會補充眞實放款法之透露規定[95]。

（三）取締欺罔性與不正作法

許多州有廣泛消費者保護法，針對許多欺罔性與不正作法，爲消費者提供保護。其中較有代表性的是，統一消費者買賣作業法（Uniform Consumer

---

[93] 15 U.S.C.A. §2310(a). 又參照後述之紐約州檸檬法仲裁計畫之說明。

[94] Burnham, op. cit., pp. 419-420.

[95] Id. at. 420.

Sales Practices Act），該法只在三個州採用。其原因與上述統一消費者信用法典（U3C）相當，許多州自己已經有或多或少借用統一消費者買賣作業法的原文或構想與目標的消費者保護法，且聯邦貿易委員會又已涵蓋了一些消費者較迫切需要保護之課題之故。這些州法除了他們實體規定外，還可能有有效保障消費者的規定，即消費者可請求出賣人賠償最低損害，及原告花在訴訟及集體訴訟所支出的律師費。因若無這些救濟，大多數違反消費者保護的案件，因標的金額太小，不值得消費者追訴之故[96]。

（四）州法執行聯邦權利之重要

以上消費者權利中，有些受到聯邦貿易委員會 FTC 規章的保障，但這些規章可能難於執行，因聯邦貿易委員會規章所定唯一執行方法，是由該委員會自己提起執行程序[97]。由於該委員會只能追訴極少部分引起它們注意的告發案，因此州法對有效消費者救濟變得很重要。有些州法有近似聯邦貿易委員會FTC 法禁止「欺罔性與不正交易作法」（deceptive and unfair trade practices）之文字，指出立法意旨在使法院按該委員會解釋辦理[98]。有些州規定：凡受到聯邦貿易委員會停止處分（cease & desist order）命令，且經聯邦法院維持之行為，成立州法之違反行為[99]。

（五）檸檬法

1. 概述

自 1980 年代初期開始，美國五十州都通過所謂「檸檬法」（lemon laws）去處理新汽車出賣人或經銷商無法修好瑕疵之問題。對經過一定期間（通常為 12 個月或 1 萬 2,000 哩，以較早發生為準），經合理修理次數，經銷商或製造商仍無法修好實質上損害該汽車價值之瑕疵時，製造商應更換汽車或退還價金。制定法還對合理修理次數下定義，或指修理特定瑕疵之一定次數

---

[96] 例如 UCSPA §§11-13. Mich. Comp. L. Ann. 445. 911(2) 真正損害額或 250 美元，以大者為準，連同合理之律師費。

[97] 大家一致以為這表示消費者並無私人起訴執行聯邦貿易委員會規章或聯邦貿易委員會法本身之權。

[98] 各州制定法大都沿用 FTC Act sec.5(a)(1) 禁止不正或欺罔性行為或作法與不正競爭法之文字。許多學者將這些制定法廣泛稱為「小 FTC 法」（Little FTC Acts）。Jasper, op. cit., p. 21.

[99] Mass. Gen. L. Ann. 93A §2; Mich. Comp. L. Ann. 445. 911(2)(c); Burnham, op. cit., p. 423.

（一般爲四次），或指車子在制定法擔保責任期間內不能使用之一定日數（一般爲 30 日），如瑕疵涉及安全時，有些州減少其報修次數（一般爲二次）[100]。

　　該法旨在彌補統一商法典與馬格魯遜莫斯擔保責任法對消費者保護之不足，使買了有嚴重瑕疵新汽車之消費者，對出賣人之違反擔保責任，有足夠之救濟。由於此方面尚無模範法或統一法，各州法律內容出入甚大，但有許多共同特色。以俄亥俄州檸檬法爲代表，其特色如下：

(1) 消費者可直接向製造商請求，破除所謂「直接契約關係」（privity）之障礙。

(2) 基本上如車子經過合理次數之修理，仍未能修好時（不必證明特定瑕疵之原因），賦予消費者請求製造商返還價金或更換汽車之權。以此救濟方式取代任何契約對救濟方法之限制。

(3) 消除統一商法典「基本目的不能達成」之不確定性，推定修理經一定次數或不能使用若干日，即構成「合理」救濟之條件。

(4) 消費者應先經爭議解決機制無效，始可向法院控告。

(5) 消費者向法院提起檸檬法救濟勝訴時，可要求被告給付律師費與法院費用。

(6) 大多數州規定：汽車被退回，製造商再出售予公眾時，應透露該車之情況。

(7) 有些州規定：於買賣時，應告知消費者享有檸檬法上之權利。

(8) 適用範圍基本上限於明示擔保之新客用車 [101]。

　　按該法目標首先在消除汽車製造商傳統拒絕承認消費者撤銷承諾之立場，而不問消費者將汽車送修過多少次。第二個目標是當統一商法典 2-719(2) 所定修理或更換之救濟，不能達到買受人本來之目的時，提供準確之救濟標準。第三個目標在鼓勵當事人用非司法之方法，解決有瑕疵汽車之爭議。該法要求消費者，如製造商設有仲裁機制時，先利用若干仲裁方法解決 [102]。

2. 紐約州檸檬法仲裁計畫

　　財務機構與廠商在所訂消費者契約上規定消費者在向法院控告它們前，要先經它們內部主辦之仲裁程序，目的之一在避免消費者濫提集體訴訟。此種仲裁條款是否有效，引起不少訴爭[103]。紐約州成立一個檸檬法仲裁計畫，由美國仲裁協會（American Arbitration Association, AAA）按檢察長發布之法規辦理

---

[100] https://oag.ca.gov/consumers/general/lemon（最後造訪日期：2015/10/15）。

[101] Spanogle, Rohner, Pridgen & Sovern, op. cit., pp. 564-565.

[102] Greenfield, op. cit., pp. 357-358.

[103] Spanogle et.al., op. cit., pp. 844-845.

仲裁，以取代提出正式訴訟。不同汽車製造商與零售商己成立他們自己的仲裁計畫。法律准許他們要求消費者，在向法院提告前，參加一個廠商內部的仲裁程序，但需該程序符合該州檸檬法與聯邦法規。不過這些仲裁所下判斷並不拘束消費者，如不滿意，仍可向美國仲裁協會，依紐約州檸檬法仲裁計畫提交爭議，而紐約州檸檬法仲裁計畫所下之判斷，拘束雙方當事人，只能依紐約州法律受到有限制之司法審查[104]。

十二、其他保護問題

（一）不動產方面

不動產清理程序法（Real Estate Settlement Procedures Act, RESPA）禁止收回扣（kickbacks），且要求放款人提供善意之費用估算。

（二）醫療保險

醫療保險輕便責任法（Health Insurance Portability and Accountability Act, HIPAA），提供消費者醫療資訊之保護。

（三）通訊方面

1934 年之通訊法（Communications Act）設立了聯邦通訊委員會（the Federal Communications Commission, FCC），規範所有無線電與州際有線電視、電話及衛星通訊。

（四）出租人與承租人關係

各州消費者保護制定法，也可能提供承租人對出租人不公正作法之救濟。按出租人不正或欺罔行為之例子，包括但不限於：1. 未透露承租人對其押金之權利；2. 未逐項列出對押金之請求；3. 提供消費者不易瞭解之租賃契約；4. 不合理進入承租人之房屋；5. 為了報復對出租人之陳訴，命承租人遷讓[105]。

---

[104] Jasper, op. cit., p. 44 et seq.
[105] Jasper, op. cit., p. 25.

十三、私人執行消費者權利方面

（一）律師費

　　美國律師費通常不包括在敗訴當事人應付之訴訟費內。消費者受委曲時，因花時間、不好意思、恐懼與費用等原因，不欲上法院。由於律師費在提小額消費者請求時，爲數甚高，不足報償律師之用，因此發展出一些緩和訴訟費用障礙之機制，包括免費法律服務、小額賠償法院、賠償律師費及集體訴訟。在律師費方面，有些州已開始明定除賠償消費者金錢損害外，可請求廠商賠償消費者所出之律師費[106]。但因只有勝訴消費者才可要求賠償律師費，消費者仍須賭看有無贏得訴訟之可能，因此即使法令定有負擔勝訴消費者原告之律師費規定，但是否就會大大增加律師介入消費案件，仍不無疑問[107]。

（二）損害賠償

　　消費者須證明受到損害，並表明此損害乃有關不正或欺罔行爲所致。有些制定法凡能證明被告有違反時，原告可請求最低之損害賠償。一些州消費者如能證明眞正受損害時，可以請求數倍（例如三倍）損害賠償，目的在以重罰嚇阻廠商從事欺罔作法[108]。又如能證明出賣人有惡意或漫不在乎（reckless）之違反行爲時，有些州可請求被告賠償懲罰性之損害[109]。

（三）集體訴訟

　　集體訴訟使小額請求集結成足以支應律師費之訴訟，乃有效嚇阻出賣人不正或欺罔行爲或作法之方法。聯邦民事訴訟規則第 23(a) 條（rule 23(a)）規定集體訴訟（class action）之提起要件，須：1. 有可確定之原告團體；2. 團體人數須超過訴之合併（joinder）之規定；3. 有法律與事實之共通問題；4. 其代表須能正當且充分保護團體利益。此外代表須對以合理努力能找到之團體所有成員各別通知。今日許多州已有一般或有限集體訴訟之規定，有些是根據該第 23 條制定[110]。

---

[106] Jasper, op. cit., p. 28.
[107] Epstein & Nickles, op. cit., p. 8 et seq.
[108] ABA, op. cit., p. 233.
[109] Jasper, op. cit., p. 28.
[110] Epstein & Nickles, op. cit., p. 9 et seq. 楊崇森，遨遊美國法第一冊（華藝，2014 年），頁159-160；楊崇森，遨遊美國法第三冊（華藝，2015 年），頁 362-365。

（四）小額賠償法院（small claim court）

為緩和平民無力僱用律師之苦，許多州早已設立特殊的法院，稱為小額賠償法院，使平民能以低廉費用控告或防禦輕微（法律所定一定金額以下）的案件。通常只填表格，不需律師，證據法則與訴訟程序比正規法院不拘形式、快速與低廉，不過近年有淪為替商業機構收取債務之勢[111]。

肆、代結論——對我國法之省思

人人都是消費者，消費者保護，不容忽視。如上所述，美國商人腦筋動得快、創意多，花樣更多。過去為商業利益，對消費者極盡招徠剝削之能事，所幸美國朝野努力廣泛設法保護，許多公私機構加入保護網，雖然聯邦與州頒行極多單行法，極其繁複，令人目眩，但求新求變精神頗為難得。所訂頒立法與行政規章細密新穎（但仍有保守陳舊，令人不可思議之積習，例如陰溝送達與認諾判決），法制可謂燦然大備，故消保問題已大獲改善。

反觀我國消費者保護問題尚多，例如：

（一）中央雖有行政院消費者保護會（現改為保護處），地方雖有消保官之設置，但保護層面似仍太狹，動員機構太少，步調時有不一，機構間連繫合作有待加強，法律救濟途徑與力道不足。商品標示法權威尚未樹立，有害或標示不實之食物藥物泛濫，自最基本食安問題尚難解決，即可窺知問題之廣泛與嚴重。其他如醫療糾紛、餐飲場所是否衛生等問題多多。

（二）在法制方面，雖有消費者保護法及其他眾多法令，但配套措施似有不足，處罰亦輕，執行亦未貫徹，加以國人欠缺守法觀念與公德心，致嚇阻力量不足。

（三）我國民間雖有消費者文教基金會，但獨力難支，其他活躍機構團體數量尚少，不似美國蔚為全民運動。

（四）商業團體與職業公會內部設置仲裁或和解機制似尚少見。

（五）消費者資訊被洩露或移轉之情況嚴重。

（六）商業廣告似尚乏有力規範。

（七）我國討債由於裁判費高昂，訴訟與強制執行程序費時曠日，簡易法庭

---

[111] 楊崇森，遨遊美國法第一冊，（華藝，2014年），頁461。

之程序與費用，與美國小額賠償法院，均不能相比，消費者委屈多求助無門。

（八）美國討債受法律嚴格規範與管理，尤其討債公司不正討債作法嚴格受到取締，而我國有些人因體制內正義，難得伸張，只得仰賴黑道，流弊甚多，甚至鬧出人命或自殺，因此討債公司亟應納入正軌，嚴格規範其討債方法。

（九）美國法院訴訟費極少，我國龐大得多，消費者訴訟標的小，加上律師費，消費者如何負擔，司法救濟，消費者恐不得其門而入，行政救濟似又投訴少門。

（十）集體訴訟在我國甚少應用事例，且機制之細密程度，更難望美國項背。

（十一）網路時代網上交易新問題更多，消費者保護問題更形複雜，消費者隱私資訊更易外洩，保護更困難。

（十二）我國似未要求保險公司與金融機構對契約、保險單或廣告用平易文字，使消費者易於瞭解。

（十三）法律扶助對消費者協助不足，似須加強。

（十四）政府對消費者資訊教育之措施似有不足。

（十五）美國律師公會出版消費者教育書，而我國似少見到類似出版物。

第八章

美國信託法之理論與運用

壹、引言

　　信託為英國歷史產物，為我大陸法所無，扮演多方面社會功能，極其多彩多姿，英國法律史家 Maitland 嘗謂：「如有人問什麼是英國人在法學領域最偉大與最突出之成就，我認為除了世代推行發展信託觀念外，別無更佳答案[1]。」臺灣於 1996 年通過實施信託法[2]，大陸亦於 2001 年制定實施信託法，善於模仿之日本，由於多年引進普及信託制度，績效昭著，學者甚至謂信託時代已經來臨，更於 2006 年（平成 18 年）大幅修改信託法，對信託作更深刻之引進與應用[3]。不過由於信託制度乃英美特殊歷史產物，極其複雜，朝野對信託制度之功用與性質尚不熟悉，以致臺海兩岸形式上固然引進信託制度，但實際應用有待推廣。限於篇幅，本文爰設法重點式扼要探討美國信託之特色、性質、功用，例示式介紹若干突出之信託類型，並將信託與大陸法系類似制度作比較。

貳、信託之意義

　　信託（trust）係一種為他人利益管理財產之制度，乃英美法系特有之產物，為大陸法系所無。不但在民事、商事、公益慈善、環保、社會福利等方面，具有驚人的功能，而且也是非常有用與彈性之財務與遺產規劃（estate plannig）之工具。分析如下：

---

[1] 法國比較法學者 Pierre Lepaulle 在其論文 The Strange Destiny of Trusts 中，對信託推崇備至，參照 Roscoe Pound et al edited, PERSPECTIVES OF LAW: EASSAYS FOR AUSTIN WAKEMAN SCOTT 226 (1964).

[2] 臺灣信託法立法經過及重點介紹，詳見楊崇森，信託法原理與實務（三民，2010 年），頁 57 以下。

[3] 關於日本新信託法修正要點及重要條文，參照楊崇森，信託法原理與實務（三民，2010 年），頁 285 以下。

一、信託係一種財產管理制度，產生以財產爲中心之法律關係

即某人（所謂委託人，trustor 或 settlor）由於法律行爲（即所謂信託行爲），將其財產權（即所謂信託財產，trust res 或 trust property）移轉予有理財能力之另一人（即所謂受託人，trustee），使受託人將該財產按一定目的（即所謂信託目的）爲委託人自己或他人（即所謂受益人，beneficiary）或社會大眾加以管理、運用、處分而成立之法律關係。信託與契約不同，爲三面法律關係。

二、信託係以信任爲基礎之法律關係

信託之成立，以當事人間信任關係爲必要，受託人與受益人具有一種信賴關係（fiduciary relationship），受益人對受託人寄以重大之信任，受託人雖對受益人之事務有高度之控制，但負擔以誠實信用、忠實無私爲受益人之利益，踐履其職務之各種義務。

三、信託係當事人爲達到某種經濟或社會目的使用超過其目的之法律手段

在信託，委託人爲達到一定經濟上或社會上之目的，以信託財產，爲受益人之利益（委託人本身或第三人），將其移轉予受託人，由受託人加以管理處分，以達成當事人所蘄求之目的。

四、受託人並未取得管理或處分信託財產之絕對權能

受託人雖取得信託財產之所有權，但管理或處分之權能，受信託目的之限制，且應以善良管理人之注意，忠實爲受益人之計算爲之。

五、信託之效果乃出於當事人之眞意

信託之效果乃出於當事人之眞意，與通謀虛僞意思表示不可混爲一談。

六、信託係以受託人爲信託財產之名義人

受託人僅享有信託財產名義上之所有權，信託財產管理處分所生之損失或實質利益則歸屬於受益人。

七、信託財產具有獨立性

爲保護受益人之利益，信託財產在法律上具有獨立性，與受託人之固有財產或所管理之其他信託財產應嚴格區分[4]。

爲便於讀者瞭解信託之基本法律關係起見，特圖示（主要以他益信託爲例）如次：

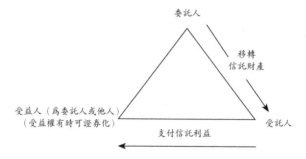

圖 8-1　最基本單純之信託（即受益人僅一人之情形）

---

[4]　楊崇森，信託法原理與實務（三民，2010 年），頁 2 以下；能見善久，現代信託法（有斐閣，2004 年），頁 44 以下；林宏編，信託の時代（キンザイ，1994 年），頁 44 以下。

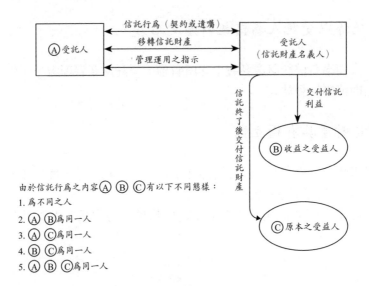

由於信託行為之內容Ⓐ Ⓑ Ⓒ有以下不同態樣：
1. 為不同之人
2. Ⓐ Ⓑ為同一人
3. Ⓐ Ⓒ為同一人
4. Ⓑ Ⓒ為同一人
5. Ⓐ Ⓑ Ⓒ為同一人

圖 8-2　受益人為二人以上之信託（信託之收益與原本〔即剩餘財產〕歸二以上受益人之情形）

參、信託之特色

一、法律上所有權與利益之分立（責任與利益之分離）

　　在信託，法律上之所有權暨管理，與其財產利益之享有加以分離，對於受託人賦予所有權與管理財產之權限與責任，同時賦予受益人對財產收益之享有。換言之，委託人可免除自己或其家屬一切所有權與管理之負擔，而仍為自己或家屬保留其財產全部之使用與利益。受益人或委託人對第三人就信託財產之管理不負責任，而由受託人就管理信託所締結之契約或所為之侵權行為對第三人負其責任。信託此種責任與利益分離之結果，可使真正利害關係人以匿名方式，而不直接對外負責。惟其如此，信託能發揮潛在之能力，使財產在法律上之用途大為增加，並促進資本在社會上之動力性[5]。

5　楊崇森，信託與投資（正中，1977 年），頁 30 以下。

二、以極具彈性之方式管理分配資產

在財產所有人贈與財產予他人時，不論生前贈與或遺贈，受贈人對贈與財產（贈與物）之運用取得完全控制權，贈與人很難加以過問或控制。但在英美，贈與人（即委託人）可透過信託，只要不違反法律與公序良俗，可隨心所欲以任何方式決定如何管理財產與分配利益，而極具彈性。除了期間不可過長外，可任意訂定信託之存續期間，其他條款及其終止條件等，以因應各個受益人之特殊需要。包括：委託人在時間上可將信託利益先後歸屬予不同之人。委託人亦可賦予受託人裁量權，由其決定選擇何人為受益人以及決定受益人接受分配之時間、方式與數量。亦可規定受益人受領或繼續受領信託利益，須符合之條件或標準，或限制信託財產使用之目的（諸如用於受益人健康、教育之需）等。

委託人可成立一個信託，前期是固定信託（fixed trust），後期是有裁量權的信託（discretionary trust），反之亦然。例如，將信託之收益給甲終身享有，剩餘財產由受託人或甲之寡妻自甲之子女中所選之人取得。亦可將剩餘財產平均或以不同份量歸甲之子女享有。而且委託人固然可規定將收益定期定額交付受益人，也可授權受託人隨生活費用或物價波動調整給付額，且在緊急需要時，給付更多數額。當然亦可訂定每期標準額，並指示倘收益不達此數字，可以原本填補其差額等，不一而足。可見信託富於彈性、適應性與活潑性（flexible, adjustable and versatile）而能不斷發展，創新與精鍊[6]。

三、財產所有人可接續將財產利益賦予多名之受益人，充分發揮財產之效益

信託有時好似贈與，但贈與人取得贈與物後，原則上贈與人不能置喙，受贈人是否妥善利用維護贈與物，無法保證。一旦交付贈與物，贈與物即成為受贈人之財產，贈與人不能就該物另行贈與他人，因此若有人擬將地產或金錢視配偶與子女年齡或需要，先後給他們數人，例如給妻終身，妻亡故後給長子3年，長子成年後，再給次子，次子成年或成立後再給醫院或母校即有困難。但在信託，不論遺囑信託或生前信託，如收益之受益人在時間上不止二人，例如

---

[6] Gerry W. Beyer, Wills, Trusts and Estate 302 (1999); 楊崇森，信託法原理與實務（三民，2010 年），頁 31 以下。

信託財產之收益先由甲收取 10 年，期滿改歸乙收益 10 年或予乙終身，於乙死亡時，剩餘財產再歸丙，此種受益人三人以上分段接續之情形，在英美信託法上作為財產處分之方法，被廣泛利用，使信託，尤其他益信託，發揮更大更彈性之作用，可使更多之個人或團體獲得信託之利益[7]。但在我國信託法之下，可否准許多名受益人連續受益，係值得探討之重要問題。

按德國民法繼承編對指定繼承人設有特殊之前位繼承人及後位繼承人之制度[8]。可見被繼承人生前以遺囑指定其遺產在時間上分別由二人先後繼承，並不違反大陸法系民法之本質，從而我國信託法將來似可明文規定委託人可指定連續數受益人。況現日本新信託法，已以明文部分承認所謂後繼遺贈型之受益人連續信託，其有效期間為 30 年[9]，則我國信託法若明文承認，在法理上當更不致發生困擾或爭議。

四、信託由於利用指定權之機制，更富於彈性，更發揮其功能

在英美人們從事資產規劃，在起草信託文件時，經常利用所謂指定權（power of appoinment）之機制，而使信託之內容更富於彈性，更能發揮其功能。按指定權為英美物權法（Property Law）[10]上之特殊制度，為我大陸法系國家物權法所無，亦為英美物權法尊重財產所有人財產處分自由之私法自治原則之一種表現。它是財產所有人為了使其財產處分更有彈性與切合將來實際需要起見，可透過此種指定權，授權他人將來代為分配處分財產。被授權代為決定財產分配之人，取得決定如何分配授權人財產之權力。換言之，指定權是財產所有人對其財產將來如何分配不作決定，而指定他人將來在此權力限制下，代他決定他的財產如何分配，或決定由何人、於何時受領多少分量之權限。指定權之功用甚多，包括為財產所有人爭取充分時間延緩分配財產，甚至減輕稅負

---

[7] 楊崇森，信託法原理與實務（三民，2010 年），頁 22 以下。

[8] 楊崇森，德國繼承法若干特殊制度之探討，法令月刊，第 59 卷第 7 期，2008 年 7 月，頁 34-58。

[9] 其第 91 條規定：「訂定有因受益人死亡，該受益人所有受益權消滅，他人取得新受益權（包含因受益人之死亡，他人順次取得受益權之訂定）之信託，自為該信託時起經三十年以後，現存之受益人依該訂定取得受益權之場合，於該受益人死亡前，或於受益權消滅前，有其效力。」

[10] 關於英美物權法之詳細介紹，參照楊崇森，遨遊美國法第一冊（華藝，2014 年），頁 263 以下；Marianne Moody Jennings, REAL ESTATE LAW 189 (1999).

等。例如可使某一世代的人將財產傳給孫子女一代，但對於如何精確分配財產延緩決定，同時使該權利在他們子女一代的稅負可以減輕[11]。

五、受益權之有價證券化可作爲投資工具

受益人之權利基本上爲收受信託所得利益，且於信託終了時，受領原本（信託之剩餘財產），前者又稱爲收益受益權，後者亦稱爲原本受益權。例如在單一受益人，受益人有權請求受託人交付收益與移轉原本。又如甲爲乙終身保有信託財產，而剩餘財產交予丙時，則乙有權請求甲交付收益，丙在乙死後有權請求甲交付收益。按傳統各種民事信託受益權之讓與，多循債權移轉方式行之，作爲投資工具不夠敏捷靈活，如能以受益權爲標的，發行有價證券（謂之受益證券），則受益權讓與，不必經受託人之同意。例如土地信託，受益人倘能隨時將受益權證書背書轉讓，或以移轉占有方式，設定質權，取得融資，

---

[11] 哈佛教授 Leach 嘗謂：「指定權乃英美法律人創意所完成最有效率的財產處分方法。」例如寡婦甲有一子乙，乙已成年，但尚無子女，如甲想爲乙成立信託，她可給乙終身信託收益，原本於乙死亡時平均分配予乙的子女。問題是甲無法預知乙將來是否有子女？一共幾人？更不知在乙死亡時，乙之子女實際生活上有何需要。甲與其預先隨意分配各人所得的分量，不如將所謂指定權賦予所信賴之人，例如乙（或別人），由乙或被指定之人將來再代其決定由何人取得信託原本，以及實際的分量。甲由於創設此種指定權，可使她家產的分配（在此處爲信託）切合將來情事的變遷，且可對財產如何使用，延緩作決定，在時間上可達一個世代之久。同時如甲能適當限制乙之權利範圍時，則受到此權利限制之財產，於乙死亡時，不列入乙應稅遺產之內。又例如夫甲 35 歲，妻乙 32 歲，現有三子女，丙男 8 歲，丁女 5 歲，另一女戊 2 歲。他們可望生育更多子女。甲經商已有可觀資產，且可望自其父繼承可觀財產，乙也可望自其生父繼承資產，但他們目前不需依賴各人父親遺產之收入，且均不知各人父親遺囑之內容。如甲能保證活到通常之平均年齡，則可等到其子女長大結婚後，斟酌子女與他們配偶之實際情況後再對如何分配資產作決定，如此當然最爲理想。問題是資產規劃必須立即訂下遺囑等處分方法，即甲現在就要爲如何分配資產給現存或將來可能出生之子女作決定，正如甲會於當日死亡一樣。因爲甲不知且無法預見將來要供養多少子女、其子女將來經濟狀況、財務需要、身心與品格發展情況、性向與就業能力、有無意外等，包括子女將來是否結婚？婚姻是否美滿？其配偶財務狀況如何？是否也要照顧或供養等？在英美法指定權制度下，甲無須自己作決定，更不必立即作決定，而可將分配財產之權力授予所信賴的人根據後來情況之發展，再替甲決定甲的財產如何分配，而延緩財產分配之決定。參照 Gilbert T. Stephenson & Norman A. Wiggins, ESTATES AND TRUSTS 169 (1973); Beyer, *supra* note 6, at 267; Roger W. Andersen, John T. Gaubatz, Ira Mark Bloom & Lewis D. Solomon, FUNDAMENTALS OF TRUSTS AND ESTATES 377 (1996); 楊崇森，信託法原理與實務（三民，2010 年），頁 232 以下。

可使受益權成為簡便之投資工具，在市場上輾轉流通，當大有助於信託資金之流通，不但可活潑金融市場，且有助於投資人資金早日回收[12]。

六、在公益信託方面比財團法人手續簡便，成本低廉，且更具彈性

　　將一定財產用於宗教、慈善、學術等目的，使其事業永久存續，在大陸法系國家雖有財團法人之制度，但在英美，同樣目的可以設立信託（公益或慈善信託〔charitable trusts〕），由可信賴之個人及設施作為受託人，以達成其目的，且手續簡便，成本低廉，比財團法人更具彈性。在美國今日有數千個基金會（foundation），從事各種不同之公益事業，資力雄厚之人往往自己成立其個人的基金會，例如卡內基基金會、洛克費勒基金會等是。在法律上往往係一種公益信託，其中有的財力非常雄厚，規模非常龐大，對於美國甚至世界之學術、教育、科學等均有巨大貢獻[13]。

肆、信託與若干傳統大陸法制度之比較

一、信託與贈與

　　在信託中，自益信託雖非贈與，但他益信託實質上係一種特殊之贈與，即透過第三人（受託人）之介入，由贈與人保留控制權，並保障受贈人享有其利益之特殊機制。按贈與為即時或一時性之行為，而信託則是一種繼續性法律關

---

[12] 法務部在研議信託法草案時，本書作者鑑於受益權有建立法源准許發行有價證券之必要，故倡議於該法第 37 條明定「信託行為訂定對於受益權得發行有價證券者，受託人得依有關法律之規定，發行有價證券」。所謂有關法律，目前最典型者係證券交易法第 18 條、第 18 條之 2。且現今信託特別法准許受益權發行有價證券者更有不少，包括不動產證券化條例，金融資產證券化條例以及證券投資信託及投資顧問法等。受益權證券化，一方使受益權之轉讓手續簡化，提升受益權之流通性與變現性，同時可使其轉讓受善意取得制度之保護，強化轉讓之法律效力。楊崇森，信託法原理與實務（三民，2010 年），頁 228 以下。

[13] 美國尚承認公益領先信託（Charitable Lead Trust）與公益剩餘財產信託（Charitable Remainder Trust）兩種公益與私益不同目的合併在同一信託之類型，而發揮更大實益。其詳參照楊崇森，信託業務與應用（三民，2010 年），頁 228 以下；Martin M. Shenkman, THE COMPLETE BOOK OF TRUSTS 202-218 (1997); Beyer, *supra* note 6, at 511.

係。在贈與，贈與物一旦交付，贈與人即對贈與物失去控制之權利，受贈人原則上即有處分贈與物之完全權（除附負擔贈與外），故可能因受贈人欠缺判斷力，致贈與物迅速耗盡。但在信託，贈與人一方面為贈與行為，同時保留控制受贈人享受利益之時期、數量甚至條件。委託人可在信託行為訂定在何時、在多久期間及在何種條件下，受贈人享受贈與之利益。而且委託人可接續將同一財產權讓不同之人在時間上先後享有贈與之利益（此點尤與贈與有異），而且甚至可預先保留撤銷贈與（可撤銷之信託）之權，當然更可預先指示受託人依受託人之裁量，斟酌以後各受益人之情況（諸如身心、生活或教育需要），決定在何時給付信託利益予受益人及決定給付之數額。

　　贈與係在贈與人生前為之（死因贈與亦係在生前為之），為一種契約行為，而生前信託固係契約行為（宣言信託例外），但遺囑信託則為單獨行為（遺囑信託有似遺贈）。又信託原則上為三面法律關係（即委託人、受託人與受益人），而贈與只有兩面關係。

　　至附負擔贈與雖較一般贈與與信託較為相近，但二者仍有下列不同：

（一）信託為三面法律關係，有委託人信賴之受託人介入，由其負擔各種義務；反之在附負擔贈與，因無贈與人信賴之第三人介入，負擔之履行有賴受贈人之誠意。

（二）在信託，委託人可在時間上指定數個受益人先後接續享受財產上利益，而在附負擔之贈與，負擔未必均涉及第三人，況只有受贈人享有利益，雖可命其負擔若干義務，但不可大至命其交出贈與物予第三人之程度，否則即非負擔。且由受託人負擔移轉收益或原本予另一受益人之義務，而在附負擔之贈與，負擔係由受贈人為之，不能確保其一定履行。

（三）在贈與人生前受贈人不履行負擔時，贈與人得請求受贈人履行其負擔或撤銷贈與，但在贈與人死亡後，如受贈人不履行負擔時，則難於確保負擔之履行，況若撤銷贈與，則更使贈與人使第三人獲得財產上利益之目的落空，此點比信託不如遠甚。

（四）在附負擔之贈與，受贈人除善意履行負擔所定義務外，不負擔其他義務；反之信託之受託人則由法律課以許多義務。

（五）信託與所移轉之財產有密切關係，而在附負擔之贈與，受贈人之負擔可能與贈與物毫無關連。

（六）信託由受託人之介入，使財產管理更加完善而增加收益，反之附負擔之贈與只單純移轉財產予受贈人，難保受贈人不輕易耗盡。

由上所述，可見附負擔之贈與仍無法達到與信託類似之目的[14]。

二、信託與委任

信託自其實質內容觀之，可謂為一種財產管理委託契約，與委任頗為近似。但委任乃當事人約定一方委託他方處理事務，他方允為處理之契約。委任事務不以財產事務為限，此點與信託不同。委任關係之成立，係基於委任人與受任人之契約，而信託除契約外，尚可基於遺囑而成立。

又作為委任事務之對象之財產權，名義上不移轉予受任人，原則上仍留在委任人。在權限方面，委任人與受任人之權限立於競合關係。委任人之權限不因委任受任人而消滅，但例如不動產之仲介等專任媒介之類案件，受任人或可解為有排他的權限。在委任關係，原則上因當事人一方之死亡、破產或失去行為能力而消滅，而信託關係則不因此等事由而消滅，此點亦係信託較委任優越之處[15]。

三、信託與監護

（一）監護人為受監護人管理受監護人之財產，可為受監護人之利益，使用或處分受監護人之財產，且亦為其法定代理人，而受監護人之監護人尚應護養療治受監護人之身體，故其處理事務之範圍，涵蓋財產與人身兩方面，比信託之受託人只處理財產事務為廣，但受託人對信託財產較諸監護人，有積極之管理處分義務，有時尚包括投資義務。

（二）監護人雖占有與管理受監護人之財產，但不取得其所有權。反之，在信託，信託財產之財產權須移轉予受託人。

（三）監護人之指定，只有在受監護人欠缺行為能力，諸如未成年人，受監護人之情形，且其義務內容由法律統一規定。反之，在信託，受託人之指定及義務範圍，乃取決於委託人之意思。

---

[14] 楊崇森，信託法原理與實務（三民，2010年），頁81以下。

[15] 故今日各國音樂著作權管理團體，在音樂作詞家與作曲家委託向音樂使用人代為收取樂曲使用費即權利金（Royalty）之契約，皆用信託而非委任契約，以免因委任人過世而契約終止，達不到收費之目的。參照楊崇森，信託法原理與實務（三民，2010年），頁85。

（四）監護人不得受讓受監護人之財產，與受託人同，但監護人管理受監護人之財產，只須與處理自己事務爲同一之注意，而受託人則需負善良管理人之注意義務。

（五）在監護，監護人對第三人就受監護人之財產提起訴訟，係以受監護人之名義爲之，而受託人則以自己名義起訴[16]。

四、信託與第三人利益契約（Contract for the Benefit of a Third Party）

信託爲第三人之利益而成立時，有似第三人利益契約，但兩者出入甚多：
（一）信託之受益人對信託財產享有受益權，而第三人利益契約之受益人（第三人）對於債務人僅有債權。
（二）在信託，受託人與受益人之間有信任關係存在，而在第三人利益契約，任何一方當事人與受益之第三人並無此關係。
（三）在第三人利益契約，債權人與受益人可訴請債務人履行。反之，在信託，委託人除非亦係受益人，不得請求受託人履行[17]。

五、信託與遺產管理人、遺囑執行人

遺囑信託之受託人與遺囑執行人及遺產管理人之職務不無相似，但仍有不少差異。我民法關於遺囑執行人僅規定有管理遺產，並爲執行上必要行爲之職務。遺囑執行人因此項職務所爲之行爲，視爲繼承人之代理（民法第 1215 條）。至遺產管理人之職務，則係爲保存遺產爲必要之處置、通知及公告，使債權人及受遺贈人報明債權及聲明是否受遺贈、清償債權或交付遺贈物（民法第 1179 條）。

在英美法下，遺囑執行人或遺產管理人與受遺贈人或繼承人之間關係，與信託受託人與受益人之關係相似，亦係所謂信賴關係（fiduciary relationship）。如遺囑執行人或遺產管理人自受遺贈人買取其利益，如他與受遺贈人未公平交易，且未將所有相關事實完全揭露時，則此項買賣可能被撤銷。

此外二者尚有下列差異：

---

[16] 楊崇森，信託法原理與實務（三民，2010 年），頁 85 以下。
[17] 楊崇森，信託法原理與實務（三民，2010 年），頁 89。

（一）受託人之義務比遺囑執行人廣泛，且富差異性，其內容視信託條款而定，而遺囑執行人之義務只限於結束死者遺產，如同一人被任命爲遺囑執行人與受託人，則在踐履上開義務時，乃擔任遺囑執行人，於踐履其他義務時，乃擔任受託人。

（二）受託人通常有投資，使信託財產產生收益之義務，但遺囑執行人或遺產管理人通常不負投資義務。

（三）信託財產名義上歸屬於受託人所有，而遺產之所有權不歸屬於遺囑執行人或遺產管理人。

（四）生前信託受託人之職務與遺囑執行人及遺產管理人之差異更大 [18]。

　　總之，大陸法雖有附負擔之贈與、委任、代理、監護、遺囑之執行、遺產之管理等類似信託之制度，但不如信託含有高度的彈性，且方法亦不免迂迴，其效果亦多隱而不彰。反之，大陸法原有法律制度所無法達成之任務，往往可用信託之方法巧妙而圓滿地達成。若干大陸法系國家的法院曾試著利用代理或契約原理，將受益人或受託人當作所有人看待，亦有利用類似信託之方法，諸如德國的 Treuhand、荷蘭的 Bewind、羅馬的 Fiducia、回教國家的 Wakf[19]、法國的 Usufruct 以及 Fidei-Commissum[20]，用類推方法來實現若干信託目的。但由於這些方法欠缺信託之若干基本特色，以致它們的應用受到限制，且結果常不令人滿意。當然更無法在某一交易行爲，將這些制度的優點合併起來，實現單一信託所能發揮的異常多種的目的 [21]。

---

[18] 楊崇森，信託法原理與實務（三民，2010 年），頁 90 以下。

[19] 楊崇森，伊斯蘭法系介述，法令月刊，第 60 卷第 4 期，2009 年 4 月，頁 4-24。

[20] 所謂 Usufruct 係法國法上之使用收益權，亦即指一個人在他人財產上有終身利益（Life Interest），而所謂 Fidei-Commissum 係指信託遺贈，即由遺囑留財產予他人，由該他人儘速移轉予別人。參照 Harold Greville Hanbury and Jill Martin, MODERN EQUITY 8 (1957).

[21] George Gleason Bogert, Dallin H. Oaks, H. Reese Hansen, Stanley D. Neeleman, CASES AND TEXT ON THE LAW OF TRUSTS 306 (2001); 楊崇森，信託與投資（正中，1977 年），頁 53 以下（第二章大陸法如何踐履與信託類似之機能）。

伍、信託之社會作用（功能）

一、在家庭信託（Family Trust）方面

（一）有專業為本人管理財產

委託人可預先計畫照顧與保障自己、家人與所愛之人之生活，包括照顧老後或失去治產能力後之生活。倘委託人係忙人無暇理財，如將其財產成立生前信託，除可免除投資理財之負擔及能以全副精力處理本身業務外，又可獲得受託人管理財產之服務。

（二）可因應各個家庭之實際需要

由於信託具有廣泛之彈性，如訂定得宜，可因應各個家庭之實際需要，在信託可規定於後死之配偶死亡時，子女之中如有尚未成年者，將所有動產、股票、人壽保險金、不動產、銀行存款置於家庭信託之下，為全體子女（不問成年與否）之利益予以保管與經理。在許多情形，信託之遺產不宜於繼承開始後立即平等分割，交付各子女，而應維持一整體，直至最小之子女接受與其兄姐同等教養為止。委託人亦可保留於其死亡時將其他財產併入信託之權利，換言之，可使人壽保險契約之保險人向此種信託給付保險金，又可以遺囑指示將一般遺產中其他資產併入信託之內，在此場合，生前信託變成了在委託人生前即已發揮作用之資產計畫（estate plan）[22]。假設夫婦二人（夫 45 歲，妻 38 歲）、長女（17 歲）、長男（11 歲）、次女（5 歲），全家身體健康。設某日夫妻二人因車禍均告喪生，妻之母年 59 歲，立即趕往照料小孩，此際死者之遺產宜如何處理？在上例，當長女至 20 歲時，暫不將其應繼承之遺產交付，但可繼續自信託予以資助，以完成大學學業及應付其他生活之需要。置於信託之遺產不予動用，而為較小之長子與次女之繼續撫養而使用，直至全部子女已被賦予同等養育之機會後，始分割遺產。又可運用此種信託技術將小孩應繼分之分

---

[22] 信託能對子女之養育妥為照顧，例如準備資金應付小孩之齒列矯正、補習費、旅行、特別醫療。監護人與受託人可定期會晤，受託人可對監護人提供為適當教養子女所合理需要之金錢。如能彈性的運用信託，當可解除監護人扶養受監護人之一切財政負擔，從而可使監護人盡其全力踐履監護職務，即收留受監護人，對其慈愛、敦品勵學，在各方面盡量成為父母之代用品。此外信託亦可准許受託人使用信託資金，在監護人家裡增建若干房間，俾有足夠空間容納受監護人。楊崇森，信託法原理與實務（三民，2010 年），頁 29 以下；楊崇森，信託與投資（正中，1977 年），頁 44 以下。

配,延至彼等成年後較爲成熟之時期。例如信託可規定子女於到達 26 歲時受領應繼分之一半,其餘留至 30 歲時分配。由於分配時小孩已長大成熟,對接受遺產較有心理準備,且更能善加利用(在前例長女要到次女 20 歲,也就是她 32 歲時,才能分配遺產,此種結果對她並非不公,因次女之教育比長女領錢購買新汽車或遊學更爲重要)[23]。

(三)避免法定繼承之流弊與不便,包括過早繼承對人格之負面影響

將全部應繼遺產於小孩成年時立即交付,由於甫經成年之人智慮尚欠成熟,未必有能力與經驗處理大宗錢財,過早得到過多資產,對於年輕人人格發展有不良影響,至金錢可能散失或浪費猶其餘事。但如在生前設立家庭信託,尤其生前信託時,則上述缺點當可避免。在上例,委託人可事先指示受託人於其死後,在其妻之餘年爲其妻之利益繼續信託,且於其妻死後又爲其子女之利益而繼續信託。換言之,生前信託於委託人死後繼續存在時,實際上踐履了與遺囑同樣移轉財產之功能。發揮了在委託人生存期間之信託,連同於其死亡時之遺囑之雙重效用[24]。

(四)照顧子女防止遺產被人侵吞

在我國如生前未設定信託,則問題嚴重,因國家含法院不會主動介入此類繼承案件,致遺產難免被占有人或年長子女占據或由多數人壟斷,尤以動產爲然。且如無熱心年長親屬主動出面過問,或由法院聲請爲未成年子女設置監護人,則子女之身心照拂與福祉將因無人照顧而大受影響[25]。

(五)事業經營不致中斷

如有人其商業之利益係依賴自身之經營與聲譽,從而一旦生病、死亡或成爲無行爲能力無法經營時,其商業之價值頓成問題,若將其資產交付信託,不

---

[23] 遺產平均分配未必對子女有利:誠然「遺產平均分配」爲大多數父母之願望,但如進一步觀察,可發現此項原則對子女不利,因子女年齡不同,各人情況與需要亦異。在上例,長女於其父母死亡時年已 17 歲,至其成年不需太多照料,但對長男與次女言,有無充分金錢供應其衣食教育與醫療之需要,非無問題,長男尚須經 6 年,而次女則需經 12 年始達到長女於其父母死亡時之年齡,因此長女如能獲得資金而於 21 歲赴美國遊學,則可能使其弟妹受大學教育或醫療之費用歸於無著。楊崇森,信託法原理與實務(三民,2010 年),頁 28 以下;楊崇森,信託與投資(正中,1977 年),頁 42 以下。

[24] 楊崇森,信託與投資(正中,1977 年),頁 29 以下。

[25] 可惜國內朝野尚無有關繼承之實證研究,致法律之運作實態如何,頗滋疑問。

但成為一種獨立資產，且可由專業能力之人賡續經營，事業不致中斷，甚至可永續經營。

例如英國著名之優質媒體──《衛報》（*The Guardian*），為弱勢人們做喉舌。1936年史考特家族將所有股票與財物價值100萬英鎊成立史考特信託（Scott Trust），由信託全部擁有衛報。由於信託的機制使衛報有獨立財源，不受人亡政息的影響，讓當初創辦人堅持的信念一代代存續下去。又據說英國另一著名期刊──《經濟學人》亦係用信託方式，維持媒體獨立[26]。

（六）避免危及家人生活

欲從事冒險性商業活動之人，如將現有積蓄成立信託，構成獨立資產，則他日經營不善負債時，不致危及其個人及家屬生活。

（七）可免管理財產之煩

從事專門職業之人，如醫師、律師、教師、傳教士、科學家及從事投資或財產管理以外工作之人，為免除投資與財產管理之種種煩累，亦可能需要信託，因將財產交付生前信託之後，可保留時間與精力從事有趣味之工作，同時可立獨立資產，不受將來賺錢能力之影響。

（八）遺產可託他人管理

繼承遺產而不欲管理，或自認管理經驗不足之人亦需要信託。

二、為委託人家屬或所愛之人之利益

（一）保障親屬生活

委託人為預防其配偶、子女、父母、兄弟姐妹或其他親屬，由於疾病、事故、年老或其他殘疾而無工作能力或無足夠收入時，為此等人設立信託，由專家為其管理照顧財產，不但提供確實之所得，且可使受益人不至有經常依賴別人恩惠之感受。尤其如家庭中無人有理財能力時，可透過信託之安排，以免家產遭他人覬覦而被侵吞，或因運用不當或揮霍而損耗。

（二）可庇蔭子孫

有財產的人可透過信託，尤其所謂「浪費者信託」，庇蔭子孫，突破自古

---

[26] 楊崇森，信託法原理與實務（三民，2010年），頁10以下。

以來「富不過三代」的定律。因信託往往可持續至委託人死亡之後很長期間，委託人之意志（信託目的）於身後仍可由受託人執行信託條款加以貫徹，故英美人常謂信託為溝通生前與死後之橋梁，或死人之手自墳墓內指揮活人[27]。

（三）保障離婚婦女與子女生活

夫妻離婚時，提供他方配偶與子女之生活費與教育費可成立信託。亦可將法院所命給付之贍養費交付信託，提供子女教育費之用，以免因另一方再婚或理財不當，致子女教育等支出陷於無著。又如外籍新娘於夫亡故後，夫家如擔心外籍新娘將遺產帶走，不照顧子女，可將遺產交付信託，俾子女生活與教育獲得保障。

（四）避免受監護宣告（原禁治產宣告）

當財產之所有人識別能力不健全無法管理其財產時，為保護其利益，其家屬雖可向法院請求指定監護人，管理其財產並療治其身體，但會使當事人罹病之事實傳揚出去，故多不願循司法途徑聲請指定監護人，其結果該病人之財產乏人照料，產生許多問題。如為該病人設立信託，當可避免訴諸司法，達到照拂該家屬之目的。而且由於信託條款有巨大彈性，以及受託人廣大之裁量權，同樣一個人如擔任受託人，通常比起擔任監護人更能照顧管理識別能力欠缺之人之財產，且其服務對於受益人亦更為有利[28]。

（五）人壽保險信託可照顧被保險人身後家屬生活

被保險人可於生前利用信託將人壽保險金照顧身後其家屬之生活，即將支付保險費之資金，委託受託人（通常係銀行或信託公司），或單純締結以受託人為保險金受領人之保險契約，或將已經成立之保險契約受領人之權利，信託讓與於受託人，當發生保險金請求權時，由受託人收取保險金，加以運用，或交付委託人所指定之受益人。

（六）保護浪費者或敗家子

委託人之妻兒或親屬中，可能有過度或恣意花費之習慣或傾向，委託人為免他日自己或其配偶死亡後，該親屬管理遺產，因揮霍或不知理財而損耗殆盡。此時可利用所謂「浪費者信託」或「敗家子信託」（spendthrift trust）或

---

[27] 楊崇森，信託法原理與實務（三民，2010年），頁11。
[28] 楊崇森，信託法原理與實務（三民，2010年），頁12。

「保護信託」（protective trusts）或「扶養信託」（trusts for support）使委託人可保護信託財產免於受益人過度耗費與受益人之債權人之執行[29]。

（七）保護其他易受人影響之人

當某人突然獲得大量金錢（如中獎）時，可能受到親友、慈善機構，投資顧問以及投機分子之壓力。此時如成立信託，可使此種所得成爲他不能動用之信託財產，無法交予這些人，而免於種種壓力與困擾。

（八）避免債權人之執行

即保護資產不受債權人，業務過失之債權人及離婚訴訟之他方配偶之執行。

（九）可因應家屬現在雖未發生，但將來未知之情況

例如某人有三名年齡尚幼的女兒。他可以遺囑成立信託，將金錢交付受託人，讓受託人按他日受託人認爲合適之方式，或斟酌委託人所約定之各種因素，妥當分配與各女兒。例如受託人可在將來適當時期，決定各分四分之一予二個有美滿婚姻的女兒，而分一半予較可憐的未婚女兒。委託人亦可賦與受託人裁量權，將財產之原本（本金）或收益或兩者供養受益人。

（十）可改良受益人之習性

即可透過信託條件之安排，使家屬（信託受益人）受到某種紀律之約束，可作爲改良其習性之動力，當然亦可要求受益人在一固定數額內生活，每年收取固定數額之收益，而不問貨幣貶值、需求或股票市場對原本產生何種影響[30]。

（十一）可避免遺囑驗證

在英美信託在繼承之場合可作爲降低或避免遺囑驗證手續（probation）之代用品，確保以委託人認爲最佳方法及由最信賴之人來照顧，不但不需法院之介入，且亦不需監護人、無遺囑遺產管理人（conservator）、律師、遺產驗證（probate）法院之介入，避免支出相關費用及公開化[31]。

---

[29] 楊崇森，信託法原理與實務（三民，2010 年），頁 13；Bogert et al., *supra* note 21, at 150.

[30] 楊崇森，信託法原理與實務（三民，2010 年），頁 14。

[31] 楊崇森，信託法原理與實務（三民，2010 年），頁 13；Beyer, supra note 6, at 303.

（十二）可保留贈與物之使用

如擬從事大額慈善捐贈或捐贈有紀念性之建築物，但欲保留贈與物之某種使用（例如定期開放參觀）時，亦可利用信託。

三、在商業信託方面

近年來由於工商之發展，其應用尤為廣泛，舉凡代辦證券事務、招股募債、改革財務計畫、避免破產、提供長期資金、控制公司經營等許多通常法律手段無法達成之事務幾皆可由信託代為之，且隨時可能以新姿態出現，方興未艾，茲僅就其應用之犖犖大者略舉一二，以窺其功用之一斑。

（一）信託有提高員工福利，促進社會安全之功用

信託亦可由企業界作為改善員工福利之用。例如公司可將現金與有價證券交付受託人，將其投資管理，將來參加信託之員工到達退休年齡或喪失工作能力時，保證由受託人自信託財產中支付年金（annuity），不致被雇主挪用。此種信託稱為退休金信託（pension trust），對於員工福利與社會安全有重大貢獻。其方式甚多，或由公司將一定數量或比例之純益交付信託，約定在將來一定時期將收益分配予所有員工或其中某些員工，俾其亦能參與企業利潤之分配者（稱為參與利潤分配之信託〔Profit-Sharing Trusts〕）。或由公司出資成立信託，對服務卓越或有特殊貢獻之員工予以獎金（bonus），使其有機會購取公司之股份，成為公司企業之所有人者（稱為股份分紅信託〔Stock Bonus Trust〕）。亦有由公司鼓勵員工儲蓄而將儲蓄金連同公司之補助成立信託者（稱為節約儲蓄信託〔Thrift and Saving Plan Trust〕）。另外為免員工失業後生活無著成立信託，而於失業時可向受託人受領失業給付者（稱為失業利益信託〔Unemployment-Benefit Trusts〕）。凡此總稱為受僱人福利信託（Employee Trusts），其發展極為神速，不但發揮了財富之社會作用，而且對於安定受僱人生活，促進社會安全亦有莫大貢獻[32]。

---

[32] Stephenson & Wiggins, supra note 11, at 126; 楊崇森，信託法原理與實務（三民，2010年），頁 15 以下；川崎誠一，信託の知識（日本經濟新聞社，1972 年），頁 101 以下。

（二）信託有籌措資金，促進產業發展與國民經濟之功用

1. 公司債之募集

公司因業務經營需要大量資金而發行附擔保之公司債時，如須對不特定之多數公司債債權人一一個別提供擔保，極其困難，且擔保權成立於公司債成立之先，而公司債之債權人，須至將來始能確定，在擔保權成立之當時並未存在，受託公司無法代理債權人登記，又不能用代理人之名義登記。為了克服此等困難，達成募集資金之目的計，可利用英美信託法之法理，將擔保物權與債權分開，以公司債發行公司為委託人，信託公司為受託人，而以全體公司債債權人為受益人，為使公司債債權人享受共同擔保之利益，由發行公司在一定財產設定擔保物權，信託公司為全體公司債債權人取得擔保權，同時管理處分此等擔保物。其手續既簡便易行，實際上之目的又能達到，裨益資金之融通誠非淺顯。現今有許多公司將財產放在信託，作為對貸款予公司取得債券之債券持有人之擔保。歐元債券（Eurobonds）就是以信託契約（trust deed）發行之例子[33]。

2. 資金之融通

(1) 動產設備信託

在鐵路公司或航空公司需要購置火車或飛機時，不必以現金支付製造商，而可以動產設備信託之方式（此種信託在美國稱為 Equipment Trust，用於鐵道車輛等之資金籌措，在交易所亦作為交易之對象）達到融資之目的。此項信託係以動產設備之製造商或販賣商為委託人，動產設備為信託財產，以達到將該設備出售於特定之買受人（包括在出售前出租於該買受人）之目的。其基本構造與進行方式如次：動產設備之製造商、買受人與信託公司三者，先訂立基本信託合約，然後製造商接受買受人之訂貨，製造動產設備，完成後與信託公司締結信託契約，以信託公司為受託人，將該動產設備之所有權移轉予信託公司，自己取得信託受益權。此種信託受益權經信託公司承諾後，可讓與第三人或以之出租，故委託人（製造商）可以信託受益權為擔保接受資金之融通，或將其讓與於第三人收回資金。信託公司則於接受委託之同時，與買受人締結

---

[33] D. J. Hayton, THE LAW OF TRUSTS 2 (2003); 楊崇森，信託法原理與實務（三民，2010 年），頁 16 以下。

租賃與買賣之契約，將信託財產（動產設備）出租於買受人。買受人依據物之用法使用收益動產設備，對信託公司支付租金（相當於分期付款買賣之分期價金）及其他費用，而於租賃期間屆滿時自信託公司買取該動產設備，取得其所有權[34]。

(2) 收入債券信託（Revenue-Bond Trusts）

在美國不少市政當局或其他政府機構，因興建或維持各種公共設施（如橋梁、隧道、超級公路、自來水設備、下水道處理廠等），須支付龐大之工程費。為了籌措資金，利用信託方式，發行並出售「收入債券」（revenue bonds），此等設施本身並不移轉於受託人（或依法律規定不能移轉）作為擔保品，而將徵收受益費所得之收益作為抵押。換言之，以收入之抵押權或質權作為信託財產，受託人注意收到所徵收之費用（例如過路費等），以之清償債券之本息。這種信託乃一種特殊公司信託（corporate trust）[35]。

3. 作為公司代用品

所謂商業信託（business trust，又稱麻州信託〔Massachusetts trust〕），係從許多人收取資金，作成以受託人會（board of trustees，相當於公司之董事會）為中心之企業團體，經營特定之事業，同時將所經營之利潤，分配與出資之受益人（相當於公司之股東），此乃美國特殊之制度，將傳統信託法理加以相當的變更[36]。

4. 可避免破產

例如債務人為避免被宣告破產，同時使總債權人獲得公平完全之清償起見，可將財產信託於某債權人，使其對該財產加以保全管理及換價（assignment in trust），此外公司亦可為財務之整理與清算起見，將公司之財

---

[34] Stephenson & Wiggins, supra note 11, at 162; 楊崇森，信託業務與應用（三民，2010 年），頁 101 以下；楊崇森，信託法原理與實務（三民，2010 年），頁 17；設備信託與融資租賃（lease）比較，根本之差異為：在後者，使用人並非購入（所有）物，而以使用為目的，而設備信託係為了使用人最終取得所有權之金融為目的，因使用人著重之點不同，致選擇之方式亦有差異，惟在實際上似乎多從利潤是否有利加以選擇。

[35] Stephenson & Wiggins, supra note 11, at 162; 楊崇森，信託法原理與實務（三民，2010 年），頁 17 以下。

[36] 楊崇森，信託與投資（正中，1977 年），頁 38、87 以下；楊崇森，信託法原理與實務（三民，2010 年），頁 18。

產予以信託[37]。

5. 表決權信託

　　即公司股東透過表決權之信託，達到參與公司管理等目的。詳言之，美國公司之股東與共同之受託人在一定期間將股份移轉予受託人，由其行使股份上之表決權或其他權利，以謀表決權之統一行使（voting trust）。在信託期間受託人成為股東，原來股東成為受益人，由公司發給新股票予受託人，而由受託人發給信託證書（trust certificates）予原股東。表決權信託乃將股東對公司之控制權集中於一人或數人，使這些人透過選舉董事等方法，控制公司之業務。在公司重整時，為了使債權人能控制公司以及在公司設立之初，設立人為了保有公司業務之控制權，也常用表決權信託之方式[38]。

6. 為企業維持獨占市場（托拉斯）

　　信託在早期曾被企業利用作為壓抑自由競爭與維持獨占市場之方法（即所謂 Trust，中譯托拉斯）在在 1882 煤油大王洛克費勒（Rockefeler）與其同事創立了一個信託，約 40 個控制全美石油工業 90% 至 95% 的公司股份，被付託與受託人，由受託人為所有股東之利益控制所有公司，此等股東則受領信託證書（trust certificates）。嗣後其他產業紛紛效尤。後來此等托拉斯由於公司將其自己控制之權力委讓於他人，乃逾越其權利能力之範圍（ultra vires），也因目的在於控制交易，被法院認為違法。但托拉斯（Trust）一詞變成泛指各種形式之獨占，而不問是否利用信託。1890 年美國通過了反托拉斯法（The Sherman Anti-Trust Act），把各種和「以托拉斯或其他方法抑壓州際貿易之合併」加以取締[39]。

---

[37] Edwards & Stockwell, TRUSTS AND EQUITY 61 (1997); 楊崇森，信託法原理與實務（三民，2010 年），頁 18。

[38] 楊崇森，信託法原理與實務（三民，2010 年），頁 18 以下；楊崇森，信託業務與應用（三民，2010 年），頁 149 以下；楊崇森，信託與投資（正中，1977 年），頁 131 以下。

[39] 楊崇森，信託與投資（正中，1977 年），頁 39 以下；楊崇森，信託法原理與實務（三民，2010 年），頁 19。

四、節省稅捐

信託是非常有用與彈性之財務與遺產規劃（estate plannig）之工具，今日許多節稅的機制往往都可利用信託，以達其目的。在美國利用信託另一常見理由是避稅，即可利用成立信託之方法而達到重大節稅之目的。由於移轉產生收益之財產予比委託人稅率低之受益人之信託可節省所得稅。又設計移轉予適用每年聯邦贈與稅（在 2001 年為每個受贈人每年 1 萬美金）扣除額之信託時，可避免贈與稅。同理如設計正確建構之信託，信託財產將不列入委託人應稅之遺產中，而可節省遺產稅[40]。

五、便於保障委託人之隱私

信託比遺囑更能保障死者之隱私，尤以在英美為然。因信託通常無須公開紀錄，可照顧情婦與非婚生子女之生活，因在英美遺囑須經法院驗證之手續，而遺囑經法院驗證後，變成公家紀錄，大眾可以閱覽。反之信託文件可免曝光，而保護委託人之隱私。

六、避免利益衝突

有些人因職務關係，享有或管理某種資產，可能產生不合法或不適宜之利益衝突。例如公職人員，諸如總統、部長或其他政治人物可能擁有股份、債券、不動產及其他投資，可能在其投資與公務決定之間有利益衝突。同理，公司之董監事或重要職員亦可能有類似利益衝突之情形。為了消除此等衝突，避免受人攻擊，美國有所謂盲目信託（blind trust）制度。即財產所有人可將資產設立信託，指定獨立之第三人為受託人，約定在委託人擔任該職務期中，放棄對資產管理之控制權，且無權知悉受託人信託投資之內容[41]。

---

[40] Beyer, supra note 6 at 304; Stephenson & Wiggins, supra note 11, at 136; 楊崇森，信託法原理與實務（三民，2010 年），頁 20 以下。

[41] Beyer, supra note 6, at 304; 楊崇森，信託法原理與實務（三民，2010 年），頁 23。

七、生前信託可發揮代替遺囑之作用（遺囑代用信託）

　　遺囑信託由於依遺囑方式處分財產／此時利害關係人關於遺囑之執行可能發生紛爭。且如何確保繼承人或遺囑執行人遵從遺囑人指示，將遺產移交受託人亦不無問題。反之，遺囑代用信託係委託人生前將財產信託，以委託人為自己生存期中之受益人，以子女、配偶或他人為「死亡後受益人」，在生前即發生效力，可達成預先分配遺產之目的。即以生前契約方式發揮與自己死亡後財產繼承之死因贈與類似之作用[42]，而避免遺囑信託手續之困擾。尤其在今日少子高齡化社會，財產所有人可由於此種安排確保遺產於身後讓親屬繼承，保障彼等生活之目的。現日本新信託法已特將此種信託予以法制化，設有明文，以杜爭議。

八、可保護消費者之權益

　　信託具有擔保之功能，而可用於保障債權人尤其消費者之權益。在英國有判例：金錢放款人（lender）要求借用人（borrower）以信託提供擔保，法院判認貸款可與信託同時併存，其結果放款人可由於附加一個信託，成為信託之受益人，使其貸款獲得保障。如借用人後來破產時，仍可受到保護。英國亦有以信託對貨物預先付款之人提供擔保（security）之判例。目前我國預付型交易甚為流行，例如在生前契約、臍帶血、禮券（如百貨業、觀光旅館業、瘦身美容業、健身房、圖書等商品或服務）等交易，消費者預先付款後，如廠商倒閉無法履行契約時，則欠款無法回收之風險頗大，因此主管機關近年來積極推動預付型商品之履約保證機制，包括要求廠商將所受領之預付款交付信託專款專用[43]。

九、供養動物之信託

　　在英美，可以為了供養動物而成立信託，尤其可由設立遺囑信託之方式設立。例如供養心愛的動物（寵物），諸如狗或貓，稱為目的信託（Non-

---

[42] 新井誠，信託法（有斐閣，2002 年），頁 169。

[43] Edwards & Stockwell, supra note 37, at 58; 楊崇森，信託法原理與實務（三民，2010 年），頁 24 以下。

Charitable Purpose Trusts）。

十、保護環境

在美國與加拿大，信託在環境保護方面也扮演重要之角色。在美國在所謂「公共信託原理」（Public Trust Doctrine）[44]之下，各州有義務確保海岸線、海口之河床等公共土地能為大眾所利用。在加拿大有「信託環境基金」（"Trusteed" Environmental Fund），在採礦或伐木之類有害環境活動終止後，為國家提供足夠資金，協助被封閉之土地能再為人所利用。即從事此類活動之人須定期繳納一定金額予受託人（有似退休基金之受託人），由受託人將此等基金投資，作為將來土地再利用耗費之主要財源。[45]似此將信託概念應用在環保領域之作法，值得我國採用與推廣。

今日不但私人，甚至有好些國家已聯合起來成立信託。例如英國、澳州與紐西蘭在 1987 年成立了吐瓦魯信託基金（1,200 萬英鎊）來協助在那魯（Nauru）東南方的吐瓦魯，在結束英國磷酸礦委員會（British Phosphate Commissioners）後的居民生活。又第一次世界大戰後，戰勝國為推動「德國賠款扶植青年計畫」（Young Plan for German Reparations），在 1929 年安排成立了「國際清算銀行」（Bank of International Settlements），作為信託之受託人，來經理接受由德國所支付之賠款並分配予適當之受領人[46]。

十一、大陸法系國家繼受英美信託制度之困難

大陸法系國家繼受英美信託制度之障礙，基本上乃源於英美法與大陸法之差異，分述如下：

（一）在英美法之下，在同一標的物之上同時有普通法上所有權（Common

---

[44] 這公共信託理論主張：若干自然與文化資源屬於全體國民，由於其對各個人與社會之本質價值，不能由私人所有或控制，應為公共利用予以維護，政府擁有且應保護維持這些資源供公共利用，因此此等土地之利用與出售須符合公眾利益。參照 NORMAN J. LANDAU & PAUL D. RHEINGOLD, THE ENVIRONMENTAL LAW HANDBOOK 39 (1971); Sax, *The Public Trust Doctrine in Natural Resource Law: Effective Judicial Intervention,* 86 MICHIGAN LAW REVIEW, 471 (1970).

[45] A.J. Oakley, THE MODEM LAW OF TRUSTS 6 (2008).

[46] Hayton, supra note 33, at 1; 楊崇森，信託法原理與實務（三民，2010 年），頁 25。

Law Ownership）與衡平法上所有權（Equitable Ownership）之雙重所有權之存在，而分屬於受託人與受益人，而與大陸法上同一物只有單一所有權之觀念迥異。此種信託所有權二元性乃英美信託制度之精髓與特色，亦為大陸法系國家繼受英美信託之最大障礙。日本信託法不採上述英美法所有權二元性之原則，改採由受託人形式上取得信託財產之所有權，而受益人只有特殊之受益權之原則。韓國因之。由於臺灣亦係大陸法系國家，基於同一理由，信託法亦沿襲日本信託法此項原則。

（二）大陸法系與英美法系之物權法在性質上迥異，英美法上物權因基本上沿襲傳統封建制度，種類與名稱極為繁複，不易瞭解，且又有不動產種種將來利益（Future interests）[47]，更增加其複雜性。反之在大陸法系，物權

---

[47] 英美物權法，尤其不動產法與大陸法系之國家，包括我國，相去甚遠，主要原因是其不動產法係起源於英國封建時期之土地法（Feudal Land Law）。在當時封建制度下所有土地名義上屬於國王所有（接近我國所謂「普天之下，莫非王土，率土之濱，莫非王臣」。至今英國法律上仍屬如此）。國王將種類、名稱、期限、效力不同的權利（最初是使用權，後來演變為所有權）分封他的主要臣下，有的只能終身享有、有的可以傳給子孫，有的附條件或期限。然後他的臣下再將土地的一部以某種期間與內容依次賦予他的部下，與大陸法系國家不動產物權法在法國大革命後廢除封建制度，將土地整理成為簡明的物權限定主義不同，以致不動產法律極為複雜，英國不動產所有權（possessory interest）不似大陸法系係永久完全的權利，而可按其圓滿狀態與否或存續期間長短分為數種，且在時間上長短不一，又可按所有人之需要與法律人之創意加以分割。但也因此使得英美土地的所有人處分他財產權的自由與範圍，能隨心所欲，比起大陸法更有彈性，且寬廣得多。茲將英國土地所有權之種類簡述如下：

1. Fee Simple Absolute（常稱為 Fee Simple 或 Fee）：這是最完全而且圓滿的所有權，存續期間無限，不受任何限制。
2. Fee Simple Defeasible：這是富有條件或限制的所有權，雖然可能永久存在，但如不遵守該條件或限制，將來所有權可能回歸於讓與人（或其繼承人）。
3. Fee Tail：此種所有權除讓人終身享有外，只能由特定 group 之繼承人（如男系或女系子孫）繼承，如受讓人死後無此種繼承人時，則所有權回歸於讓與人（或其繼承人）。
4. Life Estate：此係指以特定人（讓與人、受讓人或第三人）之生存期間為限，才能享有之所有權。

至於所謂將來利益，對一般讀者更加難懂，係指權利人現今雖未占有財產，但有權或有可能於將來某時日取得占有之情形，都算是擁有所有權。例如在 Estate in Fee Simple Absolute 之所有人在賦予他人一個終身存在（life estate）之後，仍保留一種無條件之將來利益，稱為回歸權（reversion）。對該回歸權正如任何財產一樣，可在其生存期中或死後自由處分，而於將來一定期間移轉所有權利，即使該人在終身存在之 life estate 屆滿前死亡亦然。其詳參照楊崇森，遨遊美國法第一冊（華藝，2014 年），頁 266 以下；楊崇森，信託法原理與實務（三民，2010 年），頁 55 以下；E. Allen FARNSWORTH,

之種類受到物權限定之原則之限制，僅能以法律嚴格限定之形式出現。
財產之將來利益亦比英美法受到更大之限制。加以物權採公示原則之結
果，亦使信託之制度與固有法制發生扞格，不易探取。大陸法下私法自
治，即依照個人之需要與願望，規律其法律關係之自由，僅於契約法之
領域得到承認，並未擴展至物權法，此點又與英美法不同。由於大陸法
系之物權法遠較英美法單純而清晰，且更適於進步的土地登記制度，故
如何繼受英美之信託制度不無困難。

陸、各種信託類型簡介

信託制度在英國誕生，隨英國社會之進步而發展，但英國信託主要在民事
個人財產管理之領域發展。信託制度被移殖到舊英國殖民地之英美法系國家，
如美國、加拿大、澳洲等國，其中最發達之國家首推美國，信託種類極多，但
信託之特色並非民事信託，而是營業信託之發展，至日本雖以金錢信託為主
流[48]，但亦發展出若干特殊信託。

一、英美若干特殊信託

（一）國民信託

各國信託教科書似乎從未提到國民信託，但此種組織與運動影響甚鉅。所
謂國民信託（National Trust），係在英國作為公益信託之應用而出現之民間團
體，也是一種社會運動。原來 19 世紀中葉以來，英國由於產業發展、經濟繁
榮，但自然環境加速荒廢，於是該國有識之士於 1895 年發起組織此團體，向
民間募款來購買土地，尤其是瀕臨危險之海岸線、鄉野與建築物，並活用珍貴
的自然與歷史環境。為了將此運動組織化成為永續的存在，並釐清資金管理與
資產保有之權限與責任起見，作為受託人而成立。此團體命名為國民信託，乃
含有為國民保護自然與歷史景觀之財產管理之信託色彩之特殊法人，可謂為由
公益信託與公益法人併用之型態。該團體由於英國在 1907 年制定了「國民信

AN INTRODUCTION TO THE LEGAL SYSTEM OF THE UNITED STATES 116 (1983); John M. Clarke, Jack
W.Zalaha & August Zinsser, THE TRUST BUSINESS 161 (1988).

[48] 有關金錢信託，詳見楊崇森，信託業務與應用（三民，2010 年），頁 31 以下。

託法」（National Trust Act），賦予種種特權而更加蓬勃發展。現有超過500萬名會員提供捐助與服務，以謀自然與文化遺產之維護。國民信託之營運係公益法人式，而所買取之財產，禁止讓與，含有爲國民全體管理之信託要素，可謂信託用於公共利益之著例。

英國國民信託運動影響深遠，許多國家，包括美國、澳洲、紐西蘭等國都有類似名稱與宗旨之民間組織，日本近年來在各地亦進行以英國國民信託爲模範之自然保護運動，臺灣亦然[49]。

（二）英國澳紐新加坡之公共信託

在英國、紐西蘭與澳洲若干省分及新加坡，甚至印度若干省除了私人的受託人外，另有由國家所設置的公設受託人的制度，設置公設受託人局（Public Trustee Office），強調促進公益之官方角色，主要爲民間管理信託財產（尤其小額信託）提供信託等服務，對民間理財需要協助之人，尤其照顧弱者或未成年人，扮演了極其重要的角色。

在英國、紐西蘭與澳洲，公設受託人可作爲生前信託或遺囑信託之受託人、遺囑執行人或監護人，以及無行爲能力人之管理人或涉訟財產之管理人（receiver）。同樣在紐西蘭，公設受託人也可被任命爲未成年人之監護人或臨時（ad litem）監護人。

在紐西蘭，公設受託人爲無行爲能力人收取賠償金並保存在信託裡，直到無行爲能力原因消滅爲止。且爲未成年人之利益保存本應自遺產等分配予未成年人、無行爲能力人之財產。在英國還管理罪犯的財產。在紐西蘭是無人認領財產（最後可能沒入國庫）之保管人。過去在紐西蘭與英國，公設受託人還曾擔任戰爭期間敵人財產之保管人。

公設受託人亦與美國公設遺產管理人（public administrator）制度不同。在美國公設遺產管理人只有在其他途徑無法解決時才插手，但在此三國公設受託人可被遺囑人或委託人一開始就指定去服務[50]。

---

49 楊崇森，英國國民信託之發展與對各國之影響，法令月刊，第58卷第8期，2007年8月，頁16-27；楊崇森，信託法原理與實務（三民，2010年），頁195。臺灣也受英國國民信託影響，臺灣國民信託協會於2011年6月5日成立，目前以「新北投車站」及「濁水溪口海岸溼地」兩件爲指標工作。

50 楊崇森，公設受託人制度初探，法令月刊，第58卷第4期，2007年10月，頁4-21。又美國各州依照「對未成年人贈與統一州法」（Uniform Gifts to Minors Act）之規定，贈與未成年人之財產歸公設財產管理人管理，即以該公設財產管理人爲受託人，成爲信託財

在我國不僅遺產與遺囑欠缺英美由法院驗證（probate）之制度，即對未成年人、無行為能力之成年人之財產，在號稱私法自治制度下，任人自生自滅，國家缺令制度上之照顧，以致許多弱者、未成年人及殘障之財產不免受人侵吞或覬覦，產生不合正義之結果。故上述此等國家相關制度、政策與實務確有不少地方可供反省與改進我國相關制度與政策之參考。

（三）保管信託與彈簧信託

1. 保管信託（Custodial Trust）

保管信託為信託觀念之大躍進，在高齡化社會，老人可能成為精神耗弱或失智，此時由於行為能力欠缺，欲成立信託，讓有理財能力之人為其管理財產已不可能，但平時或因財產數額不大，或因尚未料到自己將來能力發生問題，未及成立信託。而當人變成無行為能力時：(1) 監護與官派之財產管理人（conservatorship）（此乃由法院指派管理無行為能力人財產之人）使當事人完全失去控制財產之權利，且費用昂貴；(2) 遺囑與驗證（probate）手續繁冗昂貴；(3) 資產規劃（estate planning）包括一般信託費用昂貴，為大多數人無力負擔。為未雨綢繆，解決此種困境起見，美國新近「統一保管信託法」（Uniform Custodial Trust Act）（1987 年由統一法律委員〔The Uniform Law Commissioners〕所制定）為突破從來信託設立之種種限制，特創設此種特殊信託，稱為保管信託（custodial trust）或預備信託（standby trust）。較無資力之老人等，不需諮詢律師，可以簡便低廉之方式（填寫表格）而設立信託。亦即財產所有人只需移轉財產予受託人，指定自己或他人為受益人，在他行為能力健全期中，對財產保留重要權力，受託人只是信託財產之保管人（custodian）。但在他變成無行為能力時，受託人成為完全之受託人，繼續為其管理與使用該財產。如受益人一時無行為能力，可於能力恢復時，從新行使其權力。如他欲終止保管信託時，可隨時簡便地予以終止，故可認為係一種保管先行之特殊信託，使信託之彈性更加發揮。

2. 彈簧信託

該法另創設一種所謂彈簧信託（Springing Trust），其成立與一般信託不

產，所生之收益於信託終了前，只能用於受贈人之利益，而於信託終了時，應將剩餘信託財產交還予受贈人。參照新井誠，高齡社會と信託（有斐閣，1998 年），頁 275。

同，可附條件，即可以委託人日後心神喪失或精神耗弱，作爲信託生效之停止
條件。使老人爲自己將來無行爲能力時財產管理預作安排。受託人只有在受
益人成爲無行爲能力（由醫師證明）之後，始能管理信託財產。此時由代理人
移轉財產予受託人，受託人須按委託人原來之指示管理信託，惟此時信託變成
裁量信託，可依受託人之裁量，自信託財產對受益人爲給付，並於委託人兼受
益人死亡時，信託財產歸屬於被指定之人。爲便於無行爲能力人追討債務起
見，該法亦准許任何對無行爲能力人負債之人，不需經由官派之財產管理人
（conservator）而成立此種信託。即無行爲能力人之任何債務人可將供清償債
務之財產爲該無行爲能力人（即債權人）（作爲受益人）列入該信託，以代
債務之清償。如在財產價值超過美金 2 萬元之情形，此種財產之移轉應經法院
核准[51]。

---

[51] 按英美法，委任狀或授權書（power of attorney）之效力，於本人心神喪失，無法處理其
財務時告終。鑑於老人化社會來臨後，許多人有朝一日可能因意外或疾病變成無行爲能
力，屆時可能需要法院將其宣告爲受監護人，不但手續繁雜，且費用昂貴。爲克服此種
困境，英國 1986 年制定「持續性代理權授與法」（Enduring Powers of Attorney Act），
創設所謂「持續性授權書」之制度，可由本人預先選任信賴且能管理其財務之人，對其
簽署特別之授權書，即在授權書上加上一條款，准許代理人（Attorney）在日後本人心神
喪失時，仍繼續行使代理權（此種條款稱爲持續性授權條款〔enduring clause〕，此種授
權文件稱爲「持續性授權書」〔enduring power of attorney〕）。該代理權於本人有行爲能
力時，處於休止狀態，代理人不接管其財產，只於日後本人心神喪失時，則活躍起來，
由該代理人正式且繼續行使，如本人一旦恢復能力時，則可將該代理權撤銷（revoke）。
美國各州爲了避免本人變成無行爲能力時，發生代理關係消滅之問題，亦設有類似有繼
續效力之持續代理權（durable power of attorney）之特別代理制度。（參照新井誠，信託
法〔有斐閣，2002 年〕，頁 99 以下）此外美國有所謂「彈簧持續授權書」（Springing
Durable General Power of Attorney）之制度，爲上述「持續性概括授權書」（Durable
Power of Attorney）之代用品，此種事先之特別授權於本人成爲無行爲能力時才生效（在
生效前須正式認定本人變成無行爲能力，可事先指定兩名醫師做成書面協議）。有些郡
須向主管機關將此代理權予以註冊。日本於 1999 年亦仿英國制度修改民法，並制定「任
意監護契約之法律」（可總稱爲成年後見法）成爲民法之特別法。該法分爲任意監護（創
設任意代理之特殊委任契約）與法定監護二類型。任意監護係被保護人於發生被保護狀
態前，可基於自己之意思明示若發生該狀態時，自己財產管理與人身監護之方法，來指
示未來保護人之行動，爲良好事前預防措施之制度，而與法定監護乃事後之措施不同。
任意監護之主要內容如下：
1. 本人與任意監護人締結任意監護契約，賦予任意監護人附停止條件之代理權。
2. 任意監護人之職務限於法律行爲，不僅財產管理，且可廣泛包含人身監護（醫療契約、
　住居契約、安養設施入院或出院契約、戒護契約等）事務。
3. 爲防止任意監護人濫用權利，保護本人起見，需由家事法庭選任任意監護監督人。

（四）境外資產保護信託

所謂境外資產保護信託（Offshore Asset Protection Trusts，簡稱OAPT），乃近年來美國愈來愈流行之資產計畫。它基本上是爲了保護債務人資產免於受到債權人或其他人強制執行，而在對信託有管轄權之外國所成立之信託，也是爲了使法院判決之執行發生困難之一種法律特別設計。設立此種信託之動機不一而足，包括從事高風險業務或職業之人（例如外科醫生），擔心業務過失導致陪審團巨額懲罰性賠償的裁決、逃避債權人之追索，或尋求減少稅捐負擔。

近年來，許多小國，諸如巴哈馬、貝里斯、百慕達、開曼群島、香奈群島、澤西（Jersey）與更西（Guernsey）島、庫克群島、直布羅陀、男人島（the Isle of Man）、列支敦士登、奈維斯（Nevis）以及突克斯與凱科斯（Turks Caicos）群島，爲了吸引外國資金，不斷修改法令或制定新法令，加強債務人之資產保護。法規的主要目的通常是：在對債權人尋求法院執行判決之路上設置事實上與法律上的障礙。例如不承認美國法院之判決，或依當地法律對案件審理或重審後才加以承認。因此債權人在美國取得法院勝訴判決後，必須旅行到外國，向當地法院重新進行訴訟。境外法律制度要求債權人起訴須延聘當地律師，使債權人須另向別國尋求債權之滿足，或被迫尋求和解。

所謂法律上障礙通常係當地國請求權消滅時效期間非常短促，待美國債權人對債務人提起訴訟，獲致勝訴判決時（可能須經多年），當地法律所定的請求權消滅時效可能已將滿期，而債務人所設立的信託資產將不受債權人執行。何況許多境外資產保護信託設有一名信託「保護人」（protector），擁有廣大裁量權，包括更換受託人、改變信託所在地（situs）甚至信託條款。

這種信託之受託人通常是一家外國銀行或信託公司，這種信託含有不少獨特條款：

第一是保護人，由於此種信託在海外關係，委託人爲避免鞭長莫及，除受託人外，可能指派一名所謂「保護人」（protector），通常是委託人的密友或顧問。委託人可能賦與該保護人將受託人解任、於受託人出缺時，指派其繼任人、增加或減少受益人之權利等。

第二是所謂「反脅迫」（anti-duress）條款，即在信託上訂有准許外國受託人可以不理會美國法院對委託人或美國受託人（如有的話）指示將信託資產

---

4. 任意監護契約應作成公證書，並辦理登記（參照新井誠，信託法〔有斐閣，2002年〕，頁297以下；楊崇森，信託法原理與實務〔三民，2010年〕，頁87。）

移交予委託人之債權人之命令。

第三是所謂「移轉場所」（situs）條款，即在任何法律訴訟威脅到信託或信託資產時，賦與受託人改變信託之管轄地域（jurisdiction）之權限。因此如某債權人將要在凱門群島對債務人執行一項判決時，受託人可將信託財產移轉到他國，例如在巴哈馬的一家銀行，使得債權人須重新在巴哈馬起訴。

資產保護信託之主要目的在保護資產不受潛在訴訟之追究，及使當事人對資產之控制儘量長久。這種信託除了是利用異國地區，諸如紐西蘭外島叫做庫克群島（Cook Islands）之境外信託（Offshore, OAPTS）外，也可能是利用阿拉斯加或德拉瓦等州之國內信託（DAPTS）。

境外資產保護信託之優點：

1. 如計畫健全，可減少訴訟風險，且在訴訟時，增加有利和解之可能性，受到訴訟威脅之人，在法院敗訴之後，可免於被債權人或原告扣押之危險。
2. 依所在國之詐害移轉財產法律（Fraudulent Conveyance Laws），債權人如訴請撤銷債務人信託，原告主張被告成立信託，是用來詐害債權人，其證明須「超過合理懷疑」（beyond a reasonable doubt）之程度，而且消滅時效為期甚為短促。
3. 委託人可對信託尤其信託財產保留若干有效控制。
4. 信託常指示受託人可不理會任何法院對委託人要求解散信託，或為任何債權人利益取得分配金之命令[52]。

（五）附擔保公司債信託

美國法下附擔保公司債信託（Corporate Trusts）受託人之義務或責任：

受託人應保持債券持有人最新之姓名與地址，將包含有關信託管理且與他們利益有關之資訊，諸如增發債券、解除（Release）抵押財產、受託人對債務人所作之貸款或預借之年度報告送達予債券持有人。

1. 在英美信託法下信託財產原有普通法與衡平法（legal 與 equitable）之二層面所有權，但在附擔保公司債信託（corporate indenture trust），受託人從未真正取得信託財產之法律上所有權（legal title）。

---

[52] 楊崇森，境外資產保護信託之探討，臺灣經濟金融月刊，第 42 卷第 2 期，2006 年 2 月，頁 40-57；楊崇森，信託業務與應用（三民，2010 年），頁 169 以下。又設立境外信託，並不以在美國之人為限，目前許多新信託業務係來自香港、南非、南美與中南美。在英國亦有所謂「輸出信託」（Export Trusts），大多數情形，主要動機為儘量使資金免於受到英國再採外匯管制之約束，其次係為了節稅。

2. 證明（authentication）與交付債券。

3. 在受託人遲延履行信託義務（default）前，除 indenture（信託契約）條款特
　 別所課者外，受託人對發行公司任何義務之履行不負責任：

　　　indenture 中往往課受託人特定義務，如規定債務人應隨時提供受託人一
定文件，且這些文件載明一定事實與說明時，受託人應證實有此等資訊。受託
人須證實收到債務人之法律顧問意見書，信託之 indenture 已辦理註冊，且注
意收到任何 indenture 要求之每年保險說明書（表明保險條款已被遵守），及
收到公司應提供之財務報告。受託人須持有這些文件，且供詢問之債券持有人
查閱。

　　　受託人在發行公司遲延（default）前所負之義務，一般限於信託契約（trust
indenture）所載，但在遲延之後，則須為債券持有人之利益，維護抵押財產，
並應實施善良管理人之注意義務。

　　　受託人應立即將債務人遲延情事通知債券持有人，且於一定比例之債券持
有人以書面請求時，應宣布債券本身立即到期。indenture 常有條文規定：受
託人有權占有抵押財產，加以管理、收取收入。請求債務人清償全部債務，連
同已到期之利息，及實行抵押權與出售財產。

　　　1939 年美國國會通過 The Trusts Indenture Act（修改 1933 年之 The
Securities Act），鑑於欲發行公司債之公司良莠不齊，為了保護投資人，要
求信託 indenture 賦予受託人充分權限、義務與責任，使其能保護債券持有
人，又發行公司、承銷人與受託人相互間須無利益衝突。此外要求發行公司提
供財務資料與其他資訊予受託人，如不符合這些及其他條件，則證券委員會
（Securities and Exchange Commission）不准債券公開出售。

　　　所謂附擔保公司債信託（Corporate Trust），乃為確保公司債債權（擔保
所發行之公司債券本息受清償）起見，將公司債擔保權（在物或權利之上設定
質權或抵押權）交付信託。換言之，在公司發行附物上擔保之公司債之場合，
公司債債權人與公司債發行公司之間，使信託公司為所有債權人擔任物上擔保
權之保存及實行之任務。此種信託為英美所發展，成為公司籌措大量資金之手
段。日本早在頒行信託法之前，即首先引進制定「附擔保公司債信託法」，對
該國資本主義之形成助益甚大。

　　　原來公司債係股份有限公司籌措長期資金之手段，而對廣大公眾直接、間
接作集團性的舉債，吸收游資。當公司需要龐大之資金，且需較長期間時，須
向投資大眾借款。此時公司與個別債主如一一締結獨立抵押或借款契約，窒礙
難行，因此須利用信託，由信託機構以受託人資格介入。此種信託為公司債提

供廣泛流通與變現之方法，使受託人比起眾多債主不但便於執行擔保，且更有效率與迅速。

　　公司債債權人既係公司之債權人，當然希望獲得擔保，俾其債權之清償能獲得確實之保障。但於發行公司債時，因公司債債權人係無數不特定之人，對於此等人一一個別提供擔保，極為困難。而且即使可能，如公司債債權人各別享有並行使其擔保權時，亦發生極其複雜之法律關係。同時公司債輾轉流通，公司債債權人隨之更易，其所有之擔保權亦隨之移轉，致其法律關係更形複雜。故除非設計特殊方法，實務上無法為公司債提供擔保。惟有利用英美之巧妙信託法理，始能解決困難，避免為無數公司債債權人各別提供擔保，及法律關係複雜化。詳言之，其方式係以公司債發行公司為委託人，以信託公司為受託人，以公司債債權人為受益人，為將來所有公司債債權人享受共同擔保利益之目的，由公司債發行公司與信託公司之間締結信託契約，在發行公司自己之一定財產上，以受託人為擔保權人，設定擔保權。其結果受託人（信託公司）為所有公司債債權人取得物上擔保權，同時為此等受益人管理與處分。在此種安排下，公司債債權人與擔保權人分屬不同之人，是為其一特色。

　　委託人倘如期清償公司債之原本與利息，則因信託之目的已經達成，受託人之擔保權消滅，當事人之信託終了。如委託人不清償原本與利息或遲延給付時，則受託人應實行擔保權，將擔保物拍賣，以其價金供公司債之清償。在此情形，受益人即所有公司債債權人，按其應有部分自價金中平等受清償，使所有公司債債權人獲得與個別被提供擔保同樣之實益。[53]

　　附擔保公司債可分為兩種，其一為就同一擔保限一次發行，其二為在一定公司債總額之限度內，設定同一順位之擔保權，分數次發行公司債。前者稱為閉鎖擔保之公司債，後者稱為開放擔保之公司債。

　　附擔保公司債信託之特色：

1. 契約之締結須作成信託證書。附擔保公司債信託必須訂立信託證書，因係為所有公司債債權人之利益，由受託公司取得信託財產（即擔保權）之制度，故有些國家立法規定，信託契約應以信託證書締結，且應具備法定形式，明白記載具體內容及其他有關運用之手續，更屬要式契約。
2. 信託以物上擔保權為其信託財產。
3. 於信託設定之際，受益人尚未確定。

---

[53] John M. Clarke, Jack W. Zalaha & August Zinsser, THE TRUST BUSINESS 161 (1988).

4. 公司債債權人與擔保權人非同一人。

5. 受託公司對於所有公司債債權人亦負保全並實行擔保權之義務。

6. 公司債到期委託公司未清償,或清償未完畢而解散時,受託公司應立即實行擔保權。本來債務人未清償債務時,實行擔保權與否,係擔保權人之自由,但在附擔保公司債,擔保權為所有公司債債權人信託於受託公司,所以法律使受託公司負擔此種義務,如受託公司不實行擔保權時,公司債債權人會議得請求選任特別代理人實行之。

7. 物上擔保權依信託契約由受託公司設定,但早在被擔保債權之公司債成立前即已發生效力,此為民法上擔保權附從性原則之例外,此種擔保權之獨立性,乃為了使附擔保公司債便於發行之法律便宜措施。

8. 由於附擔保公司債可分次發行,故發行在後的公司債債權人,不問發行日期之先後,可享受同順序之擔保權,而與民法擔保權先後順序之理論大異其趣[54]。

(六)美國不動產投資信託

1. 性質

美國不動產投資信託(Real Estate Investment Trust,簡稱 REIT),乃主要以不動產相關權利進行投資之共同基金,類似於我國的證券投資信託或美國之共同基金(mutual fund),其主要差異似在於投資標的之不同,亦即係將所募集之資金投資於不動產。美國國會於 1960 年成立 REIT,提供人們投資大規模商用不動產之機會,此後 REIT 產業快速成長,成為彼邦一種主流投資方式[55]。

不動產投資信託,亦即以公司或信託之組織經營,基於風險分散之原則,由具有專門知識經驗之人,將不特定多數人之資金,運用於不動產買賣管理或抵押權貸款投資,並將所獲得之收益,分配予股東或投資人之中長期投資商品。當資金募集完成後,即讓股票或受益憑證在交易市場上市,讓多數投資人共同參與不動產之投資,由於其在法律上屬於較不具彈性的公同共有制,故其組織方式、投資內容、收益來源及收益分配均受到較嚴格的限制。

---

[54] Stephenson & Wiggins, supra note 11, at 162;栗栖赳夫,擔保付社債信託法の研究(有斐閣,1966 年),頁 73 以下;日本信託協會,信託實務講座⑤(有斐閣,1963 年),頁 67 以下;楊崇森,信託與投資(正中,1977 年),頁 106 以下。

[55] George Siedel & Janis K. Cheezem, REAL ESTATE LAW 161 (1999).

2. 設立之方式

　　REIT 與任何其他信託以同樣形式成立，即起草信託契約或信託宣言，將信託財產移轉予受託人，由受託人享有所有權，並負責經理財產或不動產投資組合。

　　每個投資人取得一份信託證書（Trust Certificate），作為信託受益權之證明。投資人為信託之受益人，不參與財產或組合之經理，而由受託人處理不動產投資事務。

　　信託之組合可有很大之差別，抵押信託乃投資在抵押權或不動產其他種類之擔保（liens）上之信託，許多商業銀行與保險公司創設抵押信託，在抵押信託收益之主要來源乃在持有之抵押權上所賺之利息。有些信託係混合信託（mixed trusts），他們擁有不動產與抵押權，享有租金與利息兩種收益，近年來信託已被用為對個別工作計畫（projects）之融資方法，諸如當某公司創設為了擴充營運之特別信託（specialty trust），例如某全國性餐廳連鎖店可創設為了興建新餐廳之信託。

3. 特色

　　不動產投資信託具有以下特色：

(1) 將不特定之多數投資人之資金匯集成一共同基金，使手頭資金少之投資人亦能有機會參與需巨額資金之不動產投資。

(2) 運用該基金投資於不動產之買賣或貸款（不動產投資原欠流動性，其買賣所需費用大，不動產之一部買賣有困難）。

(3) 以不動產之管理收益為目的，為消極之收益（passive income），而不積極從事短期不動產之買賣（禁止經營不動產）。此種信託通過市場流通，成為與股票、債券同樣具有流動性，且適合中長期投資之金融商品。

(4) 應用風險分散之原則，從事不動產之組合投資。且由於將不動產投資之對象分散化（diversification）（例如按地區、不動產之型態，如購物中心、商業大樓、公寓、廠房、休憩中心），減少投資人之風險。

(5) 結合資本市場大眾之資金，由對不動產市場有專門知識及經驗之機構（公司或信託），加以管理運用（管理費占總經費比例較小，故投資人負擔較輕），將權益分配予投資人（股東或受益人）。

(6) 此種信託之設立人為銀行、保險公司、開發商（developer）等。

4. 不動產投資信託之營運（受益人之權利與責任）

受益人對信託之債務不負個人責任，其責任係以所信託之財產為限。在大多數信託，受益人對信託營運享有一個投票權，即選舉受託人。

受託人對受益人與信託負有信任義務（fiduciary duty），須為了信託與受益人之最佳利益而行動。如未經授權或受益人同意，而與信託交易時，可構成信任義務之違反。

5. 不動產投資信託之種類

不動產投資信託（REIT）按投資標的為標準，可分為下列各種：

(1) 權益型（直接所有型，Equity REIT）

此為直接投資於不動產所有權，取得並營運會產生收益（尤其有增益性）之不動產，如超市、集合公寓、辦公大樓等，投資人不僅自租金收益，也有潛在增值的財產收益，亦稱為直接所有型。

惟此種型態由於長期持有不動產，而不動產並無交易價值，投資人不易估算其價值，往往須仰賴估價人員之估價，無法完全精確。

(2) 抵押權型（間接所有型，Mortgage REIT）

此主要係購買土地之融資，或投資於開發、建設融資等之抵押貸款。換言之，直接貸款予不動產所有人與經營者，或間接取得貸款或有抵押權之證券，特別是土地買受或開發建造之抵押貸款，主要收入係來自利息，亦稱為間接所有型。

過去此種 REIT 類型僅從事單純融資，但近來單純融資的比例已經減少，而對於附轉換權貸款（convertible loan）等參與投資的抵押貸款（participation loan）則有增加投資之傾向。因為在開發、建造階段之投資風險較高，通常訂有較高收益率，而利息收入隨市場利率之變動而不確定，因此抵押權型（mortgage REIT）收益較有波動。

在抵押權型（mortgage REIT）中，若依投資型態為標準，又可分為「直接抵押權型 REIT」（Straight Mortgage REIT）與「參與抵押權型 REIT」（Participating Mortgage REIT）。所謂直接抵押權型，係指投資於貸款取得第一或第二或多重順位之抵押權，其貸款之標的可能為各種型態之不動產，而抵押權之利潤，視市場利率的高低而定。所謂參與抵押權型，係指貸與人除利息外，尚可分得部分借款人經營之利潤。例如，超級市場以每月的還款及銷售收

入來清償抵押權人之融資貸款，除每月有本息收入外，又可分派銷售利潤。

(3) 混合型（Hybrid REIT）

混合型係擁有不動產，同時貸款予所有權人與經營者，即權益型與抵押權型二者兼而有之。

此外，不動產投資信託依股份可否追加發行及發行是否定有期限，以及投資標的確定與否為標準，又可分為開放型（open-end）與封閉型（close-end）；定期型（finite-life）與無限期型（nonfinite-life）；特定型（fully specified）與未特定型（blind pool）等各種類型，惟仍以第一種分類（以投資商品之標的區分）為最重要。

在美國不動產投資另有一種型態，即所謂「有限責任合夥」（Limited Partnership，簡稱 LP），此種型態係由執行合夥人（General Partner）與有限責任合夥人（Limited Partner）共同組成，以不動產開發為投資標的。執行合夥人須具備專業知識及經驗，負責事業與資金之管理與運用；而有限責任合夥人僅負責出資，不參與業務之執行，僅就出資比例平均分攤損益[56]。

（七）保險信託

保險信託又分為個人保險信託與企業保險信託兩大類。

1. 個人保險信託

個人保險信託，亦稱為保險金信託，乃設立信託之際，自委託人移轉人壽保險金債權作為信託財產之謂，已如上述，茲不多贅。

2. 企業保險信託

在美國企業保險信託（business insurance trusts）甚為流行，企業保險信託可分為關鍵人物保險信託（key-man insurance trusts）與為了延續企業所成立之信託（清算信託）兩種。後者以合夥保險信託及股份買取保險信託較為重要。

(1) 關鍵人物保險信託

此種信託係由企業無論獨資、合夥或公司為其關鍵人物（一人或數人）

---

[56] JENNINGS, supra note 10, at 878; http://www.sec.gov/index.htm（最後造訪日期：2017/10/16）；楊崇森，信託業務與應用（三民，2010 年），頁 86 以下。

購買人壽保險，將保險金作爲信託財產，或由企業自己支付保險費，或連同保險、現金或證券，在信託契約上指示：於被保險人死亡時，將保險金用於企業之目的。

(2) 清算信託

此種信託是爲了引進現金，以延續企業所成立，又分爲獨資、合夥與購買股份各種，其中以合夥保險信託較爲常見。

① 合夥保險信託

在小企業尤其合夥，在一合夥人死亡後，由何人接管營運企業，關係重大。由於合夥人之配偶與子女往往無意或無專業能力營運。此時爲使其他合夥人能繼續控制該企業，營運不致中斷。最常用之方法是「買與賣契約」（buy-sell agreement），即由所有生存合夥人同意買取任何死亡合夥人之利益，使企業除了少一人外，仍由同樣的人來管理，繼續營運。買與賣契約通常規定：於某合夥人死亡時，其在企業之利益由其餘合夥人或股東取得，而把買賣價金留予已逝合夥人之親屬。此種安排常用人壽保險來融資，使企業避免現金用盡。

此種合約又有兩種方法，一種是由企業本身爲各合夥人購買人壽保險，並用保險金買取某亡故合夥人之股份。另一種是「交互購買」（cross-purchase），即由合夥人彼此爲他人購買人壽保險，且各人購買亡故合夥人股份之一部分，雖然團體購買較爲單純，但交互購買享有重大稅捐之優惠。

② 股份購買保險信託

股份購買保險信託，如同合夥保險信託對合夥人一樣，係供家族公司（close corporation）之股東，達到類似目的之用。例如甲乙丙三人是 A 公司全部股東，各擁有三分之一股份。各人約定所買保險之保險金應支付與受託人丁，由丁用已故合夥人之保險金來爲生存合夥人之計算，購買已故合夥人之持份。在此情形下，保險金可提供買取持份所需之現金，且可即時提供清理已故合夥人遺產支出所需現金之用[57]。

（八）美國之社區信託或社區基金會（Community Trust 或 Community Foundation）

此種社區信託或社區基金會之構想，最早是由 Ohio 州 Cleveland 之律師

---

[57] Stephenson & Wiggins, supra note 11, at 111; AMERICAN BAR ASSOCIATION, GUIDE TO WILLS AND ESTATES 108-109 (1995); 楊崇森，信託業務與應用（三民，2010 年），頁 109 以下。

Fredrick H. Goff 提出。其設立乃旨在管理許多被個別指定之基金（通常指定用於特定目的）。本金通常由一個當地銀行與信託公司之信託部門管理，資金則由一個基於代表性與對慈善事務之專業遴選產生之人組成之委員會加以分配[58]。

　　此處社區一詞乃廣義之意，可能是一個城市、郡、地域或整個州。亦即社區基金會是以其目的與需要為準，而非以地理的界線為範圍。任何欲從事公益活動之人，可對基金會捐助任何數目的金錢或任何種類財產。對於無力單獨成立信託，欲對社區一般或特定目的之捐助之人，極為利便。大多數社區基金會採信託方式。第一步是由一家銀行或信託公司之董事會作成信託宣言（declaration of trust），表示他將收受並管理對該基金會之捐助，在宣言中訂定信託之條款。今日通常由社區內所有信託機構一起做共同（joint）信託宣言，或同時為同一內容之信託宣言。可以一家銀行或信託公司擔任唯一之受託人，或網羅當地所有或大多數信託機構為受託人（個別之受託人而非共同受託人）。至分配委員會（distribution committee）係由社區頂尖之人組成，俾能以前瞻之眼光，公正無私執行其廣大之處分權。典型之組織是一人由市長任命，一人由當地州法院法官任命，另一人由社區所在地之聯邦地方法院法官任命，又一至數人由受託人任命。委員每年改選一部分。委員會之權限純屬選擇目標，並命受託人加以分配，至於資金之投資、財產之管理或會計出納、簿記等，乃受託人之職權，委員會無權過問[59]。

　　臺灣信託法在立法之初，筆者鑑於國內公益需求日增，引進美國社區基金會制度，可集合多數人之少量資金，集腋成裘，匯成大額資金，當有助於增進公共利益，故倡議有限度採認宣言信託，最後規定「法人為增進公共利益，得經決議對外宣言自為委託人及受託人，並邀公眾加入為委託人」（信託法第71條第1項）。

---

[58] Stephenson & Wiggins, supra note 11, at 149, 301.

[59] 此項社區基金會之特色為將信託型與法人型之區分與對立加以揚棄，信託與法人混合交織，成為有機的結合體，從事公益活動。又受託人之機能中，資金投資與交付獎助金也加以分離，為其另一特色。換言之，資金之投資以信託為中心，由受託人掌管資金之受領、投資與會計，而所生之收益，則交與由該地區各界領導人物擔任之分配委員會，公平而有效率的予以分配。參照田中實、松本崇，公益信託について―財団法人との対比を中心に，信託法研究，創刊號，1977年，頁72以下；楊崇森，慈善信託之研究，中興法學，第26期，1988年4月，頁248以下。

（九）浪費者信託

在美國有所謂浪費者信託（Spendthrift Trusts），值得注意。受益人無需是真正浪費者或身心異常或無能之人，且設立之目的，並非限制受益人自受託人收取收益或原本之後加以花費，亦非限制受益人之債權人在受益人自受託人受領收益或原本之後，不得取去信託收益或原本；而在防止受益人由於讓與將來收取收益或原本之權利，動用信託之收益或原本，或防止受益人之債權人企圖扣押此等權利。通常委託人成立此種信託之目的，除了以資金供受益人生活之用外，也為了防止由於受益人不慎或浪費，或財務管理不善，致耗費財產的危險。內容除規定受益人對信託將來之收益或原本享有權利外，同時規定受益人將來收取此等給付之權利，不可移轉與他人，或為了清償債務，被債權人扣押執行。最常見之機制，是在信託文件內加入所謂「浪費者」（spendthrift）條款，例如規定：「本人之信託受益人之利益，不問信託收益或信託原本，不得讓與或循法律程序予以扣押。」（The Interests of My Trust Beneficiary, whether in Trust Income or Trust Principal, shall not be Capable of Assignment or Seizure by Legal Process.）[60]

（十）盲目信託

如上所述，美國有所謂盲目信託（Blind Trust）制度。雖然委託人知道原始交付信託的財產，但信託成立後，由於受託人經常出售信託財產，將所得再投資，所以委託人無法知悉後來信託財產的具體內容，排除委託人與利害關係人（他的配偶、未成年子女與仰賴他扶養的子女）來參與並知悉這些決定。詹森總統是美國第一個作成盲目信託之人，後來美國許多總統就職後多遵從這先例。但直到1978年美國通過「政府倫理法」（the Ethics in Government Act）之後，盲目信託才正式被美國用作行政部門官員要避開潛在利益衝突之代替方案。國會議員亦可成立盲目信託，而且參眾兩院適用規範行政部門盲目信託之同一規章。該法創設了「政風局」（Office of Government Ethics，簡稱OGE），作為主管機關，現在仍然是一個獨立的聯邦機構。

---

[60] 上述浪費者信託略為相近者，有所謂「扶養信託」（support trust）。即如受託人被指示為特定受益人之利益，支出信託之收益與／或原本時，則其支出只能限於為教育與扶養受益人所需要之限度，且只限於支付能完成這些目的之時間內。此時該利益不能由受益人移轉予他人，亦不能由其債權人加以扣押。George Tailor Bogert, TRUSTS (HORNBOOK SERIES) (West Publishing Co. 1987), 150; 楊崇森，信託業務與應用（三民，2010年），頁161以下。

在盲目信託，官員可定下希望其資產如何管理之有限基準，受益人依照信託契約，只受領信託之收益，但對其如何產生並不知情；亦可指定將所有收益再投資。但官員只能知悉信託最基本的資訊，諸如整個市場價值的變動與信託所產生的純收入或損失，有關信託的大多數交易須在該官員不知情或不經他同意下進行。受託人不告知受益人他對信託財產作了什麼投資，或已採取何種步驟。

換言之，在美國盲目信託有不少配套措施，包含：

1. 立法對於強制信託取得法源，同時訂定受託人與委託人不遵守規定受到罰金的制裁。

2. 為了收到預期的效果，官員的配偶、未成年子女與扶養的子女也應與官員本人相同，受到拘束。

3. 信託的受託人，必須是獨立公正的財務機構、律師、會計師，人選要先經政風機構的同意。

4. 賦予受託人管理處分信託財產的全權，不能加以限制。

5. 信託契約的內容（包括委託人、受託人、受益人的權利義務）有統一制式條款，且簽約要經政風機關的核准。

6. 受託人除寄送季報與年報（只略提信託財產總市價或總收益的數字）外，不提供任何訊息與委託人。

7. 信託契約唯一的任意條款，是可訂定受託人定期支付委託人一定金錢，以免官員家庭生計發生困難。

8. 信託終止（官員離職或死亡）時，受託人才對受益人做完整的結算並返還全部信託資產[61]。

---

[61] How to Set Up a Blind Trust, https://smartasset.com/financial-advisor/how-to-set-up-a-blind-trust; 楊崇森，信託業務與應用（三民，2010 年），頁 161 以下。臺灣公職人員財產申報法亦規定正副總統、五院正副院長、政務人員、公營事業首長、直轄市長之財產應付強制信託。其本人、配偶及未成年子女之不動產、國內上市及上櫃公司股票等，應自就（到）職之日起三個月內，信託予信託業。此種信託應以財產所有人為委託人，信託契約期間委託人或其法定代理人對信託財產之管理或處分欲為指示者，應事前或同時通知該管受理申報機關。有信託義務之人無正當理由未依限信託，或故意將所定財產未予信託，或對受託人為指示者，處罰鍰及公布姓名等處分。
據云日本對若干政府重要官員亦有類似盲目信託之制度，此種信託乃以瑞克魯特事件為契機，為防止政客利用其地位透過股份（持股）等取得不當利益而設。

（十一）美國之 GRATs, GRUTs 及 GRITs（信託財產保留若干利益之信託）

在美國尚有一類信託頗為流行，在國內書籍未被提到，即委託人在生前可對信託財產保留若干利益之信託，有不同類型：

1. 委託人保留年金信託（Grantor-Retained Annuity Trusts，簡稱 GRATs）。
2. 委託人保留單位信託（Grantor-Retained Unitrusts，簡稱 GRUTs）。
3. 委託人保留收益信託（Grantor-Retained Income Trusts，簡稱 GRITs）。

這幾種信託皆可節省贈與稅與遺產稅，但作法不同，分述如下：

1. GRATs

委託人將財產（通常為金錢或股份）移轉予子女或喜歡之人，支付較低贈與稅，而信託資產不算入遺產。依信託條款，受託人（通常為委託人）在一定年限內自信託支付委託人每年固定之數額（年金），在信託終了時，剩餘之信託資產依信託文件之指示，歸屬於最終之受益人，可能為委託人之子女。在此種信託，自贈與稅言，贈與之價值係以設立信託時，而非後來分配剩餘信託財產時之價值為準。由於委託人保留利益之結果，大大減低贈與之價值。

2. GRUTs

GRUTs 與 GRATs 相似，不同的是：受託人支付委託人之收益，不是每年固定之數額，而是特定那一年信託資產價值之一定百分比（信託財產價值每年評估）。每年須決定信託資產當年之價值。如景氣正常，在管理良好之信託，資產價值會逐年漸漸增加，此時委託人每年所領之給付也會水漲船高。如百分比給付大於信託之收入，例如委託人可獲得信託淨值之 8%，而該年信託財產只賺 5%，則不足之數由信託原本支付。反之，如信託收益超過該百分比時，則併入信託資產。最後受益人之贈與稅率係按設立信託時為準，則與 GRATs 相同。

不過委託人在 GRUTs 與 GRATs 之風險是：(1) 日後不能要求收取較高收益或增加或減少信託原本；(2) 如委託人或其家屬中有人發生財政變故時，不能自信託財產獲得支援；(3) 如委託人生存期間比所定信託期間為長時，委託人失去自信託資產獲得所有利益之機會，因它們在信託期間屆滿時，歸屬於最終之受益人；(4) 不能保證遺產稅一定節省，如委託人於信託期間屆滿前死亡，則所有信託財產成為委託人之遺產，而失去可能節省遺產稅之利益。故除非委託人非常有錢，不大值得採取此種安排。

3. GRITs

所謂 GRITs 是將任何種類財產，諸如股票、金錢或土地作為信託財產，而保留委託人在一定期間內自信託財產收取所有收益之權利。當委託人死亡或信託期間屆滿時，信託資產歸屬於最終之受益人。就贈與稅而論，贈與之價值係按設立信託時為準，在 1990 年以前，GRITs 在美國非常流行。1990 年美國國會對信託資產最後如對委託人之直系家屬為有利之安排，取消任何節稅之利益（但其他受益人諸如委託人之甥、姪、表兄弟、堂兄弟、友人、同居之男女則否）。但法律留下一個例外，即 GRITs 中，如只以委託人個人住宅（別無其他）作為信託財產（稱為「住宅 GRITs」〔residence GRITs〕）時，仍可用GRITs 來達到使委託人家屬終局受益之目的。

詳言之，委託人成立一定年限（通常為 10 年）之信託，將住宅作為信託財產，委託人在該期間所保留收益之利益，是有權住在該住宅（或出售再買一屋）。於所定期間屆滿時，信託財產歸原信託文件所指示之最終受益人。就贈與稅而言，贈與價值仍按移轉房屋予信託時為準，但減去委託人保留住在該屋之利益。為了達到此目的，委託人須活得比信託期間長，否則房屋之時價被算入應稅遺產，使委託人為減稅而捐贈之目的落空，惟過去已付之贈與稅額，可自遺產扣除。設定此種信託之優點是，委託人對房子管理仍保留完全控制權，幾乎如同保留真正所有權一樣。又委託人對抵押權所付利息及房屋之不動產稅，仍可自收益獲得稅捐之扣除等 [62]。

（十二）收益匯集信託（Pooled Income Trusts）

在上述公益剩餘財產信託（Charitable Remainder Trust）中，近來美國還流行一種叫做收益匯集信託（Pooled Income Trusts）。可使沒什麼資力的人利用慈善所得稅扣除，將金錢捐贈慈善機構，使它們在一定期間內收領收益。不過此種信託不是由捐贈人設立，而是由慈善機構自己設立。而且受託人是慈善機構（捐助人不能另選別人為受託人），捐贈人只單純捐錢予慈善機構，由慈善機構將捐贈人的金錢與其他金錢匯集一起，成為巨大的信託基金管理利用。在美國許多大學與博物館設立此類信託，供忠實的捐贈人捐贈。

這種信託的運作很像 Mutual Fund。與別的信託不同，捐贈人捐贈金錢、股票或債券予慈善機構（但不能捐贈有形財產，如不動產或鑽戒），可享有所

---

[62] SHENKMAN, supra note 13, at 251; Denis Clifford & Cora Jordan, PLAN YOUR ESTATE 21-16, 17, 19 (2000); 楊崇森，信託法原理與實務（三民，2010 年），頁 105 以下。

得稅扣除之利益。慈善機構將許多人的捐贈匯集成爲基金投資，收益支付予捐贈人。捐贈人可隨時提供其他捐贈，而獲得進一步所得稅扣除。亦可指定將收益加以累積，直至捐贈人達一定年齡，諸如 65 歲或 70 歲，再付予捐贈人，並於捐贈人死亡後，將原本歸屬於慈善機構。如投資準確，屆時慈善機構可得之數額可能有很大成長。

這種信託具有吸引力，因由慈善機構設立信託與營運資產，而且捐贈人在第一次捐贈後，以後仍可輕易追加捐贈予信託。因此如捐贈人沒有資金一次捐贈完畢，不妨逐年或長期捐贈較小筆數額，再累積成爲可觀的退休收益。換言之，既捐贈可觀數字作善舉，又可爲自己產生一筆退休基金，一舉兩得[63]。

柒、結論

由於篇幅所限，以上只能就信託應用的一些顯著例子加以析述，可見美國信託制度在各方面都扮演極多神奇作用，其實社會應用事例更僕難數[64]，尤其今後高齡化社會更需利用信託制度，因此今後臺海兩岸如何加強推廣信託制度，加以活用，以富國裕民，值得有識之士重視，而我輩學界尤宜負起啓迪宣導的使命。

---

[63] 參照 Clifford & Jordan, id. at 20-10, 11; SHENKMAN, supra note 13, at xviii.
[64] 美國應用信託事例與名目繁多，參照期刊 *Trusts and Estates*，臺灣例如數年前實施的金融資產證券化與不動產證券化都是實例。

第九章

美國稅法（尤其所得稅法）淺釋

壹、前言

美國稅制非常完善細密，更是我國稅法的模範[1]，影響我國相關稅法甚深。美國稅法是世界上最龐大複雜的稅法[2]，不僅在數量與規模上名列世界首位，在複雜性與費解方面也是世界之冠。原因眾多，包括稅種繁多，不同的人，不同的年齡，不同收入的人稅率不同；法令經常變動，國會經常通過新的法律，國稅局就要作出相應改變；國稅局所下解釋繁多，細節方面環環相扣、非常精細；加以稅法欲對複雜經濟社會之各種所得，乃至對賦予或廢止利益之眾多用語下定義，相互參照又相互參照，例外之下又有例外；許多州所得稅法與聯邦稅法在實質方面不一致；所得稅法常被國會作為鼓勵或引導人民從事對社會有益活動的工具；加以為一定目的而訂定之特別稅規定又多，更增加其複雜性等都是因素，何況美國所得稅制度為了發揮公平調節作用與堵塞漏洞的功能，歷經不斷變革充實[3]，以致其所得稅法繁複費解，連美國著名法官 Learned Hand 也為之錯愕不置，備感挫折[4]。

---

[1] 尤其在 1960 年代劉大中主持臺灣賦改會所作所得稅改革，以及財政部賦稅署過去每年例皆遴派中高階官員赴哈佛大學國際稅法計畫進修一年二事，可以窺知。

[2] 整部稅法典有 9834 節，將其譯成中文以後的字數，估計至少在 300 萬字以上。內容包括所得稅、遺產稅與贈與稅、僱傭稅、消費稅徵收程序與行政管理、總統競選運動的資金籌集等。愛因斯坦認為美國聯邦個人所得稅是世界上最難以理解的事務。而大衛·布拉德福教授從三方面描述美國稅收體系的複雜性，即規則的複雜性、遵從的複雜性及交易的複雜性。參照 David F. Bradford, Untangling the Income Tax (Cambridge, MA: Harvard University Press, 1986), pp. 266-267; 許多奇，美國聯邦個人所得稅制度之歷史嬗變、基本特徵及其借鑑，中國法學網，http://www.iolaw.org.cn/showNews.aspx?id=62190。

[3] 許多奇，前揭文。

[4] Learned Hand 法官對《美國稅法典》評論說：「在我看來，所得稅一類法律文字……不過是以沒有意義的隊伍在我眼前跳動著，相互參照又相互參照，例外之上又有例外——一些抽象的術語沒有線索可以把握——腦海中只對一些極重要但又成功隱藏起來的要旨有混亂的印象。我的責任是盡力去擷取它們，但只有在過長時間努力之後才能做到。我知道這些怪物是過度勤勉與創意之結果，堵塞漏洞與鑄網，以防所有可能之逃稅，但不時我不禁憶起威廉詹姆士（筆者按：此人為美國心理學家與哲學家）對黑格爾一些段文章所

　　但美國稅法高明精彩之處委實頗多，尤其有很多彈性規定，富於政策誘因，往往規定各種鼓勵措施，讓納稅人可從事租稅規劃（tax planning），儘量選擇採取對自身稅收利益最有利的合法作法。此方面實比我國稅法靈活得多，先進得多，有創意得多。這類激勵的策略與作法值得我輩法律人之重視，更可供財稅當局立法之借鏡與效法。

　　由於國人深入淺出介紹美國稅法之文獻頗為欠缺，筆者爰不揣譾陋，擬就個人閱讀一得之愚，以美國個人所得稅（聯邦收取最多收入，對納稅人最重要之稅捐）為中心，就美國稅制之若干基本實際問題，試加簡明的介述，聊供關心讀者瞭解彼邦稅法之一助[5]。

貳、美國的稅收制度

一、聯邦、州與地方的分稅制

　　美國稅收採聯邦、州與地方（郡、市）三級政府依權責劃分徹底的分稅制。聯邦與州各有獨立的稅收立法權，地方稅收立法權在州，州與地方政府執行州與地方稅法。惟州的稅收立法權不得違反聯邦利益與聯邦稅法[6]。聯邦、州、地方三套稅務機構，分屬各級政府，彼此並無統屬關係。國稅局、州稅局與地方稅局有獨立的執法權，有權依據稅法解釋執行發生的具體問題，並依據稅法對欠稅加以執行，納稅人如有不服，可申請法院裁決解釋。總體而言，美國的稅從徵收層級看可分為，聯邦稅、州稅和地方稅；從稅種看，有個人所得稅、公司所得稅、社會安全福利保障稅、健康醫療稅、銷售稅、財產稅、地產稅、遺產稅、贈與稅、消費稅等；從稅率看，又分為單一稅率、累進稅率和遞減率稅；在稅收的計量上可分為從量稅和從價稅。

　　聯邦、州與地方三級政府都有固定的收入來源。聯邦政府主要徵收所得稅

　　評：它們無疑是以理性之熱情寫下來，但使人不禁懷疑對讀者除了扣上語法正確之文字外，有何意義。」參照 Thomas Walter Swan, 57 Yale Law Journal No. 2, 167, 169 (December 1947); 又 https://en.wikipedia.org/wiki/Income_tax_in_the_United_States。難怪美國經常有人在利益團體支持下，建議修改或簡化稅法。

[5]　按英國是世界上最早施行個人所得稅的國家，在 1799 年開始徵收，被戲稱羅賓漢稅，寓有劫富濟貧，縮短貧富差距之意。

[6]　一些經濟學家以為所得稅使聯邦政府有了削弱各州權限之工具，因聯邦政府能附條件分配資助各州，各州除聽命外，別無他法。

（包含個人與公司的所得稅）、支持社會安全制度的稅（payroll taxes，薪水的稅）、對一些產品的稅（excise tax）、無償移轉財產的稅（就是遺產稅與贈與稅 estate & gift taxes）、關稅及許多次要的稅。但沒有財產稅（property tax）或加值稅（value-added tax），而以個人所得稅與公司所得稅為其主要收入。州政府主要徵收交易稅、州個人所得稅、州公司所得稅、州消費稅等，而以交易稅為其主要收入。地方政府則主要徵收財產稅、地方交易稅、地方個人所得稅等，其中以財產稅為其主要收入。在稅收收入總額中，聯邦稅收收入約占 60% 左右，州與地方約占 40% 左右。美國直接稅的比重高達 91.3%[7]。

二、聯邦稅（Federal Tax）

聯邦稅是由聯邦政府徵收的稅負。主要用於支付各種政務開支以及支付國債利息等。在各種聯邦稅中，所得稅占主要地位。主要是個人所得稅和社會安全稅，其次是公司所得稅。聯邦遺產稅、贈與稅和貨物消費稅在聯邦財政總收入中所占比例則很小。以 2004 年為例，在聯邦總稅收中，個人所得稅占 43%，社會安全稅占 39%，公司所得稅為 10%，其餘為遺產稅、贈與稅和其他稅收。在美國聯邦財政收入中，個人所得稅約占 35%，社會安全稅約占 30%，公司所得稅占 7% 左右，其他稅占 7% 左右，非稅收入占 20% 左右。在 2016 年個人所得稅占聯邦總收入 47.3%，公司所得稅占 9.2%，消費稅占 2.9%，社會安全稅 34.1%[8]。

（一）個人所得稅（Individual Income Tax）

個人所得稅是聯邦政府稅收的主要來源。其徵收原則是「有賺就要繳稅」（pay-as-you-earn）。個人所得主要包括工資、年薪、小費、利息和股息收入、租金、特許使用費、信託、博彩、賭博、遺產、年金、贍養費收入、投資

---

[7] 直接稅係對投資所得、商業或職業行為所得課徵，包含所得稅、遺贈稅、證（期）交稅、土地稅、房屋稅、契稅等。間接稅係向私人消費及財產移轉所得課徵，係在特定行為發生時課徵，包含關稅、營業稅、貨物稅、菸酒稅、娛樂稅、健康福利捐、特種貨物及勞務稅等。直接稅無法轉嫁，較易達成租稅公平，但稽徵手續較為複雜，納稅人痛苦感亦較強烈；間接稅可轉嫁，優點是稽徵手續簡便、易於徵收，缺點為缺乏中立性。目前各國賦稅徵收趨勢，仍以直接稅為主流。https://www.mof.gov.tw/File/Attach/78033/File_12184.pdf。

[8] 劉翠微，美國聯邦稅制 2017 年最新情況，2017 年第 15 期（總第 551 期），http://www.crifs.org.cn/index.php?a=show&c=index&catid=23&id=462&m=content。

收入及商業經營收入等。所得稅採累進（graduated, progressive）稅率，目的在消除一些個人間所得之不平等，達到量能課稅之目的，因此所得水準愈高，稅率也愈高。稅率視不同所得級距而異，自 10% 至 39.6%，這些稱爲邊際稅率（marginal tax rates），但並不適用於整個所得，只適用於特定級距之所得。

聯邦與州所得稅以各個納稅人爲對象，除單身外，已婚夫妻可共同或單獨申報，扶養子女或其他親屬之未婚個人可以家長（head of household）身分申報，此外尚有扶養子女之寡婦／鰥夫（qualifying widow/widower with dependent child）。即聯邦與許多州個人所得稅率會因申報之身分而不同。納稅人須選擇一種適合之申報身分（filing status），申報納稅。報稅身分會影響課稅細節，例如過去許多美國夫婦只因所得稅問題，避免結婚（即使如同已婚夫妻同居）。由於累進稅結構，低所得之人按較低級距課稅，所得上升則進入較高級距，如二人結婚合併申報，由於所得合併認爲單一所得，致所得上升進入較高稅的級距，被稱爲「婚姻刑罰」（marriage penalty）[9]。

（二）公司收入所得稅（Corporate Income Taxes）

公司所得稅是聯邦政府繼個人所得稅與社會安全福利保障稅之後的第三大聯邦稅收入。美國稅法規定，凡依各州法律設立，並向各州政府註冊的公司，不問設在美國境內或境外，也不問股權誰屬，均爲美國公司。凡依外國法律設立，並向外國政府註冊的公司，不論設在美國境內或境外，即使股權的全部或部分屬於美國，都是外國公司。

公司所得稅分聯邦、州地方兩級徵收。在美國營運的公司除了要申報聯邦政府所得稅，還要在企業註冊地、經營地所在州申報所得稅。聯邦、州及地方政府要求公司每年年終匯總申報繳納公司所得稅，每季預繳稅款，年終稅務核算多退少補。每年年終所得稅申報除申報所得稅明細外，還需申報大量公司資訊。

美國公司所得稅的課稅對象是美國公司來源於美國境內外的所得（即全球所得）與外國公司來源於美國境內的所得，主要包括經營收入、資本利得、股息、租金、特許權使用費、勞務收入。公司所得稅採超額累進稅率，年度之間的虧損可以抵補與結轉，本年度虧損，可向前轉抵 3 年，向後結轉 15 年[10]。

---

[9]　https://en.m.wikipedia.org/wiki/Marriage_penalty。
[10]　美國公司的稅捐制度被批評爲違反水平衡平與垂直衡平等四原則，雖有許多改革雙重課稅制度的建議，但沒有一個成功，結果前一、二十年出現了新的投資人負有限責任之形

通常公司之應稅所得是總所得減去扣除額。若干所得與若干公司可享有稅的免除額。又對有關人所付之利息與若干其他費用之扣除額有若干限制。若干公司交易不課稅，包括大多數的設立與若干型態的合併，併購與清算。有些公司可能要付外國所得稅，但可能對這種稅享有外國稅抵扣額。

大多數公司的股東對公司所得不直接付稅，但須對公司所付股利付稅。S 公司與共同基金在公司層次不課稅（S 公司以外的公司稱爲 C 公司）[11]，他們的股東目前對公司所得要付稅，惟對股利不付稅。公司股東對公司股利的分配另外課稅。目前股利的稅率比公司與個人股東通常所得爲低。爲保證股東對股利付稅，可對外國股東預扣稅。公司所得稅亦與個人相同，採累進稅率，但在 2017 稅改後，公司稅率改爲一律 21%。

在 2018 年以前國內公司對全世界所得要在聯邦與州層次被課稅。2017 年稅改後，子公司依設立地稅率課稅。從事跨州業務的美國公司是否要在不同州申報納稅，取決於該公司是否在該州建立了「關聯」（nexus）。「關聯」的建立通常與公司的經營活動有關。例如是否有來源於該州的營業收入、是否在該州擁有資產、公司的在職人員在該州是否有實際經營活動等。一旦該州認定公司與本州有足夠的「關聯」，就有權對公司徵收所得稅或其他稅。如一家公司與數州都有足夠的「關聯」，則需將全部應稅所得在幾個州之間分攤後，再分別計算各州所得稅。公司所得稅的納稅人可選擇納稅年度，即納稅的起訖日期，但一經確定，就不可隨意改變。納稅人可選擇權責發生制、現金收付制或其他會計核算方法作爲計稅方法。

美國稅法准許美國跨國公司對外國利潤延後付稅（deferral）。即公司對其外國子公司利潤應付美國的稅，可延展多年甚至不定期，直到所賺匯回美國爲止。這是美國公司付低稅的主因，即使美國公司稅率是世界最高之一

式的商業型態（按即有限責任公司）（Burnham, op. cit., p. 642）。又亞當斯密曾提出租稅體系應遵循：公平（equality）、清楚簡單（clear & plain）、便利（convenience）及效率（efficiency）四項原則。但美國公司稅制似與這些原則不符。參照 https://www.cbc.gov.tw/public/attachment/81314113171.pdf。

[11] C 公司係指美國的股份有限公司（Corporation），而 S 公司（S-Corp）則近似合夥，C 公司將公司責任與股東個人責任分離，公司的債權人不能向股東的個人財產追討債務。而 S 公司則可以。S 公司與 C 公司的主要區別在於繳稅模式的不同，S 公司僅對公司的股東徵稅，而不對公司本身徵稅，而 C 公司既對公司本身徵稅，又對公司的股東徵稅，同樣一筆收入被兩次徵稅（雙重徵稅〔double taxation〕）。又 C 公司的股票可上市交易，S 公司則不可。目前很多州對於 C 公司有最低繳稅的要求。又參照楊崇森，遨遊美國法第二冊（華藝，2014 年），頁 3。

（35%）（公司稅率自 2018 年 1 月 1 日起改為一律 21%）。延遲付稅對美國公司比起他們在外國之競爭者提高資本支出有利。他們外國子公司可將所賺再投資，而不負擔其他稅，從而使它們成長較為快速；同時也有助於全球作業的美國公司，尤其在低稅國家有所得之公司。一些最大與最賺錢的美國公司由於使用子公司方法，付了非常低的稅率。美國 100 個大公司中，有 83 個在列為租稅避難港（tax haven）的國家設有子公司[12]。

　　美國公司採全球稅制（worldwide tax system），凡總部設在美國之公司，其全球所得皆須納稅，且稅率比其他國家偏高，加以海外盈餘匯回本土時，才須補繳公司所得稅，變相鼓勵公司在美國國內舉債（利息支出有抵稅效果，鼓勵增加舉債槓桿，惟容易增加財務風險），將盈餘藏在國外，外界估計海外未稅盈餘約有 2.6 兆美元。部分美國公司為避免海外盈餘須繳美國企業所得稅，將總部移往海外，自 1981 年以來，逾 50 家美國公司總部移往海外[13]。

（三）社會安全與保健醫療稅（Social Security and Medicare Tax）

　　社會安全與保健醫療稅，主要用於為退休員工和殘疾員工及其扶養人提供福利。這兩種稅約占納稅人薪資收入的 15.3%，由雇主與員工各承擔 50%，即 7.65%，其中社會安全稅占 6.2%，保健醫療稅占 1.45%，在發放薪資時由雇主代扣。依據美國稅法，2005 年社會安全稅的徵收適用於納稅人最先收入的 9 萬美元薪資，換言之，超過該金額（9 萬美元）的薪資部分免徵社會安全稅，但保健醫療稅則適用於納稅人所有的薪資收入部分。

（四）薪水稅（payroll tax）

　　聯邦社會安全制度的財源是由納稅人自薪水扣下由雇主支付。這種稅雇主幾乎負擔一半，受雇人另一半。自雇的個人也須負擔，一般是薪資或相當自雇人所賺的 15.3%[14]。

（五）貨物稅（消費稅〔excise tax〕）

　　貨物稅是一種消費稅，是針對消費特定貨物與服務，而非收入，最常見的可能是對買賣酒類與煙草的稅[15]。在 2004 年度，聯邦消費稅收入約占聯邦總稅

---

[12]　https://en.m.wikipedia.org/wiki/Corporate_tax_in_the_United_States。

[13]　https://www.cbc.gov.tw/public/attachment/81314113171.pdf。

[14]　Burnham, op. cit., p. 658.

[15]　Burnham, op. cit., p. 658.

收的 3.7%，占國內生產總值的 0.6%。其中燃油稅是聯邦貨物消費稅項下最大的稅種，約占該稅的 30.4%，其他消費稅包括國內民航旅客稅、烈性酒、葡萄酒、啤酒、香菸和電話服務費等。徵收消費稅的目的有些是為了增加收入，減少赤字，或用於高速公路的興建和道路空氣污染的預防與治理。

（六）遺產與贈與稅（estate & gift taxes）

這兩種都是對無償財產移轉的稅，贈與稅是對生前所作財產移轉課徵的稅，而遺產稅則是對納稅人死後所作財產移轉課徵的稅，兩者連成一氣，相互配合。遺產稅與繼承稅（inheritance tax）不同，主要區別在於遺產稅的徵收對象是遺產，而繼承稅的徵收對象是繼承人。遺產稅稅率根據遺產價值的大小從 18% 至 45% 不等。

這些稅之一原則是對家族間財富移轉每世代課徵一次。隔代移讓稅（generation-skipping transfer tax）是對隔代信託或隔代移轉（跳越一個中間世代的方式）徵收的贈與稅或遺產稅，設立該稅種的目的在於防止以隔代信託或隔代移轉的方式逃避遺產稅[16]，遺產稅與贈與稅有統一稅率。到 2006 年止，個人財產無償移轉共計超過 200 萬美元才課徵。2009 年免稅額提高到 350 萬美元。在 2018 免稅額提高到 1,118 萬美元，超過免稅額一律課 40% 稅率。

三、州稅及地方稅（State and Local Taxes）

美國各州與地方的稅收主要來自交易稅、收入所得稅和財產稅。涉及普通公民的稅種主要是收入所得稅、交易稅、房地產稅及汽車燃油稅。

各州可依相關法律和經濟發展水準與稅收來源的充裕程度訂定稅種與稅率。州與地方稅通常在計算聯邦應稅所得時可扣除。生活水準較高的州，如東北地區州的總體稅率水準要高於南部的州，而有些州，如阿拉斯加州，由於有豐富的石油資源，不但沒有收入所得稅，居民還可獲得州政府開採油礦獲利的回饋[17]。有些州免徵食品、藥物的銷售稅，佛羅里達州免徵個人收入所得稅，內華達、南達科他、德克薩斯、華盛頓和懷俄明等州則免徵個人和公司收入所

---

[16] 為了防止富人直接將財富轉移給下下一代，美國國稅局還加上一種「隔代贈與稅」（generation-skipping transfer tax），對隔代贈與超過一定數額者，課予重稅。許多富人為避免巨額贈與稅或遺產稅及子孫因遺產反目，往往採信託（trust）方式，由專人管理。

[17] 2018/10/28 大紀元記者凌妃編譯。

得稅，但可能會徵收特許權稅或使用稅，還有些州規定納稅人可以用所交的某些州稅抵扣相同的聯邦稅[18]。

（一）交易稅（sales tax）

交易稅是在賣予最終消費者時課徵，是大多數州的主要財源。有些城市也徵交易稅。通常稅率在 5% 上下。各州不同，甚至同一州內亦不同。例如紐約州課 7%，而新澤西州課 3%。同屬紐約州，Albany 課 8%，而 Syracuse 課 7%。即使交易稅，也有不同規定，例如哪些物品有稅，哪些沒稅。例如紐約州槍枝要稅，但牛乳不要。在新澤西州食物要稅，但衣服不要。交易稅被大力批評，因最大比例歸低收入消費者負擔。通常矯正此不公平之作法，表現在自稅基中免除生活必需品，諸如食物。

（二）財產稅（property tax）

財產稅是州政府與地方政府對在境內擁有不動產或動產，尤其房地產的自然人和法人徵收的稅。財產稅一直是美國地方政府最重要的財源，占地方政府稅收收入的 80% 以上。聯邦政府不徵收財產稅，各州政府只徵少量財產稅或完全不徵收。

（三）牌照稅（franchise tax）

許多州對在州內營業特權課徵此種稅，這些稅有時被認為是較廣泛的所得稅的代替物。

（四）所得稅（income taxes）

許多州對居民與在該州營業的非居民徵所得稅。有些城市例如紐約市，也以類似方式課所得稅。許多州所得稅係依據聯邦所得稅或聯邦調整後總所得，加以調整。稅率出入甚大，但通常少於 10%。有些州並無所得稅[19]。

---

[18] 依據美國稅收基金會（Tax Foundation）估計，2005 年美國五十個州與哥倫比亞特區的州稅與地方稅的平均稅率負擔為 10.10%。該基金會基於家庭收入中主要稅收之和所算出的 2003 年各州稅率排序資料顯示，美國稅賦最高的五個州是緬因州、華盛頓特區、紐約州、夏威夷和羅德島，稅率分別為 13.0%、12.2%、12.0%、11.5% 和 11.4%，而阿拉斯加、新罕布夏、德拉瓦、田納西和阿拉巴馬州的稅賦最低，分別為 6.4%、7.4%、8.0%、8.3% 和 8.7%。參照美國稅收制度簡介，http://houston.mofcom.gov.cn/article/ztdy/200505/20050500102679.shtml。

[19] 美國有七個州不徵州的所得稅，它們是阿拉斯加、佛羅里達、內華達、南達科他、德州、華盛頓及懷俄明。Burnham, op. cit., p. 659.

四、稅收機構

美國稅收主管機構爲財政部之下的國稅局（Internal Revenue Service）與關稅署（負責關稅徵收）[20]，國稅局負責聯邦國內稅徵收與國內收入法令的執行。局長（commissioner）由總統提名，經國會通過後任命。該局總部只對徵收工作給予指導、指示，實際徵收工作由在全國分設的七個地區稅務局負責。地區稅務局可對稽徵中的問題作出決定，無需總局批准。地區局下設若干區局，直接進行稅收徵納管理工作。由於美國施行主動申報繳納個人所得稅爲主的稅制，所以地區局以下實際工作主要是審查報稅單[21]。1980 年代該局改組，成立兩黨委員會有數要求，包括增加客戶服務與改進收稅。國會制定了「國稅局改組與改革法」（Internal Revenue Service Restructuring and Reform Act of 1998），致現今該局分四個主要司工作：大企業與國際、小企業／自雇、工資與投資，及免稅與政府實體。此外有一個刑事調查司（IRS Criminal Investigation Division）。雖然該局顧客服務比以前改進，但 2001 年稅收少了不少。在 2017 年全部員工有 76,832 人[22]。

至於各州稅務局，多稱爲 Department of Revenue 或 Department of Taxation，其組織出入甚大[23]，一般內部設有五個單位：法制單位，負責稅法執行的解釋、宣傳、複議、應訴等；審計（稽查）單位，負責對納稅人納稅情況的調查與處理；研究統計單位，負責稅收的統計與分析；徵收單位，負責接受與處理納稅申報、稅款徵收；服務單位，負責人事、財務、接待。

---

[20] 美國對貨物進口課關稅，於進口時課稅，由進口商繳納。關稅高低因進口國與產品而不同，許多國家的貨物依不同貿易協定而免於關稅，若干種貨物不問來源如何，豁免關稅。關稅法規與其他輸入限制不同，若未遵守關稅法規，可使貨物被扣留與相關人受到刑罰。關稅法規由聯邦海關與邊境保護署（United States Customs and Border Protection）負責執行。

[21] 中國居民赴美國投資稅收指南，http://www.chinatax.gov.cn/n810219/n810744/n1671176/n1671206/c2069914/part/2790753.pdf；劉翠微，前揭文。

[22] https://en.m.wikipedia.org/wiki/Internal_Revenue_Service; https://en.m.wikipedia.org/wiki/Office_of_the_Taxpayer_Advocate。

[23] https://en.m.wikipedia.org/wiki/Taxation_in_the_United_States。

參、租稅（尤其所得稅）與國家發展之關係

　　租稅主要目的原在於籌措國家施政經費的財源。但依其負擔分配與課徵方式的不同，往往具有國民財產或國民所得重分配的效果，同時也可對特定產業或特定收入之人，予以特別的保護，補助或獎勵。此外時常利用租稅手段，促進資本累積或獎勵儲蓄投資以及達到抑制消費及社會安全等目的。

　　隨著經濟的發展與社會結構的日趨複雜，現代政府更常超越財政稅收之目的，盱衡社會與政治情勢之需要，透過徵稅，包括創設新稅或增稅、實施減免稅等方法，推動或達成一定社會、經濟、政治或其他政策[24]。因為稅之誘因（稅的利益或優惠〔preference〕），往往比政府直接補助更為有效[25]。事實上租稅的問題也是敏感政治問題，稅制不但反映社會之政治與經濟情勢，更密切反映迅速變遷的社會狀況與所受之壓力，以及立法機構在政治上的反應[26]。尤以美國更為顯著。

肆、稅制應遵循之原則

　　財稅學者公認為政府或稅制至少應遵守四個原則，即水平衡平、垂直衡平、市場中立及經濟效率。

一、水平衡平（horizontal equity）原則：要求在同樣情況的人應以類似的方式對待，而不同情況之人則應受不同之對待。因此對於具有同等經濟能力的人，應課徵等額的租稅。

二、垂直衡平（vertical equity）原則：要求制度的負擔要以公平的方式，分配予社會的各個分子。因此對於具有不同經濟能力的人，應課徵不同數額的租稅。

三、市場中立（market neutrality）原則：認為稅捐不應影響納稅人市場的決定，如兩種類似產品，一種須額外負擔較高稅捐時，則這種產品的消費者就傾向於避免這種課稅的產品，而買不課稅的產品。

---

[24] McNulty & Lathrope, Federal Taxation of Individuals (Thomson/West, 2004), p. 297; 錢 Money 理財研究室，節稅計劃（金錢文化，民 83 年），頁 14。

[25] Surrey, The Federal Tax, in Berman ed., Talks on American Law (Voice of America,1972), p. 159.

[26] Id. at 165.

四、經濟效率（economic efficiency）原則[27]：美國稅法採量能課稅原則，即依
　　各人經濟上負擔能力爲差別之課稅，採取累進稅率即係此原則之表現，使
　　納稅（負擔）能力愈強者，負擔租稅也愈多，納稅能力愈弱者，負擔租稅
　　也愈少。即以經濟上之負擔能力作爲衡量公平之標準。使納稅人相互間之
　　公平，仰賴「經濟能力相同的人課徵同額的租稅，經濟能力不同的人課徵
　　不同數額的租稅」而得以維持。

伍、美國稅法上若干特色與問題

一、特色

（一）美國稅法盛行各種鼓勵措施

　　美國國會在決定向何人徵稅、徵稅多少、何時徵稅時，都會針對社會與經
濟的需要與發展，就其方向與程度作種種政策性的價值判斷，稅收規定在運用
特定資源方面具有巨大影響力。例如國會常用所得稅法作爲政策工具，鼓勵眾
多對社會有益之活動，包括購買人壽保險，資助員工健康照顧及退休，養育子
女，取得房子所有權，研發代替性能源及增加對傳統能源之投資等不一而足。
各種鼓勵措施引導納稅人從事租稅規劃，儘量選擇採取對自身稅收利益最有利
的作法[28]。無怪乎資產規劃（estate planning）與租稅規劃（tax planning）爲因
應美國社會之特別需要而蓬勃發展起來。
　　以下列舉數例以窺知美國稅法所用策略之一斑：
1. 若干稅折抵，例如能源折抵，可協助人們在主要住宅安裝節省能源設施（如
　　太陽能板，渡假別墅不在內）之支出抵銷[29]。
2. 所得平均（income averaging）：納稅人可用此策略，將當年增加的所得分
　　散在 5 年期間，以減低稅負[30]，但只能用在所得重大上升之情形。
3. carry-over & carry-back：所得稅是每年計徵，淨所得須在一年期內決定，
　　對大多數人固無問題（尤其按週或按月領薪水支票之人，計算年收入更簡

---

[27] Burnham, Introduction to the Law and Legal System of the United States (Thomas/West, 2006), p. 642 et seq; Surrey, op. cit., p. 149.

[28] https://en.wikipedia.org/wiki/Income_tax_in_the_United_States。

[29] Reader's Digest, You & Your Rights (The Reader's Digest Association, Inc., 1982), p. 410.

[30] Ibid.

單），但按年徵收，尤其在累進稅下就有問題。運動員、演員、作家、商人業績可能有 1 年好，收入暴增，在按年計算下，他比幾年平均分攤，要付更多稅。又如一家廠商 1 年虧損，下一年賺錢，或第一年賺第二年虧。美國稅法為緩和稅的逐年報繳之缺點，對營業虧損有 carry-over & carry-back 及平均過去 5 年個人所得之規定[31]。

4. 勞動所得稅扣抵制（earned income tax credit），這是為補貼低收入與中等收入的個人與夫婦，尤其有小孩的夫妻而設。如勞動所得低於一定金額時，部分稅賦可以抵免，以彌補社會安全稅的負擔，並保持工作的誘因。這種稅扣抵制是美國最大的減少貧窮計畫。在 2004 年，有將近 21 萬美國家庭得到超過 36 億美元的租稅扣抵。

5. 特別稅率，不計入應稅額（exclusion）、免稅（exemption）、扣除（deduction）、稅的抵扣（credits）及稅的延付（tax deferral）[32]。

6. 由於有些企業並非用傳統方法牟利，稅法對於保險公司、船運公司、採取天然資源的生產業（extractive industries，研發費用等）及共同基金的若干或全部項目適用特別規則[33]。

（二）會計原則不同

美國與大多數國家不同，對稅收另有一套寬廣的會計原則，定在稅法上，而與一般公認之會計原則頗為不同。

（三）所得稅採世界主義

美國對個人與公司課徵之所得稅係採世界主義，而非屬地主義，在並世各國似屬罕見。

二、所得稅之若干基本問題

（一）起徵率宜設在多少所得，及稅率多快上升，免稅額如何訂定？納稅單位（unit）如何認定為宜？[34]

---

[31] 有些經濟學家認為更好答案是平均期間還要更長，甚至要終生平均，Surrey, op. cit., pp. 150-151.

[32] Surrey, op. cit., p. 155.

[33] Income Tax in the United States, https://en.m.wikipedia.org/wiki/Income_tax_in_the_United_States.

[34] Surrey, op. cit., p. 148.

（二）都有所得的夫妻的所得稅應分開計徵，還是要合併？未成年子女的所得如何處理？對他們獨立課徵還是併入父母所得？[35]

（三）在公司，公司宜作為一課稅單位，完全與股東分開，抑或合併計徵？[36]

（四）薪水稅（payroll tax）問題：此種稅常受到質疑，有人建議免除窮人這種稅[37]。

（五）消費稅（excise tax）問題：此種稅在美國有改採全國買賣稅之努力，甚至有人建議將所得稅改為消費稅。歐洲及一些別的國家將這些稅改為加值型之買賣稅[38]。

陸、美國聯邦稅法法源與基本概念

一、憲法

在 1913 年批准的美國憲法增修第 16 條賦予國會徵收所得稅的權限，成為對各州擴大聯邦政府在 20 世紀權力之一因素。

二、內地稅法典（Internal Revenue Code）

美國的聯邦稅法由國會制定，列入「內地稅法典」。最早所得稅法係於 1916 年制定。1939 年各種法律合併成為內地稅法，1959 年與 1986 年大修。現全部長約 2,000 多頁（美國聯邦法典〔the United State Code〕，Title 26），1939 年起幾乎每年都要修正[39]。財政部屬下的國稅局（Internal Revenue Service）負責管理與執行聯邦稅法，為納稅人提供納稅方面的指導服務。內地稅法除了有關關稅規定外，尚含有所有現行適用的聯邦收入條文，是聯邦所得稅之主要法源，因此稅法基本上是制定法（statue），惟一些地方受到不少司

---

[35] Surrey 認為答案常來自歷史與習慣，op. cit., p. 151.

[36] Surrey, op. cit., p. 152.

[37] Id. at 164.

[38] Surrey 教授指出：今日商業與資產計畫，自賦稅觀點及別的觀點，變為更加複雜。他預測所得稅制會繼續在一方想稅改與增加公平，他方欲防衛現行稅的優惠（preference）或增加新優惠之間拉扯（Id. at 161-162）。

[39] Burnham, op. cit., p. 625.

法機關發展出來原則的影響[40]。

三、財政部法規（the Treasury Regulations）

財政部（Department of Treasury）依內地稅法典授權所發布之法規（Title 26 of Code of Federal Regulations），為所得稅第二主要法源，目的在解釋、補充該法典之文字或漏洞，篇幅有 8,000 多頁，約為法典本身的四倍，在不牴觸該法典限度內為有效。實際上法院頗尊重這些法規對該法典之解釋，很少加以推翻[41]。

四、個案釋示（Revenue Rulings）

國稅局經常對稅法條文的疑義發布釋示（ruling），最常見的稱為 Revenue Rulings，1 年約有 300 則，這些釋示較易受到法院的挑戰。

五、私人信件釋示（Private Letter Rulings）

由國稅局公布對特定納稅人有關特定交易之特定問題（含特定交易稅捐結果之事先核可）之答復，雖只針對請示人，但對處於類似狀況之人，有助於瞭解該局當前對某些問題的想法。

六、立法歷史（Legislative History）

由於稅法典乃國會產物，瞭解該法典某條之歷史，有時有助於法院解釋條文文字之疑義。特別重要的有：眾院預算委員會（the Ways and Means Committee）、參院財政委員會（Senate Finance Committee）及國會稅捐聯席委員會（Joint Committee on Taxation）三個委員會的報告。

---

[40] Farnsworth, An Introduction to the Legal System of the United States (Oceana Publications, 1893), p. 146.

[41] Burnham, op. cit., p. 625.

七、案例法（Case Law）

聯邦各法院，包括最高法院，曾受理許多納稅人案件，尋求解釋國稅局或其官員所實施與內地稅法典或法規歧異解釋之問題。由於大多數案件重在處理事實爭議而非法律爭議，致稅法這方面司法解釋，比起其他法律領域，數量雖較多，但重要性反而較小 [42]。

柒、聯邦稅法之基本概念或原則

除了由稅法規定防堵納稅人避稅外，美國法院發展出司法理論，預防避稅活動之發生。其基本宗旨在使達到牴觸稅法規定精神或基本結構結果的交易行為歸於無效。其司法原則如下：

一、實質重於形式原則（the substance-over-form doctrine）

稅法固然尊重交易合法的型態，但為了獲得所期待稅捐的結果，法院對交易行為之認定，有時會超越交易的形式。即此原則乃基於兩交易如有相同經濟結果，則應有同樣賦稅結果之命題。為了達到此種類似賦稅結果，法院可能審視交易的實質，而非實施之形式步驟。尤其如納稅人的動機純在逃避付稅時，法院可能適用此原則。

二、交易步驟之原則（the step transaction doctrine）

與實質原則相似，法院可能將交易形式上各別步驟作為單一交易看待，來認定該交易真正之意義。亦即如果這些步驟純粹沒有獨立的經濟意義，自始目的在欲達到最後結果時，則應重視一連串交易最後的結果，而忽略中間介入的步驟。

---

[42] Burnham, op. cit., p. 626.

三、商業目的原則（the business purpose doctrine）

特定的交易如欲取得其稅捐上之效果，須有某種非稅（non-tax purpose）目的，諸如獨立商業目的，不可僅有稅的動機。如顯示納稅人交易行為之動機，除了避稅或取得若干賦稅利益外，別無商業目的時，法院會依此原則認定該交易在賦稅上無效。此種司法調查大體係針對納稅人之意圖。

四、虛偽交易原則（the sham transaction doctrine）

此原則審視交易之實質，如導致賦稅利益之經濟活動並未發生，則為虛偽交易。

五、經濟實質原則（the economic substance doctrine）

如其交易欠缺與賦稅考慮獨立之經濟實質，則法院會認定該賦稅交易無效，即查究除了納稅人主張之賦稅利益外，有無實際經濟活動[43]。

捌、納稅人、稅基（Tax Base）及應稅所得

一、納稅人

對象廣泛，凡所有美國公民、所有美國居民、所有美國公司都應課所得稅。又所有在美國作生意或有美國來源收入的個人與商業實體（entities）都應付稅。美國公民和綠卡持有者，無論是否在美國居留，或美國出入境次數，都需向美國申報個人所得稅。

---

[43] https://en.m.wikipedia.org/wiki/Tax_shelter；Burnham, op. cit., p. 626-627. 稅務當局可以不承認無商業目的的活動，不接受某些不正常的仲介活動，戳穿虛假的交易（那力，國際稅法（吉林大學出版社，1999 年），頁 149）。

二、稅基

分爲下列二種：

（一）美國公民，美國居民及美國公司自世界任何地方的所有收入，都要對美
　　　國政府交所得稅。此原則可能產生雙重課稅的問題，除由美國法與賦稅
　　　條約（協定）處理外，美國稅法對於付稅給外國政府的美國公民，居民
　　　或公司，賦予「外國稅抵稅額 credit」，可抵消應付美國的所得稅[44]。

（二）非美國公民、居民、公司通常只課來自美國來源的所得。

三、應稅所得

內地稅法將所得定義爲「在當稅年度所收到的所有金錢，物品或服
務」。應稅所得係指總所得（gross income，即所有所得）減去若干特定的扣
除額（deduction），免稅額（exemptions）、扣除額（deductions）及抵稅額
（credits）。

通常應稅所得包括下列種類：

（一）僱傭所得：例如工資、薪水、津貼（allowances）、補償（reimburse-
　　　ments）、獎金（bonuses）、獎品（awards）、小費、遣散費（severance
　　　pay）、病假工資（sick pay）及一些附加福利（fringe benefits）。

（二）自己受雇（self-employed）之其他所得（例如週末兼差作自由作者）。

（三）利息：包括來自銀行，信用合作社（credit unions）或貨幣市場基金
　　　（money market funds）。

（四）股利及其他財政分配金（例如來自股份）[45]。

---

[44] Burnham, op. cit., p.628. 美國已與六十多個國家訂有所得稅協定，由於准許每國完全對其
公民與居民課稅，並降低另一國對他們可課之數目，而降低雙重課稅機會。這些協定通
常規定對投資所得降低稅率及可課稅的企業的限制，並明定可自協定受益之納稅人。

[45] 美國稅法將一定時期內銷售（通常投資）特定財產的資本利得（capital gain）與資本損
失（capital loss）作爲特別稅收處理。資本利得是指「資本資產（capital asset）買賣或交
換之純盈餘」，例如 A 以 100 美元買進股票，160 美元賣出，則對 60 美元徵稅。而資本
損失則指資本資產買賣或交換之虧損，例如 A 以 100 美元買進股票，60 美元賣出，則 A
有 40 美元的損失。資本損失可於資本利得限度內抵扣（在一些情形加上每年普通所得的
3,000 或 1,500 美元）。目前資本利得與若干公司股利作爲應稅所得課稅，但稅率較低，
一律課 15%。參照 Burnham, op. cit., p. 629. 又以臺灣證券交易所得稅而論，交易所得屬於
資本利得，在美國與日本都要課稅，只有臺灣不課，繳千分之三證券交易稅了事，難怪

（五）租金（例如來自出租本國的房子）。

（六）來自員工退休計畫（pension plans）、殘廢退休給付（disability retirement payments）、所買商業年金（purchased commercial annuities）及自聯邦社會福利利益而來之所得。

（七）其他種類所得（例如賭博所贏、權利金、失業利益或贍養費給付）。

四、可扣除之支出

（一）綜說

納稅人通常可主張之扣除是：營業費用（business expenses）、借錢利息、若干稅捐，若干損失及折舊。又有只適用於個人的條文。例如個人可扣除在產生所得之通常與必要費用（ordinary & necessary expenses）及若干醫藥費用。營業費用扣除之數目與時機，依納稅人之稅務會計方法（tax accounting method）而與會計紀錄所用方法不同。若干種營業費用，可於一段年間扣除，而非於發生時扣除，包括生命週期長的資產，諸如建物與設備之成本。這些資產的支出可由折舊或攤銷（depreciation 或 amortization）之扣減而回收。對納稅人而言，增加早期扣除，通常更有實益，因通常可使稅額較低，且可將當前省下之稅額投資。

（二）資本支出回收（capital cost recovery）

內地稅法准許回收大多數資本費用的支出，包括折舊、消耗（depletion）及攤銷（amortization）。

1. 折舊：企業或商業所使用或為產生所得所管領之財產，每年可申報扣除財產之損耗津貼，最基本折舊津貼型態，是用直線方法計算（可能用掉之支出，除以資產的有用年限）。納稅人可能在使用資產的頭幾年，申報較多的折舊。此外在特殊情況，也有加速折舊方法。

2. 消耗（depletion）：在石油、天然氣與礦產，對資產消耗有補助（allowance）。

3. 攤銷（amortization）：由於每年扣除，攤銷之扣除與折舊扣除類似[46]。

會造成許多股票大戶還能領低收入補助金。

[46] Burnham, op. cit., p. 632.

（三）調整所得總額

在扣除支出時，較爲簡易省時作法是採標準扣除法。即減去本身與受扶養人特定整批數額，例如單身居民（非年老或盲人）可減掉 6,100 美元。如不採標準扣除，則用列舉扣除（itemized deduction），列舉所有費用而減去全部支出。在有些情形此數字大於整批扣除，因此值得詳細檢討一個年度所有支出。

可能扣除之若干項目支出如下：

1. 醫師與牙醫費用（如超過調整後總所得之 10%）。
2. 州與地方及外國稅。
3. 房屋抵押利息。
4. 慈善捐贈（charitable contributions）。
5. 非營業財產因事故之損失（casualty losses）。
6. 爲產生所得超過調整後所得 2% 之支出。
7. 與職務有關之教育或訓練支出。
8. 雜項支出（例如工會年費，職業團體會費）。

玖、聯邦所得稅應稅額之計算

分五步驟計算個人所得稅的應納稅額。第一步，計算總收入；第二步，減去水平線上的抵扣額，剩下可調整總收入；第三步，減去水平線下的扣除額＝個人免除的數額和標準扣除或列舉扣除，得出應稅收入；第四步，用對應的稅率乘以應稅收入得出應納稅收義務；第五步，減去稅收優惠（抵稅額）數額。以下分別予以說明。

一、首先自調整後（adjusted）所得總額減去免稅額（exemptions）

在過去多年來美國稅法一直有免除額制度，分爲個人免除與家屬免除[47]兩

---

[47] 爲增加瞭解過去美國扣除額詳情，茲再依 You & Your Rights 一書之內容說明如下：
在當時（1980 年代）納稅人之扣除額如次：每一個免除至少可扣除 1,000 美元。
1. 如納稅人是盲人或 65 歲以上，免除額加倍，如具備兩種情況，則三倍。
2. 如提共同報稅單，配偶可以免除。如他方配偶是盲人或 65 歲以上，則適用上述規則。因此一對老夫妻如都是盲人，則可免除 6,000 美元。但父母不可免除。
3. 對每個 19 歲以下小孩，可主張扶養免除。一個小孩，可主張一整年的免除，即使在 12

種。免除額的數字每年會針對通貨膨脹指數調整[48]。通常納稅人可為自己申報一個；如已婚，可為配偶再申報一個免除額。如選擇夫妻分開報稅，而配偶並無收入，而且不是另一名納稅人的被撫養人時，可申報該配偶免稅額。本人或（共同申報時）其配偶，不可在另一個人報稅單上申報為家屬。此外也可申報被撫養人免稅額，但被撫養人須是美國公民或國民，或美國、加拿大或墨西哥的居民。因此納稅人扶養家屬的人數，會大大影響他所得稅額。

在 2017 年度，一個個人的免除額是 4,050 美元，按人數倍增。家屬免除必須是子女（須 19 歲以下）或親屬。所謂子女包括養子女，前夫或前妻之子女、孫子女，且該年度須半年以上與本人有同一主要住所，扶養自己須不超過半年。又須在 19 歲以下，除非是 24 歲以下之學生，或除非是永久與完全的殘障。所謂親屬，總收入須少於個人免除額，且須由本人提供扶養費一半以上，包括父母、祖父母、侄、甥、翁、姑、媳婦、女婿或任何其他非配偶而與本人同住之人，與本人之關係幾乎數不清，但無論如何不可違反當地之法律（非美國公民或他國人不可申報為家屬，除非也住在美國、加拿大或墨西哥）。

此外對老人與目盲之納稅人還有標準扣除，2017 當年是 1,250 美元，如單身則增至 1,550 美元。

歷來因時間經過，免除額數目有增加也有減少，要看政治上的政策，稅收的需求而定。自經濟蕭條後免除額也增加很多，但無法跟上物價貶值，且其數額不到貧窮線的一半。

但 2018 年以後，此種免除額廢除，以雙重標準扣除額取代。配偶與每個被撫養人須有社會安全號碼或個人納稅識別號碼，才能申報免稅或申報其為被撫養人。

二、申報扣除額（deductions）

美國稅法准許之扣除種類繁多，每年常有調整，計算複雜。納稅人通常可

月 31 日午夜前 1 分鐘出生。
4. 19 歲以上小孩，如是全職的學生，可免除，但納稅人須繼續提供他生活費一半以上。
5. 對每個父母或岳父母提供 50% 以上的扶養費者，可主張免除。在數個子女分擔扶養父母費用，但沒有人符合 50% 撫養費的情況，可由提供扶養的子女輪流申報。
6. 對任何與納稅人全年同住一起（除了假期短暫離去），且非當地法律上非法關係的人，可主張免除（You & Your Rights, p. 396）。

[48] McNulty & Lathrope, op. cit., p. 280.

選用列舉扣除各項費用，包括某些醫療與牙科費用、州與地方所得稅、房地產稅、房貸利息、慈善捐贈、災害與失竊損失以及其他；但有些扣除可能有若干門檻或限額。例如醫藥費扣除，須超過調整總所得（且為自己，配偶及被扶養人所花費）10%，否則不能扣除。如納稅人未列舉扣除項目，可申報標準扣除額，以節省時力。

另一扣除不列在標準或列舉扣除的是資本損失（capital losses），個人或商業資本的損失可自前幾年帶來（carryforward），每年可扣除 3,000 美元。

三、國稅局對若干扣除項目的實務

美國國稅局對法律問題與法規之認定與解釋頗為合理，不少值得我國參考，茲擇實務上若干扣除項目說明如下：

（一）因事故損失（casualty loss）之扣除

事故扣除是納稅人與國稅局最棘手問題之一。該局接受之事故須來自颶風、龍捲風與其他暴風雨、洪水、火災、船難、礦災、聲爆或音爆（sonic boom）、交通事故、（非納稅人所能控制的）破壞（vandalism）及竊盜[49]。通常事故損失須出自突然與非預期之原因，如事故或竊盜，而白蟻損害導致房屋倒塌，乃是慢性漸進的腐蝕，不能申報。

交通事故（設未自保險賠償）損失，可能可扣除，也可能不行。事故不應是故意或重大過失（如事故時喝醉）行為之結果。又須納稅人本身受到損失，如受損人是納稅人的家屬（dependent），則不可扣除。申報的損失不可多於納稅人為該項目所花費的數額。又錯放財物，不符合扣除之規定。但如戒指上有數小鑽石，大力關汽車門碰到手，致鑽石脫落，消失於塵埃時，則可主張事故扣除。又在車禍，下列支出不可申報事故損失：汽車價值因修理增加，比發生事故時更高；車子在修理期中，另行租車之費用；因事故導致薪水之損失與相關法律費用；損害別人車子所致之損失，即使由納稅人所導致。當申報事故損失時，申報額要扣除自保險公司所收之賠償金[50]。

---

[49] 在我所得稅法下，竊盜之損失並非可扣除之原因。
[50] You & Your Rights, pp. 405-406.

（二）搬家費用

與現在或新工作相關之搬家費用，未能報銷的，在許多情形可自所得扣除。但須更換工作或工作地點變更，搬離 35 哩以上（現已改為 50 哩），且搬家目的須與新工作地點更接近。又受雇人搬家後那年度須全職為其雇主或新雇主工作 39 週以上。自雇（self-employed）的人自搬家後第一年全年須留在原種類工作全時 39 週，或在搬後緊接的 24 個月內，一共工作 78 週。基本上申報的搬家費須在換工作或調職後 12 個月內發生。但有些情形可能會變通。例如因家庭情況不能變更住宅時，該局會作變通。例如妻在一家舊金山公司當會計主任，被調到洛杉磯分公司，夫剛念完舊金山法學院第一年，若換寓所，會使學業難以完成，因此妻在洛杉磯租一公寓，每個週末坐車去舊金山。在夫法學院畢業後，二人再搬到洛杉磯，申報搬家費作為事業扣除，該局可能會准[51]。

（三）營業費用

例如雇主不補償名片之費用。為了產生與收取所得所花之金錢，或為了管理與維持財產之金錢，通常可扣除，例如保險箱費用。又在若干限制內，自雇或無法報銷之營業費用，可自總所得扣除。例如對顧客或同事之贈與，可認為合理營業費用。每人每年最高 25 美元，但對同事或顧客所作贈與，不可與娛樂費混淆。娛樂費只要費用可認為必要，扣除數目沒限制。

（四）捐贈

對慈善、教育或科學機構之捐助，在某程度可以扣除[52]，惟捐贈後如得到物品或服務之回饋，可能引起困擾。例如有人想成為當地博物館（免稅的機構）的會員，付了一年的基本會費 25 美元，對於個人會員的回饋是可買優待票入館參觀特展等，國稅局很難准他 25 美元基本會費為慈善捐贈。但如他不申請基本會員，一年交 100 美元成為永久會員時，因永久會員只給他基本會員的權利，此外並無其他利益，這時他就可以扣除 75 美元，就是永久會費 100 美元減去基本會費 25 美元，作為慈善捐贈。國稅局與申報人常爭議的另一領域，是以財產形式而非金錢之捐贈。該局准許扣除基於公平評估所捐贈物品之

---

[51] Id. at 407.
[52] 宗教與教育機構所有的財產稅豁免。同樣內地稅法與州法免除教會所得之所得稅，You & Your Rights, p. 61.

價值。倘有人把一大堆舊衣服送給當地慈善機構轉送給窮人，對捐贈申報估價 30 美元，雖然國稅局可能會挑戰，但實際上不太可能，除非他有一大堆捐贈合計起來成為大數字。如納稅人捐贈了一個有價值的畫給博物館，估價 1 萬 2,000 美元，申報合法的捐贈扣除，因為數字龐大，須連同報稅單，附上資料證明畫的價值。如無公認藝術評估人（appraiser）獨立證明畫的金錢價值，則該局一定懷疑該扣除，要他來複查（audit）。該局也可能找它所雇的評價師評價[53]。

有錢人用最小支出，提升他的慈善捐贈之巧妙方法是捐贈行情好的股票。例如買公司股票 10 股，每股 10 元，保有股份 1 年以上，股票價值上漲至每股 100 元。這時他把股份捐贈與教會，可根據股票上漲的價值，即 1,000 元扣除，教會與他都不付資本利得稅。但如他把股票賣掉，再捐贈 1,000 元給教會，雖然他仍可申報所得稅扣除，但對股票買賣所得 900 元，需付資本利得稅[54]。

（五）財物損失

因被竊盜或侵占之直接損失可申報損失扣除，但不包括違法貸款之損失[55]。

（六）呆帳[56]

呆帳可在一些情形扣除，惟須能證明該債權是真實，且已作各種努力去索討。至少有律師函、催告函及提起訴訟[57]。

（七）醫藥費

有關健康照顧可申報許多扣除，包含：
1. 去別的城市看病，諮詢別的醫師，出席更生中心。如用自己車子可扣一哩 9 分及高速路過路費及停車費。但要以日記記下這些費用，俾被國稅局質疑

---

[53] Id. at 401-402.

[54] Id. at 402.

[55] Kupferman, The Family Legal Adviser (Greystone Press, 1957), p. 236-238. 但我所得稅法不能扣除，可能鑑於竊盜損失多少，客觀上不易證明，認定困難之故，而被侵占之損害更不能扣除，此點似宜設法突破。

[56] Id. at 238.

[57] You & Your Rights, p. 401. 美國稅法對債權人特別關切，無法收到錢的商人可對呆帳主張稅的扣除，而被無良心出賣人欺詐的消費者，則無同樣的扣除，為學者所訾議。Seymour, Why Justice Fails (William Morrow & Co., 1973), p. 195.

時可補強主張。

2. 可扣除心理醫生，針灸醫生之費用，注冊有案護士及護士照顧費用。如該人在家中工作，可扣食宿支出。

3. 酗酒與毒癮更生設施之療治支出與在這些設施之食宿支出。

4. 除處方藥外，非處方藥，諸如阿斯匹林與維他命，當醫師提議緩和特定狀況者，可扣除。

5. 護理之家在一些情形可扣除。

6. 若干醫療必要之設備與個人用具，如眼鏡、假牙、義肢、助聽器、輪椅等，可扣除。盲人購買與飼養助望犬的支出，及以點字寫的書與出版品可扣除。殘障小孩之特殊學校或家教支出，如為了減少殘障效果，可扣除。

四、抵稅額（Tax Credits）

所謂抵稅額與免除（exemptions）及扣除（deductions）不同[58]，後二者是用於計算所得之數額，而稅的抵稅額（tax credits）則用於計算稅的責任（tax liability），即最後應繳稅的數額。例如納稅人計算結果，須付稅 1,000 元，若符合抵稅額 200 元時，則減去 200 元，只須付稅 800 元。抵稅額只給處於一定情況之人，分為不退回的抵稅額（refundable）與可退回的抵稅額（non-refundable）。non-refundable的意思是，如抵稅額多於已交的稅，只能退回所繳的稅額，不能多退，也就是只能從所交的數額中退稅。refundable 表示無論有無收入，一定退稅。

納稅人通常可申報各種抵稅額，以下幾項可能可以申報：兒童及被撫養人看護費用抵稅額、老年人或殘障人士抵稅額、兒童福利抵稅額、教育抵稅額、外國稅收抵稅額、低收入家庭福利抵稅額及收養抵稅額。

以下為目前最常見之聯邦抵稅額：

（一）勞動所得稅抵稅額（The Earned Income Tax Credit）

給所得低於一定水準的納稅人，為可退回抵稅額。1 年給 6,143 美元以下予有三個或三個以上小孩的納稅人，或給較低數額予有二個、一個或無子女之納稅人。這是對低收入或中等收入之家庭的補助，為了減少貧窮，鼓勵低收入的人找工作，自 1975 年開始實施，最初是為了對須付社會安全稅的窮人，提

---

[58] 又參照 You & Your Rights, p. 409.

供暫時性稅的救助，後來變成定制。

（二）小孩與家屬照顧抵稅額（The Child and Dependent Care Credit）

是不退回抵稅額，對須付錢找人照顧小孩或別的家屬，才能接受有薪工作之人，補助其找人照顧之支出，給 3,000 美元以下（一小孩），或 6,000 美元（二個或二個以上小孩）。

（三）收養抵稅額（The Adoption Credit）

不退回，爲了提供要收養小孩的家庭，鼓勵收養，補助若干有關收養小孩的支出。

（四）美國機會抵稅額（The American Opportunity Credit）

一部可退回，補助前 4 年高等教育，每年註冊費，學費與上課資料 1 年 2,500 美元以下。

此外尚有許多抵稅額，包括安裝節省能源設備的抵稅額，已付外國稅之抵稅額，及在若干情形健保給付之抵稅額[59]。

拾、稅法之行政

誠如美國開國元勳佛蘭克林所說：「人生有兩件事，死亡與納稅二者都逃不掉。」美國稅務行政嚴屬周密。美國稅制是基於納稅人以報稅單方式自己評估（self-assessment），將應交稅額，連同報稅單提繳予國稅局。通常報稅單不須附相關檔案，但實際上並非採完全榮譽制度。例如許多稅是就源收取（自支付款預扣可能的稅）。同樣聯邦所得稅是從所有受雇人那裡收取，要求所有雇主從要付給員工的款項中，預扣適當的稅款。美國國稅局有權對納稅人有關帳簿和紀錄進行稽查，傳喚納稅人到稅務局接受調查、出示會計紀錄，以確定納稅人的應納稅額，判斷是否有逃稅行爲。

納稅人如不繳稅，國稅局有強力方法執行討債，包括可扣押銀行帳戶，薪資與不動產[60]。換言之，針對不同情況，有權行使三種權利：一是抵押權，

---

[59] 有時政治獻金（捐與某政治候選人金錢或支援該候選人的運作）某程度有稅折抵（You & Your Rights, p. 409）。

[60] You & Your Rights, p. 422。關於美國之抗稅，參照 https://en.m.wikipedia.org/wiki/Tax_resistance_in_the_United_States。

即有權以納稅人的房地產地契為抵押，督促納稅人付清欠稅。二是強索權，即凍結納稅人財產用於清繳稅款。三是占有權，即依法處置納稅人財產，用以繳稅。惟如納稅人確屬無力付稅，迫其立即將欠稅付清，會對其人或家屬造成極大苛酷時，可與該局議定分期付款[61]。

<h1 align="center">拾壹、逃稅與避稅</h1>

一美國著名法官 Learned Hand 在一件著名判決指出「我們法院一再闡明：安排設計減輕稅負，並無罪過，無論貧富，人人如此，他們的行為都是正當的，因為任何人都沒有義務去支付比法律要求更高的稅負，租稅是強迫徵收，並非自動捐獻，以道德之名要求更多，只是偽善[62]。」

逃稅（tax evasion）與避稅（tax avoidance）須加區別，政府不需納稅人繳交稅法所定非絕對必要之稅款。在今日競爭社會，為了企業生存，在法令所留的空間內或利用法令漏洞或法令規定模糊之處，選擇對自己最有利方式安排財務或申報，以致很多所得不必付稅，節省稅負，乃正當與必要，此乃避稅，為合法行為。反之如應付稅，而由於偽造數字或假帳目或隱匿資訊，不呈報所得或以其他不正當手法而少付稅或不付時，則係逃稅，為違法行為[63]。不過避稅與逃稅二者界線有時會很模糊[64]。此外近年常見逃稅方式是互換

---

[61] You & Your Rights, pp. 420-422.

[62] 原文是："there is nothing sinister in so arranging one's affairs as to keep taxes as low as possible. Everybody does so, rich or poor; and all do right, for nobody owes any public duty to pay more than the law demands: taxes are enforced exactions, not voluntary contributions. To demand more in the name of morals is mere cant."; http://www.24en.com/p/180996.html.

[63] 美國不少富豪訴諸各種避稅或減稅手法（例如川普家族）。據說過去一些方法對一般人可能用處不大，因需大資本透過石油企業（oil ventures）、不動產投資（real estate syndicates）、養牛業（cattle breeding）及類似稅捐庇護（tax shelters），來保護其所得（參照 Time-Life Family Legal Guide (Time, 1971), p. 225）。但晚近大公司常見避稅策略則包括給高管發行股票期權，以便他們可按優惠價格購買公司股票。在此過程中，公司可以減稅。臉書就是這種策略的最大受益者，在 8 年內節省了 58 億美元稅款。雖然這些策略可能是合法，但引發是否公平的疑問，因為大公司聘用稅務專家與大型稅務顧問公司幫助它們最小化它們的納稅，而小公司卻沒有能力這樣做。結果小公司可能須繳更高的稅，而大公司、盈利大的公司有時卻可完全不交稅，以致稅務負擔從大公司轉移到小公司與中產階級家庭身上。參照大紀元 2017 年 3 月 13 日記者秦雨霏報導，http://www.epochtimes.com/b5/17/3/12/n8902473.htm。

[64] Time-Life Family Legal Guide, p. 225; Hancock, Executive's Guide to Business Law (McGraw-

（bartering）。例如一個泥水匠不付費去修一個木工房屋的水管、而木工替其友泥水匠造一書櫥而從不請款。他倆人實際是交換服務。依據內地稅法，這些服務的價值是應稅。除非這二人在報稅單申報所受領的服務，否則是逃稅。但如二人預期下一年收入較少時，可將帳單延至下一年發出，以減少高所得年份應稅所得（自較高級距 bracket 改為低級距），而增加收入較差下一年的應稅所得，則是合法避稅。不過逃稅與避稅二者之間界限有時很模糊，而宜諮詢當地稅局，稅法律師或會計師 [65]。

拾貳、所得稅之申報

　　美國的聯邦稅與州稅，納稅人需在每年申報截止日（4 月 15 日）前，填寫 1040 form 等報稅單，連同應繳稅款，分別提交給國稅局與各州稅務部門。納稅人須先申報所得稅表，才能要求退回預扣過多或溢付的稅款及申報扣除額或其他優惠福利。

　　美國報稅單有標準扣除額（standard deductions）與列舉扣除額（itemized deductions）兩種。納稅人可選擇最適合自己情況需要的表單申報，也可每年更換。標準扣除額適用於收入來源比較單一，或無收入，無財產的納稅人，例如學生等。每年根據不同報稅身分，會有一個標準的扣除額，可從總收入中抵扣掉。大多數納稅人選擇列舉扣除額，因為可從總收入中扣除的項目與金額較多。扣除與免除應謹慎在報稅單列舉。紀錄與收據應妥慎保管 [66]。

一、延期申報

　　若納稅人無法於 4 月 15 日前報稅時，可申請延期 6 個月申報（至 10 月 15 日）。若要取得自動延長 6 個月的報稅時間，則須在報稅截止日前提交 form 4868 報表。但仍須在 4 月 15 日前將該繳的稅報繳給國稅局，否則會被課以逾期稅款的利息，並加計滯納金（亦即延期申報並不展延繳稅的截止日）。但（一）在美國與波多黎各以外國家居住，且主要營業地點或工作崗位不在美

Hill, 1979), pp. 31-35.

[65] You & Your Rights, p. 421.

[66] https://www.irs.gov/pub/irs-pdf/i1040gi.pdf。

國與波多黎各，或（二）在美國與波多黎各境外的軍隊或海軍服役的美國公民或外籍居民，自動延期兩個月（至 6 月 15 日）報稅及繳稅，而無需特別申請延長報稅時限。

　　美國人的納稅意識很強，大都能誠實報稅、繳稅。由於愈益繁雜的稅法與報稅單，美國公民與公司每年填報稅單時，都需尋求專業協助，或委託會計公司代辦納稅。

二、退稅（Tax Refund）

　　美國稅制雖倚賴納稅人的「自動遵守」（voluntary compliance）或「自己評估」（self-assessment），但國稅局對於納稅人的申報，會加以審核調整，必要時會進行複查，逃稅嫌疑重大者，甚至啟動刑事調查。如納稅人所欠的稅少於薪水單等單據所預扣的數目時，會收到差額的退稅，這是最常見的退稅原因。如當年不用付稅，但有資格取得一個或數個抵稅額時，會收到與該抵稅額相同數目的退稅。

拾參、對於海外所得稽徵的強化

　　金融海嘯過後，美國失業率上升，美國國稅局為了防止納稅人利用海外帳戶規避稅捐，加強稽徵納稅人的海外所得，除了推出海外金融帳戶披露條款（簡稱 FBAR）外，更依據「獎勵聘雇恢復就業法」（Hiring Incentives to Restore Employment Act，簡稱 HIRE），制定了「外國帳戶稅收服從法」（Foreign Account Tax Compliance Act，簡稱 FATCA）。除了要求美國個人自願披露特定的海外金融資產外，同時要求外國金融機構主動提供美國人帳戶及申報其帳戶資訊，否則徵收預提所得稅 30%（通常在簽有雙邊稅收協定的情況下，該類收入的預提所得稅率最高不超過 10%）作為懲罰，即使這些被扣繳人居住國與美國簽訂有雙邊稅收協定。這是 FATCA 最有爭議的地方。事實上，對於希望遵從 FATCA 的金融機構，最大的困擾還是法律衝突問題，因為無論依據各國保護個人隱私的法律，或銀行與客戶的契約，金融機構無權向美國政府透露客戶資訊。

　　由於 FATCA 片面保護美國利益，並對海外金融機構科以廣泛的資訊申報與扣繳義務，引起各國政府與全球金融機構的強烈關注。加以該法對非合規金

融機構，祭出的高額預提所得稅懲罰有違反稅收協定義務的傾向，許多國家將其斥為「霸王條款」，然而美國政府推行該法的態度一直十分強硬[67]。

依據 FATCA 之規定，美國納稅人若在美國境外持有特定的金融資產，且總價值超過 5 萬美元時，須在新增訂的 8938 表填報這些資產項目，包括：一、美國以外的金融機構管理之存款帳戶或保管帳戶；二、非通過金融機構管理的下列資產，包括非美國發行的股票或有價證券；以投資目的而持有的金融工具或契約，而該商品的發行人或交易對手不是美國機構（或美國人）；持有任何非美國企業的所有權。對於未以規定 8938 表申報的納稅義務人，會處 1 萬美元的罰金；若在收到美國國稅局的通知後，仍持續一段時間未申報，最高可罰至 5 萬美元。

拾肆、欠稅與逃稅

一、處罰

未準時納稅或未提報稅單，遲申報或提錯誤報稅單，可受到處罰，這些處罰視違法型態而異：

（一）怠於提出申報單：遲延 1 個月以內，罰應稅額之 5%，每增 1 月，罰 5%，共計罰 25%。如遲 60 天申報，最少罰 135 美元或欠稅之 100%。如有故意延誤（willful negligence），則罰每月 15%，最高罰 75%（欺罔情形）。

（二）欠稅款不付，每個月罰 0.5%，最高罰 25%。

納稅人故意逃避所得稅，包括稅務欺罔（tax fraud），要受刑事與民事處罰。刑罰包括徒刑與沒收（具體刑罰由該局協同聯邦司法部按欺罔之型態決定）。以下是對特定稅捐欺罔處罰之若干例子：

1. 意圖逃避或不付稅為重罪，除處：(1)5 年以下徒刑；(2)個人 25 萬美元以下，公司 50 萬美元以下罰金；(3) 二者並科，加上追訴費用外，並處法律所定其他刑罰（26 U.S.C. §7201）。

---

[67] 一篇文章讓你讀懂美國 FATCA 法案（http://www.sohu.com/a/120196172_4254152016-11-29）；何殷如，美國 FACTA 法案實施對我國金融業之影響，https://www.fsc.gov.tw/fckdowndoc?file=/ 實務新知 31-1.pdf&flag=doc。

2. 欺罔與假陳述爲重罪，受：(1)3 年以下徒刑；(2) 罰金個人 25 萬美元下，公司 50 萬美元以下；(3) 二者並科，加上追訴費用（26 U.S.C. §7206(1)）。

3. 故意不呈報稅單，不提供資訊，或不於法定時間付稅，爲輕罪，除了：(1)1 年以下徒刑；(2) 罰金個人 10 萬美元以下，公司 20 萬美元以下，或 (3) 二者併科，加追訴費用外，尚應受其他刑罰（26 U.S.C. §7203）。

4. 提虛僞申報單，可處 3 年以下，罰金 25 萬美元以下（26 U.S.C. §6651）[68]。

二、所得稅欺罔（tax fraud）

所謂所得稅欺罔是故意意圖逃避稅法或欺罔國稅局，可能成立逃稅而受到重罰。下列情形爲稅捐欺罔：

（一）故意不送報稅單。

（二）故意不繳到期之稅捐。

（三）故意不報所有收到之所得。

（四）作欺罔或虛假申報。

（五）製作並呈送虛假報稅單。

納稅人報稅如有不小心錯誤，雖然無故意，國稅局可能罰納稅人少付的 20%。該局通常區分錯誤係過失結果或故意逃稅，稅務監查官會審核通常有疑與欺罔活動，諸如：

（一）浮報扣除額與免除額。

（二）僞造文件。

（三）隱匿或移轉所得。

（四）作兩套財報。

（五）將個人支出冒充營業支出。

---

[68] 過去漏稅處罰細節，與現行規定稍異，但仍有參考價值。依 The Time-Life Family Legal Guide 一書之報導，因納稅人違反之嚴重性不同，處罰亦異。最輕是單純繳稅不足，並無詐欺意思或過失。此時處罰是 1 年要交補稅部分的 6% 利息，自應繳時起至付清止。較嚴重的是過失。如怠於提出報稅單，可罰 5% 應付之稅，每遲延 1 月加罰 5%，最高爲 25%。如超越單純繳稅不足或過失，則違反行爲變成詐欺。如因未備置紀錄，致低報所得或高報扣除額，對此種過失行爲之處罰，爲到期應繳之 5%，連同遲延給付 6% 利息。如詐欺低報所得或民事詐欺，則罰所漏 50%，不足之稅 6% 利息及又一罰金 6%。有時加起來幾乎爲所漏二倍。如逃稅是故意，則犯了聯邦重罪，最高刑是 1 萬美元罰金與 5 年以下徒刑（The Time-Life Family Legal Guide, pp. 246-247）。

（六）用虛假社會安全號碼。

（七）申報一個不存在之被扶養人，諸如小孩。

（八）故意低報所得[69]。

三、查帳（audit）[70] 程序

國稅局對個人所得稅申報有疑問案件，可在報稅單到期或提報後 3 年內查帳，檢閱調查納稅人相關帳目簿冊[71]。因此賢明的納稅人需要保留有關報稅單的所有紀錄爲期 3 年，有些紀錄保留時間還要更長，例如有關買賣不動產的紀錄，可能在買賣之後幾十年還影響納稅人的稅務情況[72]。在查帳程序，納稅人須證明各筆審核中的可扣除費用[73]，而與刑事案件由控方舉證不同，納稅人對有利於己之事實，應負舉證責任[74]。

查帳（audits）通常在營業所在地由國稅局人員（examiner）辦理，在對文件查帳後，納稅人會收到查帳報告，告知他還欠多少稅，納稅人可以照付，或提出新資訊與不服之理由，請該局改變查帳人的評估。查帳報告常由國稅局與納稅人就如何調整達成協議而告解決。如不能成立協議，國稅局會發一個 30 天信告知欠稅數額。納稅人可於 30 天內對該通知答覆，並向該局上訴。如納稅人於 30 天內不做反應，會在 90 天後收到一封最後通知信，確定補稅的數字[75]。如不服向該局上訴，此時由與原決定分立之地方上訴處（a local Appeals Office）受理，該上訴處（The Appeals Office）是局內唯一上訴單位。此種行

---

[69] Income Tax Fraud vs. Negligence, https://tax.findlaw.com/tax-problems-audits/income-tax-fraud-vs-negligence.html.

[70] audit 有人譯爲審計。

[71] 在過一定時效期間（statute of limitation）後，該局不能再要求納稅人補稅，此期間通常爲 3 年，自原來應報稅之日或提報稅單之日起算，以較遲者爲準。但如納稅人嚴重低報總所得時，該局另有 3 年期間要求補稅。在欺罔或不申報稅時，該局要求補稅權爲無限期。

[72] You and Your Rights, p. 418.

[73] Id at 424.

[74] 我所得稅法第 83 條之 1 第 2 項亦有類似舉證責任歸納稅人負擔之規定。

[75] 國稅局近年來鑑於稅法無法公平地適用於所有納稅人（one size fits for all），特在內部設立了「低所得納稅人診所」（Low Income Clinics）與「納稅人辯護服務處」（Taxpayer Advocate Service），對低所得納稅人或不同語言外國移民，提供種種免費服務，於納稅人無法與該局解決問題，或認爲程序不對時，協助其解決與該局之爭議，以保護納稅人權益。

政救濟手續比較簡便，基本上係透過一個地區上訴局會議（District Appeals Office Conference）以非正式方式進行，雖非法院程序，但關係非同小可，納稅人可親自出席或找人陪同代爲發言（最好由律師代理）。上訴官員審核原決定與納稅人的辯護理由，常提出雙方可接受之方案，並有權力撤銷原來複查人的認定，增加或降低欠稅的數字，而且有權將案件與納稅人和解，尤其在認爲如上法院，政府無把握會贏（hazards of litigation）時（諸如某些證據可採性（admissibility），法院之事實認定或法律之解釋）爲然[76]。

　　如仍不能成立協議時，國稅局會發一個評定，稱爲補稅通知（statutory notice of deficiency）或 90 天信（90-day letter）。此時納稅人有三種選擇：照章補稅，或不付稅，向聯邦稅務法院（the U.S. Tax Court）提起訴訟，或先付稅而向普通法院訴請退稅。

四、司法審查

　　如上所述，納稅人不服國稅局上訴官員的決定，而欲透過司法審查時，可向稅務法院，聯邦地方法院（the U.S. District Court）及賠償法院（U.S. Court of Federal Claims）三個法院中擇一申請[77]。納稅人可在 90 天內申請（petition）聯邦稅務法院對案件進行司法認定（由國稅局提 answer，納稅人提 reply。對標的 5 萬元以下之小額稅務案件，稅務法院另有簡易程序）。採此種途徑時，在該法院下裁判前不需先補稅。但補稅的利息還在發生，如納稅人敗訴，就要付出律師費用（會計師〔CPA〕或代理人〔enrolled agent〕不能在法院代理）及相當多的利息。如他付得起，可跳過稅務法院，告到聯邦地方法院，直到最高法院。惟向聯邦地方法院呈訴，需先支付欠繳的稅，然後再申請退稅。只是聯邦地方法院這條途徑一般個人很少利用，除非稅金龐大。因法院訴訟支出浩大，只有非常富有與意志非常堅強的人才會這樣做，但可能常勝訴[78]。

---

[76] 參照 Publication 556, https://taxmap.irs.gov/taxmap/pubs/p556-001.htm#en_us_publink1000176950; The Time-Life Family Legal Guide, p. 244; What to do when the IRS Says No--Administrative Remedies, https://www.bragertaxlaw.com/what-to-do-when-the-irs-says-noadministrative-remedies.html.

[77] https://www.communitytax.com/contact/; Put Our Ex-IRS Trial Attorneys To Work For You, https://www.bragertaxlaw.com/what-is-a-notice-of-deficiency.html.

[78] You & Your Rights, pp. 419-420.

拾伍、信託與避稅

在英美設立信託有許多功能，其一是可降低稅負[79]，其主要類型如下：

一、所得稅的避稅

主要是採用分散所得規避累進稅率。各國的所得稅往往採用高額累進稅率，信託由於可以輕易轉移資產與分散所得，從而有效降低所得稅的課徵。

二、遺產稅的避稅

各國基於均富政策的考慮，為了防止貧富差距與社會矛盾的加大，往往徵收高額的遺產稅。美國不少富人為了規避高額的遺產稅，同時使家產世代相傳，不至落於他人之手，常透過設立「隔代信託」的方式來達此目的，即透過分離信託財產的原本與收益的方法來實現。

三、設立境外信託

境外信託（offshore trust）或離岸信託，是指在國外設立的信託，信託日常管理在境外進行。主要是通過自益信託的方式，將資產委託避稅地的信託機構管理，如此委託人可在一定程度擺脫國內稅務機關或債權人對其資產的追索[80]。

拾陸、稅法律師與顧問

美國由於稅法內容繁複，加上所得稅率高，促使律師界形成特別專業部門——稅法律師[81]。近年來有些州已經對專業律師訂了最低標準。大多數的稅

---

[79] 關於信託之詳細介紹，參照楊崇森，「信託法原理與實用」、「信託業務與應用」二書（三民，2010 年）。

[80] 關於境外信託之詳情，參照楊崇森，境外資產保護信託之探討，臺灣銀行臺灣經濟金融月刊，第 42 卷第 2 期，2016 年 2 月 20 日。

[81] Farnsworth, op. cit., p. 148.

法律師非常專業,只從事有關稅務的工作。近幾十年來法學院大多數學生修一門獨立的聯邦所得稅法課程[82],可見彼邦法學教育對稅法之重視。而且專利律師往往除第一個法律學位外,尚有一個研究所的學位。典型的稅法計畫是法律人在取得 JD 學位之後,再修 1 年全職課程,或 3 年兼職的課程,亦即往往取得碩士學位(LL.M)。近年來美國大都市大多有一家法學院,提供至少一個兼職的學士後稅法計畫[83],且今日大多數大廠商與大法律事務所有單獨的部門處理稅務工作。通常一個 200 人律師的法律事務所,會有一個 20 人稅法律師的部門。大的會計師事務所也有專門稅法的部門,由財稅會計師與稅法律師所組成。律師通常為當事人處理財稅與商業規劃。因為稅法上通常有不同的作法可達到當事人所欲的商業目的,而不同的方法可能有不同稅負的結果。稅法律師協助當事人評估達到目的的不同方法,對各種稅捐的潛在影響,並告知當事人不同途徑的可能利益與風險[84]。

拾柒、川普推行的稅改

　　川普 2017 年底通過稱為「減稅與就業法」(Tax Cuts and Jobs Act)的新稅法,主要是修改個人所得稅、企業所得稅以及遺產稅等,堪稱美國自 1986 年以來最大規模的稅改。修法重點包含下列各點:

一、在個人所得稅方面

(一)新法對所得稅仍維持七個級距,但最高稅率自 39.6% 調降至 37%。

(二)個人的免除額整個廢除,標準扣除額增加,幾乎加倍,即個人為 1 萬 2,000 元,已婚夫婦共同申報為 2 萬 4,000 元。美國政府希望大多數納稅人選用標準扣除額,簡化納稅與稽徵程序,未來保留憑證以便申報列舉扣除之納稅義務人將為之減少。

(三)取消歐巴馬健保措施:美國並非實施全民健保的國家,過去歐巴馬總統任內曾針對未購買健保的納稅人課徵懲罰稅,此次稅改將此規定廢除。

---

[82] Ibid.

[83] 例如紐約大學 NYU 法學院的碩士 tax program 頗富盛名。

[84] Burnham, op. cit., pp. 662-663.

（四）可扣除州與地方財產稅，但最高額為 1 萬元。

二、在公司所得稅方面

（一）公司稅率自 35% 降至 21%，希望大幅減稅能吸引美國企業回流與外國公司有強烈誘因增加在美國投資 [85]。

（二）廢除最低稅負制，而且公司所得稅課徵基礎從屬人兼屬地主義改為屬地主義。

（三）未來美國公司收到其持股 10% 以上之外國公司分配之股利時，無須課稅。

（四）對美國企業一直保留在海外而未匯回的盈餘，僅需課徵一次性的所得稅，稅率為 15.5%（若為現金資產）或 8%（若為非現金資產），以期美國企業將海外盈餘匯回，用於投資與創造就業機會 [86]。

（五）透過允許一次性費用化，鼓勵企業勇於投資、添購機器設備。

三、在遺產稅方面

目前稅法規定遺產總值超過 550 萬元部分才課徵遺產稅，新稅法提高至 1,100 萬元（夫妻聯合報稅），對於富人相對有利。

整體觀之，2018 年的稅率比 2017 年稍低，對各種人有節稅的結果。但由於最低稅負的免稅金額門檻上修，過去繳交大額最低稅負個人稅的富人受惠甚多，但能否通過減稅刺激經濟與就業，尚待觀察。

拾捌、結論

一、美國稅法精微與可借鏡之處極多，但因過於繁複，造成沈重稅法遵循成本，尤其公司花大心力規劃與處理稅務工作，而不能將該資源配置在其他部門，例如奇異電器（GE）公司租稅部門有近 1,000 名員工。因此我國

---

[85] 鄭宏輝會計師，完整版美國稅改介紹—兼與臺灣近期稅改之比較，http://hunghuicheng.pixnet.net/blog/post/402037502。

[86] 參照張豐淦、江育維、梁芮綺，洞察解析《稅務篇》美國稅改重點解析，勤業眾信稅務部，https://www2.deloitte.com/tw/tc/pages/tax/articles/2018-outlook-internationaltax.html。

不宜一味向美國看齊，而宜根據自身財政與社會發展及國民守法等情況，有選擇地予以吸收與借鑑。

二、如上所述，美國稅法基於政策誘因，有很多彈性規定，往往以各種鼓勵措施，使納稅人從事租稅規劃，儘量選擇採取對自身稅收利益最有利的合法作法。上述 carry-back 與 carry-over 等措施，不過其一例而已，事實上如深入研究，可發現其方法極多，此方面實比我國稅法靈活、高明與有創意。這類激勵的策略與作法似更值得我國稅法學者與主管當局之借鏡與效法。反觀我國稅法激勵措施之種類與範圍似乎比美國狹小得多，而且國內評介美國稅法之書籍文章為數不多，且似多著重稅法合憲性與稅收正義問題，對美國稅法激勵之各種設計策略與方法似很少詳細著墨，異常可惜，愚見以為今後此點有待大力提倡加強。

三、我國稅務案件一向都是會計師的天下，對稅法內行的法律人很少，因法律系不開稅法課程，近幾十年雖有開[87]，但稅法師資不足，會計與賦稅課程開得少，訓練廣度與深度均屬不足。今後法律系所似應廣開稅法與會計學課程。至傳統上有些大學雖設有財稅系，但過去教育之目的與重點與法律系不同，似重在如何課徵租稅，租稅正義之認知與應用不足，影響納稅人權益。何況至今國內稅法專業書籍仍屬不足，影響稅法理論與實務之提升。

四、賦稅正義方面，美國稅法之理論與實務，遠優於我國稅法，比較合理通達。

五、美國因被竊盜或侵占所受之損失可扣除，我稅法則不可。

六、美國以實物捐贈慈善機構亦可扣除[88]，近年雖有扣除規定，但實際恐窒礙難行[89]。

---

[87] 國內大學法律系開財稅法課程，可能以民國 61 年楊崇森在中興大學法律系主任任內邀請王建煊先生開設之財稅法課程為先河。

[88] 澳洲以實物捐贈慈善機構亦可扣除，參見楊崇森，從澳洲藝術品捐贈之租稅獎勵談我國之相關規定，財稅研究，第 38 卷第 4 期。

[89] 現物贈與扣除，民國 105 年修正公布所得稅法第 17 條之 4 規定大意是：納稅義務人、配偶及受扶養親屬以非現金財產捐贈政府、國防、勞軍、教育、文化、公益、慈善機構或團體者，納稅義務人列報捐贈列舉扣除金額之計算，除法律另有規定外，應依實際取得成本為準；其未能提出取得成本之確實憑證，或該非現金財產係受贈或繼承取得，或因折舊、損耗、市場行情或其他客觀因素，致其捐贈時之價值與取得成本有顯著差異者，由稽徵機關依該部訂定標準核定之。為利徵納，非現金財產捐贈列報扣除金額之計算及認定，有一致遵循標準，財政部經于 105 年發布「個人以非現金財產捐贈列報扣除金額之

七、美國國稅局頗有威信與效率，納稅人多繳的稅，一定會退回。

計算及認定標準」，關於文物部分雖規定「以受贈政府機關或團體出具含有捐贈時時價之捐贈證明，並經主管稽徵機關查核屬實之金額計算。」云云，但該標準並未訂出評價程序與標準，只規定查核屬實，過於簡陋空洞，可否如美國作法請二家以上客觀專家評估等，該標準亦未著墨。事實上納稅人取得文物之成本，往往歷時久遠，難於記得，更難提出確實憑證，且捐贈時往往沒有時價，受贈機關團體恐難于且不願評估捐贈時之時價，更不願出具含有捐贈時時價之捐贈證明。且即使提出此種證明，但文物種類繁多，性質互異，稽徵機關並非在行，我國目前又不似先進國家有藝術等評價師（appraiser）制度，事後如何查核，頗成問題，故我上述所得稅法扣除之規定，實際上能否貫徹執行頗有疑義。

第十章

美國法海外影響力之擴大與挑戰

　　晚近美國法隨著政治與經濟力量在海外不斷有意無意擴大其影響力，其原因如何？實況如何？在比較法研究與實務上均值得吾人探討。但國內此方面之宏觀研究尚未之見，為免讀者見樹而不見林起見，本章爰就相關問題作通盤探討，並對美國法之擴張在海外遭遇到何種挑戰，一併加分析檢討，必要時並舉適例以明之。

壹、美國法影響力擴大之原因

　　美國法與美國法律制度在許多領域都有不少特色，影響到外國，尤其在司法審查（judicial review）、人權保護、隱私權保護、反獨占法、消費者保護法、環境保護法、資訊法等領域，更領先別國，著了先鞭，影響外國法制與人們觀念非常深遠。

　　晚近美國法在外國影響力愈益擴大[1]，揆其原因，似可歸納為下列各種：

一、美國擴張屬人主義的應用。所謂屬人主義（nationality principle）是主張各國對他們國民之行為適用他們的法律，而不問他們在何處。按關於一國主權之管轄權範圍，在 18、19 世紀風行屬地主義（territoriality principle），即一國管轄權限於其國界[2]，但在 20 世紀此絕對屬地主義開始動搖與後退。美國與一些國家不斷透過法律想去規範他們領域外發生之行為。

（一）最顯著例子是美國的內地稅法（Internal Revenue Code）的所得稅（income tax）規定，適用於美國所有國民，而不問他們住在哪一國。連美國學者也認為美國是各國對公民全世界收入課稅，而不問其住所之特殊國家。以致發生雙重課稅問題，此種不公平情事，有待有關國家以

---

[1] 關於美國法在我國繼受之詳細情況，可參照楊崇森，英美法系 vs. 大陸法系若干問題初探，軍法專刊，第 57 卷第 4 期，2011 年 8 月。

[2] AKEHURST, A MODERN INTRODUCTION TO INTERNATIONAL LAW 103 (1982).

雙邊條約解決。在 Cook v. Tait（S. Ct. 1924），原告為住在墨西哥之美國公民，最高法院判認美國對納稅人全世界收入課稅，並不違反美國憲法或國際法。該院認為課稅合法之理由是公民之利益超越國界，例如美國想在世界任何地區保護其公民，又公民當他們想參加經濟組織時有權回到美國。事實上美國公民有一個保險單，而稅捐是維持該保險單之費用[3]。

（二）另一例子是美國的「海外反貪腐法」（Foreign Corrupt Practices Act）。該法懲罰的對象是，為了獲得或保持生意，向外國政府官員、政客或供職於外國政府控制的機構中的人員行賄的美國公司或個人，以及外國企業或個人在美國境內實施之行賄行為，不是針對受賄方（外國政府官員）。但後來美國考慮其他國家的企業大多支付賄賂且不受監管的情況下，美國公司受管制處於競爭劣勢（在海外美國企業因不行賄損失百分之八十的契約），與經濟合作發展組織（OECD）協商，要求美國主要貿易合作伙伴訂頒類似的反腐法律。加拿大等國也訂了類似的法律；日本前首相田中角榮被認定犯了受賄罪被判刑[4]。

1997 年，美國和其他 33 個國家簽署了經濟合作發展組織「國際商業交易活動反對行賄外國公職人員公約」（The OECD Anti-Bribery Convention，全名為 Convention on Combating Bribery of Foreign Public Officials in International Business Transactions）。愈來愈多國家贊成在跨國商業競爭中，不應採取賄賂作為贏得契約的手段[5]。

該法要求證券發行商維持正確簿冊紀錄及內控系統。該法可適用於世界任何地區之禁止行為，並擴大至上市公司與董事、職員、股東、代理人等。自 1998 年起該法也適用到當在美國採取促進此種貪腐付款行動之外國公司與人。證管會與司法部共同負責執行該法[6]。

（三）美國對外國之貿易制裁通常亦係根據此屬人主義。又 1986 年之「全面反種族隔離法」（Comprehensive Anti-Apartheid Act）規定「任何美國

---

[3]　DOERNBERG, INTERNATIONAL TAXATION 19 (2001).

[4]　當海外反貪腐法立法時，美國證券交易委員會的調查報告，有 450 多家美國公司（其中 117 家是「世界 500 強」）對外國政府官員有過行賄，總額高達 30 多億美元，而且多數都是自願行為。http://www.sec.gov/spotlight/fcpa.shtml (revised 2013/7).

[5]　http://baike.baidu.cn/view/2663779.htm (revised 2013/7).

[6]　http://www.sec.gov/spotlight/fcpa.shtml (revised 2013/7).

國民不得直接或透過另一人在南非作任何新投資」亦然[7]。

二、美國以法律規範國外之美國子公司。按公司之國籍以公司設立之所在地而定[8]，而與其股東、董事或管理人之國籍或主營業所無關，亦即原則上公司受設立地國家法律管轄。但美國以控制子公司的人在美國為理由，欲對美國公司在外國之子公司認為「美國人」（United States person），而適用美國的法律。例如「與敵人交易法」（Trading with the Enemy Act）主張在外國，包括公司或其他法人，不問在何處成立或經商，只要由美國公民或在美國之其他人所擁有或控制，即是所謂「受美國管轄權下之人」（persons subject to the jurisdiction of the United States）。此種作法有時主要就貿易制裁與外國發生衝突。通常由美國擁有之多國公司在該受到制裁之國家，或在一個與被制裁之國家有友好貿易政策，但非美國所喜歡之國家。例如在 1950 年代與 1960 年代，美國禁止由美國公司所擁有之加拿大公司與中共貿易，而與加拿大要加強與中共貿易之政策發生衝突。又在 1979 年至 1980 年對伊朗就人質危機及對蘇聯入侵阿富汗，美國亦作了類似之制裁。又在 1985 年直接對南非作了反種族隔離之制裁。

又美國之「美國人」（United States person）一詞在「出口管理法」（Export Administration Act）——想防止美國海外子公司協助阿拉伯杯葛以色列之法律——之反杯葛條文內，對該詞下了更廣泛之定義，而包括美國公司之外國子公司或關係公司，「由總統規章認定，事實上被美國公司控制者」[9]。

三、美國是提議許多國際組織（包括國際聯盟、聯合國、經濟合作發展組織〔OECD〕、北大西洋公約組織〔North Atlantic Treaty Organization〕與北美自由貿易協定〔North American Free Trade Agreement, NAFTA，是美國、加拿大及墨西哥在 1992 年 8 月 12 日所簽署三國間全面貿易的協定〕、世界貿易組織〔WTO〕、國際貨幣基金與世界銀行[10]）及許多國際公約（包括有關工業財產權保護之巴黎公約〔The Paris Convention for

---

[7] BURNHAM, INTRODUCTION TO THE LAW AND LEGAL SYSTEM OF THE UNITED STATES 687 (2006).

[8] Restatement (Third) of Foreign Relations Law of the United States §213.

[9] BURNHAM, op. cit., at 687.

[10] 國際貨幣基金與世界銀行是由 Bretton Wood 會議（conference）產生。雖然許多國家有代表出席該會議，但美國與英國是出席最強勢並主導磋商之國家。傳統上世界銀行由一名美國人負責，而國際貨幣基金則由一個歐洲人領導。http://en.wikipedia.org/wiki/World_Bank (revised 2013/7).

the Protection of Industrial Property〕、專利合作條約〔Patent Cooperation Treaty〕、國際商業交易反行賄外國公職人員公約〔The OECD Anti-Bribery Convention,正式名稱為 Convention on Combating Bribery of Foreign Public Officials in International Business Transactions〕)等的國家。

四、美國亦主張消極屬人主義。所謂消極屬人主義(passive personality principle)是以犯罪被害人國籍為管轄權之根據。最廣義之情況,准許一國適用其法律於其公民,而不問行為在何處發生。此主義通常不適用於一般刑法或侵權行為法。但當適用於恐怖主義者與其他組織基於國籍,攻擊一國國民或暗殺一國大使或政府官員之情況,已越發被世人接受[11]。例如,「反刑求與其他殘酷不人道與卑鄙待遇或刑罰公約」(Convention Against Torture and Other Cruel Inhumane and Degrading Treatment or Punishment)第 5 條 (1)(c) 授權各國於該國認為適當時,禁止涉及為該國國民被害人之行為。美國在通過「1986 年之全面外交安全與反恐怖主義法」(Omnibus Diplomatic Security and Antiterrorism Act of 1986)時,亦採用此主義,尤其規定殺傷美國公民時,成立犯罪[12]。

五、美國亦主張保護主義。所謂保護主義(protective principle),係指於國外發生之行為,如其行為威脅一國之國家安全時,該國可適用其法律,處罰域外之行為。通常處罰國外發生之間諜、破壞活動(sabotage)及仿冒行為都是以此主義為根據。美國也採此保護主義,以支持適用美國法律於公海上之毒品走私行為[13]。又如1996年美國為了加強打擊經濟間諜,維護國家經濟安全與利益,頒行了「經濟間諜法」(Economic Espionage Act,簡稱 EEA),該法也有效力及於域外之規定[14]。

六、美國法與法律制度在全球之影響力,由於美國經濟與政治力量之強大而大幅加強,例如近來瑞士銀行保密之傳統將被美國打破,即其一例[15]。又英

---

[11] 一些犯罪被認為對全人類之犯罪,任何國家逮捕到犯人,都可按其國內法追訴,而不問犯罪地何在,稱為世界主義(或普遍管轄原則〔universality principle〕)。在此主義所適用之犯罪,包括海盜、販賣奴隸、攻擊或劫持飛機、種族絕滅、戰爭犯罪及一些恐怖主義行為。參照 AKEHURST, op. cit., at 104.

[12] BURNHAM, op. cit., at 688.

[13] Ibid.

[14] 關於美國經濟間諜法之詳情,本書第二冊有專章介紹。

[15] 其例甚多,茲僅舉瑞士銀行為例。按瑞士為永久中立國,不介入任何戰爭,在瑞士銀行實施密碼制,存款安全保密,目前管理全球近三分之一的私人財富,成為吸收離岸財富

文被各國普遍接受爲世界語，亦助長美國法在海外之影響力。

七、美國發展許多前所未有的資本與融資交易，包括融資租賃（equipment leasing）與各種金融衍生商品（financial derivatives）。這些都是美國基於美國法構造與制度發展出來而傳至國際，在商業上成爲流行制度。似此情形，只要美國投資銀行繼續在公司併購與公司融資方面居於世界性主導地位，美國法在這些交易會繼續輸出到外國[16]。

八、美國法和法律制度在當前有世界性之影響。這種影響是：（一）在私人磋商時，當事人選擇以美國法來規範重要交易；（二）部分由美國出資的國際財務機構，限定當事人以美國式法律安排來做財務參與；（三）經由教育和文化途徑，作擴散更大但更有效的傳遞的結果。雖然在歐洲或別處，並無廣泛採用美國各州的契約法和侵權行爲法，但今日大多數從事國際貿易法和國際訴訟的律師，如無美國實體法與訴訟法制度的知識，會相對感到無助[17]。

九、也許最主要擴大美國私法角色之原因，是要規範涉及外國企業的主要財務交易。加以幾乎全球承認交易之當事人可選擇規範他們關係之原則，加以美國經濟力量強大，美國銀行、投資銀行、大公司、及其他世界經濟

最多的國家之一。根據 1934 年通過的「聯邦銀行法」，任何外國人與外國政府，甚至瑞士國家元首、政府官員及法院，除有證據證明存款人有犯罪行爲外，無權調查任何人在瑞士銀行之存款。洩漏存款機密之人，可受徒刑 6 個月及罰金之嚴厲制裁。但此種傳統將在美國壓力下被打破。2009 年，瑞士最大的銀行瑞銀（UBS）承認曾幫助數千名客戶逃避應在美國繳納的稅款，被美方起訴，瑞銀最後付了 7.8 億美元罰金，並向美國提供了 4,450 名美國客戶資訊，得以免於追訴。此後美國政府部門一直在調查其他他們認爲可能提供過類似服務的瑞士銀行，包括寶盛銀行（Julius Baer）和瑞信（Credit Suisse）。2013 年 1 月，瑞士最古老的韋格林銀行因被控協助美國客戶向美國稅務機構隱瞞 12 億美元的收入，被美國司法機構起訴，該行向美國政府付了 5,790 萬美元罰款，隨後被迫關閉。爲了防止其他銀行重蹈覆轍，瑞士政府提出一項緊急法案，讓瑞士的銀行可規避嚴格的銀行保密法，單獨與美國政府部門達成和解。瑞士聯邦議會（下院）2013 年 6 月19 日舉行第二次投票，惟未通過。瑞士銀行家協會擔心美國將開啓司法程序，處理幫助美國客戶逃稅的瑞士銀行，屆時客戶可能撤出資本，對本已官司纏身的瑞士銀行將是致命打擊。參照國際金融報，2013 年 6 月 21 日，big5.jrj.com.cn/gate/big5/finance.jrj.com.cn/2013/06/21071515424770.shtml (revised 2013/7)；英國《金融時報》James Shotterürich 蘇黎世報導，2013 年 5 月 30 日：www.ftchinese.com l (revised 2013/7)；http://big5.ftchinese.com/story/001050671/?print=yhttp://windrivernews.pixnet.net/blog/post/108891466- 瑞士銀行不再密不可動 (revised 2013/7).

16　VON MEHREN & MURRAY, LAW IN THE UNITED STATES 279, 295 (2007).

17　Id. at 278.

舞臺上主要財務人員都要求他們參與的交易要適用美國法。這一部分是出於需要，但也因爲許多美國人不熟悉外國文，而且美國律師大多對適用於世界大部分的大陸法制不熟悉。因此在經濟力量夠強大時，堅持要適用美國法[18]。

十、美國主要企業越發國際化之結果，以致美國私法在倫敦、法蘭克福，巴黎開始變成與交易有關連。如上所述，美國廠商在外國作生意，和外國企業合併，成立關係企業，只要有可能，儘量想受美國法規範。美國律師事務所在外國成立分所，提供當事人美國法支援服務，並協助管理他們和外國做生意的外國法律環境的關係[19]。

十一、若干國際財務機構，尤其國際貨幣基金（International Monetary Fund, IMF）與世界銀行（World Bank）是另一傳播美國法律理論與制度之工具。自第二次世界大戰後，由於美國在這些機構之融資與運作上扮演主要角色，導致某程度法律專家由於需要定下貸款或撥款（grant）之條件。例如在 1990 年代早期，柏林圍牆倒下及打開東歐經濟之後，世界銀行提供貸款予許多外國政府，自交通設備到電腦，以更新他們公共經濟之內容。但這些貸款只准給有政府採購法與其他法律制度會合理保證所發補助款不致浪費或移用於貪腐交易之國家。對需資金的政府建議之法律與法律制度是典型美國式，且由美國法律家所起草。這些國家爲了取得撥款或貸款，常常翻譯而不批判地採用[20]。

十二、又由於蘇聯解體，導致東歐與中亞國家需要現代化及改革法律與法律制度，來加速民主化與市場經濟之運作。結果許多東歐與中亞國家轉向美國模式，來規範它們新私有企業經濟。美國國務院與美國法曹協會合作對對美式法律與政府制度有興趣之政府，積極提供諮詢協助與法官與律師之訓練。在證券市場、銀行與公用事業管理方面有些成功。但許多這些國家將蘇聯以前大陸法制度（許多是基於德國模式）予以更新與現代化[21]。

十三、世界貿易組織（WTO）活動也有類似法律輸出的結果。因 WTO 要求欲加入成爲會員國，須該國之內國法律制度保護許多型態之財產，包括智

---

[18]　Ibid.

[19]　Id. at 279.

[20]　Id. at 280 et seq.

[21]　Id. 281.

慧財產權。雖然許多國家智慧財產權法歷史甚久且甚發達，但美國堅持會員之國內法須保護智慧財產權到與美國保護類似之程度[22]。當然美國在其貿易法第 301 條報復壓力之下，經常要求一些貿易伙伴國家修改其智慧財產權法，更是公知之事實[23]。

貳、美國法在海外之挑戰

一、反托拉斯法之域外管轄權

國際法原來規定，各國在其領域內行使管轄權，不能在其領域之外行使，即採所謂屬地主義。但美國為維護本國在市場競爭中的優勢，在反托拉斯法中，訂有域外管轄權或所謂長臂管轄權（long-arm jurisdiction）之條款，且在跨國公司案件頻繁行使域外管轄權，此種單方、強制適用域外管轄權之行為，在國際社會引起了許多爭議[24]，尤以在決定法院有無管轄權採效果說（effects test）之情形為然。在 1945 年，美國第二巡迴區上訴法院在 United States v. Aluminum Co. of America (Alcoa)（148 F. 2d 416, 444 (2 Cir. 1945)）一案，創立了所謂「阿爾科效果」（Alcoa effects）之原則。該案美國指控加拿大鋁業有限公司加入了在美國域外訂立的由英國、法國、瑞士等國生產商簽訂的鋁業出口價格協議，產生限制美國鋁業生產和出口的效果，從而提出效果原則這一新的管轄權理論，並以加拿大鋁業有限公司是美國鋁業公司的子公司，而在域外適用美國反托拉斯法「修曼法」第 1 條，即「任何契約、托拉斯形式

---

[22] Ibid.

[23] 美國在 1988 年全面貿易與競爭力法（Omnibus Trade and Competitiveness Act）單方建立「特別 301 程序」（Special 301 procedures），這些程序是定在 1974 年之貿易法（Trade Act）第 182 條（Section）。第 301 條程序一般是用於為美國貨物與服務之出口商進入市場，但也可用來施壓與制裁智慧財產政策與美國標準不同之其他國家。參照 FOLSOM, GORDON & SPANOGLE, INTERNATIONAL BUSINESS TRANSACTION 243 (1992). 換言之，近年來美國運用其科技與貿易的優勢，要求擴大智慧財產權的法律保護範圍，力謀將內國的智慧財產制度推向全世界，甚至主導了 WTO 的誕生與相關一些國際公約的內容，使國際公約按其意願改進，保留其不遵守的特權，使其國內法產生了「域外效力」，大幅改變不少國家智慧財產權立法。

[24] 參考楊崇森，美國刑法之原理與應用，軍法專刊，第 57 卷第 3 期，頁 47 以下，2011 年 6 月（本書第六章），及美國反托拉斯法殺傷力大（中國時報，2010 年 8 月 26 日）。

或其他形式的聯合、共謀，用來限制州際間或與外國之間的貿易或商業者，……爲嚴重犯罪」。1977 年美國司法部發布的《反托拉斯法國際實施指南》進一步規定：「一旦外國交易，對美國商業發生了重大和可以預見的效果時，不問其發生在什麼地方，均受美國法律管轄。」

　　依阿爾科效果之原則，如：（一）有人在外國之行爲欲影響美國商業；（二）對美國商業已有眞正影響時，適用美國反托拉斯法。又一旦政府證明被告有此意思，除非被告能證明事實上並無影響或影響輕微，否則推定有眞正影響。該阿爾科效果之原則擴大了美國法院對反托拉斯法案件之管轄權，受到別的國家，尤其歐洲，相當大之反對。反對之理由是此原則將具體立即有形影響（諸如射擊到國界對面之人之例）擴張到較少有形結果，諸如經濟活動跨邊界之影響時，該原則提供了取得幾乎漫無限制的域外管轄權之基礎，有欠合理。又傳統的屬地主義主要關注處所和行爲地，與行爲的結果地聯繫不大。但阿爾科效果之原則強調的是行爲的結果地，只要行爲的結果地在本國，本國即有管轄權。何況在內國被認爲是違法的行爲，在行爲發生地國未必認爲是違法；壟斷和限制競爭也不是各國公認的犯罪。但美國當局回應稱：選擇進入賺錢的美國市場，要付適用參與反托拉斯行爲之所有其他人之規則之代價。有些反對美國擴張管轄權的國家，不僅在外交上向美國提出抗議，而且還制定了抵制性的（blocking）法律。其例子是英國之「貿易利益保護法」（Protection of Trading Interests Act）。它禁止執行任何「多重賠償損害」之判決，明白反對反托拉斯三倍之賠償損害，它也授權英國行政官員禁止遵守證據開示（discovery）命令，且准許非美國藉之當事人在英國訴訟，可請求返還已付任何判決賠償額之三分之二[25]。此外有關國家也紛紛立法[26]，法國除 1980 年立法懲罰在法國領土非法蒐集文件資料外，也著手研究仿效英國，使企業可以索回外國反壟斷法域外適用中多付的賠償金額[27]。

---

[25]　Burnham, op. cit., at 690.

[26]　美國法院所下反托拉斯判決，尤其 1970 年代後期鈾礦卡特爾（Uranium Cartel）三倍損害賠償（In the Uranium Antitrust Litigation, Westinghouse Corp. v. Rio Algam Limited, 617 F. 2d 1248 (7th Cir. 1980)）案件，許多國家認爲美國判決有誤。至少九國：澳洲、加拿大、法國、西德、荷蘭、紐西蘭、菲律賓、南非、英國都制定抵制法律，對美國採取報復行動。此外大英國協 41 個國家對英國類似立場予以概括支持。參照 Folsom, Gordon & Spanogle, op. cit., at 378.

[27]　據說美國還將這些原則以成文法的形式加以規定。例如 1976 年美國「兼併（合併）申報法」規定如外國同業公司的兼併，對美國市場產生一定影響的，也須承擔向美國申報的

不過近年來因適用反托拉斯法引起之磨擦已經減少。理由有二：第一，由於世界其他國家托拉斯法適用之要件變成較接近美國，且卡特爾之危險變為更加明顯，以致各國反托拉斯標準漸趨一致，以及它們大力執行相關政策。尤其歐盟已加強標準，來保護其市場免於不正競爭，而歐洲法院（European Court of Justice）基於效果之原則，積極執行反托拉斯法。第二，在聯合國推動與經由雙邊安排下，特別在美國與加拿大，德國及澳洲之間，已設法使反托拉斯法執行之努力和諧化，並避免發生磨擦[28]。

二、對於美國貿易封鎖之反彈

1996 年美國施行了「古巴自由與民主聲援法」（Cuban Liberty and Democratic Solidarity (Libertad) Act of 1996），即所謂「赫爾姆斯—伯頓法」（the Helms-Burton Act），規定「任何與古巴政府在 1959 年 1 月 1 日以後沒收財產有牽連的外國人」，負有向原先擁有這些財產的美國國民支付賠償和利息的義務，美國國民可向美國法庭提訴並要求執行判決；美國可拒絕向這些外國人及家屬發給簽證，且驅逐出境。有許多加拿大公司被列為懲罰名單，拉丁美洲、歐洲、亞洲許多企業也被牽扯在內。加拿大強烈反對在美國本土以外的地區實施美國的法律，聯合中美洲六國，指出該法違反了國際法與主權及自由貿易的原則。不久加拿大提出報復性法案，修改其「外國治外法權應對措施法」，使加拿大人能在加拿大法院反控收回因美國法院根據該法所作判決所受到的損失。

美國否認該法的域外效力違背了國際法國家管轄權的規定，辯稱「國際法承認一國在其領域外，對本國產生重大影響的區域適用其法律」。但因該法管轄對象—外國公司和國民與美國並無聯繫，既非「屬人」亦非「屬地」。且主張對外國在國外從事與國外商業活動有關，但發生「在美國的直接效果」的行為有管轄權一節，尚未得到國際普遍承認。而且該法不符國際法保護性管

義務：1982 年出口貿易公司法第 4 編「外國商貿反托拉斯改善法」，以列舉的立法方式，對國內進出口交易有直接的、實質的以及合理預見可能影響的壟斷行為，加以規定，適用美國法調整。參照吳炯，反壟斷法域外管轄權的管轄和反管轄，市場報，第六版，2000 年 11 月 20 日。http://www.people.com.cn/GB/channel1/11/20001120/319318.html (revised 2013/6).

[28] BURNHAM, op. cit., at 691.

轄權的標準，因為這種例外管轄「僅適用於影響國家安全和重大利益的嚴重罪行」。歐盟擬將對該法的控訴，提交世界貿易組織爭端解決小組，加拿大和墨西哥則計畫提交北美自由貿易協定仲裁。

論者批評此案反映了美國推行國家戰略的手法。在一些國際問題，為了自身利益繞過國際組織的授權，甚至盟國的同意，而單獨行動。雖然美國它表示不怕世貿組織爭端解決小組，但在與歐盟的諒解備忘錄中，作出較大妥協，以換取歐盟暫緩將問題提交該小組。在另一方面，加拿大由於對美國的經濟依賴遠大於古巴，開始自古巴撤出投資，或轉與其他國家進行貿易。到了 1998 年，美國同意放寬對那些與古巴、伊朗及利比亞做生意的跨國公司的限制，放寬對那些公司人員赴美簽證的限制[29]。

三、證券管理等法之域外管轄權

美國法對證券廣告與買賣禁止詐欺之法律，亦被適用於域外，幾乎與反托拉斯法立於同樣基礎上。但證券或期貨詐欺常常真正在美國交易所完成，因此比起效果之關係較為具體；且因很少外國鼓勵不實表述（misrepresentation）或內線交易，因此較不易與外國利益發生衝突。此外美國政府之行政、立法及司法部門在海商法、勞工、侵權行為及野生動物管理等法律領域，都有長臂伸到領域之外[30]。

四、專利法之域外效力

世界各國專利制度採專利屬地主義，某產品欲於數個國家享有專利，申請權人應在這些國家分別取得專利權。若僅在美國取得專利權，他人未經專利權人同意，在美國境內生產、使用或販賣或進口至美國，固然可構成侵害專利權；惟如在美國境外生產、使用或販賣該產品，依據專利屬地主義，不發生侵權問題之餘地。為防止侵害人利用「在美國境內製造專利零件，運至國外組裝」之方式，迴避美國專利法之規範，1984 年美國在專利法第 271 條增列 (f) 項，將此種行為亦定為侵權之一種態樣。這是專利法的域外效力條款，此種域

---

[29]　參照陳剛，《赫爾姆斯─伯頓法》引起的美加衝突，美國研究，第 3 期，2001 年。http://www.mgyj.com/american_studies/2001/third/third06.htm (revised 2013/7).

[30]　Folsom, Gordon & Spangole, op. cit., at 378.

外效力之規定雖可防止若干迴避法律的行為，但如過度擴大適用，不免與專利之屬地主義基本原則牴觸[31]。又保護外國註冊商標之美國商標法（Lanham Trademark Act）已被適用於域外[32]。

五、對外國被告訴訟文書之送達

美國法院依美國憲法，不能接受法院對侵權行為之管轄權單純基於損害地，或法院對契約之管轄權單純基於契約所定之履行地而來。但大陸法系國家之律師及其當事人非常不贊成美國法法院管轄權基於做生意或對被告有最起碼之接觸（minimum contacts）而取得[33]。詳言之，依美國法，法院為了取得對人之管轄權，正當程序需要：（一）該法院所在地的那個州需對被告有適當之「最起碼之接觸」（minimum contacts）[34]，加上（二）法院將訴訟（被告被人提告）充分通知被告。當被告在法院轄區外時，美國法院習慣是無論州際美國被告或外國被告，均寄送傳票與告訴狀予被告；在美國法律人心目中，寄送傳票與起訴狀只是補充對該人之司法管轄權之要件而已，不發生侵害外國主權之爭議。

但許多外國認為此種寄送行為是一個主權之行為，只能由該國自己官員及依該國自己法律辦理，也就是須透過外交管道處理。瑞士、法國、德國及其他國家不止一次循外交管道抗議美國法院直接寄送法院文件予他們領域內之被告[35]。後來此問題由於在 1969 年批准海牙訴訟文書送達公約（Hague Convention on Service of Process）[36] 及在 1993 年修正美國聯邦民事訴訟規則第

---

[31] 該條款也是將所謂專利間接侵害擴大至不以成立直接侵害為前提之情況。參照楊崇森，專利法理論與應用（三民，2013 年），頁 508 以下。黃詩芳，由 Microsoft Corp. v. AT & T Corp. 案論美國專利法第 271(f) 條之適用，2007 年 9 月，http://www.saint-island.com.tw/news/ shownewsb.asp?seq=286/ (revised 2013/7)；李海濤，從判例看美國專利法的發展趨勢，2010 年 2 月 22 日，http://www.zhonghualunwen.com/ (revised 2013/7)。

[32] Id. at 693.

[33] Jeffrey D. Kovar, Assistant Legal Adviser for Private International Law, U.S. Department of State, Before the Subcommittee on Courts and Intellectual Property of the Committee on the Judiciary of the House of Representatives (June 29, 2000). www.state.gov/documents/organization/6846.doc (revised 2013/6).

[34] 該原則係 International Shoe Co. v. Washington (326 U.S. 310 [1945]) 一案由最高法院所宣示。

[35] Burnham, op. cit., at 703.

[36] 海牙送達公約（Hague Service Convention，全名為 Convention on the Service Abroad of Judicial and Extrajudicial Documents in Civil or Commercial Matters）准許簽字國司法文書送達予另一國，而不用領事與外交管道。在非公約締約國間通常用外交管道。通常由訴

4 條而大爲減少。

六、在外國調查證據方面

　　在美國法院民事案件當事人有許多調查證據（稱爲證據開示〔discovery〕）方法，可自對造甚至第三人取得資訊、文件及其他證據資料[37]。如該人不配合，可聲請法院命令強制取得，且可下違反命令之制裁，包括藐視法庭（contempt of court）。美國民事訴訟所准許之廣泛範圍之審理前證據開示制度（pre-trial discovery）爲外國法所無。源自美國訴訟之證據開示傳票（subpoena），令許多外國被告震驚。所以當收到開示命令之人是在外國之外國人時，則發生困難。因許多國家調查證據是司法行爲，須由法官而非當事人實施與控制，即須由證據所在國之法官爲之；而且任何外國之證據開示範圍不如美國廣泛。反之，美國法律人則認爲證據開示爲當事人對立主義（adversary system）之要求，由法官主動與控制證據調查，除一般性外，並不適宜；且許多國家寬鬆的銀行與商業機密原則與脆弱的證據開示制度，不啻是隱瞞眞相甚至經濟保護主義之一種方式[38]，因此雙方時常發生齟齬[39]。由於美國法院可制裁不回應證據開示要求之當事人，請求自己本國政府協助之外國被告特別有風險。在另一方面，如善意努力修改或繞過證據開示之障礙，可對外國被告有利。但此種被告常夾在所謂「贏不了」（no win）之情況，因爲任何一種情

訟繫屬國法院正式發函（稱爲 letters rogatory）請求被告居住國法院，由本國外交部轉給對方外交部，再轉予受通知當事人居住之地方法院，再送達予當事人。一旦送達後，送達證明逆向由同一管道進行。在較速程序，有時法院可直接向外交部或外國法院請求，省了一個或數個步驟。海牙送達公約爲簽字國建立了較簡便方法。各締約國須指定一個中央機構（Central Authority）接受外國送達請求。外國有權送達的司法官員可直接向受送達國中央機構發送送達請求。於收到請求後，安排該國合法之送達方式。通常由法院送到被告住所。送達完成後，中央機構發送達證明予請求之司法官員。此公約程序比請求函之優點是較快，一般 2 到 4 個月而非 6 個月至 1 年；且較省錢（http://en.wikipedia.org/wiki/Hague_Service_Convention (revised 2013/7)）。

[37] 關於美國民事訴訟之證據開示制度（discovery）之內容與運用詳情，可參照楊崇森，美國民事訴訟制度之特色與對我國之啓示，軍法專刊，第 56 卷第 5 期，頁 18 以下，2010 年 10 月（美國法制的實務與運作，第三章）有詳盡之剖析。

[38] 例如瑞士也因其銀行業保密制度缺乏透明度、涉嫌幫助客戶逃稅，飽受外界詬病，被指責爲「避稅天堂」。美國指控晚近瑞士銀行企圖避免被迫迫爲二次大戰德國大屠殺（Holocaust）之被害人資產來算帳負責。Burnham, op. cit., at 705.

[39] Burnham, op. cit., at 704 et seq.

況，他們都會受到不利 [40]。

七、在判決執行方面

　　美國與大多數國家實務不同，執行外國判決係根據禮讓（comity）之原則
（Hilton v. Guyot, 159 U.S. 113 (1895)）。雖然美國法院被認為在無條約義務
下，是世界上承認與執行外國民事判決最開放之國家，但美國勝訴判決之持有
人在外國執行判決很成問題。即使在無條約情形，原則上執行外國判決（美國
長臂管轄權〔long-arm jurisdiction〕）之國家，也認為美國過度（excessive）
之陪審判斷及懲罰性損害賠償（punitive damages）有時被認為是不執行美國
判決之理由 [41]。

　　詳言之，美國陪審裁決常被外國法院認為數額過高，且美國民事判決有
時命被告支付懲罰性損害賠償（punitive damages），此種救濟方法在大陸法
系國家只有刑法才認為適合。第二、大陸法系國家法律人常不瞭解何以美國原
告不去被告國家提起訴訟，因為向被告住所地告訴即使非訴訟之要件，但都是
大多數大陸法系國家的通常作法。第三、英美法系國家往往寬鬆執行外國判
決 [42]，而大陸法系國家往往要求執行判決須基於兩國之相互承認，且對承認條
件之公共政策例外採較廣義解釋。又大陸法系國家往往認為判決之執行宜由相
關國家以條約加以處理，而美國不採此方式，直到最近才改變。雖然這些是美
國與外國潛在磨擦與誤解之來源，但大多數大陸法國家在開始一些反對後，已
相對對美國判決予以容忍。例如德國已大幅對相互主義有所讓步，雖拒絕執行
美國懲罰性損害賠償判決，但執行補償性精神上損害（pain & suffering）賠償
之判決，有一案就是如此，使得判決賠償數額十一倍高於德國法定所下類似之
判決 [43]。

---

[40] FOLSOM, GORDON & SPANOGLE, op. cit., at 379.

[41] 同註 33。比起判決相互承認與執行之困難，仲裁判斷則較易於執行，因國際間早有仲裁
判斷相互承認之公約，即 1958 年之聯合國紐約公約規定執行仲裁契約與在締約國所下
仲裁判斷，不須由仲裁國法院確認仲裁判斷，且簽字國不可對確認訂有比適用於國內仲
裁判斷更嚴苛之條件。紐約公約規定除非符合例外之一，法院「應確認仲裁判斷」；又
雖有「公共政策」之例外，但法院將其限於程序不公平之情形。參照 BURNHAM, op. cit., at
708 et seq.

[42] BURNHAM, op. cit., at 707; VON MEHREN & MURRAY, op. cit., at 264, 283.

[43] 1992/6/4 1982 NJW3073 德國最高法院判決，參照 BURNHAM, op. cit., at 707.

參、美國海外管轄權之擴充

前哈佛大學比較法名教授 von Mehren 指出民事訴訟是美國法在海外使人覺察有適用的領域，而且有時適用到離奇之程度。對於美國民事管轄權之擴充，加上美國選擇準據法之原則，有時導致美國法律規定竟適用於似乎與別的國家法律和社會更密切之案件上。有時美國廣大民事管轄權爲外國行爲人帶來他們沒有同意（意外）的法律責任。例如美國實體法和程序法已適用於美國和外國消費者請求外國企業負擔蒙受損害之產品製作人責任。又在人權方面，美國法院近年來是數個主要努力確保納粹統治與二次世界大戰之不同群（大多住在歐洲）被害人請求賠償之舞臺[44]。不過受美國昂貴繁雜之民事訴訟煎熬的海外當事人，也對美國證據開示程序受不了。因該程序常耗費龐大費用，有時甚至侵害到被外國企業認爲秘密資訊之領域。美國懲罰性損害賠償在德國不能強制執行[45]。

肆、美國在國際公法方面的表現與批評

一、近年來美國在國際公法方面之貢獻似乏善可陳，因美國法界的通行觀念從來往往認爲國際法和公約不應約束美國國會與政府；特別是像聯合國及其附屬機構，會員及本體並非依照嚴格民主方式產生；墨守其相關規定，只是使得若干國家得利，卻損及美國主權。例如：關於尼加拉瓜之爭議，美國自國際法庭（International Court of Justice）領事案件管轄權撤回，引起人們批評美國對國際法採一種片面主義的作法。美國近年來與別國自軍

---

[44] VON MEHREN & MURRAY, op. cit., at 283 et seq. 類似訴訟也在菲律賓與其他國家由南非種族隔離與極權體制之被害人提起。兩氏說：鑑於美國對關在關打拉摩灣（Guantanamo Bay）及伊拉克之人之人權爭議，這些訴訟有幾分諷刺，但美國法院對這些人也開放，有些訴訟也還在繫屬中云云。VON MEHREN & MURRAY, op. cit., at 284.

[45] VON MEHREN & MURRAY 兩氏又指出：海牙管轄權及判決之承認和執行之會議（Hague Convention on Jurisdiction and Recognition and Enforcement of Judgments）對國際管轄權之原則及限制不能成立協議，頗爲遺憾。但一個可喜發展是 UNIDROIT（International Institute for the Unification of Private Law，國際私法統一協會，爲獨立超政府機構，設在羅馬）及 ALI（American Law Institute，美國法律協會）通過了「超國家民事訴訟原則」（Principles of Transnational Civil Procedure）（即由歐洲和美國學者及實務家努力找出被大西洋兩岸接受之進行民事訴訟之原則）。參照 VON MEHREN & MURRAY, op. cit., at 284.

事行動到環境保護，發生齟齬；該案自領事案件管轄權撤回，對某些人看來，乃美國又一獨斷獨行的作法（go-it-alone approach）[46]。

二、尤其自越南慘痛經驗後，美國與國際法及法律制度之接觸開始減少，柏林圍牆傾倒與蘇聯不再是軍事上世界霸主後，使美國暫居唯一最強大強國，致使所謂美國例外主義（American exceptionalism）之現象充分呈現[47]。但不少學者以為所謂損及美國主權，或者開先例擴張國際組織的官僚專制之類理由並不充分；美國不宜，也不能如此做[48]。

依照專家分析，冷戰後十年已證明美國不願為了國際共識和協議而限制自己的主權與權利[49]。其例不少，包括：

（一）1982 年美國不接受「聯合國海洋法公約」（United Nations Convention on the Law of the Sea）[50]。

---

[46] 尼加拉瓜告訴美國案，美國先提出國際法院就該案對自己無管轄權，但國際法院裁決駁回了美國的主張。前此尼加拉瓜還向國際法院請求：在就實質問題作出裁決前，要求美國立即停止向尼加拉瓜反政府組織提供支持，國際法院裁決採納了這一臨時措施之請求。參照 John Quigley, *The United States' Withdrawal from International Court of Justice Jurisdiction in Consular Cases: Reasons and Consequences*, Duke J. of Comp. & Int l Law 19, (2009), available at http://Scholarship.law.duke.edu/cgi/viewcontent.cgi?Article=1057&context=djcil&C...20consular%20optional%20jurisdiction%20International%20Court%20Justice%22 (revised 2013/7)；蔡育岱、宇智波、熊武、熊美合編，國際法之延續與變遷，傳統公法（昆茂，2007 年），頁 30 以下。

[47] 參照 von Mehren & Murray, op. cit., at 293. 關於美國例外主義，參照關中，意識型態和美國外交政策（商務印書館，2005 年），頁 123，有詳盡分析；杭士基著，林祐聖譯，流氓國家：國際情勢的藏鏡人（正中，2002 年）。又杭士基著，李中文譯，美國說了算：談論世局變化中的美國強權（博雅書屋，2010 年）。按杭士基所著兩書對近年美國在國際外交與軍事的作法，更有痛切的陳述與批判。

[48] von Mehren 與 Murray 教授以為除美國外，每個國家應受國際戰爭犯罪管轄，或世界其餘地區可協議限制散發污染空氣，但世界最大能源消費者卻不必受限制（參照下述）的想法，對許多美國人與世界其他人一樣都不是味道。參照 von Mehren & Murray, op. cit., at 293.

[49] 參照關中前揭，頁 123。該書對美國歷來外交政策、作為以及心態之剖析均甚為深入。

[50] 傳統國際法採領海 3 海浬，「公海自由航行」（Freedom of the Seas）之原則，但 20 世紀中期以後，各大國為保護海上礦藏、漁場並控制污染、劃分責任歸屬，上開原則已不合使用。美國首先在 1945 年宣布其領海延伸至其大陸架，打破了傳統公海的認定原則（英國直到 1987 年才將領海依公約擴至 12 海浬）。聯合國在 1982 年會議，終於決議出聯合國海洋法公約（United Nations Convention on the Law of the Sea），對領海、專屬經濟區、大陸架、海床資源歸屬等都加以規定。例如領海為基線以外 12 海浬之水域，專屬經濟區（排他性經濟海域）指自領海基線起算，不超過 200 海浬（370.4 公里）的海域。但美國沒有簽署，迄今亦未批准。若干美國經濟學界認為此公約將海洋資源視為人類「共

（二）美國反對，致未批准「京都議定書」（Kyoto Protocol）[51]。
（三）美國沒有參加締造國際刑事法院（International Criminal Court, ICC）的
　　　羅馬規約（Rome Statute）[52]。
（四）美國未批准或加入「全面禁止核武試驗條約」（The Comprehensive Test

同財富」，違背自由經濟政策。由於美國與加拿大等國仍有水域爭端，有些美國政界人
士認為，公約將損及美國主權。亦有人士認為，公約實際上將海洋奉送給「不負責任」、
獨裁腐敗的聯合國會員濫用。但有不少學者認為當初不批准公約的理由都已經獲得「改
善」。且公約對阿拉斯加、夏威夷等地專屬經濟區的擴大，對美國利多於弊。另一方
面，公約對經濟區的保障，應能使大型美國海洋鑽探企業更願意投資開發。參照 http://
en.wikipedia.org/wiki/United_Nations_Convention_on_the_Law_of_the_Sea (revised 2013/7)；
信田智人，アメリカの外交政策（ミブルゥア書房，2010 年），頁 303 以下。

[51] 京都議定書（Kyoto Protocol），是「聯合國氣候變化框架公約」（United Nations
Framework Convention on Climate Change, UNFCCC）的補充條款，於 1997 年 12 月制定。
其目標是將大氣中的溫室氣體含量穩定在一個適當的水準，以防止劇烈的氣候改變對人
類造成傷害。
該議定書如徹底執行，到 2050 年之前僅能將氣溫的升幅減少 $0.02{}^\circ$C 至 $0.28{}^\circ$C，標準過
低，不足以因應未來的危機，但京都議定書只是第一步，今後還要繼續修改完善，已被
同意延長至2020年（條約於2005年生效。至2009年2月，共有183個國家通過該條約〔超
過全球排放量的61%〕，包括 30 個工業化國家）。美國人口僅占美國全球人口的 3% 至 4%，
但排放的二氧化碳卻占全球排放量的 25% 以上，是全球溫室氣體排放量最大的國家。雖
曾簽字，但並未送交參議院進行批准程序。反對京都議定書的核心觀點是一旦實施該條
約，環境雖將受益，但會阻礙經濟成長。有人對全球變暖與溫室氣體排放的關係表示質
疑，認為京都議定書可能延緩世界的工業化民主進程，或將財富以「全球社會主義」向
第三世界國家轉移。也有人說全球變暖的根本科學問題還未解決。但有人認為，如美國
政府對燃油徵收國稅，反會大幅刺激經濟成長。另一方面，中國、印度及其他發展中國
家，因為未在工業化時期大量排放溫室氣體，造成當今全球的氣候變化，目前被京都議
定書豁免。參照 http://zh.wikipedia.org/zh-tw/ 京都議定書（revised 2013/7）。

[52] 國際刑事法院（International Criminal Court）成立於 2002 年，設在荷蘭海牙。主要功能是
對觸犯滅絕種族罪、危害人類罪、戰爭罪、侵略罪的個人起訴和審判。在 1948 年，繼紐
倫堡審判和遠東國際軍事法庭（東京審判）以後，聯合國大會認為國際社會需要常設法院
處理類似第二次世界大戰暴行的國際犯罪。在聯合國大會的要求下，早期國際法委員會
擬定了兩份規約草案，但因當時冷戰，被束之高閣。後經數年談判，聯合國於 1998 年 7
月在羅馬召開外交代表會議，1998 年 7 月通過國際刑事法院羅馬規約，於 2002 年 7 月生
效。此法院只對規約生效後的上述四種國際犯罪有管轄權，但實際上，暫時還不能對侵
略罪行使管轄權。至 2010 年 6 月，有 114 個國家加入了「國際刑事法院羅馬規約」。但
聯合國安理會常任理事國的中國、俄羅斯和美國，以及以色列均未加入該規約。美國曾
在 2000 年 12 月 31 日簽署羅馬規約，但在國會批准前取消簽署。參照 http://zh.wikipedia.
org/wiki/ 國際刑事法院（revised 2013/7）。

Ban Treaty）[53] 和「禁止地雷條約」（Landmine Ban Treaty）[54]。

（五）2003 年 3 月美國未經聯合國授權發動對伊拉克的戰爭。von Mehren 與
　　Murray 教授以為美國政治領袖近來似乎不欲只在集中於全球安全，諸
　　如聯合國之類國際機構與聯盟框架內實施美國經濟與軍事力量。而美
　　國軍事力量的不適當的伸展與「美國第一」（America first）的態度
　　損傷了美國在世界的形象，並且無法透過國際合作，支持與促進全球
　　安全[55]。

伍、結語

　　美國是一個富於創意與活力的國家，它發展出許多新穎的法律原則或制
度，影響到全世界，值得我們重視。惟國際社會秩序之維繫，有賴於各成員國
的自覺遵守。但在國際法在很大程度上屬於「軟法」，缺乏有效強制力保證遵
守的情況下，一個超強國家為了謀求本國最大利益，甚難要求它自我制約，
並維持其標榜的高尚原則。在本文之分析中，更可看到法律只是政治經濟的

---

[53] 全面禁止核子試驗條約（Comprehensive Nuclear Test -Ban Treaty）要求締約國承諾不進行
任何核武器試驗爆炸，並承諾在其管轄或控制下的任何地方，禁止和防止任何此種核爆
炸。1996 年 9 月 10 日在第 50 屆聯合國大會通過。目前有 176 個國家簽署，其中 132 國
已批准。簽署但未批准的主要國家有：美國、中共。目前該條約不滿足生效的條件。

[54] 國際社會禁止使用殺傷人員的地雷，因地雷不區別對象加以殺傷，傷亡的平民人數高於
戰鬥人員。數十年來，地雷嚴重摧毀了社會與經濟環境。1997 年「關於禁止使用、儲存、
生產和轉讓殺傷人員地雷及銷毀此種地雷公約」（The Convention on the Prohibition of the
Use, Stockpiling, Production and Transfer of Anti-Personnel Mines and on their Destruction）
（又稱「禁止殺傷人員地雷公約」〔The Anti-Personnel Mine Ban Convention〕）或常常只
稱為禁止地雷條約（The Mine Ban Treaty）或渥太華條約（Ottawa Treaty），已有 156 個
國家批准或加入。超過 4,100 萬枚儲存的地雷已被銷毀。尚未加入條約的國家，包括美
國、中國與俄羅斯，但實際上幾乎所有的國家都已遵守條約的大部規定。關中前揭，頁
123。http://www.hrw.org/zh-hans/news/2010/03/01-3 (revised 2013/7)；http://en.wikipedia.
org/wiki/Comprehensive_Nuclear-Test-Ban_Treaty (revised 2013/7)；http://www.zwbk.org/
MyLemmaShow.aspx?zh=zh-tw&lid=149468 (revised 2013/7).

[55] 參照 VON MEHREN & MURRAY, op. cit., at 293. http://m.blog.sina.com.cn/s/blog_5ef1fe
090102echw.html?tj=1#page=1 (revised 2013/7). 又參照趙國材，論美國出兵海外之法律依
據與實踐，見裘兆琳主編，後冷戰時期美國海外出兵案例研究（中央研究院歐美研究所，
2001 年），頁 73。

上層組織，而對法律哲學上法律與實力關係[56]如何密切，諒有了更深一層的領悟了。

---

[56] 關於法律與政治、法律與經濟以及法律與實力之關係，參考田中耕太郎，法律學概論（學生社，1953 年），頁 81、86 以下、465 以下（有精闢之探討）。又參照 BERMAN, JUSTICE IN THE U.S.S.R. 7, 31, 46, 70-72 (1963).

第十一章

美國的社會與法律

壹、前言

　　美國是一個非常崇尚法治的國家，司法機關贏得國民高度的信賴與崇敬，民間紛爭動輒訴諸法院以求解決，甚至任何政治問題亦遲早無不演變成為司法問題，此堪稱美國社會的一大特色，亦為其國家強盛原因之一。此種現象近年來尤為顯著，以致不免引發了不少問題。本文原題「Too much for the law」，作者自各種層面探究美國立法與司法種種問題，並對其新發展有極生動與深入的描述與分析，不特使吾人對美國立法與司法之動態情形有較深入之瞭解，抑且可由此窺知該國社會與政治之實際運祚情形，且行文鞭辟入裡，妙趣橫生，值得一讀，爰特選譯，以饗讀者。

　　是一個晴朗的星期天，在聖路易的僕斯紀念體育館，聖路易主教隊的一個球員，在前衛兩端的選手地區搶到橄欖球，然後，在傳球時把球掉了，裁判彼此密談了 3 分鐘，最後裁定該球員已把球抱在手上時間夠久，所以觸地得分應屬有效。聖路易隊贏得該場比賽，致對手華盛頓隊球迷大為不滿，在競技之永恆傳統上，對「差勁的裁判」記上另一敗筆。他們乃向聯邦法院提起訴訟，想要推翻那些裁判的決定。

　　年輕女子卡倫・安・昆蘭昏迷了好久，醫生在用特殊醫療方法，靠機器使她不要斷氣，她的父母欲卡倫能被准許「死得尊嚴」（譯者按：即「安樂死」），她的教士亦已同意，但她的醫生卻猶豫不決，她的父母只好請求紐澤西州法院裁定究竟要她活還是要她死。

　　當聯邦地方法院法官伽略特發現波士頓的黑白小孩被隔離在不同學校，而判令黑白必須合校，要求用汽車載送小孩上學時，在南波士頓中學發生騷亂。由於不滿學校當局對其計畫未能切實遵辦，伽略特把該中學置於聯邦管理之下，正如一個破產之公司一樣，以致自己實際上成為該校校長。他命令波斯頓教育局花費比原來預算更多之經費，他要求該局對他所僱的一個新主任負擔自明尼蘇達州之聖保羅遷至波士頓之搬家費。甚至，在聯邦法院，伽略特考慮為該校購買網球。

　　是否美國法院在統治全國？好多人以爲答案是對的。阿拉巴馬州州長華萊士說：「刺客與聯邦法官正要接管這個國家。」哈佛大學社會學者格拉齊說：「我們有一個帝國的司法部門，以一種史無前例之方式干預人民的生活。」芝加哥大學憲法學者克蘭說：「司法部門已變成我們社會的主要立法者。」

　　不論怎樣，美國人依賴法院去解決他們的問題已到了空前的程度。社會改革者鑑於立法機關行動過於迂緩，發現主要社會變遷可以透過司法部門很快的實現。由於受到華倫領導下最高法院之鼓舞，法官們今日遠比過去願意對政治上棘手問題加以過問。一般公民在權利覺醒之餘，發現對法官有較多機會傾訴他們的煩惱。法律與法律人（lawyer）對現代美國人生活之影響日益增加，成爲美國歷史上未受人注意之一種重大革命：現在民選官員與私人愈來愈願意甚至渴望把過去由立法機關、行政官吏、父母、師長甚至運氣解決的問題，由法院加以解決。

　　爲了要理解這種革命的範圍，美國人只要考慮到近來法律爭點的簡單名單即可了然。僱用人有無權利僱用任何他想僱的人？對於任何他不想僱用的人可否拒絕給予工作？孩童有無權利在學校留長髮？工廠可否將垃圾倒入湖中？橄欖球隊球員可否轉入別的球隊，假如他想更換的話？某種商品被商人索價過高時，消費者可否把多付的錢要回？女子有無墮胎之權利？曲棍球球員在球賽中用球棍打了對手一下，可否受到刑事訴追？政府可否跨越江上蓋一座壩，如該結構體會殺害魚類的話？大多數人們以爲這些都是歸法院審理的案件——而這正是問題之所在，因爲不久以前，這些問題無一需要法院操心，它們都是在別處解決，或者由不同機關解決，或者只是私下了結。

　　許多法律權威（他們並不都是保守派）擔心如此仰賴法院對美國政府制度與法院本身會造成損害。康乃爾大學法學院院長古仁姆登說：「在一個共和國，其重要問題是：由非民選官員構成的政府如何能夠與代議士之民主政治相抗衡。」此外很少律師眞正以爲法院能解決所有委託他們的問題而可勝任愉快。紐約法律學者及前聯邦法院法官李甫開問：「我們眞的以爲法官有特殊能耐，適於擔任解決我們社會問題的監護人嗎？」

　　法官與律師們都一致擔心，除非從事一些根本改革，否則整個美國法律制度在沉重負荷下，勢必趨於崩潰。最高法院院長柏格（他是改革運動的先驅）說：「我們必須虛心考慮以前尙未試驗的各種方案。即使現行制度已被容忍了70多年，但仍有許多嚴重的問題，不管在本世紀末葉或下一世紀，仍會存在。」

　　訴訟案件目前正如洪水般在法院泛濫。在聯邦法院所提民事訴訟，自

1960 年以來已增加了一倍。自 1970 年以來也增加了三分之一以上。

自 1970 年至 1975 年，在每一個聯邦地院法官前繫屬之案件數目，已自 285 件增至 355 件。在各州法院案件積壓之情形更爲嚴重。自 1960 年以來，全部訴訟案件在麻塞諸塞州已增加了三倍以上，在洛杉磯郡也增加了一倍以上，在庫克郡（芝加哥）一個過失侵權行爲之案件，可能需等 4 年時間才輪到審理。

不僅民事訴訟案件急劇上升，刑事案件更老早已經充斥法院。暴力犯罪之數目，自 1960 年以來已增加 199%，而所有犯罪數目則增加了 180%。此種過於繁重之負擔，已對司法系統增加了透過認罪協商（Plea bargaining）（即被告於法院應訊時，通常對於較輕之犯罪答稱〔plead〕有罪，使政府據以定罪，以避免將他送去審理所生之費用與困難）來處理刑事案件的壓力。今日在美國，據估計所有刑事訴追有 90% 以認罪協商方式而結案，其主要原因無非是法院工作負擔過重，無法應付之故。

在美國對法律之極度尊敬，並非自今日開始。法國政治理論家戴托克維爾（Alexis de Tocqueville）在 1835 年即指出：「在美國幾乎沒有一個政治問題，遲早不演變成司法問題的。」其理由可能在於該國極端厭惡士人統治（elitism）與特權：如果無法駕臨法律之上，則法律本身便是至高無上。不過除了法律以外，尚有別的力量在操作——政府規章之不斷增加，以及自 1954 年黑白不應分校之裁判以來，民權法之迅速發展等。

孟肯曾看出美國人似乎以爲不問何種問題都可以通過法律之老式方法（不問對問題反對或贊成）輕易加以解決。美國立法機關支持了此種看法。根據一項估計，自市議會至國會，立法機關每年通過新法規達 25 萬種之多，而行政規章之數目則更無法估計。每種法規當然更製造了不少訴訟。有時法規起草得很糟糕，須由司法機關謹愼加以解釋。有時法規之條文是有意含糊——因立法機關十分願意讓法院對其細節加以彌補。自 1972 年起，最高法院院長柏格，請求國會在研討各種新法律時，作成「司法影響說明」（judicial impact statement），將該法律對法院可能產生之影響加以概略說明。但至今國會尚無反應。或許國會認爲此事並不重要，或許它怕證據太嚇人了。

一、退而求其次

如果某人無法使某種新法規通過，則可退而求其次——即提起訴訟加以解決，雖然大企業集團常常能非常有效地遊說（lobby）立法者，而影響力較

差之團體，發現法院不但可靠，而且較易接近。南加州大學法律中心詹森教授說：「比起遊說（lobby），告狀比較不花錢，法院是可以接近，看得見，而且原則上理應根據理性而非力量裁判的。」

例如去年春天，福特政府決定中止聯邦糧票（food stamp）方案，支持該方案之人們，遊說國會，堅守立場，但歸於失敗。於是，擁護糧票之人們便到法院去告，終於贏了官司。由法院裁定禁止政府中止該方案。於是影響 850 萬人的規章，雖經總統與國會決定；卻被一個訴訟與獨任法官重新加以變更了。

不幸的事情老是在民眾身上發生，過去有一段時間，被害人被勸告「不要把事情轉化成聯邦案件」，而今日幾乎每個人都想把事情轉變成聯邦事件！例如：許多年來，小學教員與校長有時為了處罰頑劣的學童，把他們開除或加以體罰，常常沒有聽取孩童方面之辯護，此為事之常情。後來有人想出這種蠻合理的想法：即如小孩未經審問，而被學校開除，則他們係被剝奪正當法律程序（due process of law）。當去年某案提出此種主張之訴訟到達最高法院時，該法院同意此種主張。當然在無數學校，該裁判根本被忽視。但如一部分被開除小孩之父母要求正當程序之審理，即強迫教員、校長與律師為他們準備審理時，學校可能會陷於嚴重困難之境。

有時最有正義感的法官，可能會捲入訴訟漩渦，以致變成不務正業。通常這情形是在涉及影響深遠的社會問題，諸如涉及一州公共營造物之品質時發生。如同曾任法官的李芙金所謂：法官是用來審理兩造間的爭端。它們常難於勝任偵察大規模而繼續性的爭端。在阿拉巴馬州精神病醫院的情形，幾乎任何人都一致認為非常不合人道，於是有人提起訴訟。在 1972 年聯邦地方法院法官佛蘭克‧詹森接管了那些醫院，結果情形與州監獄系統同樣糟糕，於是再度由詹森發號施令。詹森一度警告：如果立法機關不撥款改進那些精神病醫院，則他可能下令將州有財產出售，籌措其所需之資金。

二、官僚的迷宮

政府為了公平起見，有時把法律程序變成迷宮。無人可欺騙老年人使他們失去正當的社會救濟金請求權。因此，如某申請人之申請被官僚駁回，則他可以上訴、再上訴，再上訴——總共有五次行政上訴——如果仍不成功，則可向法院重新起訴。由於政府每年受理 100 萬件以上新殘廢給付之申請案，時間與金錢之耗費極其驚人。衛生、教育及福利部已僱了比 1970 年多一倍的律師來處理四倍的案件，目前有 1 萬件仍在繫屬中。勞工部現在執行 134 種制定法，

而 1960 年則只有 40 種左右。勞工部法律顧問威廉‧基爾堡說：「我們忙於替本部爲該辦而未辦之事辯護，致沒有時間去執行我們本來應做之事。可是有人卻說我們事情做了太多。」

上訴程序，理論上只是矯正某一法官在審判中所做錯誤裁定之方法，但已被歪曲得面目全非。爲了保證任何人不致被人欺騙而失去法律上的權利，上訴常變成敗訴一方設法在刑事案件延宕入獄服刑，或在民事案件延宕和解之另一種策略。一些刑事被告的律師發現他們可在他們州法院上訴好幾審，然後再以他們當事人的聯邦憲法上的權利被侵害爲理由，進入聯邦法院。但此種現象，主要是在案件相當有名時才會發生。大多數被告無力長期上訴。眞正受益人乃是有錢人，尤其是公司，他們可以儘量拖延時間，直到對手放棄勝訴希望，然後和解。上訴法院法官估計：在所有上訴案件中，80% 是沒有根據的。

不管現在法律程序可能如何過分沈重，它的負擔一定繼續有增無減，其中一個不可避免的因素，是人口不斷增加而且變動不已。洛杉磯聯邦上訴法院法官謝利‧哈芙斯特勒說：「在一個地區人愈多集中在一起，則彼此也就有更多的磨擦，我們現在在本國亦有較多年輕人與老人，他們比起中年人，有多出太多的問題。」

三、新品種打官司的人

美國人的其他種族，諸如：西班牙人與印第安人，還覺得在社會與經濟上都爲人所遺忘，他們現在轉向法院申請協助，一如黑人在 20 年前一樣。又小孩與軍人在法律上的權利很少被人注意到。南加州法律中心院長陶樂賽‧納爾遜說許多人的問題——特別貧民與一些少數民族還要找法院處理。她說：「許多不公平的事情，似乎值得救濟，但因幅度不大，致未受到法律的承認。」例如：墨西哥裔美國人小孩在學校講西班牙話而受體罰，或計程車拒載西班牙裔區域之乘客之類，都被法院以微不足道爲理由，予以不受理駁回——但正是這類不公平的事件，變成了每個城市地區騷亂的原因。

幾年前不可能想像爲法律案件的事件，現在突然紛紛進入法院。在 1975 年波士頓 Bruins 隊之戴伏‧霍比斯，在幾乎變成職業曲棍球隊家常便飯的那類打架之後，被明尼亞波利斯城大陪審團以觸犯加重毆打罪起訴。他被控用危險的武器，即曲棍球棍，傷害明尼蘇達北星隊的亨利‧布查，這是在美國主要職業球賽中，球員第一次因其比賽中行爲而被控犯罪（雖然布查在民事法院請求 350 萬元賠償之訴訟仍在繫屬中）。該案審理由於陪審團未能通過裁決而告

終，霍比斯並未被重行審判。體育與法律觀察家認為如果由職業球賽自律，法院把時間花在其他犯罪上，是否會更好些。

技術提供了未開發的與不可預測的法律爭端的淵藪。卡倫·安·昆蘭的案子在醫學創造救護生命的特殊器械前不可能發生。在遺傳學、化學與微生物學發達之後，像昆蘭之類案件一定會跟著大量發生。環境的爭端，諸如：保存新鮮空氣與水、野生動物與森林（這些都須與經濟的現實取得平衡）才剛發展為一種新法律領域。

法律是一種日益發展的行業，這是頗為顯著的現象。與 20 年前只有 25 萬人比較，今日美國有 42 萬 5,000 名律師。除了人數比過去增加外，他們的工作亦比較精密與專門化，以致又引起別的問題。前聯邦法院法官與全美法曹協會會長羅倫斯·華斯說：「律師有較大的創意，他們會竭盡所能。」當數個巨人在法院衝突時，決鬥一定沒完沒了。兩造律師有數十人，為了聯邦政府告 IBM 之反獨占案的審理，花了 6 年時間準備。當審理庭在 1975 年 5 月開始時，法官預言審理庭長達 1 年之久，而且下判決他又再需 1 年。該案政府擬傳喚 100 個證人，IBM 傳喚 400 人。在 19 個月後，有 82 個政府證人提供了證言。當審理結束，當事人一定會提起上訴。

但大規模的公司一定擁有夠多的律師，現在一個新的「公益律師公會」（public interest bar）已告出現——由精明、積極的年青男女代表民眾與長期被忽略的目標。他們正在提起訴訟——保全野生之生物，正在告可能出售有瑕疵產品的公司。公益法律諮詢會執行理事查理·哈本說：「我們有時並不喜歡由法院過問這些事情，人們之所以愛找法院，是因為覺得找其他主管機構沒有希望與沒有反應，人們對於爭端在法院會被適當解決，比較有信心。」

四、每個人都可以請律師

聯邦政府現在為貧民開辦了它自己的法律事務所，即法律服務團（The Legal Service Corp）。在全國各地 300 個計畫（programs）裡擁有 3,300 個律師。一些律師聲稱該服務團以微不足道的小事把法院搞得不亦樂乎。但如同喬治城大學法律教授彌勒 Herbert Miller 所觀察：「只有那些正在失去權力的人，才說政府事情做得太離譜」，關於貧民最關切的法律問題，法律服務團總裁艾利義（Thomas Ehrlich）說：「消費者法、住宅法、行政上之利益等，對貧民來說，與別種人不同，乃是生死攸關的重大爭議。」

不久以後，許多中產階級也能有財力僱用律師。愈來愈多的家庭正透過他

們的雇主、同業團體（fraternal group）及工會（unions），加入一種預先付費（prepaid）的法律保險，也可說是法律的藍十字（Blue Cross）這種僱用律師而不必臨時支付費用的制度，的確可以鼓勵更多的人利用法院。

由於案件進入法院系統愈來愈多，積壓與費用都要升高。一件訴訟需要兩造的律師，又需法官與其助手的時間及規定嚴格而花費時間的程序。律師費固然昂貴，而法官之供應亦復有限。雖然司法系統的影響力極大，但它在官僚組識中占極微小部分（法院占聯邦政府預算 1% 之 0.07）。許多爭議可用較簡便之方法解決，它們比訴訟低廉而且迅速。

最有效同時亦是最有爭議方法之一，便是對若干種現在認爲犯罪的行爲，予以非刑罰化（即不予以處罰，decriminalize）。有四個主要非刑罰化之候選人：私下使用大麻煙、成年人間之和姦、私下賭博及在公共場所酗酒。非刑罰化並不表示政府或公衆對這些行爲加以認可。公民訴訟公團（Public Citizen Litigation Group）主任亞倫·摩里遜提議：「我們必須說：『我們譴責這些行爲，但我們不值得花時間與金錢去對付他們』。」

這些犯罪有一種重要共通之處：它們基本上並無被害人之可言。也就是說，參與犯罪之人滿足他們自己的嗜好，他們的行爲很少影響到任何不願意涉及之人？在許多管轄區域內，這些犯罪最多只是偶爾追訴而已。但每次調查與逮捕，把原已不堪負荷的刑事司法系統搞得精疲力竭，而且這些逮捕耗費了幾百萬元與警察、檢察官、辯護律師甚至大小陪審團的無數時間。

五、較有效率之方法

已退休之最高法院法官克拉克一直是法律改革部門中一位倡導者。他主張要把這四種領域全部予以非刑罰化。他以爲必須追訴有組織銷售大麻煙、集團賭博以及有組識之娼妓，但不必就個別案件一一訴追。他說：「在本國每年有 300 萬件公共酗酒，此外如不追訴它們，則我們可以節省法院許多時間。我們可用金錢設法治療那些人，而國家將因此得到好處。」

非刑罰化可減輕壓力，不過正當程序之要求，在刑事司法系統非常重要，以致它們不能被輕易變通。但在民事案件，許多法律學者希望能有重大的改革，一些人甚至主張在所有民事審判廢止陪審。依據調查顯示：在 90% 以上審理案件，法官對於事實會與陪審團達到同一裁決。但當一個法官不經陪審而由自己審理時，兩造證據之提出比較快速，而且不至於耍花招，在政府方面亦可節省處理陪審員名單與支付陪審員費用之麻煩與經費。而且一般公民的生

活亦不致由於陪審而受到難於預料與妨礙。

律師們亦在尋求解決爭端之新途徑——即他們所謂「解決爭端之代替方法」。此種方法之一便是仲裁。它已列入大多數勞資契約之內。在成千成萬只有事實而無法律爭議之案件,當事人可能被要求對一公立之調解人(mediater)陳述其立場。此種案件可能包括政府救濟計畫,諸如社會救濟或勞工補償案件。每造可以向法院上訴一次,不過並非對事實上訴,而是對仲裁人裁判之是否合理加以上訴。

六、無衝突與無過失

法律改革家特別想免除法院管轄那些並無真正衝突的案件(這類案件為數成千成萬)。每個離婚、子女監護以及收養案件,在傳統上都須經由司法過程,即使當事人彼此對案件同意亦不例外一。在大多數家庭,雖然對於親屬遺產如何處理並無爭議,但遺產分配之法律(probate law)既昂貴又費時曠日。每個房子的買受人在今日房契可用電腦處理之時代,還要為了產權調查(title search)而搞得暈頭轉向。其實在這些部門,只需一個非正式的行政程序,必要時上一次法院就夠了。

日益增加之「無過失」解決的部門,一定會不斷擴充。23個州已通過無過失汽車事故賠償法規,准許被害人對於財產損害或身體傷害獲得補償,而不必經由昂貴的訴訟,確定其責任。在醫療與法律業務過失案件,無過失責任似乎是可行的辦法。許多律師以為此種原理可以推廣至任何侵權行為,從在鄰居結冰的人行道上滑倒起,到因電線線路不良所致之火災止。伊利諾大學法學教授傑佛萊·奧克萊爾說:「事故的被害人會看到律師所看不到的地方。事故就是那樣,被害人希望他們的損失能得到迅速的補償,而非對損失及精神上的苦痛下賭注。」無過失支付也會消除不合理的偏頗情形——有些被害人因和解得到數百萬美元的賠償金,而70%輸了官司之原告卻分文也得不到賠償。主辦侵權行為之律師不會喜歡無過失責任,但此種制度可以節省數百萬訴訟費用及無數法院時間之浪費。

每年到達法院之成千成萬比較輕微的爭議,可由非正式的法庭代替正式的法院。在一些城市,例如俄亥俄州的哥倫布與佛羅里達州的奧連多之爭議中心(dispute centers),發生爭議的人們可把他們的故事告訴充任調解人(mediater)的志願律師。調解人的解決可能簡單到只要兩造簽署一種書面,答應今後彼此避免碰頭。無人因毆打而坐牢,無人需要雇用律師,無人因對簿

公庭而受窘，而法院不必花費 1 分鐘來審理案件。

　　一種更可用的方式是鄉鎮調解中心（neighborhood legal center）。這種中心在古巴與中國已經採用，可在大城市提供草根式的正義。一群當地有名望的公民可經常在一所學校或某人的客廳聚會，調解當地人的爭端——各種芝麻小事，諸如狗沒栓上皮帶、小孩撒野或垃圾筒沒蓋好等。南加州大學納爾遜院長說：「法庭的莊嚴與裝飾並不必要，人們要求的是公平與有人聽取他不平之鳴。在每個社區你可以發現有許多人急於以有意義的方式來為司法系統服務。」

　　與這種非正式程序相近的法律上制度是小額賠償法院。在這種法院程序比較不正式，由一個法官或一個志願律師主審，通常限於標的幾百美元的案子。在理論上，小額賠償法院是消費者可以陳訴他新冰箱有毛病，而店東既不修理又不退回價額的地方。但小額賠償法院已在若干地區令人失望，因通常帶律師來的商人們，已把這種法院變成便於收取貨款的機構。不過，小額賠償法院仍然極其重要，所以全美法曹協會會長查士丁‧史丹萊已把它列為直接改良的目標。

七、由立法加以改革

　　法官與律師界之領袖都認為司法必須改革。雖然在改革後一定仍有足夠工作分配，但一些律師可能由於改革而蒙受不利。儘管法院權力很大，但法律職業本身不可能實現改革。司法界的改革只能經由立法機關通過法律才能實現，法官們可能非常樂意把他們若干權力解除，但由於每種改革的提議會遭受到反對，所以立法機構的行動不必操之過急。

　　只要現代生活愈來愈複雜，對於法律的要求必然會增加，在這範圍內是無可避免的事。如果美國人想要防止他們的政府制度根本改變，那麼他們必須尋求防止每個美元送到法官及每個問題送交律師的途徑。美國已創造世界上最精妙與最公平的法律程序，但它的負擔已變成無法忍受了。（注：譯自 1977 年 1 月 10 日新聞週刊，原題 Too much for the Law）

貳、附錄（美國法院案件管得過多的三個事例）

一、文生案之平反

在 1972 年當文生‧帕西尼參加賓州蘭斯得爾地方的幼稚園入學測驗時，還沒滿 5 歲。學校當局只叫他畫一個圓圈，文生卻熱心地畫了一整頁的圓圈。學校說這件事與其他測驗結果，顯示文生還不適合念幼稚園。在文生的母親對這種決定加以抗議之後，他總算在學校當局附條件下被准許入學。他母親以為文生在學校的表現不錯，但在那一年年底，他的教師與校長告訴她文生缺乏升到小學一年級的「發展準備」。

文生的母親茅太太異常憤怒，第二年秋天不再送她的孩子上原來的幼稚園。主管機關加以報復，而追訴她唆使文生逃學行為乃違反賓州入學法。於是茅太太被法院判了刑。但一個上訴法院法官裁定：由於進入幼稚園讀書，在該州並非強制，所以她並無違反法律之可言。

現在茅太太真的大為光火，她說：「發生了甚麼事情，文生都知道一清二楚。他的朋友因他在幼稚園被當掉，都叫他笨瓜。」在 32 歲的律師史蒂芬‧施格諾的協助下，茅太太向聯邦法院對該學校職員提起訴訟。她主張文生，當時 7 歲，被否認了正當法律程序——因其在幼稚園留級之理由從未被解釋過——並且被否認了法律之平等保護——因他從來沒有受過與其他小孩同等的待遇。

上個月，一個聯邦法院陪審團認定，文生的憲法上權利的確被幼稚園的教師、校長、初等教育之學區主任及學校督學所侵害。在陪審團裁決被告應賠償損害前，學校官員以美金 6,000 元與她和解。雖然案件得到平反，茅太太仍相當困擾。她說：「文生現在的問題是他在班上的態度而非他的能力，他確信每個人都要整他。」對文生來說，知道了他可能是美國歷史上第一個小孩被違憲地不讓他唸一年級，並非十分快慰的事。

二、莫城的戰鬥

阿拉巴馬州第二次大城莫比爾（Mobile）的公民，在 1911 年決定他們的市政府應該由全城民眾選出的三個委員管理，而市長之職務則由這三人輪流擔任。當地市民似乎喜歡這種制度，在 1963 與 1973 年，他們有兩度機會改採由

市長與議會組成的政府，但此種變更兩度爲市民所拒絕，最後一次是以二比一之多數。現在莫城終於可能採用市長與議會組成之制度。這並非由於公民喜歡新的政府制度，而是因爲一個聯邦法官說他們必須建立這種制度。

聯邦地方法院法官維吉爾・匹特曼最近的裁判理由異常明顯。雖然黑人占莫城人口 35%，但從來沒有一個黑人當選爲委員。自從通過了 1965 年的投票權法以來，黑人雖可自由投票，但在全城選舉中，他們的影響力被白人的多數決所擊潰。因此白人政客可以輕易忽視大多數黑人的要求。這種情況導致了一群黑人選民在 1975 年提出訴訟，要求議員按地區選舉。他們的主要律師布勒塞把該案簡潔敘述如下：「黑人須找出某種方法，打破過去不讓他們參政的政治制度。」

但告知一個城市的市民該城應如何組織，是否屬於聯邦法官的職權？莫城的市長不以爲然。市長關姆斯說：「這是聯邦政府首次告知自由人他們必須有怎樣的政府。如果他們可以這麼做，那麼他們可叫你幾點上床，以及午餐是否吃豬肉及豆子。」市當局答應要對該判決提起上訴，但是他們並未答應去做任何會使黑人政治力量反映出黑人在人口中所占比例的事情。

三、李馬文的另一個「妻子」

6 年來，如同幾千個其他加州人一樣，奧斯卡金像獎得主演員李馬文與女演員—歌手密契爾・托立奧拉並無結婚執照而在一起同居。然後在 1970 年李馬文拋開托立奧拉而娶了他中學時代的情人，1 年後他停止支付過去一直付與托的別居補助費。依照加州夫妻共有財產法，妻（或夫）在婚姻存續中有權取得雙方配偶一半的收入，不問錢是誰賺的。但因托從來不算是李馬文的妻子，她似乎在法律上無權對他的收入主張權利。托搬到西好萊塢一間小公寓，找到一份電影經紀人助手的工作，然後控告李馬文，主張由於她在所有實際方面，一直是他的妻子，不應單因欠缺州政府蓋印的一紙文書，遽即否認她分配他金錢之權利。

上一週，在一個可能根本改變同居法律的判決裡，廣受尊敬的加州最高法院認定托可以行使她對前任愛人的請求權，正如他們已正式結婚一樣。鑑於戶口調查數字顯示未結婚男女同居的數字，15 年來已增加八倍，法官們判認：「一對男女單純未參加有效結婚儀式，不能作爲法院認定他們欲將所得與財產保持獨立分離的根據。」

加州最高法院法官說：在這一類案件，現在下級法院法官要做的是，審查

某對男女之關係——例如已同居多久，男方為女方做了什麼，女方為男方做了什麼。因此，至少在加州，已為法院開拓了一個複雜而耗時的法律案件的全新領域。該案唯一持不同意見的法官，認為此項裁判「一定會為我們審判法院帶來不適當的負擔」。托的律師，馬文・密契遜對於此種看法至表同意。他說：「這將為法院打開了防洪的水門。這是對所有未結婚同居男女的一種聖誕禮物。」可以瞭解的，托本人對於身分上的後果比起法律上的影響更為關心。她首次公開的評論是：「我多希望我父親還活著，能夠知道我已經如何回復了自己的尊嚴。」

國家圖書館出版品預行編目資料

美國法制的實務與運作／楊崇森著. －－初
　版.－－臺北市：五南圖書出版股份有限公
　司, 2024.02
　面；　公分
　ISBN 978-626-393-013-1（平裝）

1.CST: 法律　2.CST: 美國

583.52　　　　　　　　　　113000734

4U35
美國法理論與實務析論

作　　　者 ― 楊崇森（311.7）

發 行 人 ― 楊榮川

總 經 理 ― 楊士清

總 編 輯 ― 楊秀麗

副總編輯 ― 劉靜芬

責任編輯 ― 林佳瑩

封面設計 ― 封怡彤

出 版 者 ― 五南圖書出版股份有限公司

地　　　址：106台北市大安區和平東路二段339號4樓

電　　　話：(02)2705-5066　　傳　　真：(02)2706-6100

網　　　址：https://www.wunan.com.tw

電子郵件：wunan@wunan.com.tw

劃撥帳號：01068953

戶　　　名：五南圖書出版股份有限公司

法律顧問　林勝安律師

出版日期　2024年2月初版一刷

定　　　價　新臺幣580元